Michael Erhart

Der **ganzheitliche** Weg zum Erfolg im Sport

EC&C

Über den Autor

Michael Erhart, 1966 in Amstetten als Sohn eines Chirurgen geboren. Ab 1989 selbständiger Unternehmer im Bereich Marketing und Werbung. Daneben in den verschiedensten Funktionen im internationalen Motorsport tätig, u.a. als Fahrerbetreuer und Teambetreiber. Seit 2005 Entwicklung eines in dieser Form innovativen, ganzheitlichen Coachingsystems namens READY TO WIN™. Kurz vor Ende seiner Midlife-Crisis-Zeit (man terminiert diese Lebensphase beim Mann zwischen dem 40. und vollendeten 47. Lebensjahr) und gerade noch rechtzeitig bevor trotz – oder gerade wegen? – aller Sicherheit im Leben das Feuer für seinen bisherigen Marketing-Job gänzlich erloschen, gleichsam »outgeburned«, war, beschloss er, seiner wahren Berufung zu folgen, die Marketingagentur an den berühmten Nagel zu hängen und sich mit der Konzentration auf seine READY-TO-WIN-Vision seinen Lebenstraum zu erfüllen. Jetzt oder nie. Michael Erhart ist heute als Buchautor tätig und gibt Profisportlern und Managern in Individualcoachings und Kleingruppenseminaren ganzheitliche Tools mit auf deren Weg zum reproduzierbaren Erfolg. Zusammen mit seiner Gattin und READY-TO-WIN-Partnerin Katja gilt seine große private Leidenschaft den Pferden.

Fotorechte siehe Seite 368
Satz, Layout und grafische Produktion: EC&C LTD & CO KG
Gedruckt in der EU.
ISBN: 978-3-200-03954-4

Bestellungen, Seminare und Individualcoachings:
ERHART COACHING & CONSULTING LTD & CO KG
Dornacher Straße 22 · A-3300 Amstetten · E-Mail: office@erhart.biz · www.erhart.biz

Gewidmet meiner Gattin Katja, deren jahrelange Unterstützung und Mitwirkung das Coaching-Unternehmen READY TO WIN™ allgemein sowie dieses Buch im Speziellen erst ermöglichten.

Besonderer Dank gilt auch Elisabeth für ihr gewissenhaftes Lektorat,
Lukas für viele fachliche und Riki für »energetische« Inputs.

Der perfekte Lehrmeister

2004 hatte ich die große Ehre, ***Prof. Baldur Preiml*** kennenlernen zu dürfen. Wenngleich unser erster Kontakt über meinen damaligen Hauptberuf als Marketingberater zustande kam, so blieben dennoch unsere Gespräche stets rasch an einem gemeinsamen Thema hängen – dem Sport. Dabei erzählte ich dem Vater des österreichischen Skisprung-Wunders Mitte der 1970er-Jahre und späteren Leiter der Sportabteilung im Bundesministerium für Unterricht, Kunst und Sport von meinen zwei Erkenntnissen, die ich bei meiner Tätigkeit im Motorsport gewonnen hatte (Details dazu im Kapitel »Ganzheitliches Selbstmanagement«). Vor allem die zweite Erfahrung, wonach die großen Superstars deswegen langfristig so erfolgreich sind, weil sie für sich ein individuelles System entwickelt haben, das es ihnen erlaubt, genau dann eine Top-Performance abzuliefern, wenn dies am meisten benötigt wird, führte unverzüglich zu einer Reaktion des Sportphilosophen und Bewusstseinsentwicklers: »Bios, nicht antibios – ganzheitlich mit dem Leben, nicht gegen das Leben ist das Rezept zu anhaltendem persönlichem Erfolg.« Als ein umsichtiger Mentor, der mir in unregelmäßigen Abständen – stets aber exakt zum richtigen Zeitpunkt – die richtigen Inputs gab, beeinflusste Baldur Preiml die holistische Grundlinie von READY TO WIN™ genauso wesentlich und in höchstem Maße positiv wie mein ganzes weiteres Leben. Beruflich und privat. Dafür möchte ich mich an dieser Stelle aus ganzem Herzen bedanken.

Ansprache mit »du«

Sportcoaching, und davon handelt dieses Buch, ist eine sehr persönliche Angelegenheit, die umso erfolgversprechender funktioniert, je harmonischer und freundschaftlicher – bei gleichzeitig höchstem gegenseitigem Respekt! – die Beziehung Sportler zu Coach ausgebildet ist. Die Anredeform zwischen den beiden ist »du«. Nachdem dies ein Coaching-Buch ist, haben wir uns erlaubt, unsere Leser auch in Du-Form anzusprechen. Dies geschieht nicht aus Respektlosigkeit, sondern soll ein wie im Sport persönliches, vertrautes Verhältnis schaffen.

Gender-Hinweis

Unser READY TO WIN™-Team arbeitet sehr viel und vor allem sehr gerne mit Sportlerinnen zusammen, und Gleichberechtigung ist für uns nicht im Entferntesten ein Diskussionsthema. Dennoch haben wir uns aus Gründen der wesentlich besseren Lesbarkeit des Textes erlaubt, nur von Sportler, Athlet, Fahrer u. dgl. zu schreiben und meinen selbstverständlich stets damit auch Sportlerin, Athletin, Fahrerin.

Rechtlicher Hinweis

Sämtliche in diesem Buch gegebenen Ratschläge und getätigten Aussagen stellen lediglich die Meinung des Verfassers dar und basieren auf jahrelanger persönlicher Erfahrung und/oder bestmöglicher, präziser Recherche. Dennoch soll und kann dieses Buch weder die Diagnose noch die Behandlung eines Arztes oder Psychologen ersetzen. Wir geben nur einen kleinen Einblick, welche alternativen oder ergänzenden Möglichkeiten, beispielsweise die Orthomolekulare Medizin, bietet und was wir mit von uns betreuten Sportlern unter aktiver, therapeutischer Aufsicht, gegebenenfalls auch in Zusammenarbeit mit Ärzten, unternehmen. Vor einem Nachahmen ohne Begleitung durch einen Arzt oder ohne Rückfrage bei einem Therapeuten sei ausdrücklich gewarnt. Jede Verantwortung unsererseits wird abgelehnt. Verlag und Autor übernehmen keinerlei Haftung für Schäden welcher Art auch immer, die mit dem Gebrauch oder der Anwendung hier vorgestellter Methoden oder Möglichkeiten in Zusammenhang stehen.

Inhaltsverzeichnis

Wer keinen Sinn
im Leben sieht,
ist nicht nur
unglücklich,
sondern kaum
lebensfähig.

Albert Einstein

Erfolg
braucht immer eine Vision

Es ist schon paradox, wie viele Zeitgenossen immer nur die Resultate, Ergebnisse, Platzierungen usw. als Erfolge ihrer Karriere anvisieren und dann nach Beendigung der aktiven Laufbahn in ein tiefes, schwarzes Loch fallen. Der Untertitel dieses Buches »Der ganzheitliche Weg zum Erfolg« macht daher wohl zuallererst eine Beschäftigung damit nötig, was denn Erfolg überhaupt ist, zumindest aus unserer ganzheitlichen Sicht.

Diese Coaching-Unit macht dich READY TO WIN, denn sie zeigt:

- **Warum Sieg nicht gleichbedeutend mit Erfolg ist**
- **Was es mit dem Prinzip des ersten Sieges auf sich hat**
- **Warum ein über 2000 Jahre alter Bibelspruch nach wie vor so zeitlos ist**
- **Was der Begriff einer Aura in diesem Zusammenhang bedeutet**

Wenn man den Begriff **»Erfolg«** googelt, so stößt man zwangsläufig auf die Definition nach Martens/Kuhl, wonach *»Erfolg die Erreichung seiner Ziele«* sei. Aus unserer Sicht ist dies jedoch eine zu enge Auslegung eines komplexen Begriffes. Aus unserer ganzheitlichen READY TO WIN-Sicht wäre folgende Definition angebracht:

Erfolg ist das engagierte Folgen seiner persönlichen Berufung mit dem Ziel, ein authentisches und erfülltes Leben zu führen. Die Formulierung »erfülltes Leben« ist in diesem Zusammenhang immens wichtig, denn damit soll klar zum Ausdruck kommen, dass Erfolg nicht auf eine bestimmte Laufzeit, etwa die Dauer eine Sportkarriere oder die Jahre des Berufslebens, begrenzt ist. Erfolg endet in Wahrheit am Sterbebett, wenn man selbst zu dieser dramatischen Stunde mit Zufriedenheit auf eine erfüllte Vergangenheit zurückblicken kann. Wenn man sagen kann, man hat **sein Leben** authentisch gelebt. Für so viele Zeitgenossen endet Erfolg mit dem Pensionsantritt, und anstatt den Herbst des Lebens in all seiner Farbenpracht genießen zu können, folgen Pensionsschock und Rentendepression. Frustration und der latente Verdacht, nicht mehr gebraucht zu werden, dominieren das Gefühlsleben vom Aufwachen bis zum Einschlafen. Der Tod scheint vielen angesichts dieser Perspektivenlosigkeit schon beinahe als Gnade.

Erfolg ist das engagierte Folgen seiner persönlichen Berufung mit dem Ziel, ein authentisches und erfülltes Leben zu führen.

Aber auch um Jahrzehnte jüngere Menschen fallen bisweilen in ein tiefes emotionales Loch, wenn sie etwa Mitte 30 ihre sportliche Profikarriere an den sprichwörtlichen Nagel hängen und dann trotz selbst gut gepolsterter Bankkonten vor der Frage stehen: *»Das war's jetzt, oder wie?«* Wahrscheinlich ist es auch genau die Angst davor, dass so viele einstmals erfolgreiche Profis so lange nicht aufhören oder loslassen können, bis sie ihren Superstarstatus komplett zerstört haben und nur mehr der abgeschrammte Ex-Champion sind. Anstatt auf dem Höhepunkt der Karriere in Ruhm und Glanz abzutreten, hängen sie, gegen die jungen Nachfolger immer erfolgloser werdend, noch ein Jahr und noch ein Jahr an. Aus Scheu davor, in ein neues Leben überzutreten.

Sowohl in der Sportlerlaufbahn als auch im »normalen« Berufsleben sind Ziele oft recht klar definiert und vorgegeben. Durchaus unabhängig davon, ob es intrinsische (eigene) oder extrinsische (von außen angeregte) Motivationen und Anforderungen sind, denen es lohnt, gerecht zu werden: Ein Weg ist vorgegeben. Dem sportlichen Frührentner oder regulären Pensionisten fehlen oft neue Ziele, neue Visionen.

Ohne eine klare Vorstellung dessen, was man nun erreichen möchte, einfach so dahinzuleben, ist für viele ein planloser Dauerlauf im Hamsterrad. Übrigens oftmals auch für jene, die zu plötzlichem Reichtum durch ein nicht-erwartetes Erbe oder einen überraschenden Lottogewinn gekommen sind. Jetzt haben sie zwar Kohle und ein scheinbar sorgloses Leben, aber Lebensfreude? Weit gefehlt. Geld alleine macht also wirklich nicht glücklich oder erfolgreich. Ohne eine Vision zu haben oder zumindest eine klare Vorstellung davon, wo die Reise des Lebens hingeht, drohen schnell Lebensmüdigkeit und Überdruss.

Erfolg ist nicht gleich Sieg!

Nun wird gerade beim Profisportler sehr schnell Erfolg mit Sieg gleichgestellt. Ein Sieg ist eine Würdigung einzelner **erfolg**ter Zielerreichungen. Pokale, Medaillen, Podium, Hymne, Champagner, Gratulationen, Medienrummel usw. sind eindrucksvolle Beweise dafür, es geschafft zu haben, genau hier und jetzt der Beste gewesen zu sein. Österreichs erfolgreichster Olympiasportler aller Zeiten, der nordische Kombinierer Felix Gottwald, sagt in seiner überaus empfehlenswerten Hör-CD »Die Stille zum Erfolg« so treffend: **»Bei der Siegerehrung ist der Erfolg schon wieder Geschichte.«** Siege sind also letztlich nur eine kurze, wenngleich sehr erfreuliche Momentaufnahme und motivierende Bestätigung des eingeschlagenen Weges. Erfolg ist aus unserer Sicht aber eine symbiotische Kombination aus errungenen Siegen, überwundenen Niederlagen sowie emotionaler, sozialer und gesundheitlicher Intelligenz. Ein Mensch – ob in Sport oder Business –, der zwar oft als Gewinner dasteht, aber von niemandem gemocht wird, keine wahren Freunde hat, sich mit seinem Lebensstil die Gesundheit ruiniert (im Extremfall mit Doping, Alkohol usw.) und meint, sein Leben bestünde nur aus Siegen um jeden Preis, wird von uns nicht als erfolgreich angesehen. Er ist zugegebenermaßen siegreich, jedoch nicht erfolgreich im Sinne unserer READY TO WIN™-Philosophie. Aber zurück zur eigentlichen Kernfrage:

Wie wird man erfolgreich?

Dem klugen Spruch von Thomas Edison, einem der größten Erfinder aller Zeiten, wonach Erfolg nur zu 1 % aus Inspiration, jedoch zu 99 % aus Transpiration bestünde, ist wohl kaum etwas entgegenzusetzen. In dieselbe Kerbe schlägt auch die oftmals zitierte 10.000-Stunden-Regel gleichsam als Naturgesetz des Erfolges. Damit soll zum Ausdruck gebracht werden, dass man etwas dann erst authentisch und exzellent beherrscht, wenn man sich damit etwa 10 Jahre lang jede Woche rund 20 Stunden übend beschäftigt hat. Ob diese Zahl jetzt abstrakt stimmt oder nicht, ist gar nicht so wichtig, vielmehr jedoch der darin verborgene Umkehrschluss, dass **Talent alleine noch lange keinen Erfolg ausmacht**. Ganz im Gegenteil: Sich seiner angeborenen Begabung allzu sehr bewusst zu sein, ist mehr hinderlich als förderlich auf dem Weg zum Champion. Einfach weil man sich immer einreden kann, den letzten Rest der Leistung, das Sahnehäubchen obendrauf, an dessen Erreichung andere, weniger Begabte, hunderte Stunden hart arbeiten müssen, gleiche man dann schon mit seinem gottgegebenen Talent aus. Und genau dabei läuft man Gefahr, mit diesem Geniegefühl im Hinterkopf, im Training nie wirklich an seine absoluten Grenzen zu gehen. Ein Problem, welches speziell beim Nachwuchssportler überaus häufig zu beobachten ist, gerade wenn Ablenkungen wie die erste Liebe um Welten verlockender erscheinen, als schon wieder trainieren. Was bleibt, mag zwar ein beneidenswertes Feeling für den

> **Ich messe den Erfolg nicht an meinen Siegen, sondern daran, ob ich jedes Jahr besser werde.**
>
> *Tiger Woods*

Sport und dessen Bewegung oder Technik sein. Was folgt, ist aber meist ein minimal schlechterer Trainingszustand z.B. in Form konditioneller Mankos. Schnell verliert man so – etwa unter sehr anstrengenden Wettkampfbedingungen – gegen einen vergleichsweise minder veranlagten Gegner, und schon ist die mentale Misere gleich einem kleinen Feuerchen entflammt. Wenn man dann noch dazu seit seiner Jugend ob seines so gottvollen Talents gelobt wurde, wird aus dem kleinen Feuer bald ein psychischer Flächenbrand. Jemanden wegen einer natürlichen Begabung zu loben, ist ein Kardinalfehler, der ein Scheitern vorprogrammiert. Etwas zu loben, was nicht durch persönlichen Einsatz erarbeitet wurde und wofür der Gelobte nichts aktiv beigetragen hat, weil er dies in die Wiege gelegt bekam, ist ein absolutes No-Go auf dem Weg zum Erfolg. Sobald der Gelobte an einem Punkt anlangt, an dem Talent alleine nicht reicht und er deswegen verliert, wird ein lange aufgebautes, mentales Weltbild in den Grundfesten erschüttert. Versagensangst ist von nun an der ständige Begleiter.

»Übung macht den Meister« ist also leider keine Binsenweisheit, sondern die Wahrheit auf dem Weg zu reproduzierbarem Erfolg. Kritiker der oben erwähnten 10.000-Stunden-Regel meinen, dass diese allerdings die Qualität der trainierten Stunden vernachlässige. Klar, natürlich sind auch die 10 Jahre x 1.000 Stunden noch lange kein Garant für einen Weltmeistertitel, wenn man ein Jahrzehnt zwar fleißig, aber nicht optimal oder gar schlecht, falsch und stumpfsinnig geübt hat. Das **»Wie«** spielt selbstverständlich eine nicht minder entscheidende Rolle wie das **»Wie lange«** bzw. **»Wie oft«**.

Nur Übung macht den Meister.

Jedoch Beweise dafür, dass zielstrebige Menschen, die mit oder ohne Talent beinhart an sich arbeiten, erfolgreicher werden als die urlässigen Typen, die sich primär auf ihre Genialität verlassen, gibt es gerade im Sport tausendfach. Was der Lässigkeit folgt, ist eine Ent-Täuschung, im Wortsinne der Beendigung der Täuschung: *»Es geht eh auch mit Talent alleine.«*

Das Prinzip des ersten Sieges

Einer der entscheidendsten Momente einer Karriere findet unmittelbar nach dem ersten errungenen Sieg statt, also zu einem Zeitpunkt, an dem man zum ersten Mal der Beste war. Aus der Welt der Sportschützen gab uns der damalige Luftgewehr-Weltrekordhalter Thomas Farnik (A) einmal die bezaubernd logische Antwort auf die Frage, wie man denn ein Weltklasseschütze würde: »*Ganz einfach, du schießt solange auf die Zielscheibe, bis du einen 10er exakt triffst, und ab dann machst du es einfach immer genauso ...*«

Dieser magische Augenblick, an dem man erstmals entdeckt hat, wie Siegen funktioniert, lässt uns erahnen, dass die anderen auch nur mit Wasser kochen, wie man auf gut Österreichisch so treffend formuliert. Auch wenn dieses erste Gewinnen noch lange nicht (Lebens-) Erfolg im ganzheitlichen Sinne bedeutet, so ist es zumindest ein bestmöglicher Zündfunke. Ein wunderbarer Moment, in dem für die angestrebte Reproduzierbarkeit von Siegen so wichtige neuronale Vernetzungen im Gehirn geschaffen werden, die später jederzeit geniale Ankerpunkte für die Psyche sind, um sich auf einen Zeitpunkt, an dem »es optimal geklappt hatte« zurückzubesinnen.

Darum empfehlen wir jedem Sportler, bei dessen erstem Sieg wir teilhaben dürfen, diesen Moment mit allen Sinnen und allen Details aufzunehmen, um möglichst viele Bits für ein späteres Mentaltraining auf der körpereigenen Festplatte abgespeichert zu haben. In verzweifelten Karrieresituationen, wo gar nichts mehr zu gelingen scheint, sind geführte Meditationen ein perfektes Instrument zum Zurückfinden auf die Straße der Sieger. »*Erinnere dich zurück an deinen ersten Sieg. Wie fühlte es sich an, welche Geräusche nimmst du wahr, vielleicht tauchen ja Gerüche wieder auf, erinnere dich zurück, wie war das Wetter, war es warm und sonnig ...?*«

Je mehr Informationen zum ersten Sieg auf der Harddisk im Kopf gespeichert sind, desto präziser kann man sich an diesen Augenblick der Glückseligkeit und Leichtigkeit zurückbesinnen und so auf seinen Weg zum Erfolg zurückfinden.

Natürlich ist die Wirkung des ersten Sieges umso anhaltender und prägender, je größer die Anstrengung dazu war. Die neuronalen Siegesnetzwerke im Gehirn sind deutlich engmaschiger verwoben, wenn man für seinen ersten Triumph kämpfen musste, als wenn man sich lässig und locker, nur auf Talent und überlegenes Material vertrauend, wesentlich schwächere Gegner aussucht. Unterlegene Konkurrenten zu deklassieren ist keine Kunst und hat im Sinne des Prinzips des ersten Sieges auch kaum Wert. Sich selbst zu belügen, indem man mit Kanonen auf Spatzen schießt – um nochmals eine Redewendung zu bemühen – und sich dann als der große Triumphator zu fühlen, mag im Bewusstsein funktionieren als eine Art positiven Denkens. Unser um Welten mächtigeres Unterbewusstsein lässt sich leider so einfach nicht betrügen: Es weiß, dass **geschenkte Siege gegen unterlegene Konkurrenten letztlich nur eine Verschwendung von Ressourcen** waren.

Die Aura der Sieger

Was sich jedoch ab dem ersten wertvollen Sieg zusammen mit dem Selbstvertrauen verändert, ist auch die Aura des nun auf ein höheres Level emporgestiegenen Sportlers. Die Aura, also jenes zwar unsichtbare aber jedenfalls wahrnehmbare Kraftfeld eines Menschen, wird von Triumph zu Triumph stärker. Wobei diese esoterische (Wortbedeutung: »dem inneren Bereich zugehörig«) Auslegung der menschlichen Ausstrahlung nicht zwangsläufig für die Umwelt erfreulich sein muss. Die Aura eines Menschen kann gut und gerne auch abstoßend sein, nicht nur anziehend. Sportler, denen es nur skrupellos ums Gewinnen um jeden Preis geht, besitzen zweifelsfrei eine andere spirituelle Wirkung auf die Mitmenschen wie ganzheitlich erfolgreiche Supertypen.

Eine nahezu göttliche Aura schreibt wohl jeder, der ihn persönlich kennenlernen durfte, dem 1994 verunglückten Formel-1-Champion Ayrton Senna zu. Selbstverständlich hatte der charismatische Brasilianer zeit seines kurzen Lebens jede Menge Ecken und Kanten, dennoch vermittelte er selbst erbitterten Gegnern das Gefühl, hier nicht nur einem schnellen Rennfahrer, sondern einem **ganzen** Menschen gegenüberzustehen.

Der Autor dieser Zeilen hatte einmal das Vergnügen, Michael Schumacher bei der Versammlung der F1-Fahrer zum drivers meeting eines Grand Prix persönlich beobachten zu können. Zu sehen, mit welcher ungespielten, selbstsicheren, authentischen Ausstrahlung der damals Unbesiegbare seinen Gegnern bereits ohne ein Wort zu sprechen, bloß durch seine Aura, signalisierte *»Schön, dass ihr auch alle da seid, aber gewinnen werde am Sonntag ohne Diskussion ich!«*, war schon ein beeindruckendes Erlebnis.

Der Grat zwischen einer faszinierenden, positiven spirituellen Anziehungskraft und einer überzogenen, selbstherrlichen Arroganz ist jedoch ein schmaler. Was manche Sportler für ihre Ausstrahlung halten, fällt menschlich jedoch eher unter Ausdünstung.

Der Matthäus-Effekt oder »the winner takes it all«

Diese These der Soziologie basiert auf dem Matthäusevangelium, in welchem es da lautet: *»Denn wer da hat, dem wird gegeben, dass er die Fülle habe; wer aber nicht hat, dem wird auch das genommen, was er hat.«* Und Matthäus musste es wissen, war er doch Zöllner und Steuereintreiber in Personalunion, bevor er sich Jesus anschloss …

Schon im Neuen Testament der christlichen Bibel steht also unmissverständlich zu lesen, dass Erfolg zu Erfolg führt.

Denn wer da hat, dem wird gegeben, dass er die Fülle habe.

Matthäusevangelium

Mit *»The winner takes it all, the loser is standing small«* vertritt die schwedische Popband ABBA in etwa denselben Ansatz, bloß zweitausend Jahre später. *»Der Teufel scheißt immer auf den größten Haufen«* wäre dann die um eine Stufe gröbere Auslegung ein und desselben Phänomens: **Wer einmal Erfolg hat, wird weiter Erfolg ernten.**

Abseits aller philosophischen Betrachtungsweisen ist es eine Tatsache, dass Winner schlicht und einfach mehr Aufmerksamkeit erzeugen und genießen und dies wiederum der Karriere förderlich ist. Wer Wettkämpfe gewinnt, bekommt (noch) bessere Trainingsmöglichkeiten, besseres Material, um den bemühen sich Mentaltrainer, Physiocoaches und Ernährungsberater gleichermaßen. Medien hofieren den Sieger, Sponsoren interessieren sich im Wesentlichen für Champions und nicht für die Mitläufer oder gar Ewig-Vierten. Der Triumphator wird in die Netzwerke der selbsternannten Übermenschen aufgenommen und diniert plötzlich mit Schwarzenegger und Co im Haubenlokal, anstatt mit seinen früheren Kumpels in der Vereinskneipe Würstel mit Dosenbier hinunterzuspülen.

Sowohl im Profisport als auch im Leben global vereinnahmt eine kleine Minderheit allen Erfolg, wogegen die Mehrheit der Menschen erfolglos bleibt. Die Verteilung von Arm und Reich auf diesem Planeten unterstreicht das Matthäus-Prinzip zusätzlich: **Wer ohnehin schon viel hat, bekommt noch mehr dazu.** Auch schon aus diesem Gesichtspunkt heraus ist der erste Sieg ein so wichtiges Ereignis, ist er doch zwingend nötige Ausgangsbasis für immer mehr und mehr und mehr.

Definiert man Erfolg – wie wir es tun – nicht ausschließlich über eine imposante Vielzahl an eingeheimsten Pokalen, so kann der Matthäus-Effekt dennoch viel Positives für ein erfülltes Leben bedeuten: Man lernt zwar als im Rampenlicht stehender Sportler zwangsläufig jede Menge Trittbrettfahrer kennen, aber natürlich durchaus auch beeindruckende ganzheitliche Persönlichkeiten, zu denen man ohne ein entsprechendes Siegesbewusstsein nicht so leicht vorgedrungen wäre.

Sich mit der Aura der Sieger umgeben

Nun ist es nicht jedem gegeben, rasch das Glück des Tüchtigen auf seiner Seite zu haben und somit den ganz besonders reizvollen Geschmack des *»Ich hab's geschafft«* frühzeitig auskosten zu dürfen.

Ein sehr probates Mittel, dennoch kolibrigleich an fremden Visionen zu saugen, um den eigenen näher zu kommen, ist, sich in das Ambiente von Champions zu begeben.

Es kann schon eine zu tiefst motivierende Erfahrung sein, in Red Bulls Hangar-7 in Salzburg an einer der Bars einen herrlichen Espresso oder köstlichen Longdrink zu konsumieren und einfach die Aura der großen weiten Welt des Erfolges auf sich einwirken zu lassen. In diesem Erlebnishangar der architektonischen Superlative werden auch wöchentlich Sportsendungen (Sport & Talk im Hangar-7) mit eingeladenen Sportstars produziert. Hierbei einmal Mitglied des Saalpublikums zu sein ist zwar gratis, aber mit Sicherheit nicht umsonst! Aus allernächster Nähe kann man das professionelle Auftreten der Stars in einer Live-Sportsendung hautnah beobachten und mit etwas träumerischen Fähigkeiten sich selbst an die coolen Interviewtische imaginieren.

Die READY TO WIN™-Erfolgsgebote

- Du musst stets einen klaren Blick auf deine Visionen haben, so wirst du deinen Weg zum erfüllten Leben nicht aus den Augen verlieren.
- Tue das, was du machst, mit Hingabe, Liebe, Freude und Mut. Stelle in Frage, was dich energetisch auslaugt, ob du es nicht aus deinem Leben verbannen solltest.
- Sei immer neugierig, wissbegierig und offen für Neues und Ganzheitliches.
- Lebe und stärke deine Stärken, vergeude mit deinen Schwächen nicht mehr Energie und Zeit als unbedingt nötig. Versuche in einem Bereich exzellent zu werden anstatt überall nur halbwegs gut.
- Nimm Niederlagen und Rückschläge als Gelegenheit auf, etwas zu lernen. Betrachte Fehler als notwendige Ereignisse, ohne die es kein Besserwerden gäbe.
- Begegne und behandle andere Menschen auf deinem Erfolgsweg mit demselben Respekt, den du dir selbst gegenüber erwartest. »*Wie man in den Wald ruft, so schallt es heraus.*«
- Übe täglich deine gesundheitliche Intelligenz, ernähre dich artgerecht, achte auf deinen Körper und gib deinem Geist Zeit und Raum zur Erholung.
- Sei dir immer bewusst, dass Erfolg nie zu enden braucht, schon gar nicht mit einem Rückzug aus der aktiven Sportkarriere oder aus der beruflichen Laufbahn.
- Lebe im Hier und Jetzt und nicht im Irgendwo und Gestern.

Um erfolgreich
zu werden,
kommt es nicht
darauf an,
wie gut du bist,
wenn du gut bist,
sondern wie gut
du bist, wenn du
schlecht bist.

Martina Navratilova

Ganzheitliches Selbstmanagement für reproduzierbaren Erfolg

Nach der einleitenden Betrachtung von Erfolg allgemein und einiger seiner Wesenszüge im Speziellen soll es nun schon konkreter darum gehen, welche Herangehensweise dafür sorgt, aus dem Schatten des Immer-nur-Zweiten herauszutreten. Über einen gemeinsam von uns beiden betreuten Powerboat-Piloten sagte Guido Cappellini, mit zehn Motorboot-Formel-1-Titeln einer der erfolgreichsten Sportler der Gegenwart, einmal zu mir: »*We must stop him racing and start him winning.*« Fürwahr einer der genialsten Sprüche, die im Sport-Coaching jemals gesagt wurden.

Diese Coaching-Unit macht dich READY TO WIN, denn sie zeigt:

- **Warum Ganzheitlichkeit so wichtig ist**
- **Warum Erfolg nur mit einem System langfristig reproduzierbar wird**
- **Warum das Pareto-Prinzip für uns so wichtig ist**

Ein halbes Leben in den verschiedensten Funktionen und Disziplinen im internationalen Motorsport unterwegs – als Fahrercoach und ganzheitlicher Therapeut, Teamchef, Projekt-Manager, im Selbstversuch kurze Zeit aktiv hinterm Steuer (wenngleich nur auf Clubsport-Niveau) oder auch nur als Beobachter unzähliger Rennsportler – waren zwei über die Jahre gewonnene Erkenntnisse, welche in jedem Sport Gültigkeit erfahren, Initialzündungen für die Entwicklung des holistischen READY TO WIN™-Coaching-Ansatzes:

I: Jeder Athlet – in welcher Sportart auch immer – ist zum annähernd gleichen Karrierezeitpunkt mit denselben Herausforderungen oder Schwierigkeiten konfrontiert, die es als Hindernisse und Stolpersteine auf dem kupierten Weg zum Erfolg wahrzunehmen, zu meistern, zu überwinden oder zu umgehen gilt.

Noch bedeutungsvoller, weil erfolgsorientierter, war die zweite Entdeckung:

II: Alle Superstars und Multi-Weltmeister haben für sich selbst ein individuelles, ganzheitliches System entwickelt, mit dem sie in der Lage sind, ihre Performance dann bestmöglich einzusetzen, wenn diese benötigt wird, und so Erfolg förmlich reproduzierbar wird.

Die zentralen, bedeutsamsten Worte dieser zweiten Erkenntnis sind nun in dieser Reihenfolge:

1. **System**
2. **Ganzheitlich**
3. **Individuell**
4. **Reproduzierbar**

Ad 1. System:

Nur wer es versteht, in seiner Karriere ein Selbstmanagementsystem mit Strukturen, Prinzipien, Disziplin, Workflows, Organisation, zielstrebigem Wissensmanagement usw. individuell zu etablieren, kann in so hohem Maße Konstanz und damit wiederum (Selbst-)Vertrauen aufbauen, dass eine Spitzenleistung zum geforderten Zeitpunkt möglich wird.

Befragt man Wettkampfsportler, warum sie zu einer Competition antreten, so antwortet die absolute Mehrheit von ihnen, dass es das erklärte Ziel sei, als Gesamt- oder zumindest Klassensieger gesund nach Hause zu kommen. Bloß führt all diese bewusste Fokussierung auf Sieg nicht automatisch zum gewünschten Erfolg, wenn das un(ter)-bewusste Selbstvertrauen nicht mitgereift ist.

Bewusstes versus unbewusstes Selbstvertrauen

Unterbewusst nicht bereit zu sein für den großen Durchbruch, obwohl man jahrelang hart gearbeitet hat und nichts anderes ersehnt, ist jedoch das Schicksal der meisten Athleten, gibt es doch x-fach mehr Dauerverlierer als Seriensieger. Sein Ziel zu erreichen, seinen Traum zu verwirklichen, die anderen niedergekämpft zu haben, als Triumphator über allen zu stehen – **diese Krone muss man sich selbst erst einmal trauen aufzusetzen**. Um mit diesem enormen persönlichen Wachstum leben zu können, bedarf es eines hohen Maßes an unbewusstem Selbstvertrauen. Bewusstes Selbstvertrauen kann man sich schnell (ein-)bilden – siehe dazu später im Buch die trügerischen Auswüchse positiven Denkens. Übertriebene, hemmungslose Selbstsicherheit ohne entsprechendes instinktives Fundament ist heute groß in Mode. Stichwort: Sein und Schein.

Unser unbewusstes Selbstvertrauen, das uns nicht gewinnen lassen will, obwohl wir dies doch bewusst so sehr wünschen würden, versucht, uns vor übersteigerten, übermotivierten Handlungen, die zu Unfällen, Verletzungen und sonstigen Schäden für Körper, Seele und Geist führen könnten, zu bewahren. Da kann die Bewegungs-/Ball-/Schlag-/Fahrtechnik in einem Sport noch so ausgereift sein, solange unser Unbewusstes genau weiß, dass aber zur dauerhaft sicheren, erfolgreichen Ausführung beispielsweise der körperliche Trainingszustand noch nicht ausreicht, wird es Siege schon als Selbstschutz unterbinden. **Erst ein ganzheitliches System mit all den erwähnten Bestandteilen lässt das unbewusste Selbstvertrauen in uns so stark werden, dass Erfolg von unserem inneren Ich zugelassen wird.**

Wer ohne konkreten Masterplan, wohin die Karriere, die Saison, der nächste Wettkampf, selbst die nächste Trainingseinheit gehen sollen – und vor allem, was dazu im Detail alles nötig ist – unstrukturiert und unmethodisch darauf los trainiert und lebt, wird über Achtungserfolge und Mittelmaß nicht hinauskommen. Beeindruckende Sportgrößen verfügen ausnahmslos über ein **persönliches System zum Erfolg**. So zu tun, als fiele einem alles irgendwie von alleine in den Schoß, ist nicht mehr als Bluff oder der Versuch, im Sinne einer coolen Sportart oder eines noch cooleren Sponsors medial voll relaxed rüberzukommen. Aber selbst die im Schritt noch so weit geschnittenen Baggypants oberlässiger Freestyle-Boarder können nur sportlich Unbedarfte darüber hinwegtäuschen, dass hinter jedem tadellos gelandeten »Backside 720« schlicht und einfach systematische Vorbereitung steckt.

Die immer mehr ausufernde, mediale Berichterstattung, die Superstars in jeder Minute ihrer Wettkampfvorbereitung ungeniert mit Kameras verfolgt, bringt viele Mini-Systemdetails bis in unsere Wohnzimmer, es gilt nur, genau hinzuschauen. Beim Slalomartisten, der tief in sich versunken unter scheinbar spastischen Verrenkungen den Kurs nochmals visualisiert, ist diese Handlung als Baustein seines mentalen Systems noch offensichtlicher zu erkennen als das ritualisierte Toilette-Aufsuchen des Mehrfach-Automobilweltmeisters immer exakt zwölf Minuten vor dem Fallen der Startflagge, damit auch jedes Vorstart-Interview unterbrechend. Beiden gleich ist die methodische Vorwegnahme kommender oder möglicher Ereignisse, um nicht den Fokus auf den Sieg zu verlieren.

Gefahren des Systems

Wie alles im Leben, so hat natürlich auch ein sehr klar geplantes, methodisches Vorgehen seine Schattenseiten. Exakt dann nämlich, wenn es zu einseitig oder zu starr geworden ist. Das Systemgebäude muss zwingend erschütterungsbeständig, statisch auf mehreren gleich starken und elastischen Säulen aufgebaut sein. Sonst droht es in Extremsituationen anstatt Schutz zu bieten vollends über einem einzustürzen. Gerade in technisch stark beeinflussten Disziplinen, wie etwa dem

Motorsport, ist dieses Phänomen wiederkehrend zu beobachten: Die auch beim Piloten zu dominante technische Säule des Systempalastes bricht ein (beispielsweise durch eine gravierende Reglementänderung am Rennfahrzeug, die plötzlich einen deutlich anderen Fahrstil erfordert) und schon fällt das komplette, zu labile persönliche System in sich zusammen und gar nichts geht mehr. Ein geknickter Eckpfeiler stellt in der Tat ein außerordentliches Risiko für das Gesamtgebilde dar, wenn dieses nur auf drei oder gar zwei Fundamente gestützt ist. Was hier so symbolhaft formuliert ist, bedeutet in der Praxis nicht anderes, als dass dein **System zum Erfolg auf einer breiten, ganzheitlichen Basis** hochgezogen sein muss. Ist es am Ende zu sehr auf die körperliche Komponente ausgerichtet, werfen dich unvermutet auftretende, nicht im Konzept vorgesehene mentale Komplikationen blitzschnell aus der Bahn. Wurde die mentale Säule zu sehr forciert und Affirmation statt Training in der Kraftkammer betrieben, folgen Verletzungen. Dennoch: Auch wenn selbst die planmäßige Herangehensweise nicht automatisch vor Komplikationen bewahrt, **ohne ein System wurde noch keine eindrucksvolle Karriere gemacht**.

Ad 2. Ganzheitlich:

Um Erfolg langfristig und anhaltend möglich zu machen, bedarf es mehrerer Faktoren, im Systemgebäude »Säulen« genannt. Sowohl unsere READY TO WIN™-Sport-Coachings als auch unsere Management-Trainings sind auf folgenden **fünf Elemente**n aufgebaut:

BODY	Nur in einem gesunden Körper entwickelt sich ein großer Champion!
MIND	Mentale (Selbst-)Regulationskompetenzen als der halbe Sieg!
EMOTION	Ich fühle, daher gewinne ich!
TECHNIK	Triumphe **erfolg**en durch einen Informations- und Wissensvorsprung!
PROMOTION	Selbstvermarktung als integraler Bestandteil sportlicher Wertschöpfung!

In Rahmen der IST-Analyse zu Beginn einer Zusammenarbeit werden von uns ganzheitlich betreute Sportler mit einem umfangreichen Fragebogen konfrontiert, der zum Teil in subtil verborgenen Fragestellungen Mankos bzw. Verbesserungspotenzial in diesen fünf Elementen aufdeckt. Darüber hinaus wird erhoben, ob im bisherigen Karriereverlauf die Glücksgöttin Fortuna wohlgestimmt war. Resultat dieser Multiple-Choice-Befragung ist eine Spinnennetzgrafik, die symbolisch vor Augen führt, ob es in der **sportlichen Entwicklung rund läuft** oder Kanten, Ecken und Dellen im Karrierefluss eine Unwucht auslösen:

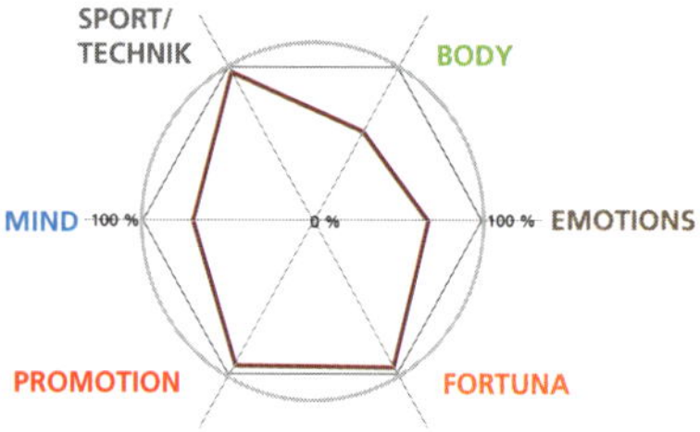

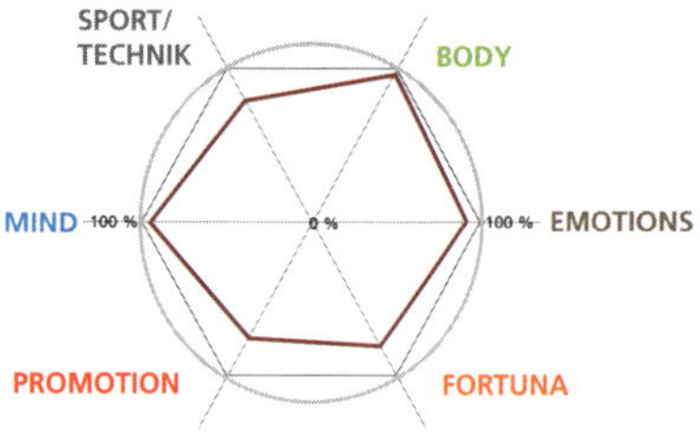

Die **linke Grafik** könnte folgende Charakteristik beschreiben:

Naturtalent – trainiert nicht wirklich gerne, mental und emotional schon einmal aus den Fugen geratendes Enfant terrible. Verkauft sich und sein schlampiges Talent jedoch genial und hat im richtigen Moment auch schon mal das Glück des »lucky winners«.

Die **rechte Grafik** als Gegensatz:

Der brave Arbeiter – trainiert bis zur Selbstaufgabe, nicht übermäßig talentiert, dafür mental stark und emotional sehr gefestigt. Kaum mit dem Glück des Tüchtigen gesegnet, erarbeitet er sich Erfolg beinhart. Nicht der locker, lässige Sich-selbst-Vermarkter bei Publikum, Medien und Sponsoren.

Erst ein möglichst runder Kurvenverlauf erlaubt große Erfolge und Titelgewinne. Eiert das Sechseck der Ganzheitlichkeit, ist Scheitern die logische Konsequenz. So verliert sich das Supertalent möglicherweise viel zu tief in seiner geliebter Technik und vernachlässigt dabei seine körperliche Fitness. Dem topfitten Übertrainierer kommt vermutlich vor lauter Muskelpower die Feinfühligkeit für Bewegung und Emotionen abhanden. Der von Fortuna Verwöhnte lässt seine mentale Entwicklung außer Acht, sich stets auf bisheriges und daher wohl wiederkommendes Glück verlassend. Der extrovertierte Selbstvermarkter wird mangels ausgebildeter emotionaler Intelligenz bei Meisterschaftsverlust eventuell auch gleich noch seine Freunde einbüßen. Kurzum: **Nur wer ganzheitlich an seine Vision herangeht, wird es bis an den Zenit seiner Fähigkeiten schaffen.**

Ein Erfolgsmensch der Superlative: Der Koreaner Jong Oh Jin ist der weltbeste Pistolenschütze der letzten Jahre mit seiner Steyr LP10E – made in Austria!

Ad 3. Individuell:

Die Entwicklung eines ganzheitlichen Selbstmanagementsystems muss individuell passieren. Eltern, Trainer, Kameraden oder vor allem auch Coaches, wie die des READY TO WIN™-Teams, dürfen und sollen Marschrouten, Perspektiven, Methoden, Maßnahmen, Empfehlungen einbringen und den Schützling für vielfältige Sichtweisen sensibilisieren und öffnen. Einen Weg oder Willen aufzudrängen ist garantiert der falsche Zugang. Ein Mentaltrainer ist dazu da, dem Sportler zum richtigen Zeitpunkt Tools in die Hand zu geben, damit dieser für sich selbst die benötigten mentalen Kompetenzen zur Steigerung seiner psychischen Stärke entdecken und entwickeln kann. Ein Ernährungsberater wiederum tut seinen Job gut, wenn er dem Athleten Inputs gibt, wie dieser für sich eine typengerechte Ernährungsweise kreieren kann. Was für Mensch A ideal ist, muss nicht automatisch für B maßgeschneidert sein. **Kollektive Zwänge, seien sie auch noch so konstruktiv gemeint, führen heute zu keiner großen Karriere mehr.**

Ad 4. Reproduzierbar:

Zufällig mal zu gewinnen, ohne selbst eine nennenswerte Idee zu haben warum, ist noch lange kein Erfolg. **Siege reproduzieren zu können**, indem man – auf ein persönliches System vertrauend – selbst unter widrigen Umständen eine eindrucksvolle Leistung zu erbringen in der Lage ist, das macht den wahren Triumphator aus. Über Jahre hinweg herausgefunden zu haben, **was man ganz persönlich und ganzheitlich tun muss**, um unschlagbar zu performen und dies dann immer wieder ganz exakt gleich zu machen, ist eines der Geheimnisse auf der Überholspur ganz nach oben. Inputs und Anregungen genau dazu soll dieses Buch, basierend auf dem holistischen READY TO WIN™-Coachingsystem, bieten.

80/20-Regel oder das Paretoprinzip

Benannt ist das Paretoprinzip nach dem italienischen Soziologen Vilfredo Pareto, der um 1900 wirkte. Es besagt, dass 80 % der Ergebnisse in nur 20 % der Gesamtzeit eines Projektes erzielt werden, wogegen die verbleibenden 20 % der Ergebnisse die verbleibenden 80 % der Gesamtzeit benötigen und somit den größten Aufwand verursachen. Was aufs erste oberflächliche Drüberlesen verwirrend scheint, lässt sich gerade am Beispiel eines Sports leicht erklären:

Wenn man von Tennis keine Ahnung hat und quasi bei Null beginnt, wird 20 % Zeiteinsatz 80 % der Möglichkeiten dieses Ballsports abdecken. Vorhand, Rückhand, Slice, Drive, Spin, Volley, Stoppball, Aufschlag werden bei weitem nicht auf Könnerniveau beherrscht, zum kurzweiligen Hin- und Herspielen der gelben Filzkugel über das Netz wird es aber allemal reichen. Und damit wurde mit 20 % Zeiteinsatz in Wahrheit 80 % dessen erreicht, was diesen Sport eben ausmacht.

Heißt das erklärte persönliche Ziel jedoch, Tennis professionell auf Weltklasselevel zu spielen, so wird man weitere 80 % investieren müssen, um die verbleibende 20-%-Hürde vom Hobbyspieler zur Koryphäe zu überwinden. Kurzum: **Wenn man bloß zwanzig Prozent des Gesamtpotenzials aufwendet, kann man bereits unverhältnismäßig viel erreichen.**

Mit dem Paretoprinzip lassen sich mit verhältnismäßig wenig Aufwand die ersten Grundsteine zum Erfolg legen.

Und genau darauf basiert unsere Coaching-Philosophie und letztlich dieses Buch:
Es filtert aus der schier unüberschaubaren Gesamtmenge an ganzheitlichen Aspekten rund um Erfolg im Sport 20 % nötiger Inputs heraus, um 80 % des möglichen Outputs und damit deutliche Leitungssteigerungen zu ernten. Wer bisher keinerlei Erfahrungen mit mentalem Training gemachte hatte, wird mit den hier gebotenen Grundlagen seine psychischen Grenzen binnen Stunden von 0 auf 80 % erhöhen. Wer bislang seinen Lieblings-Hamburger wegen des knackigen Salatblattes für gesunde Sporternährung hielt, kann mit der Lektüre einer einzigen Story (»Die optimale Ernährung«) seine Ernährungsgewohnheiten umgehend zu 80 % verbessern. Selbiges gilt für Kommunikation, Vitalstoffe, Körperenergie und Co.

Es ist nicht
wichtig,
wie groß der
erste Schritt ist,
sondern in
welche Richtung
er geht.

Chinesische Weisheit

Persönlichkeitsentwicklung
Führungsstil

Egal ob man als Betreuer mit einem Einzelsportler arbeitet, am Ende gar ein Elternteil eines jungen Talents ist, ob man einer Sportmannschaft als Trainer voransteht oder einem Motorsportteam als Teamchef, genauso aber auch ein Unternehmen und dessen Mitarbeiter in der Wirtschaft leitet oder – um den Bogen wieder zu schließen – man Kinder zu reifen, »ganzen« Persönlichkeiten erziehen möchte: Es ist ungemein schwer, als Führungspersönlichkeit den richtigen Stil zu finden. Die folgenden Basics sollen dazu dienen!

Diese Coaching-Unit macht dich READY TO WIN, denn sie zeigt:

- **Wie die Persönlichkeitsentwicklung abläuft**
- **Welche Führungsstile es gibt und was sie Positives oder Negatives bewirken**
- **Warum Lob so oft genau das Gegenteil erreicht und verheißungsvolle Karrieren zerstört**

Jemand zu führen – sei es nun eine Einzelperson durch die Karrierejahre oder einen großen Mitarbeiterstab zum wirtschaftlichen Erfolg eines Unternehmens – ist so eine typische Situation, in der viele intuitiv genau das Verkehrte machen. »Gut gemeint« ist auch hier das Gegenteil von »gut gemacht«. Und »böser Bulle« zu spielen ist als alleiniges Mittel zum Autoritätsgewinn zu wenig.

Nach dem **Persönlichkeitsentwicklungsmodell von Erik Erikson** durchlaufen wir von Geburt an verschiedene, aufeinander aufbauende Phasen im Leben, wobei jede Krisen mit sich bringt, die es zu bewältigen gibt. Er unterscheidet daher acht Lebenskrisen, deren bestmögliches Durchlaufen eine optimale Persönlichkeitsentwicklung ermöglicht:

1. **Urvertrauen : Misstrauen**

   Im ersten Lebensjahr bzw. sogar noch im Mutterbauch lernt der Fötus/Säugling seiner Umwelt zu vertrauen und damit ein für das spätere Leben so wichtige (Ur-)Vertrauen aufzubauen. Sollte in den ersten 12 Lebensmonaten jedoch Misstrauen vorherrschen oder die Mutter während der Schwangerschaft ein hohes Level an Stresshormonen haben (Übersiedelung, Streit mit Partner, weil Nicht-Wunsch-Kind usw.), so wird der Mensch zeitlebens mit Unsicherheit, Angst und Rückzug reagieren.

2. **Autonomie : Zweifel**

   Im zweiten und dritten Lebensjahr entdeckt das Kind verschiedene Fähigkeiten an sich. Erhält es hier die Möglichkeit, diese auszuprobieren, so wird es Selbstständigkeit entwickeln. Wird das Kind in dieser Phase jedoch zu sehr eingeschränkt, kritisiert oder gar gerügt für Fehler, so wird es fortan an sich zweifeln.

3. **Initiative : Schuldgefühl**

   Im vierten, fünften Lebensjahr entwickelt das Kind immer mehr Eigeninitiative und auch erste Ablösungstendenzen von Zuhause (Freunde, Kindergarten). Eltern können diese Ablösung von Zuhause begrüßen und somit die Initiative verstärken oder durch Verbote einengen, ihm fehlenden Selbstwert zeigen und erste Schuldgefühle erzeugen.

4. Kompetenz : Minderwertigkeitsgefühle

Im Abschnitt vom 6. bis 11. Lebensjahr interessiert sich das Kind dafür, wie Dinge funktionieren. Wird dem Kind hier das Gefühl gegeben, es sei störend und gar ungeschickt oder dumm, wenn es etwas nicht versteht, so entwickelt es ein Minderwertigkeitsgefühl (*»Das verstehst du nicht!«*). Unentschlossenheit, Trägheit und Antriebslosigkeit sind die späteren Folgen der angelernten Versagensangst.

5. Identitätsfindung : Rollendiffusion

Der Jugendliche im Alter von 12 bis 18 Jahren verhält sich in verschiedenen Situationen unterschiedlich und probiert damit verschiedene Rollen aus, um seine individuelle Position im Leben zu entdecken (Identitätsfindung). Findet er hier seinen Part nicht selbst (etwa aufgrund nicht entsprechend überwundener Krisen 1 bis 4), so ist er verwirrt, wechselt ständig seine Rollen und neigt dazu, negative »Vorbilder« anzunehmen, die die Gesellschaft ablehnt (Rowdies, randalierende Sportfans, Punks). Zum Teil als bewusst gesetzten Protest, sehr wohl aber auch als unbewusste Handlung, anders sein zu wollen als die Norm.

6. Intimität : Isolation

Als junger Erwachsener sucht man nun den Kontakt zu anderen Menschen, insbesondere zum anderen Geschlecht. Intimität in emotionaler, sexueller und moralischer Hinsicht sollte sich entwickeln. Ziel ist es, vom isolierten »ICH« zu einem partnerschaftliche »WIR« zu gelangen, ohne sich dabei selbst aufzugeben. Scheitert der Mensch in dieser Phase, so kommt es oft zu einem Rückzug in die Isolation, und der Erwachsene verleugnet und verdrängt sein Bedürfnis nach Nähe.

7. Schaffenskraft : Stagnation

Im Erwachsenenalter vom ca. 30. bis 50. Lebensjahr richtet sich das Interesse über die eigene Person hinaus auf Familie, Gesellschaft und zukünftige Generationen. Man will seine Fähigkeiten an direkte Nachfolger oder die Gesellschaft weitergeben. Muss man dabei Enttäuschungen einstecken, nämlich dass der eigene Beitrag bei anderen nicht entsprechend positiv ankommt, so erfolgt ein Rückzug auf sich selbst und oft ausschließlich auf materiellen Besitz als Ersatz für Anerkennung.

8. Ich-Integrität : Verzweiflung

Spätestens ab dem 60. Lebensjahr steht der Mensch vor einem Entwicklungs-/Lebensabschnitt, den er als Abstieg empfindet. Der Verlust der Berufstätigkeit und damit verbundener sozialer Anerkennung, der unaufhaltsame körperliche und geistige Abbau in dieser Lebensphase lassen immer öfter Gedanken an das Lebensende als einzig verbleibenden »Höhepunkt« aufkommen. Man muss sich unausweichlich auf den Tod hin orientieren. Wurde das Leben bis dahin als unbefriedigend er**lebt**, so herrschen Verzweiflung, Depression bis Selbstverachtung vor. Blickt der alternde Mensch auf ein erfülltes und positives, aktives Leben zurück, so empfindet er sich in einem Zustand der Ich-Integrität, einem Gefühl ganzheitlicher grundsätzlicher Zufriedenheit: *»Ich habe es bisher so gut geschafft, ich werde es auch weiterhin gut schaffen.«*

Diese **8 Lebensphasen** und mögliche daraus resultierende Lebenskrisen betreffen früher oder später jeden von uns. Uns selbst, unseren Schützling, jeden Einzelnen unserer Familie, unseres Teams oder unserer Firma. Wie an dem Modell von Erikson ersichtlich wird, kann man gerade bei einem Kind unglaublich viel richtig und unglaublich leicht etwas falsch machen.

Erfreulicherweise können negative Erfahrungen und Prägungen bei Kindern in der Jugend sehr wohl noch durch günstige soziale/familiäre Verhältnisse zum Guten oder zumindest zum Besseren beeinflusst werden. Bereits in der Schwangerschaft dem ungeborenen Kind Stabilität und Ruhe vorzuleben, damit es in dieser ein ganzes Leben prägenden Phase ein **(Ur-)Vertrauen entwickeln** kann, und dieses durch lange Stillzeit im Säuglingsalter noch zu verstärken, ist später jedoch durch keine Maßnahmen mehr zu ersetzen.

Erziehungs-/Führungsstile

Die Persönlichkeitsentwicklung beim Kind und Jugendlichen wird maßgeblich vom Erziehungsstil der Eltern geprägt. Spannend zu entdecken ist jedoch, dass die drei Hauptrichtungen und deren Vor- bzw. Nachteile auch beim Erwachsenen, in einem Team oder in einem Unternehmen 1:1 zu erkennen sind, auch wenn die Führungsstile dort etwas anders benannt werden.

1. Autoritärer Führungsstil

Eltern legen hier **hohen Wert auf Gehorsam**, stellen diskussionslos sehr hohe Ansprüche an das Kind, ohne auf dessen dem Alter entsprechende Bedürfnisse einzugehen. Bei Zuwiderhandeln, Nicht-Erfüllung der gestellten Aufgaben oder Fehlern wird auch vor Strafen und Züchtigungen nicht zurückgeschreckt. Autoritär erzogene Kinder werden in der Regel unterwürfig, passiv, wenig selbstsicher und oft kontaktscheu.

Ein Unternehmen autoritär zu führen bedeutet, dass der Chef/Vorgesetzte entscheidet, was richtig und falsch ist und wie es gemacht wird, und der Mitarbeiter führt möglichst ohne Widerrede aus. Auch hier produziert dieser Stil in erster Linie unterwürfige, passive Mitarbeiter, denen mit der Zeit oft Selbstsicherheit und Selbstwertgefühl genommen wird. Man macht nur mehr »Dienst nach Vorschrift«, da man es dem autoritären Chef ohnehin meist nicht recht machen kann. Schnell produziert man so unmotivierte, unmündige, verantwortungslos vor sich hin arbeitende Arbeitsbienen ohne eigene Initiative, vor allem wenn der autoritäre Boss auch noch cholerische Momente hat. Ein Charakterzug, der diesen Führungspersönlichkeiten häufig eigen ist.

2. Antiautoritärer Führungsstil

Antiautoritäre Eltern sind ihrem Kind gegenüber **in einem Übermaß tolerant** und nehmen jedes Verhalten des Kindes als natürlich hin. Sie meinen, ihr Kind damit zu unterstützen, setzen aber in Wahrheit keine klaren Grenzen und Regeln, stellen keine herausfordernden Anforderungen und ziehen auch bei Fehlern keine Konsequenzen. So (v)erzogene Kinder bleiben in der Regel auch passiv, einfach weil sie weniger durchsetzungsfähig, verantwortungsbewusst und selbstsicher sind, sondern durchaus eher kindlich bleiben in Ermangelung gesunder Herausforderungen.

Ein antiautoritärer Führungsstil eines Unternehmens wird in der Sozialpsychologie – etwa nach Verhaltensforscher Kurt Lewin (1890-1947) – auch als **Laisser-faire-Stil** bezeichnet. Die Mitarbeiter haben volle Freiheit, Entscheidungen und Kontrolle derselben liegen nicht beim Vorgesetzten, sondern bei der Gruppe. Auch dieser auf den ersten Blick so lässige Führungsstil – schließlich könnte man ja eigentlich alle persönlichen Stärken einbringen – produziert aber oft passive Mitarbeiter, die das Wort **Team** als Abkürzung für »**T**oll, **e**in **a**nderer **m**acht's« interpretieren und die in Ermangelung von zu erwartenden Konsequenzen anstatt gut zu arbeiten lieber Aufgaben an andere, etwas Rangniedrigere, delegieren. Nur sehr wenige Mitarbeiter können mit so einem hohen Maße an Freiheit umgehen.

3. Autoritativer Führungsstil

In einem autoritativen Erziehungsstil sind Eltern dem Kind und dessen Bedürfnissen gegenüber offen und aufgeschlossen. Sie erwarten und fordern Verhaltensweisen, die dem Entwicklungsalter des Kindes entsprechen, gehen intuitiv als gutes, nachahmenswertes Vorbild voraus und sind als Respektsperson konsequent und konsistent (nicht einmal so und einmal so ...). Auf diese Art geführt, werden Kinder und Jugendliche zu selbstsicheren, verantwortungsbewussten Menschen, die sportliche, kreative, berufliche oder emotionale Herausforderungen suchen und finden. Der Umgang mit Fehlern besteht darin, dass man stets versucht, mit dem Kind oder Jugendlichen aus diesen Fehlern zu lernen.

In der Wirtschaft oder im Sport würde man eine Teamführung dieser Art als kooperativ bezeichnen. Mitarbeiter werden in Entscheidungsprozesse mit einbezogen und bekommen mehr Einblicke in das »ganze

Bild« samt Verantwortung. Diese Verantwortung entspricht ihren Möglichkeiten und lässt Herausforderungen entstehen, die nicht zu Bedrohungen werden. Wenn Mitarbeiter delegieren, dann um den Prozessablauf zu optimieren. Vorgesetzte und Chefs sind auch hier konsequent, übernehmen **gleichzeitig eine Vorbild- und Kontrollfunktion,** wenngleich auch dem Mitarbeiter ein hohes Maß an Eigenkontrolle zugebilligt wird. Durch diesen kooperativen Führungsstil entsteht ein motiviertes, selbstbewusstes, dynamisches Team mit gutem Arbeitsklima und enger sozialer Vernetzung. Fehler dienen auch hier dazu, sich für die Zukunft zu verbessern. Sie werden ablauforientiert analysiert und es wird wertfrei nach einem Grund gesucht, nicht nach einem Schuldigen.

Dieser Stil ist mit Abstand der schwierigste, wenngleich auch der am meisten Erfolg versprechende. Die Gefahr, zu weit in einen antiautoritären Schlendrian abzugleiten, sich vor den Mitarbeitern nicht im benötigten Maße durchsetzen zu können und dass es somit zu keinen klaren Entscheidungen kommt, ist groß. Als Teamboss sich maximalen Respekt zu erarbeiten und bei aller kooperativer Haltung auch Disziplin einzufordern, ist hier die große Kunst.

Zusammenkunft ist ein Anfang.
Zusammenhalt ist ein Fortschritt.
Zusammenarbeit ist der Erfolg.

Henry Ford

Anhaltender Erfolg und wiederholbare Topleistungen eines Teams sind jedoch wohl nur in diesem **»together we are strong«-Stil** möglich.

Thema Loben

Eines der größten Fehlerpotenziale im Umgang mit Sportlern, allen voran mit jugendlichen Athleten, ist im Loben zu finden. So viele gutmeinende Eltern, Freunde, Verwandte, Lehrer, Coaches, Trainer usw. glauben, mit Lob eine positive, motivierende Atmosphäre und Gesprächsbasis mit ihrem Schützling aufbauen zu können. Und natürlich stimmt dies auch, wenn man Lob richtig anbringt.

Zumeist wird nämlich nicht eine erbrachte Leistung oder ein erbrachtes Engagement gelobt, sondern ein Talent und damit eine mehr oder weniger angeborene Eigenschaft. Also es wird jemand wegen des Ballgefühls, des Bewegungsgefühls, eines Grund-Speeds oder hohen Reaktionsvermögens im Motorsport gelobt oder die junge Sängerin wegen ihrer schönen Stimme oder ihres ungewöhnlichen Timbres in der Stimme. Was haben alle diese Eigenschaften gemeinsam? Genau, es sind Dinge oder Eigenschaften, die man nicht beeinflussen kann.

Talent zu loben provoziert binnen kürzester Zeit Versagensangst. Ist auch klar: Man wird dauernd für etwas gelobt, wofür man nichts tun musste und wofür man auch nichts tun kann. Wo**mit** natürlich schon, aber nicht wo**für.** Man kann **mit** einem Talent intensiv arbeiten und so die Gesamtleistung oder auch die Worst-Case-Performance (wie gut man ist, wenn man schlecht drauf ist oder alles schief läuft) verbessern, aber man kann nichts **für** ein Talent tun. Wird jetzt immer das Talent gelobt statt des Engagements oder der erbrachten Leistung, so führt das unbewusst rasch zur Angst, einem Faktor ausgeliefert zu sein, den man nicht aktiv beeinflussen kann und somit nur Passagier seines möglichen Erfolgs zu sein, weil man diesen nicht selbstbestimmend in die Hand zu nehmen vermag.

Hat man dann einen schlechten Tag oder auch nur ansatzweise das Gefühl, es könnte nicht gut laufen, so kommen sofort Versagensängste, wird mit diesem gut gemeinten Lob doch stets suggeriert, man wäre eh nur gut, weil man diese Gottesgnade besitzt.

Versagensangst wiederum führt dazu, dass man möglichen Versagens-Situationen wie Wettkämpfen, Rennen, Auftritten, Konzerten usw. aus dem Wege geht, und so wird ein weiteres »schlampiges Talent« produziert, wie man im Deutschen zu gescheiterten Stars auch gerne sagt.

Engagement zu loben, stärkt Selbstvertrauen und produziert Sieger!
Talent zu loben, schürt Versagensangst und produziert »schlampige Talente«.

Also als Elternteil, Betreuer, Teamchef, Mechaniker, Fan – was auch immer: **Stets das erbrachte Engagement loben.** Nicht: »*Wow, heute hast du beim Trainieren wieder eine super Fahrzeug-/Ballbeherrschung gezeigt.*« Sondern: »*Wow, heute hast du im Training trotz der Hitze wieder superhart an dir gearbeitet, um deine schnellen Reflexe optimal in konstante Rundenzeiten/Torschüsse umzusetzen.*«

Der Unterschied zwischen dem, der du bist, und dem, der du sein möchtest, ist das, was du tust.

Quelle unbekannt

Die SE-OR-Analyse
Das vielleicht wichtigste Tool zum Besserwerden

Alles Talent, Motivation, Mut und Geld verhelfen nicht zum gewünschten oder erwarteten Erfolg, wenn die Grundvoraussetzung zum Besserwerden nicht gegeben ist, nämlich die analytische Selbsteinschätzung. Gerade im Motorsport ist das Phänomen eines vollkommen falschen sportlichen Selbstwertes weit verbreitet. Wohl deshalb, weil man sich in letzter Instanz ja viel leichter (z.B. als ein Marathonläufer) auf die Technik hinausreden kann, wenn man in Wahrheit ein Rennwochenende selbst verbockt hat. Nur: Ohne gelernt zu haben, sich selbst in den 5 Karrierebereichen (SPORT, BODY, MIND, EMOTIONS, PROMOTION) korrekt einzustufen, wird man nie wissen, wo man sich denn nun eigentlich verbessern müsste und wo man konkret ansetzen sollte.

Diese Coaching-Unit macht dich READY TO WIN, denn sie zeigt:

- **Was es mit der SE-OR-Analyse auf sich hat**
- **Wie einem die SE-OR-Analyse konkret zum Erfolg führen kann**
- **Wie das Vier-Phasen-Modell des Lernens da thematisch hineinpasst**

Beginnen wir mit einer Geschichte, die es in dieser oder ähnlicher Form zu Tausenden gibt: Unsere READY TO WIN™-Coaches sind seit vielen Jahren auch in einem Rennsport tätig, wo ein Fahrer seit Jahren vor der Saison immer mit großen Ansagen für Furore sorgt, dass er es aber dieses Jahr hundertprozentig schaffen würde, die WM unter den Top 3 zu beenden sowie seinen ersten WM-Lauf zu gewinnen. Und doch schafft er es Jahr für Jahr trotz bestem Equipment und ausreichendem Budget nicht ansatzweise, seinen selbstbewussten Prognosen gerecht zu werden. Abseits seines Teamzeltes nimmt ihn auch kaum jemand (mehr) sportlich ernst, selbst Witze wurden ihm schon gewidmet. Seltene positive Ausreißer mit Resultaten um Platz 5 herum werden vom angesprochenen Piloten als Bestätigung des aufsteigenden Trends in Richtung WM-Spitze interpretiert und dabei vollkommen verdrängt, dass z.B. das halbe Starterfeld vor ihm ausgefallen war bei diesem Rennen. Wenn es wie üblich nicht für mehr als P10 bis P15 gereicht hatte, waren ohne jegliche Diskussion Technik oder Techniker schuld. Oder man war vom Pech verfolgt.

SE-OR-Analyse: Subjektives Empfinden versus Objektive Realität

Das wohl entscheidendste Kriterium auf dem Weg zum Erfolg ist es, **sein subjektives Empfinden mit der objektiven Realität in Einklang zu bringen**. Was hier jetzt so hochtrabend und kompliziert klingt, bedeutet aber letztlich nur, dass ein Sportler unbedingt lernen muss, sich selbst subjektiv dort einzustufen, wo er auch tatsächlich (objektiv) steht. Wenn man sich selbst nicht korrekt einzuschätzen vermag, hat man nämlich in Wahrheit auch keine Ahnung, wo man mit Verbesserungen und Training ansetzen soll.

Wenn man eigentlich intensiv an seiner Kurventechnik arbeiten sollte, dort aber der subjektiven (Fehl-)Meinung unerliegt, ohnehin schon meisterhaft unterwegs zu sein und stattdessen sich im Gym einen Rocky-Körper antrainiert, so wird man zwar im eng anliegenden Sportshirt im Fahrerlager für Blicke der Anwesenden sorgen, es wird aber nichts daran ändern, dass man seine Rennen regelmäßig in den sprichwörtlichen Sand setzt und dort beendet, wo man solch mit einer Kurventechnik nun einmal hingehört.

Überschätzung und Unterschätzung

In der Regel handelt es sich bei diesem Ungleichgewicht von subjektivem Empfinden (= wie gut komme ich mir vor) und objektiver Realität (= wie gut bin ich tatsächlich) um eine Überschätzung oder Unterschätzung der eigenen Fähigkeiten. Die bisweilen maßlose Selbstüberschätzung ist gerade im Rennsport nicht nur teuer, sondern bisweilen lebensgefährlich. Fälschlicherweise zu glauben, man sei bereits ein Superstar, bloß das Schicksal spiele gerade diese Saison noch (immer) nicht mit, kostet meist viel unnötiges Budget. Die Schritte eines Improvements sind minimal, dafür teuer, weil man Rennen verhaut, die man mit korrekter persönlicher Einschätzung wesentlich erfolgsorientierter und lehrreicher hätte nutzen können. Gefährlich wird Selbstüberschätzung bei allen Risk-Sportarten, wie Motorsport ohnehin. Für sich selbst, nicht minder aber auch für das restliche Teilnehmerfeld.

Kürzlich mussten wir am Nürburgring in der European Nascar miterleben, wie ein völlig überforderter Nobody einem der erfolgreichsten GT-Piloten aller Zeiten beim Überrundet-Werden (!!!) auf der Start-Ziel-Gerade plötzlich seitlich ins Auto fuhr. In totaler Selbstüberschätzung, den Superstar locker aufhalten zu können und es ihm zumindest jetzt – eine Runde zurückliegend! – mal ordentlich zu zeigen. Als dies doch nicht gelang – natürlich hatte der jahrzehnte erfolgreiche Profi wesentlich mehr Speed aus der Zielkurve auf die Gerade mitnehmen können, steuerte er sein Nascar-Auto seitwärts in die Flanke des Stars. Außer einem GFK-Kotflügel und einer -Beifahrertüre ging materiell nichts massiv zu Bruch. Das Vertrauen in den klaren Verstand eines sich selbst vollkommen überschätzenden Mitstreiters ging jedoch ernsthaft verloren.

Selbstüberschätzung ist wohl der Hauptfaktor, wenn es im (Renn-) Sport zu Unfällen kommt. Persönliche Selbstüberschätzung eines Fahrers ist es aber auch, was Ingenieure und Mechaniker zu bemitleidenswerten Passagieren eines unselbstkritischen Ego-Trips macht. Im Fall eines SE-OR-Ungleichgewichts ist nämlich NIE der Fahrer schuld. Immer sind es die Technik, der schlechte Reifensatz, die Mechaniker, ein oder mehrere Mitbewerber, die einem immer die schnellen Runden vermasseln, die Rennleitung, die Streckenposten, die tiefstehende Sonne, der anhaltende Regen, dieser idiotische Kurs usw.

Wer auf der Suche nach der Verantwortung für erzielte Resultate nicht mal zuallererst seine eigene Leistung hinterfragt, der wird ewig hinten nach sein oder sich zumindest weit unter dem eigenen Wert schlagen. Woher soll man wissen, woran's in der eigenen Performance wirklich mangelt, wo man trainingsmäßig systematisch ansetzen könnte, wenn man stets die Schuld bei anderen sucht?

Aber mögliche Erfolge und vielversprechende Karrieren können auch durch **Unterschätzung der eigenen Potenziale** beeinträchtig oder gar im Keime erstickt werden. So wie es den »so gut wie die am Podium bin ich schon lange«-Typ gibt, so trauen sich im Gegensatz manche trotz großen Talents und guter Gesamtvoraussetzungen zu wenig zu. *»Einmal unter die Top 10 fahren, das wäre schon ein Traum …«*, kann nämlich auch völliger Selbstunterschätzung zu Grund liegen, wenn angesichts von Talent und Engagement eigentlich Siege möglich wären.

Das richtige Maß in der Selbsteinschätzung zu finden und eine damit verbundene erfolgversprechende Definition der zu erreichenden und erreichbaren Ziele ist die große Kunst.

SE-OR-Tool

Eine sehr wirksame Maßnahme, sich selbst effektiv zu kontrollieren, wie denn das eigene subjektive Empfinden mit der objektiven Realität übereinstimmt, ist, noch vor Saisonbeginn den Trainingsblock, das Trainingstagebuch oder den Computer zur Hand zu nehmen. Ob handschriftlich oder digital – **der erfolgreiche Sportler führt persönliche Trainingsaufzeichnungen!** Sämtliche geplanten Wettkämpfe der

Saison werden aufgelistet und für jeden einzelnen Termin die eigene Leistung prognostiziert, um das Ergebnis danach der Vorhersage gegenüberzustellen.

Zum Beispiel als Rennfahrer:

XXXX-Ring, Ende März: Da regnet es fast immer und ist saukalt. Auch war ich noch nie so ein Schnellstarter in die neue Saison. Strecke jedoch kommt mir und meiner Maschine eigentlich ganz gut entgegen: Platz 5

YYYY-Ring, Mitte Mai: Meine absolute Lieblingsstrecke, keine ultraschnellen Ecken, genau mein Stil, selbst wenn es nass ist: Platz 2

ZZZZ-Ring, Ende Mai: Superschneller Kurs, den ich gar nicht mag. Da möchte ich primär sauber Punkte nach Hause fahren: Zumindest Top 10 wäre schon ein Hit! ...

Und nach der halben Saison nimmt man sich dann diese Prognosen einmal in Ruhe zur Hand. Spannend, was dabei rauskommt.

Hast du deine persönlichen Prognosen erfüllt, die Erwartungen getroffen oder sogar übertroffen? Oder bist du statt deinen angesagten P5, P2 und Top 10 in Wahrheit 11., 7. und 19. geworden? Dann empfehlen wir dir, auch über dich selbst nachzudenken, denn ganz – schwarz auf weiß – offensichtlich kannst du dich (noch) nicht richtig einschätzen.

Erfolg ist kein Zufallsprodukt, sondern das Ergebnis geplanter, langfristiger und systematischer Entwicklung.

Nur wer selbst einschätzen kann, wo er steht, wo es Stärken weiter zu stärken und Schwächen zu eliminieren gilt, wo es sehr wohl auch fahrtechnisch noch Versäumtes aufzuholen gibt, wo körperliche, mentale oder emotionale Mankos dem Erfolg im Wege stehen – NUR wer es versteht, sich selbst offen, ehrlich, kritisch (nicht überkritisch jedoch) gegenüberzustehen, weiß konkret, wo Verbesserungspotenziale liegen. Und **nur mit permanenter, zielgerichteter Arbeit an sich selbst wird man der ganz große Hero!**

Stärken-Schwächen-Analyse

Anhand dieser kritischen und dennoch neutralen Betrachtungsweise von sich selbst ist es auch möglich, eine erfolgsversprechende Stärken-Schwächen-Analyse in Angriff zu nehmen. Gerade im Umgang mit dem, was wir sehr gut können, und aber auch dem, was uns weniger oder gar nicht gut liegt, ist ein großes Potenzial zur Verbesserung der eigenen Leistung verborgen. **Stärke deine Stärken** und vergeude deine Zeit nicht mit deinen Schwächen, ist ein Grundsatz, der Champions ausmacht. Sie haben verstanden, was sie tun müssen, um aus **»gut«** nicht nur **»besser«** zu machen, sondern sogar unter Umständen **»weltmeisterlich«.** Wenn man seinen Fokus immer nur darauf lenkt, was man nicht (gut) kann und sich im Training darauf konzentriert, diese Schwächen zu minimieren, so wird man bestenfalls dort weniger schwach, also Mittelmaß und gesamt ein ganz passabler Allrounder. Spitzenklasse wird man nur, wenn man seine Stärken analysiert hat und sich derer besinnt. Nur, wer genau dort weitertrainiert, wo er ohnehin schon herausragend ist, wird der echte unbesiegbare Meister.

Das 4-Phasen-Modell des Lernens oder die Topografie zum Erfolg

Einen durchaus nahen Zusammenhang gibt es auch zwischen der SE-OR-Analyse, also der korrekten Selbsteinschätzung, und dem Wesen des Lernens, als Kletterroute dargestellt:

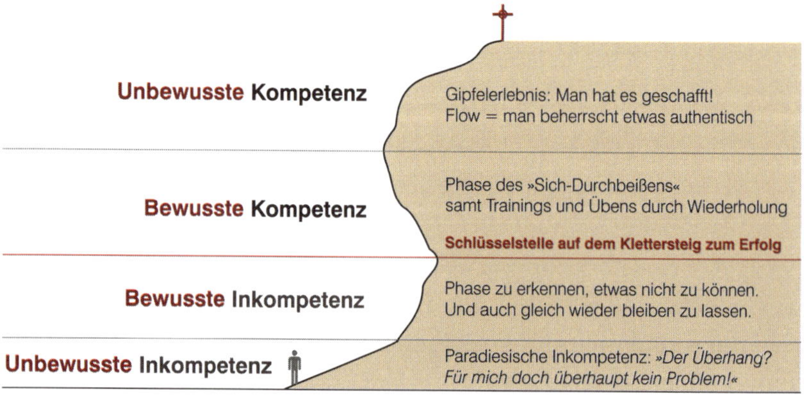

Der Prozess, etwas zu lernen, beginnt meist mit der **unbewussten Inkompetenz**. In dieser Phase sieht man z.B. einem Könner bei dessen spielerisch wirkender (Sport-)Ausübung zu und kann noch gar nicht abschätzen, wie schwierig etwas wirklich ist oder ob überhaupt. Das ist die unterste Stufe, wo alles in der Regel viel einfacher ausschaut, als es dann in Realität ist. Man kann etwas nicht und weiß noch nicht, wie schwer dieses Etwas eigentlich wäre. Etwa den Überhang, die Schlüsselstelle der grafisch dargestellten Kletterwand, zu durchsteigen.

Paradiesische Inkompetenz: Ein nicht mit einem hohen Maße an Cleverness gesegneter Zeitgenosse oder jemand, der bei der Analyse von subjektivem Empfinden zu objektiver Realität ein wahrer **Champion in Selbstüberschätzung** ist, wird sich sagen: »*Gar kein Problem, das kann ich schon lange.*« Hier ist noch nicht: *Ich weiß, dass ich nichts weiß oder kann.* Sondern der Fall liegt mehr auf der Ebene: Er ist zu dumm oder ignorant zu erkennen, nichts zu können. Paradiesisch nennt man diesen Zustand deshalb, weil es wirklich himmlisch sein muss, diese Dummheit selbst nicht zu merken.

Bewusste Inkompetenz: Der Clevere wird – wenn das Interesse geweckt wurde – beginnen, Details zu beobachten, beim Könner gesehene Fertigkeiten im Kopf nochmals durchzugehen (= Visualisierung, eine der Techniken des Mentaltrainings) und wenn er mental sensibel ist, vielleicht sogar in sich hineinzuspüren versuchen, wie einem das Gesehene etwa hinsichtlich sonstiger individueller Faktoren und Begabungen (Körpergröße, muskuläre Veranlagung, Ballgefühl, Bewegungstalent, Sprachentalent, absolutes Gehör usw.) oder anderer bereits erlernter Fertigkeiten liegen könnte. Man erkennt, etwas nicht zu können: **Ich weiß, dass ich nichts weiß.**

Etwa auf dieser Höhe der **Route zum Erfolg** trennt sich in der Regel die Spreu vom Weizen. Verlierer probieren in dieser Phase ein wenig herum, merken, dass es anstrengend wird, sagen sich: »*Ne, lass mal, das ist doch nichts für mich!*« und setzen sich wieder mit Bier zum Fernseher.

Erfolgreiche oder zumindest erfolgsorientierte Persönlichkeiten sagen sich jedoch: »*Na gut, wenn ich das können möchte, gibt es für mich jetzt einen Preis dafür zu zahlen.*« Nämlich meist in der Form von Investition in Übungszeit, Trainingseinheiten, Trainerstunden, Schweiß und

Tränen. Hat man es motivationsmäßig bis hierher geschafft, ist man an der schwierigen Schlüsselstelle der Kletterwand angelangt, an dem Punkt der **bewussten Kompetenz**. Hier gilt es nun durch konzentriertes Trainieren und ständiges Wiederholen eines Bewegungs- oder Handlungsablaufes so lange zu üben, bis dieser immer besser und ausgefeilter wird und man es trotz Rückschläge schafft.

Bewusste Kompetenz deshalb, weil man eben sehr wohl noch bewusst mitdenken oder sich sogar Abläufe vorsagen muss: *»Linkes Bein gerade vor, rechtes Bein …«* Das Selbstgespräch ist wie erwähnte Visualisierung eine weitere Standardmaßnahme im mentalen Training.

In dieser Phase der bewussten Kompetenz kann es wiederum zur Frustration kommen und zum »Werfen des Handtuchs«. Durch die vielen Wiederholungen besteht natürlich die Gefahr, die lodernde Motivation zu verlieren, gleichsam nicht mehr dafür zu brennen, diese Fertigkeit zu erlangen, ausgebrannt zu sein (**Burnout = ausgebrannt**). Tatsache ist, dass oft vor dem Schritt zum Meister, zum authentischen Können einer Sache, bevor eine Fähigkeit zur selbstverständlichen Fertigkeit wird, eine Stagnation eintritt. Hier geben viele zermürbt auf. Der wahre Erfolgsmensch steht aber auch hier trotz zahlreicher Rückschläge und oftmaligem Scheitern und Stolpern immer wieder auf und erreicht schließlich die Stufe der

unbewussten Kompetenz: Die gewünschte Handlung ist sprichwörtlich in Fleisch und Blut übergegangen. Ohne bewusst nachdenken zu müssen, führt man etwas aus. Man beherrscht eine Handlung authentisch, sicher und im Optimalfall (welt)meisterlich. In dieser Phase des unbewussten, »blinden« Könnens und Vertrauens in die eigenen Fähigkeiten entstehen im Idealfall auch **Flow-Erlebnisse**, bei denen man beinahe in seiner eigenen Dimension, in einer anderen Welt völlig eins wird mit der Tätigkeit.

Fahren wie in einem Tunnel, in dem ich fahre und fahre und weit jenseits meiner bewussten Wahrnehmung bin.

Ayrton Senna über sein Flow-Erlebnis beim Grand Prix in Monaco

*Ein gut greifbares Beispiel für das 4-Phasen-Modell des Lernens stellt auch der heranwachsende Jugendliche dar, der ins Autofahreralter kommt und noch nicht abschätzen kann, ob das mit den Pedalen, dem Schalten und Lenken eigentlich schwierig ist oder so einfach, wie es bei den Eltern ausschaut (***unbewusste Inkompetenz***). Der eine oder andere (meist männliche) Teenager wird dann chauvinistisch sagen, ohne Autofahren je probiert zu haben: »Wenn das meine Mum kann, na dann kann ich es mit Links« (=* ***paradiesische Inkompetenz****). Clevere werden den Vater oder vielleicht besser den Onkel fragen, ob sie auf einer Straße ohne Verkehr mal hinters Lenkrad dürfen und erkennen, dass das mit Kupplung und Gas doch gar nicht so einfach ist wie es vom Beifahrersitz ausschaut (***bewusste Inkompetenz***). Nachdem sie aber unbedingt Autofahren lernen wollen, werden die Teenager in die Schlüsselstelle zum Erfolg einsteigen und in Fahrschule und privater Übungsfahrt so lange trainieren (***bewusste Kompetenz***) bis sie die Fahrprüfung schaffen (oder auch nicht auf Anhieb, dann gilt es, nach einem Scheitern und Stolpern wieder aufzustehen und weiterzukämpfen). Mit der Übung durch tausende bereits selbst gefahrene Kilometer wird dann früher oder später das Level der* ***unbewussten Kompetenz*** *erreicht, wo das Steuern eines Autos wie von selbst und automatisch funktioniert.*

Dumme, ignorante Jungs, die in ***paradiesischer Inkompetenz*** *und chronischer Selbstüberschätzung meinen, sie könnten Autofahren sowieso, landen meist nur Wochen nach der Führerscheinprüfung mit ihrem Auto auf dem Dach, im Straßengraben oder an einem Baum und erreichen die unbewusste Kompetenz erst durch Bezahlung eines sehr hohen Preises in Form von Personen- oder Totalschäden.*

Das eine oder andere Mädchen, das ohnehin tendenziell an Selbstunterschätzung und dann noch an einem ungeduldigen Fahrlehrer leidet, redet sich selbst unnötigerweise ein, das mit dem ruckelfreien Bergauf-Wegfahren nie zu schaffen und erreicht oft das Level des authentischen Könnens erst nach Jahrzehnten oder gar nie. Schade. Mit einer korrekten Selbsteinschätzung (und Buchung von fünf zusätzlichen Übungsstunden am ruhigen, verkehrsfreien Fahrtrainingsplatz zum Aufbau von Selbstvertrauen) wäre auch hier das »Level of Perfection« systematisch und problemlos zu erreichen gewesen.

Auch aus
Steinen, die dir
in den Weg
gelegt werden,
kannst du etwas
Schönes bauen.

Erich Kästner

Das Geburtsdatum als Erfolgsfaktor?!

Wenngleich der Titel dieser Story nach Astrologie klingt, so ist diese Betrachtung, warum gerade in jungen Jahren sowohl Erfolg als auch Misserfolg massiv durch das Geburtsdatum beeinflusst werden können, eine wesentlich simplere. Nicht, dass wir nicht auch der Meinung wären, dass die Konstellation der Sterne einen großen Einfluss auf ein gutes Gelingen hat. Im Folgenden geht es aber um ein ganz einfaches Rechenbeispiel, das gerade Eltern talentierter Nachwuchssportler bei der Karriereplanung berücksichtigen sollten. Denn selbst ein hohes Maß an Resilienz (Widerstandsfähigkeit; Kraft, sich immer wieder aufzurappeln) des Jugendlichen ist bei einer Benachteiligung durch das Geburtsdatum kein Garant für einen steilen Aufstieg.

Diese Coaching-Unit macht dich READY TO WIN, denn sie zeigt:

- **Was Erfolg mit dem Phänomen des relativen Alters zu tun hat**
- **Was Resilienz in diesem Zusammenhang bedeutet und bewirken kann**

Der Autor dieser Zeilen ist am 8. August geboren. Zugegebenmaßen ein schönes Datum, so mancher Feng-Shui-Enthusiast würde ob der zwei Glücksziffern (8.8.) vor Neid erblassen. Noch heute – knapp fünf Jahrzehnte später – erzählt mir meine Mutter jährlich aufs Neue, dass es ein extrem heißer Hochsommertag damals gewesen sei …

Knappe sechs Jahre nach meiner Geburt standen meine Eltern vor der Wahl, mich in die erste Klasse Volksschule einzuschreiben oder noch ein Jahr zuzuwarten. Stichtag hierzu ist der 31.8. Ihrer Entscheidung zufolge war ich dann an meinem ersten Schultag knapp 6 Jahre und ein Monat alt (73 Monate). Und war damit mit großem Abstand oder besser Rückstand der Jüngste in der Klasse. Denn es gab natürlich auch Kinder, die bereits im September des vorhergehenden Jahres geboren wurden und so am Tage ihrer Einschulung um fast ein Jahr älter waren als ich, nämlich um die 82 Monate alt. Im Durchschnitt waren beinahe alle Mitschüler gut ein halbes Jahr älter. Der Unterschied in der körperlichen wie geistigen Entwicklung zwischen einem sechsjährigen Kind, einem sechseinhalbjährigen und gar einem siebenjährigen ist jedoch immens. Eine Benachteiligung, von der man damals einfach ausging, dass sie durch die Natur, meine Stärke, meine Intelligenz … keine Ahnung, was auch immer … schwuppdiwupp früher oder später ausgeglichen wird. Wurde sie nicht! Bis zur Matura konnte ich nicht mehr aufholen, was ich in Kindesjahren nicht schnell genug verstanden hatte. Etwa in Mathematik. Kein Wunder, orientier(t)en sich die Lehrer doch natürlich primär an den positiven Reaktionen der guten Schüler. Schlechte Schüler wie ich, deren Hirn einfach altersbiologisch noch nicht so weit entwickelt war, zeigen in der Schule nicht auf und bitten um nochmalige Erklärung, weil sie etwas nicht verstanden hätten. Das tun nicht einmal Erwachsene. Selbst sie wollen sich Blicke und Schmach der Besseren ersparen und sich nicht als geistige Spätzünder outen. Also, wie sollte man diese Reife von einem unreif eingeschulten Kind erwarten?

Was dieses Beispiel zeigen soll ist, wie wichtig es in Schule oder Sport ist, sich Stichtage und deren Einfluss auf Kinder oder Jugendliche klar vor Augen zu führen.

Unnötige Aufholjagd

Egal ob als Schüler oder Sportler, Lektionen, die man nicht entsprechend gleichzeitig mit den tempobestimmenden Anderen gelernt hat, holt man kaum mehr auf. Verständlich, denn sobald man mittels zusätzlicher Lerneinheiten oder Nachhilfe die älteren/besseren Mitschüler meint eingeholt zu haben, sind die schon wieder einen oder mehrere Schritte voraus, weil sie ja schon die nächsten Lehrinhalte verstanden haben. So hinkt man seine ganze Schulzeit oder Sportkarriere den Guten hinten nach und kann selbst vorhandene Begabungen kaum einsetzen, weil man vor lauter Nachhetzen (Schwäche) seine Talente (Stärken) nicht leben kann. Man reagiert nur verschreckt und verstört, anstatt proaktiv zu agieren. Um erfolgreich zu werden, ginge es jedoch vor allem darum, seine Stärken zu entwickeln und zu leben bzw. leben zu können und nicht in Situationen der Schwäche gedrängt zu werden.

Nun werden Menschenkinder in der Regel nicht nach Gesichtspunkten und Überlegungen des relativen Alters bzw. möglicher Schul- oder Mannschaftsaufnahme-Stichtage hin gezeugt. Bei Sportpferden etwa ist dies jedoch völlig gang und gäbe. Jeder erfahrene, umsichtige Züchter wird die Befruchtung der Zuchtstute so planen, dass das Geburtsdatum des Fohlens nach elf Monaten möglichst ideal mit den Stichtagen zu späteren Leistungsprüfungen übereinstimmt. Kein Züchter möchte sein 73 Monate altes Jungpferd auf ein 82 Monate altes Konkurrenzpferd treffen lassen, wie es mir als »Junghengst« in der Volksschule jedoch erging …

Akribisch untersucht wurde dieses Phänomen des relativen Alters – also der Benachteiligung jüngerer Athleten gegenüber älteren aufgrund fixer Stichtage – erstmals im kanadischen Eishockey. In den Nachwuchsserien ist dort stets der 31.12. Stichtag zur Aufnahme in eine Altersklasse. Statistisch konnte einwandfrei belegt werden, dass die von Kind auf bis ins Erwachsenenalter erfolgreichsten Eishockeycracks wann wohl geboren wurden? Genau: Jänner, Februar und März.

Weltweite Untersuchungen mit anderen Sportarten und anderen Stichtagen brachten dasselbe Ergebnis: Je unmittelbarer hinter dem

Stichtag geboren, je älter also, desto unübersehbar höher die Zahl derer, die es an die Spitze geschafft hatten.

Der Unterschied hinsichtlich der psychischen wie physischen Leistungsfähigkeit in Korrelation zum Alter ist umso dramatischer, je jünger die Schützlinge sind.

Also der **Benachteiligungseffekt nimmt mit Zunahme des Alters ab.** Bis zur Pubertät hin ist ein jüngerer Schüler/Sportler am ehesten benachteiligt, danach flacht diese Kurve deutlich ab. *»Na dann«,* wirst du vielleicht jetzt denken, *»eh nicht so tragisch.«*

Aus dieser Erfahrung heraus muss gesagt werden, dass dieses schon erwähnte »Immer-einen-Schritt-hintennach-sein« nicht nur einzelne Unterrichtsfächer betrifft, sondern früher oder später das ganze Leben beeinflusst.

Wenn man Schuljahr für Schuljahr um den Aufstieg kämpfen muss, in den Ferien für Nachprüfungen lernt, während die Elite den ganzen Sommer am See herumtollt, so wird selbst das aufgeweckte, heitere Kind unter Garantie frustriert werden und beginnen, an seinen Fähigkeiten allgemein zu zweifeln.

Resilienz – weit mehr als ein Modewort!

In den letzten Jahren kam der ob seiner Wichtigkeit in diesem Buch wiederholt erwähnte und aus dem Englischen stammende Begriff der Resilienz (resilience: Widerstandskraft, Belastbarkeit, Anpassungsfähigkeit) in Mentaltraining und (Wirtschafts-)Psychologie immer mehr in Mode. Resilienz bedeutet die Kraft, auch aus einer Niederlage oder Krise gestärkt wieder aufzustehen. Eine Eigenschaft, die für Erfolg – egal ob im Beruf, im Sport oder im privaten Umfeld – maßgeblich ist. Sooft es dich sprichwörtlich im Leben oder auch tatsächlich im Sport auf die Nase knallt, wenn du ein Champion werden willst, so rappelst du dich wieder hoch, klopfst dir den Staub aus der Kleidung und gehst oder läufst weiter. Aufgeben gibt es nicht. **»An einem Tag gewinnen wir, an einem anderen Tag lernen wir dazu!«** – Sprüche wie dieser kursieren heute in jeder Sportart. Und haben auch eine riesige Berechtigung. Bloß, nicht jeder verfügt über ein gleich hohes Maß an Resilienz. Unabhängig voneinander durchgeführte wissenschaftliche Studien kamen alle zum selben Resultat, nämlich dass ein Drittel der Kinder selbst unter widrigsten sozialen, materiellen oder emotionalen Umständen ganz normal heranwachsen zu selbstsicheren und erfolgreichen Erwachsenen. Die amerikanische Entwicklungspsychologin Emmy Werner, die mit ihren Langzeitstudien diese erstaunlichen Erkenntnisse zu Tage brachte, nannte diese Kinder und Jugendlichen so schön: **verletzlich, aber unbesiegbar.**

Zwei Drittel der Menschen jedoch rappeln sich nicht immer wieder auf, sondern sie verlieren Mut, Selbstsicherheit und Zuversicht, schulischen oder sportlichen Erfolg jemals erreichen zu können. Nochmals zur Verdeutlichung:

66 % der Menschen – egal ob Kinder, Jugendliche oder Erwachsene – werfen frustriert das Handtuch, wenn Rückschläge in Form von Krisen und Niederlagen regelmäßig bis häufig den geplanten Karriereweg mit Schlaglöchern pflastern.

Resilienz und relatives Alter

Wenn nun, wie eingangs erwähnt, eine Benachteiligung hinsichtlich des Alters samt aller damit verbundener schulischer Krisen mit einem im Älterwerden immer höher ausgebildeten Maß an Resilienz zusammentreffen, so ist noch nichts verloren. Genau dann entsteht ein junger Mensch, der nur froh ist, seine Schule hinter sich zu haben und endlich *»fürs Leben lernen zu dürfen und nicht für die Schule«* – wie auch im Falle des Autor mit der Vision, es nun allen zeigen zu können! Als Erwachsener gilt es dann, mit seinen Kindheitserfahrungen nicht mehr zu hadern, sondern mit den Erinnerungen an die unerfreuliche Schulzeit abzuschließen. Zurückzublicken nach dem Motto:
Es ist nie zu spät für eine schöne Kindheit …

Fällt aber ein zu früh/jung mit einer schulischen oder sportlichen Belastung konfrontiertes Kind auch gleichzeitig in die mit zwei Drittel doch doppelt so große Gruppe der weniger bis kaum resilienten Menschen, so ist ein erfolgloses Leben schon im Kindesalter nahezu vorprogrammiert. In einem Alter, in dem sich ein durchaus intelligentes, begabtes und motiviertes Kind gar keine Vorstellung machen kann, wie unglaublich benachteiligt es in sein weiteres Leben gestoßen wird.

Sind relatives Alter und Resilienz beeinflussbar?

Nun, das relative Alter ist ganz sicher und sogar einfach beeinflussbar, nämlich durch Feinfühligkeit bei den Eltern, die ihrem Kind genau die Zeit geben, die es benötigt, um seine Stärken entwickeln zu können. Bevor überehrgeizige Eltern (oder Betreuer) ein Kind schon alleine aufgrund körperlicher Mankos zum Unterlegenen und Verlierer machen, bloß weil man es in eine Mannschaft, Sportart oder Schulklasse mit relativ gesehen zu alten Mitstreitern/Mitschülern steckt, sollte man sich wohl überlegen, ob der zu erwartende Preis dieses Risiko lohnt.

»Verheizen« nennt man so ein übermotiviertes und zugleich unsensibles Verhalten im sportlichen Fachjargon. Eine Praxis, die mehr vielversprechende Sportkarrieren zerstört wie Verletzungen und Budgetmangel zusammen.

Relatives Alter und Erfolgsverteilung

Hinsichtlich der Resilienz gibt es auch eine gute Nachricht: Falls man eine stabile Grundhaltung und eine zielstrebige, proaktive Persönlichkeit nicht in die Wiege gelegt bekam, sind diese so essentiellen Merkmale für Erfolg im späteren (Sportler-)Leben durchaus positiv beeinflussbar. Nämlich durch ein förderndes Umfeld, eine verständnisvolle, unterstützende Familie, anspornende Vorbilder und bei Kindern wohl durch einen autoritativen Erziehungsstil (siehe dazu auch Coaching-Unit »Persönlichkeitsentwicklung und Führungsstil«).

Abschließend sei nochmals betont, dass ein Einschreiben des aufgrund des vorgegebenen Stichtages noch sehr jungen Schülers oder Sportlers in eine Klasse mit deutlich älteren Kindern natürlich nicht automatisch und zwangsläufig einen Versager produziert. Einzig auf die absolute Häufigkeit sei hier hingewiesen, dass relativ ältere Kinder statistisch nachgewiesen deutlich öfter zur erfolgreichen Elite aufgestiegen sind wie jüngere. Die statistisch erhobene Verteilung, dargestellt in der nachfolgenden **Grafik »Relatives Alter und Erfolgsverteilung«,** darf alle Eltern und Betreuer zum Nachdenken anregen ...

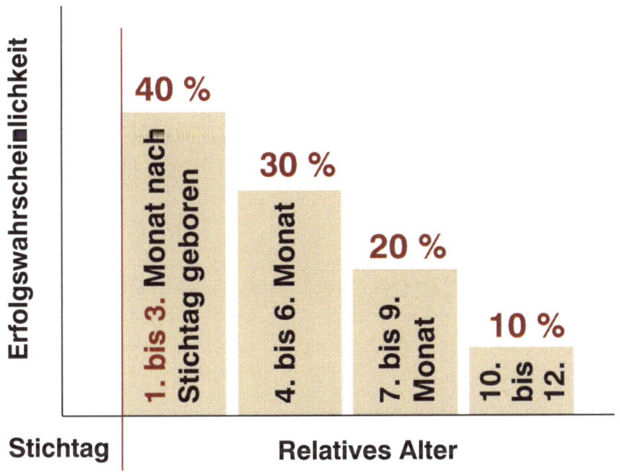

If we fail to plan, we plan to fail.

John Wooden, Basketball-Trainerlegende

Zielmanagement
Die Basis jeden Erfolgs

Einer der bedrückendsten Zustände, in die ein Mensch geraten kann, ist es, keine Ziele (mehr) zu haben. Viele Beispiele beweisen, dass man sich selbst aus ernsthaften Erkrankungen wieder zurückkämpfen kann, wenn man ohne Wenn und Aber das konkrete Ziel verfolgt, wieder gesund zu werden. Um im Sport bzw. im Leben allgemein erfolgreich zu sein, bedarf es eines hohen Maßes an Resilienz (= die Kraft, immer wieder aufzustehen) und einer Vision, um zu wissen, wofür man sich letztlich immer wieder aufrappelt. Aus unserer Vision leiten wir die konkreten, greifbaren Ziele ab. **Ohne Ziele kein erfülltes Leben, ohne Ziele kein Erfolg.** Wer jedoch seine Vision allzu hartnäckig verfolgt, läuft Gefahr, für diese früher oder später nicht mehr Feuer und Flamme zu sein.

Diese Coaching-Unit macht dich READY TO WIN, denn sie zeigt:

- **Wie man an ein (sportliches) Lebens-/Erfolgsprojekt herangeht**
- **Wie man Ziele richtig definiert, plant und terminisiert**
- **Wie man Zwischenziele setzt und deren Umsetzung auf dem Erfolgsweg kontrolliert**
- **Wie man letztlich den goldenen Mittelweg in der Realisierung findet**

Wie schon eingangs erwähnt, ist es ein beunruhigender Lebenszustand, keine Ziele vor Augen zu haben bzw. einmal definierte Ziele aus welchen Gründen auch immer aus den Augen verloren zu haben. In der Zielfindung geht es daher zuallererst einmal um die Vision.

Was ist deine Vision?

Bereits lange bevor du dir über deine konkrete, systematische Zielsetzung Gedanken machst, empfehlen wir, dich auf einen positiven Wohlfühlplatz zu begeben (im Garten, im Wald, am Flussufer, am Strand, auf der Tribüne deines Heimstadions oder deiner Lieblingsrennstrecke, in die Rennwerkstatt – wo auch immer du dich echt wohl und ambitioniert fühlst), die Augen zu schließen und einfach deinen Lebenswunsch zu träumen. Wo siehst du dich in diesem Tagtraum? Siehst du dich überhaupt irgendwo? Tauchen Bilder auf, die dich mit großer (Vor-)Freude erfüllen? Wo soll die Reise deines Lebens hingehen?

Siehst du dich im Traum etwa im Wettkampfdress, wie du in einem harten, heißen Rennen bis an deine absoluten Leistungsgrenzen kämpfst, spürst du jede Bewegung deines Körpers bis zur schwarz-weiß karierten Flagge? Danach stehst du als Sieger ganz oben auf dem Podium, mit Champagner spritzend, bald vor Journalisten ein Interview gebend?

»*If you can dream it, you can do it*« ist eine alte, durchaus berechtigte Weisheit in der Zielsetzung. Dieses Tagträumen zeigt uns nun unsere Vision, das Dach über unserem Erfolgsgebäude. Leider träumen viele Menschen an dieser Stelle nicht von ihrer Vision, sondern sehen vor dem geistigen Auge eine Utopie.

**Eine Vision muss immer realisierbar sein,
deinen Fähigkeiten und Möglichkeiten entsprechend.**

Ja klar, deine Vision muss schon hochgesteckte Ziele beinhalten, keine Frage, sonst wird es dich zu wenig motivieren: **»Nur keine zu kleinen Ziele stecken«**, dieser Spruch ist wahr und wichtig.

Vision versus Utopie

Wenn du jetzt aber als 27-jähriger Hobbykartfahrer davon träumen solltest, in diesem Leben noch Formel-1-Weltmeister zu werden, so muss ich dir leider sagen, dass dies dann unter Utopie fällt. Tagträumen im negativen Sinn. Denn **eine Vision, sei sie auch noch so hoch angesetzt, muss erreichbar sein, sonst ist es einfach eine Utopie** oder ein Hirngespinst.

Du brauchst jetzt nicht verunsichert sein, wenn es dir nicht gelungen ist, deinen Erfolgstraum, deine Vision zu visualisieren. Dies kann mehrere Gründe haben:

1. Sehr rationale, pragmatische Menschen, man spricht in diesem Zusammenhang auch gerne von einer Dominanz der linken Gehirnhälfte (= der linke unserer beiden Gehirnfrontlappen, welche sich direkt unter unserer Stirn befinden), haben generell mehr Schwierigkeiten mit Tagträumen und Visualisierungen. Diesen Menschen fällt es oft schwer, schnell etwas zu schätzen, wogegen sie binnen Sekunden etwas ausrechnen können – analytisch denkend und rational handelnd.

   Menschen mit einer Dominanz der rechten Gehirnhälfte können hingegen meist besser schätzen als rechnen. Bei ihnen ist die emotionale und künstlerisch-kreative Ebene mehr im Vordergrund, wogegen eben der Links-Dominante oft seine Stärken im rationalen Denken hat. **Vielleicht kannst du deine Vision nicht träumen, aber ganz klar und präzise aufschreiben – genauso gut!**

   Dennoch wird der rationale Mensch eine wunderbare Erweiterung seines Horizontes erfahren, wenn es ihm nach vielen erfolglosen Versuchen endlich gelingt, sich seine Visionen und Herzenswünsche vor dem geistigen Auge tagträumerisch vorstellen zu können. Und der emotionale Typ wird gut daran tun, seine imaginäre Vision in ein schriftliches, klar definiertes System zu fassen, egal ob auf Papier oder am PC, um sich nicht zu sehr in fantastischen Träumen zu verlieren.

2. **»Use it or lose it.«** Sich keine Visionen vorstellen zu können, mag daran liegen, dass du von deinem Weg abgekommen bist und deine Ziele aus den Augen verloren hast. Dies passiert Menschen heute permanent. Wer seinen Weg verloren oder wessen Fokus (sein Aufmerksamkeits- oder Wahrnehmungsfenster, siehe dazu Coaching-Thema »Fokusregulation«) sich verschoben hat, wird oft ohne konkretes Tagwerk einfach Woche für Monat monoton vor sich hinarbeiten/-trainieren (dabei durchaus fleißig und engagiert!) und Gefahr laufen, in dem, was er tut, auszubrennen. Burnout heißt dann die Diagnose im Enddilemma. Burnout-Patienten ist sehr häufig ihre Vision abhandengekommen.

Dabei hilft oft schon, sich rechtzeitig zurückzubesinnen, ein paar Monate, ein paar Jahre: *»Wann habe ich zuletzt in meinem Leben gewusst, was ich wirklich erreichen will?«*, ist da eine gute Frage, die es sich zu stellen lohnt. Genau wie bei der Suche nach dem verlegten Schlüssel: *»Wo habe ich den Schlüssel* (zu meinem erfüllten, glücklichen Leben) *zuletzt gesehen?«*

Erfolgssymbole

Es ist auch durchaus hilfreich, für die persönliche Vision ein oder mehrere Symbole zu (er)finden, die man mit dem Erreichen des Endzieles geistig verbindet. In der Grafik auf Seite 64 lautet die Vision: *Ich will Profisportler werden und meine Familie davon gut ernähren können.* Das imaginäre Symbolbild dazu kann nun sein, sich als strahlender Sieger eines Rennens oder Matches zu sehen, mit dem nicht minder strahlenden Ehepartner (den du vielleicht erst in Jahren kennenlernen wirst) an deiner Seite, auf deinem Arm sitzt winkend dein kleines Kind und in deiner anderen Hand hältst du triumphierend den monströsen Siegespokal. Wie schön ist die Welt, wie schön wird sie sein, wenn ich meine Vision erreicht habe!!!

Natürlich kannst du dir auch etwas Materielleres vorstellen, wenn dir dies besser entspricht: Deine seit Kindheitstagen erträumte Blockhütte mitten im Wald, am Ufer eines einsamen Sees gelegen, am Bootssteg das Ruderboot, mit dem du gleich zum Fischen rausfahren wirst. Mit dem Geld, das du als erfolgreicher Profisportler verdienst, kannst du dir diesen Kindheitstraum ja erfüllen.

Also, die Vision ist ein mehr oder weniger greifbares, mehr oder weniger fernes Endziel, die dich immer wieder aufstehen lässt, wenn du am Weg gestolpert bist. Und wer nie gestolpert und hingefallen ist, der stieß auch nie an seine möglichen Leistungsgrenzen.

Die Vision unterteilen wir in fix terminisierte, greifbare Ziele. In der Grafik auf der folgenden Seite z.B. in das konkrete Erfolgsziel: *In 3 Jahren bin ich unter den Top 5 in Europa!* Wenn du das erreichst, bist du schon am Weg zum bezahlten Profi.

Ziele werden nach dem **SMART-Prinzip** definiert, wobei diese Abkürzung bedeutet:

S **Spezifisch:** Persönlich auf dich und deine Möglichkeiten abgestimmt. Dein Ziel, nicht das anderer!

M **Messbar:** »*Ich will einfach nur ein reicher Superstar werden!*«, ist da zu wenig messbar!

A **Anspruchsvoll:** Unterfordernde Ziele führen nämlich zwangsläufig ins Bore-out (= »ausgelangweilt« sein, Zustand ausgesprochener emotionaler Unterforderung).

R **Realistisch und realisierbar:** Andernfalls bleibt das Ziel utopisch und sinnlos!

T **Terminiert:** »*In 3 Jahren will ich zu den Top 5 gehören!*« In 3 Jahren und nicht irgendwann!

Anzahl der Ziele

Setze dir nicht zu viele Ziele auf einmal oder zur selben Zeit (Sportprofi werden, ein eigenes Haus bauen, Studium doch abschließen, Familie gründen, mit der Harley die Route 66 fahren, Hunde züchten ...). Am besten nur jeweils eines. Ist es erreicht, das nächste Ziel anvisieren.

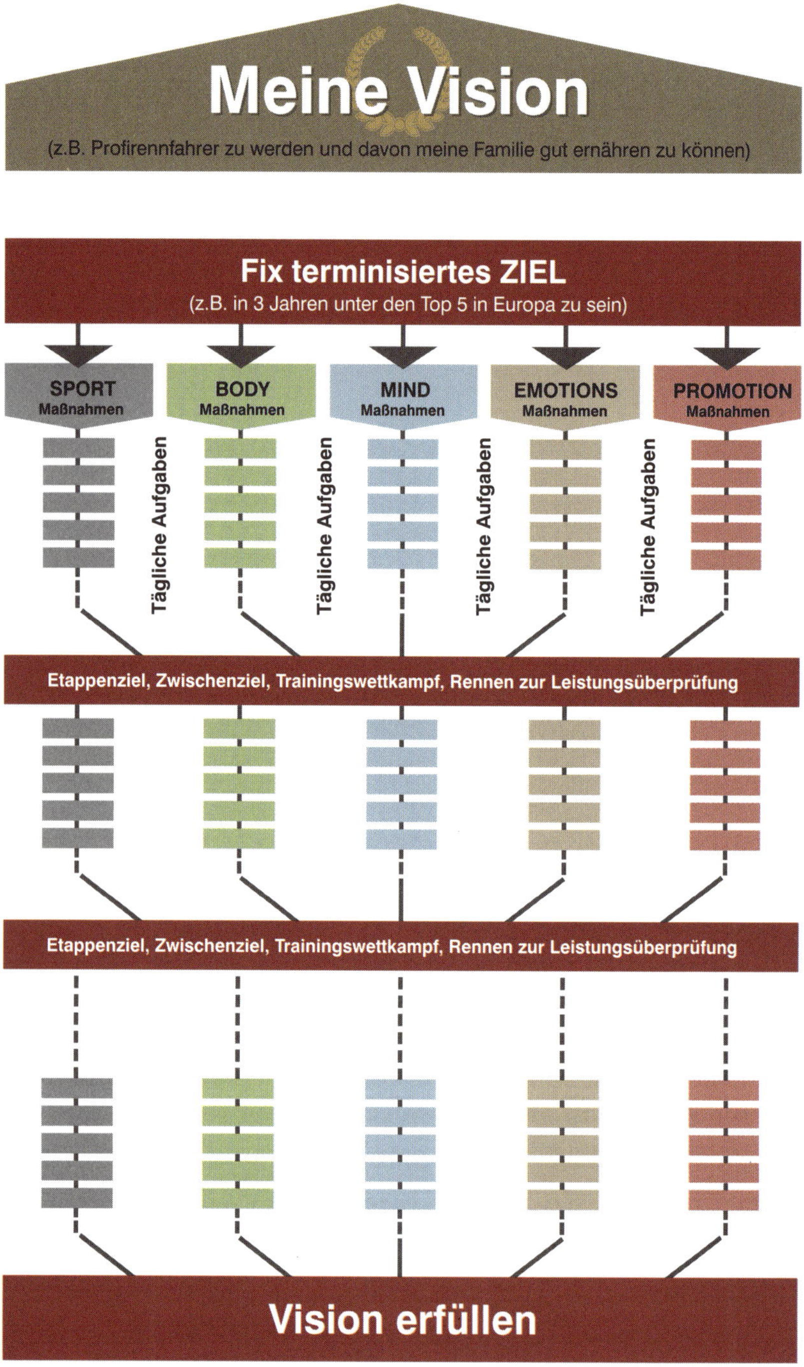
Meine Vision
(z.B. Profirennfahrer zu werden und davon meine Familie gut ernähren zu können)
Fix terminisiertes ZIEL
(z.B. in 3 Jahren unter den Top 5 in Europa zu sein)
SPORT Maßnahmen
BODY Maßnahmen
MIND Maßnahmen
EMOTIONS Maßnahmen
PROMOTION Maßnahmen
Tägliche Aufgaben
Tägliche Aufgaben
Tägliche Aufgaben
Tägliche Aufgaben
Etappenziel, Zwischenziel, Trainingswettkampf, Rennen zur Leistungsüberprüfung
Etappenziel, Zwischenziel, Trainingswettkampf, Rennen zur Leistungsüberprüfung
Vision erfüllen

Sind alle Ziele erreicht, stehst du vor der Erfüllung deiner Vision, gratuliere! Konzentriere dich aber bis dahin stets auf nur **ein** Ziel: **Wenn du 10 Ziele gleichzeitig verfolgst, hast du von deinen 100 % Aufmerksamkeit, deiner Energie und Power pro Ziel bloß 10 % verfügbar.** Und so erreichst du keines deiner Ziele!

Ich gehe nicht mit Erwartungen an eine Aufgabe heran, sondern mit einem Ziel.

Lewis Hamilton

Unsere READY TO WIN™-Coaches empfehlen, die zur Erreichung deines Zieles nötigen Maßnahmen in die 5 Bereiche **SPORT - BODY - MIND - EMOTIONS - PROMOTION** zu teilen. Das heißt: Was muss ich sporttechnisch, körperlich, mental, emotional und marketingtechnisch tun, um mein Ziel Schritt für Schritt zu erreichen und meiner Vision ganzheitlich näher zu kommen?

Schritt für Schritt zum Erfolg

In den fünf farblich unterschiedenen Bereichen gilt es, für sich konkrete Maßnahmenpakete zusammenzustellen (z.B. Trainingspläne im Bereich BODY), am besten unterteilt in überschaubare Aufgaben: einzelne, kleine Schritte auf dem Weg zum großen Erfolg. In deiner Vorbereitung, deinem Training gehst du dann Schritt für Schritt vor. Du hakst Aufgabe für Aufgabe ab, so wird auch ein großes Ziel, eine gewagte Vision realisierbar: Trainingseinheit für Trainingseinheit, Stufe für Stufe, Schritt für Schritt.

Das Erfolgsrezept liegt im Überwinden kleiner Stufen, die einen nicht überfordern, vor allem aber auch nicht unterfordern dürfen. Solltest du dabei einmal deine Vision aus den Augen verlieren oder dich gerade wieder mal nach einem Misserfolg hochrappeln müssen, so visualisiere wieder **»dein Traumbild«** (= strahlender Sieger, strahlender Ehepartner, winkendes Kind am Arm oder die Blockhütte am See – was immer dein Bild zeigt).

Template for Success

Schaffst du es nicht, dir deine Vision in einem Tagtraum vorzustellen, dann setze dich an den Computer, öffne dein Grafikprogramm und baue dir dein persönliches »Template for Success«. Schreibe die Vision in großen Buchstaben als Headline in die Mitte und positioniere dazu Bilder aus deinem Fotoarchiv oder dem Internet, die deine Vision illustrieren: den jubelnden Sportstar, eine Siegerehrung, eine happy family, das Blockhaus am einsamen See. Daraus machst du dir eine PDF und die lädst du dann auf dein Smartphone, auf dein Pad, dein Tablet – wo auch immer. Und wenn du mal einen echten Scheißtag hattest oder einen Extraschub Motivation zum harten Training brauchst: PDF öffnen und einfach nur anschauen – dein digitaler Tagtraum auf dem iPad ;-)

Aber zurück zu den Maßnahmenpaketen und kleinen Aufgaben-Einheiten. Beispielhaft haben wir hier mögliche Etappenziele eines Rennfahrers hergenommen. Man sieht aber dabei gleich, wie ähnlich sich diese ganzheitlichen Stage-Aims (= Etappenziele) sind, auch wenn dein Sport vielleicht ein ganz anderer ist.

Im Bereich **SPORT** könnte z.B. die persönliche Vorgabe lauten:

»Ich will nächste Saison bei einem EM-Lauf erstmals in die Top 5 fahren!«

Nötige Maßnahmen dazu können sein:
- Technisches Verständnis für Setup und Fahrphysik verbessern
- Reifen besser verstehen lernen, um damit schonender umzugehen
- Daten-Analysen schneller lesen lernen
- Insgesamt runder fahren, ruhigere Lenkbewegungen
- Im Zweikampf kompromissloser werden

Im Bereich **BODY** könnte z.B. die persönliche Vorgabe lauten:

»Ich will Rennen auch bei großer Hitze konditionell souverän meistern können.«

Nötige Maßnahmen dazu können sein:

- Grundlagenausdauer um 10 % verbessern
- Extra Trainingseinheiten bei Hitze
- BMI (Body-Mass-Index) um 2 verringern
- Ernährung auf vitalstoffreiches Topniveau umstellen
- Trinkgewohnheiten prüfen, Wasserhaushalt optimieren
- Beschäftigung mit Mineralstoffhaushalt
- Beschäftigung mit kühlender Ernährung

Im Bereich **MIND** könnte z.B. die persönliche Vorgabe lauten:

»Ich will mein mentales Wettkampf-Ich entwickeln.«

Nötige Maßnahmen dazu können sein:

- Mich einmal grundsätzlich mit mentalen Trainingskonzepten beschäftigen
- Meine Nervosität vor dem Start minimieren und in positive Aktiviertheit umwandeln
- Entspannungsmethoden erlernen
- Meine Konzentration bis zur Zielflagge verbessern
- Meine persönliche Systematik fürs Rennwochenende entwickeln

Im Bereich **EMOTIONS** könnte z.B. die persönliche Vorgabe lauten:

»Ich will an den Rennwochenenden mehr Genuss und weniger Stress haben.«

Nötige Maßnahmen dazu können sein:

- Ein Team zu haben, das mich fördert und positiv fordert
- Teammitglieder, die oft Stress und Ärger machen, zukünftig zuhause lassen
- Zusammen mit meinem Vater dessen Rolle im Team klar definieren
- Stress mit Lebenspartner klären, Prioritäten setzen, dafür Privatleben optimieren
- Lernen, Enttäuschungen positiv als Möglichkeiten des Besserwerdens zu betrachten

Im Bereich **PROMOTION** könnte z.B. die persönliche Vorgabe lauten:

»Ich will mein öffentliches Auftreten wesentlich professioneller gestalten.«

Nötige Maßnahmen dazu können sein:

- Team optisch top aufstellen, erstklassige Teamkleidung und davon Fotoserie machen
- Mit neuen Teamfotos dann die Sponsormappe von einem Grafiker überarbeiten lassen
- Website und Facebook-Site optisch wie inhaltlich aktualisieren
- Presse-Service einführen samt Online-Fotoarchiv für Journalisten einrichten
- Mein technisches Englisch deutlich verbessern und Small Talk auf Italienisch/Spanisch ... lernen

Erfolgskontrolle mit nur einer einfachen Frage

Von nun an darf es keinen Tag mehr geben, an dem du dir die Frage **»Was habe ich heute zur Erreichung meiner Vision getan?«** mit »*Nichts!*« beantwortest! Es darf kein Tag mehr vergehen in deiner Karriere, an dem du nicht aus einem dieser 5 Bereiche mindestens eine konkrete, sinnvolle, positive Antwort geben kannst. So einen Tag gibt es im Leben erfolgreicher Menschen nicht! Und wenn dich heute wirklich den ganzen Tag irgendein unnötiges Zeug aufgehalten hat, so gehe zumindest noch am Abend eine Runde laufen/walken für deine Fitness oder vereinbare wenigstens endlich den Termin für die neuen Pressefotos vom Team. Wenn du seit dem frühen Morgen mit der mühsamen Anreise zu einem Rennen beschäftigt bist, am besten als Passagier in einem Flugzeug, so kannst du im engen Sitz zumindest progressive Muskelentspannung oder autogenes Training üben. Fähigkeiten, die du dann zur Entspannung in sportlichen Stresssituationen besonders gut brauchen kannst. Auch an deiner optimalen Ernährung arbeite täglich (siehe Coaching-Unit »Ernährung – das Geheimrezept zum Erfolg«).

Im Leben eines Champions gibt es keinen Tag, an dem er nichts unternommen hat, was ihn einen Schritt näher zur Vision, zum Ziel bringt!

Und es geht jetzt nicht um diesen **einen** Tag, wo nichts in Richtung Ziel/Vision gemacht wurde. Es geht hier ums Prinzip. Aus einem Tag werden schnell zwei Tage und bald eine Woche. Und wer eine Woche lang gar nichts für seine Vision tut, ist sicher kein erfolgsorientierter Profi. Wobei auch ein sinnvoller täglicher Schritt näher zur Vision sein kann, sich bewusst trainingsfrei oder »zielstrebigkeitsfrei« zu machen. Selbst das **Prinzip der lohnenden Pause**, also mal loszulassen, sich in seiner Situation umzublicken und ganz bewusst zu entspannen, ist Teil einer positiven Herangehensweise an eine erfolgversprechende Zielerreichung.

Bist du eher ein selbstzweifelnder, nicht so lockerer und easy vorausblickender oder gar pessimistischer Zeitgenosse, so schreibe dir in deinem Trainingstagebuch, Timer oder Outlook-Kalender am Abend auf, was heute gut gelaufen ist. Kann sein, dass du dazu angestrengter nachdenken musst und nicht sofort auf Positives stößt. Aber du wirst garantiert etwas finden, was auch den heutigen Tag für dein Leben, für deine Mission lohnend gemacht hat. **Das Aufschreiben guter Tagesereignisse hilft mental oft aus einem emotionalen Tief.**

Leistungsüberprüfung

Für die erfolgversprechende Erfüllung seiner Mission sind regelmäßige Kontrollen und Überprüfungen des Leistungsstandes nötig. Idealerweise sind dies Rennen, (Trainings-)Wettkämpfe, Meisterschaftsläufe, die eine Standortbestimmung sinnvoll möglich machen. Auch hier gilt, sollte es einmal schlecht gelaufen sein und man hat ein Race vermasselt, wieder aufzustehen, sich zu fragen, warum es hier schief gelaufen ist und was man beim nächsten Mal besser macht.

Nie an unterlegenen Gegnern messen!

Keine regelmäßigen Leistungsüberprüfungen mittels seriöser Wettkämpfe und Rennen zu machen, ist sehr gefährlich. Denn ohne selektives Vergleichen mit zumindest gleichwertigen Mitbewerbern kann man leicht die richtige Selbsteinschätzung verlieren.

Messe dich nie (oder nur im Ausnahmefall) mit unterlegenen Gegnern! Auch wenn natürlich lockere Siege das Selbstwertgefühl kurzfristig zu steigern vermögen – das böse Erwachen kommt bestimmt! Nämlich genau dann, wenn du gegen die Elite antrittst.

Wer nicht gelernt hat, mit Erfolg und Misserfolg richtig umzugehen, der wird schnell zum Verlierer oder Trainingsweltmeister (siehe dazu Coaching-Unit: » Prognosetraining – Vom Trainingsweltmeister zum Siegertypen«).

Wenn man für seine Ziele ausbrennt …

So widersprüchlich dies zu bisher Geschriebenem klingen mag, die hohe Kunst der Zielerreichung besteht dennoch auch im Loslassen-Können und nicht nur im hartnäckig seiner Vision Hinterherhasten. Hartnäckigkeit halten viele Dynamiker gerade in der heutigen Zeit für eine Tugend ersten Ranges. Schon bei genauerer Betrachtung des Wortes erkennt man aber, dass ein harter Nacken Synonym für nichts Gutes ist: Verspannung, Kopfschmerz, schlechte Drehbarkeit des Halses/ Kopfes, um auch auf die Seite blicken zu können und dergleichen. So sehr es für Erfolg unumgänglich ist, seine Vision zu kennen, seine Ziele und die Etappenziele definiert zu haben, so wichtig ist es auch, diese im Bewusstsein einmal loszulassen, um für sie bei Wiederaufnahme erneut Feuer und Flamme zu sein.

Lass' deine Vision, deine Ziele auch ruhig mal los! Sie werden da bleiben und sich nicht auflösen. Vorausgesetzt, du hast sie vorher sinnvoll festgelegt. Deine Ziele vertragen es schon, wenn du ihnen nicht zwanghaft begegnest, sondern durchaus mit einer gewissen Distanz oder spielerisch-locker oder gar mit einem Quäntchen Humor.

In der Wirtschaft geht man davon aus, dass 90 % der betrieblichen Zielvorgaben nicht erreicht werden. Einfach weil sie zu starr, zu hartnäckig, zu manisch fixiert verfolgt werden, einer Verfolgungsjagd gleich. Dies ist kein Widerspruch zu obiger Erfolgskontrolle, wonach man sich jeden Tag fragen soll, was man heute getan hat, um seiner Vision einen Schritt näher gekommen zu sein. Denn die Antwort kann auch lauten: *»Diese Woche bin ich dem Prinzip der lohnenden Pause gefolgt und habe mich körperlich und seelisch vom Trainings- und Wettkampfstress einmal richtig gut erholt, um jetzt wieder frischen Mutes durchstarten zu können.«*

Wer hartnäckig und starrköpfig seinen Zielen folgt, der kann schon aufgrund der einhergehenden Verspannungen nicht zur Seite schauen. Doch gerade dieser Rundumblick ist es, der regelmäßig nötig ist, um seinen Weg immer wieder mal zu korrigieren.

Wenn du aufhörst zur Seite zu blicken, wie weißt du dann, ob du noch am richtigen Pfad bist?

Dereinst festgelegte Ziele müssen nicht zwangsläufig Jahre danach noch die optimalen ein. Selbst ein Skirennläufer, der sich vom Jugendkader an als Slalom- und Riesenslalomspezialist seine Trainings- und Rennziele gesetzt hatte (die übergeordnete Vision zur Karriere lautete ohnehin neutral: Weltcupsieger), kann nur dann erkennen, dass eigentlich Super-G physisch, psychisch und motivationsmäßig besser zu ihm passen, wenn er auch ab und zu links und rechts seines Weges blickt. Ein Tunnelblick hat noch selten erfolgreich gemacht. Dem Formelrennauto-Fahrer wird nur dadurch die Einsicht beschert, dass der Tourenwagen in Wahrheit besser mit seinem individuellen Fahrstil harmoniert, wenn er es schafft, solche Erkenntnisse zuzulassen, ab und zu mal loslässt und anderes probiert. Genauso wie der Luftgewehrschütze, der erkennt, dass das Kleinkalibermatch besser zu seiner Vision passt – oder umgekehrt.

Dieses Loslassen, diese Ambition, seine Ziele auch spielerisch anstatt nur zwanghaft zu erfahren, ist jedoch kein Freibrief, immer dann, wenn man sich nicht zum Training aufraffen kann, mit dem Prinzip der lohnenden Pause zu argumentieren.

Alle Leser, die eine gesunde Zielfokussierung haben, wissen genau, wie diese kontrollierte Lockerheit im Umgang mit den eigenen Zielen zu verstehen ist, um nicht Gefahr zu laufen, nicht mehr für seine Vision zu brennen und somit ausgebrannt zu sein. Diagnose: **Burnout!**

Wenngleich hier etwas missbräuchlich verwendet, so wunderbar passend kann auch in diesem Zusammenhang das **Yin-Yang-Symbol** die Zielerreichung illustrieren:

Einerseits drückt es ideal aus, dass das engagierte Verfolgen seiner Ziele und Visionen (die weißen Yang-Teile = Aktivität) und das Loslassen (die schwarzen Yin-Teile = Ruhe) sich gegenseitig gleichwertig und harmonisch umfließen. Andererseits ist aber auch in jedem weißen Aktivitätsbereich stets ein Ruhepunkt verborgen, in jedem schwarzen Ruhebereich ein kleiner Bereich der Aktivität: An einem Aktivitätstag, an dem man sehr hart an seiner Zielerreichung arbeitet, sollte demnach stets auch ein kleiner Bereich der Ruhe, des Loslassens, des Entspannens enthalten sein (eventuell eine kurze Meditation).

In jeder Ruhephase, an jedem Erholungstag sollte aber eine kleine Portion Zielerreichung beinhaltet sein, dieses oben erwähnte *»Was habe ich heute getan, um meiner Vision einen Schritt näher zu kommen?«* Da wären z.B.: gesund gegessen, ein alternatives fleischloses Kochrezept probiert, mir ein cooles Hemd für den nächsten Interviewtermin ausgesucht, das ich jetzt noch mit meinen Sponsoren-Logos besticken lasse, endlich mal zur Fußreflexzonen-Massage gegangen, einen früheren Sportfreund getroffen, der mir einfach gut tut beim Gedankenaustausch, mir die DVD „Die Legende von Bagger Vance« angesehen … Also es gibt jede Menge Yin-/Ruhe-Ideen, die einem auf seinem Langstreckenflug zur persönlichen Vision trotz allen Loslassens überaus förderlich sind.

Eine ganzheitliche Herangehensweise an seine Vision und Ziele darf nicht nach dem Entweder-oder-Prinzip aufgebaut sein, sondern soll vielmehr nach einer Sowohl-als-auch-Philosophie erfolgen.

Zielstrebigkeit, Eifer und Ehrgeiz dürfen nicht im Gegensatz stehen zu Weitblick, Gelassenheit, Erholung und Freude. Um dauerhaft und reproduzierbar Erfolg und Glückseligkeit ins Leben einzuladen, muss ein Miteinander der Yin- und Yang-Elemente, ein harmonisches Gleichgewicht von Aktivität und Ruhe einkehren. Gleich der Kompression und Dekompression, des Sich-Zusammenziehens und des wieder Loslassens unseres Herzmuskels. Denn auch hier geht **das Eine nicht ohne das Andere**.

Der österreichische Profischütze Bernhard Pickl hat seine Vision fest im Visier.

12 Stunden am Tag beschäftige ich mich mit dem Auto, den Rest des Tages denke ich darüber nach.

Ayrton Senna

Aufmerksamkeitsregulation
Worauf ist dein Fokus gerichtet?

Worauf man im Moment des Geschehens seinen Fokus, seine vollste Aufmerksamkeit, gerichtet hat, entscheidet sehr oft über Motivation oder Frustration, Freude oder Zorn, Optimismus oder Pessimismus und damit letztlich über Sieg und Niederlage. Aus all unseren zum größten Teil unbewussten Sinneswahrnehmungen die gerade jetzt und gerade hier hilfreichen und förderlichen Informationen herauszusortieren und sich auf diese zu konzentrieren, ist eine große Kunst. Einer der bedeutendsten Ratschläge auf dem Weg zum Erfolg: Lenke deine bewusste Aufmerksamkeit stets auf deine eigene augenblickliche Leistung und nicht auf das mögliche – egal ob gute oder schlechte – Resultat!

Diese Coaching-Unit macht dich READY TO WIN, denn sie zeigt:

- **Mit welch unglaublich eingeschränktem Fernrohrblick wir durch unser tägliches Leben gehen**
- **Warum Optimismus und Pessimismus mit unserer Aufmerksamkeit verbunden sind**
- **Wie die Fokussierung im Zuge eines Wettkampfwochenendes günstig beeinflusst werden kann**

Der Mensch nimmt pro Sekunde die unglaubliche Zahl von 11.000.000 Wahrnehmungen auf. Nochmals in Worten: elf Millionen Informationen, Bit genannt, verarbeitet unser Gehirn pro Sekunde, empfangen über unsere Sinne, allen voran den fünf klassischen Sinnen sehen, hören, riechen, schmecken und ertasten. Alleine rund 10 Millionen Bit pro Sekunde gelangen über die Fähigkeit des Sehens an unser Gehirn. Diese Leistung würde jedem Großrechner zur Ehre gereichen und beweist, wie schier unermesslich die Kapazität unserer grad mal ca. 1,3 kg schweren Denk- und Schaltzentrale ist.

Bewusst nehmen wir davon jedoch pro Sekunde gerade mal läppische 40 Bit wahr – bestenfalls! Also nur etwa jede 275.000ste Sinnesinformation gelangt auch tatsächlich in unser Bewusstsein! Um sich von dieser Relation einen Begriff zu machen, könnte man als Vergleich die Größe eines Champions-League-reifen Fußballfeldes als unsere Gesamtwahrnehmungen festlegen. Und die bewusst gewordenen 40 Bit entsprächen ziemlich exakt der Größe eines Tennisballes, der irgendwo auf dem Fußballfeld liegt. Und dieses »Irgendwo-Liegen« des Tennisballes ist auch in Wahrheit die Herausforderung der im Mentaltraining sogenannten **Fokusregulation**.

Es gibt also unpackbar viele Möglichkeiten, wo unser leuchtend gelber Tennisball auf dem Fußballfeld liegen könnte, so verschwindend klein ist er im Vergleich zur ca. 120 x 90 m großen grünen Rasenfläche. Nun stelle dir symbolisch noch eine im Durchmesser 6 cm große Röhre vor, durch die du wie durch ein Fernrohr blickst und versuchst, den Tennisball in den 10.800 m^2 Rasen zu lokalisieren. Unmöglich meinst du? In Relation zum Fußballfeld entspricht dieser Ausschnitt jedoch sehr genau unserer bewussten Teilwahrnehmung im Ozean unserer sekündlichen 11 Millionen Gesamtwahrnehmungen.

Beim Begriff der Fokusregulation geht es nun darum, dass jeder von uns seinen winzig kleinen Fernrohrblick in diesem riesigen (Fußball-) Feld der Sinnesempfindungen so unterschiedlich ausrichten (= fokussieren) kann, dass es ohnehin nur schwer vorstellbar erscheint, dass zwei Personen, die in ein und dieselbe Richtung blicken, dabei auch nur annähernd ein und dasselbe sehen. Ähnlich wie in der Kommunikation – dort kann man das »Sehen« durch das Wort »Meinen« ersetzen – ist also nicht zu erwarten, dass selbst Menschen, die sich sehr nahe stehen, dieselben bewussten visuellen Wahrnehmungen haben, wenn sie in die gleiche Richtung spähen bzw. mit demselben 6-cm-Fernrohrausschnitt in dieselbe Welt blicken. Nur ein Winkelgrad Abweichung des Fernrohres, und schon ist der Blickpunkt ein unter Umständen ganz unterschiedlicher.

Fokusregulation beginnt bei uns selbst. Es geht nicht darum, stets andere und deren Betrachtungswinkel zu regulieren oder beeinflussen zu wollen, sondern den eigenen zielgerichteten Blick nicht aus den Augen zu verlieren. Das eigene Fernrohr der Sinne auf das Wesentliche und/oder Sinnhafte in der aktuellen Situation oder im Leben allgemein ausgerichtet zu haben, darum geht es.

Mit der Fokusregulation können wir lernen, uns auf das Wesentliche zu fokussieren.

Bleiben wir bei unserem Tennisball als Beispiel: Um den knallharten ersten Aufschlag unseres Gegners überhaupt retournieren zu können, müssen wir unsere **ungeteilte Aufmerksamkeit** auf den auf uns zurasenden Ball richten. Und nicht auf die geheimnisvolle Schöne mit dem witzigen Hut in der zweiten Sitzreihe hinter unserem servierenden Matchgegner. Auch wird der Downhiller auf der berüchtigten Streif in Kitzbühel den Einlenkpunkt in die Linkskurve zum Zielschuss exakt im Fokus haben müssen und nicht die gegenüberliegende, zauberhaft verschneite Bergwelt, will er nach der Hausbergkante nicht geradeaus in den Wald köpfeln. Ein Sportschütze wird sich darauf zu konzentrieren versuchen, nur den innersten Punkt der Zielscheibe im Visier zu haben, auch wenn ihn die im Vergleich zu den Vorrunden ungewohnt laute Zuschauerkulisse bei seinem ersten Weltcup-Finale den Abzugfinger erzittern lässt.

Im alltäglichen Straßenverkehr ist eine **Fokusverschiebung** einer der häufigsten Gründe für schwere Unfälle: Anstatt seine Sinne nach vorne gerichtet zu haben, sind zumindest Seh- und Tastsinn vom SMS-

Schreiben am Smartphone abgelenkt. Die Aufmerksamkeit dort zu haben, wo diese gerade benötigt wird, ist nicht nur im Straßenverkehr essentiell, sondern überall wo es gilt, Leistung dann zu bringen, wenn es darauf ankommt.

Fokus und Aufmerksamkeit müssen zielgerichtet sein, das leuchtet also ein. Es reicht jedoch nicht aus, seine Sinne einfach auf »Auto-Fokus« zu stellen wie beim Fotoapparat und schon hat man den scharfen Durchblick. Es kann nämlich durchaus möglich sein, das individuell Falsche gestochen scharf im Blick zu haben. Ein überaus häufig zu beobachtendes Phänomen.

Aufmerksamkeit und Fokus müssen zielgerichtet sein.

Mit unseren fünf klassischen Sinnen – manche Wissenschafter unterstellen uns Menschen bereits dreizehn entdeckte Sinne – nehmen wir also nun pro Sekunde eine Unmenge an Details in uns und um uns herum wahr, und je nach Interpretation dieser Sinnesempfindungen antworten wir mit einer emotionalen Reaktion. Erspürt man über seinen Tastsinn, dass man sich an etwas Heißem die Finger verbrennt, interpretiert man diese schmerzhafte Überraschung negativ und reagiert emotional mit Fluchen, Schreien, Weinen und dergleichen. Wenn man in der Disco – erneut über die Sinneswahrnehmung der Haut – eine fremde Hand am knackigen Hinterteil verspürt, wird man als junge Dame dem frechen Jüngling mit einer Ohrfeige gefühlsgesteuert antworten. Außer man nimmt in der Ausholbewegung beim blitzartigen Umdrehen gerade noch einen verlockend betörenden Duft zusammen mit einer vertrauenerweckenden Stimme und optischen Reizen des Draufgängers wahr. Dann wird man selbst als sittsame junge Lady sein Reaktionsmodell im Sekundenbruchteil von »Moral hochhalten« doch noch auf *»Gott, ist der Frechling attraktiv«* berichtigen. Jedenfalls ist stets unsere nun im Weiteren folgende Auswahl aus den 11 Millionen Sinneswahrnehmungen immer von der gerade gültigen Gefühlshaltung abhängig.

Darum findet man – einmal emotional auf Lachen eingestellt – selbst den seichtesten Witz in der Regel noch urkomisch und zum Zerkugeln. Ist man aber gerade auf Traurigsein oder gar Trauer justiert, so kann einen auch der witzigste Gag nicht erheitern. Sprich, ist man aufgrund seiner aktuellen Sinneswahrnehmungen bzw. deren Interpretation schlecht drauf, so empfindet man meist selbst durchaus Gutes im Leben nur mehr als Katastrophe. Der Fokus ist dann einfach auf *»Alles ist ja so Schei..e!«*

In solchen Lebensphasen, wo ja wirklich alles gegen einen selbst zu laufen scheint, befinden sich nicht nur pubertierende Teenager, keinesfalls. Es ist eine Art der Fokusregulation, ob ich nur mehr das Negative in der Situation sehe oder sehr wohl fähig bin, meinen Fokus und meine Aufmerksamkeit auf die Vielzahl positiver Aspekte zu richten. Damit sei aber jetzt auch nicht empfohlen, immer nur auf die Butterseite des Lebens zu schielen und alles Negative einfach auszublenden. Seinen Fokus auf die Zielscheibe und das wunderbare Gefühl zu richten, erstmals in einer Weltcup-Endrunde zu stehen, wird vorher erwähntem Sportschützen jedoch mehr helfen, als ein emotionales Hadern mit der Tatsache, dass in einem Finale die zusehenden Fans einen für ihn ungewohnten Mörder-Krawall schlagen, um jeweils ihre persönlichen Schützlinge anzufeuern.

Optimismus und Pessimismus – eine Frage der Fokusregulation!

Optimismus und Pessimismus beeinflussen wesentlich, worauf ich mein Augenmerk richte. Sind die Umstände um mich herum, etwa in einem Rennen oder Wettkampf, anhaltend widrig und nervenaufreibend, so werde ich mental versuchen, mir die positiven Sinneswahrnehmungen rauszufiltern. Ist dies nicht möglich, weil einfach keine erkennbar scheinen, so kann ich mir positive Folgen der aktuellen Lage kurzzeitig visualisieren.

Mir also in der Fantasie vorstellen, wie toll es sein wird, wenn ich dieser misslichen Situation erst einmal heil oder gar erfolgreich entkommen bin (siehe auch dazu das Prinzip des ersten Sieges). Als Rettungsanker ist dieses Vorgehen ein wichtiges Mittel, um von Verzweiflung und drohender Selbstaufgabe auf Hoffnung und Zuversicht umzulenken. Vorausgesetzt, ich verliere dabei nicht zu sehr die Konzentration auf meine Handlungen im Hier und Jetzt. Stets positiv zu denken, führt jedoch unweigerlich zu einem völligen Realitätsverlust. Um sich an den eigenen Haaren aus dem Schlamassel zu ziehen, ist dieser Alles-wird-gut-Optimismus jedoch erste Wahl.

Natürlich könnte man sich alternativ dazu aus zweckpessimistischer Sicherheit heraus ein Horrorszenario ausdenken, um dann quasi happy zu sein, wenn's doch überraschend besser kommt. Eine (zweck-) pessimistische Grundhaltung ermöglicht jedoch kaum Topleistungen, vielmehr kommt man als notorischer Skeptiker über eine passable Standardleistung nicht hinaus. **Zum Siegen und langfristig Erfolgreich-Werden braucht es schon eine durchaus selbstkritische, aber dennoch positiv-dynamische Aufmerksamkeitsregulation.**

Zielrichtungen der Aufmerksamkeit

Grundsätzlich kann sich unsere Aufmerksamkeit entweder auf unsere Umwelt oder auf uns selbst richten. Der schon wiederholt beispielhaft angesprochene Sportschütze kann nun seinen Fokus auf die störenden, weil lärmenden Fans abdriften lassen (Umwelt) oder sich auf sich selbst und seine ruhige Atmung, auf seine heutige hervorragende Körperspannung, seine Freude am erreichten Finalplatz usw. konzentrieren.

Mentale Akklimatisierung

In die Gefahr, seinen gesunden Fokus zu verlieren, gerät man vor allem dann, wenn unerwartete Eindrücke auf die Sinne niederprasseln und uns deren Interpretation emotional zu überfordern droht. Deshalb wird der weitblickende Sportler danach trachten, allen zu erwartenden und möglichen Einflüssen vorab eine besondere Aufmerksamkeit zu widmen, um im Falle des tatsächlichen Eintretens locker und souverän antworten zu können: *»Das lenkt mich doch nicht von meiner Performance ab, sicher nicht!«*

In der Betreuung unserer Sportler legen wir daher größten Wert auf die **mentale Akklimatisierung an der Wettkampfstätte**. Einen Tag eher anzureisen als nötig, den Funktionären und Helfern vor Ort entspannt bei den letzten Vorbereitungen auf den kommenden Event zuzusehen, die Stätte des kommenden Rennens, Matches oder Championats in aller Ruhe und emotionaler Weite auf sich wirken zu lassen, möglicherweise sogar mit einem kühlen (idealerweise alkoholfreien) kleinen Bier als Sundowner auf der Leitplanke der Rennstrecke oder der Tribüne sitzend und einfach das Gefühl »Ich fühle mich hier wohl« aufkommen zu lassen. All das gehört zur erfolgsorientierten Vorbereitung dazu. Wie herrlich einstimmend und motivierend ist doch ein abendlicher Track-Walk um eine schöne Rennstrecke – zu Fuß, zu Rad oder zu Scooter, alleine in aller Stille oder spaßend und albernd mit seinen Betreuern, Mechanikern, Freunden – ein Erfühlen der Atmosphäre, wo man am kommenden Wochenende (s)eine Topleistung mit Freude und Lebendigkeit erbringen möchte, denn genau dazu ist man ja angereist.

Einen Tag früher im Hotel zu sein und sich dort häuslich niederzulassen mitsamt der Chance, noch das Zimmer zu wechseln, sollte anstatt des gebuchten Balkons mit Ausblick das Fenster bloß in einem Lichtschacht enden, den Anfahrtsweg zum Wettkampfort samt möglicher Verkehrsprobleme vorab zu kennen, um nicht im Rush-hour-Stau in unnötigen Stress zu geraten, ein Restaurant mit individuell passender Menükarte gefunden zu haben – all das darf und muss einem das Gefühl geben, wie wunderbar privilegiert man doch ist, diesen Sport, diesen Beruf, dieses Leben führen zu dürfen.

Nach diesem ersten umfassenden Aufsaugen der Atmosphäre wird man sich auch bereits Gedanken über Details machen. *»Das ist gut, gleich hier sind die reservierten bewachten Parkplätze für uns Sportler, da kann ich jederzeit hergehen und brauche nicht alles mit reinschleppen. Ah, fein, da auf der entlegenen Rückseite der Halle C ist ganz versteckt ein WC, super, da habe ich meine Ruhe. Die Tribüne ist ganz schön steil gebaut und zur Hälfte überdacht, da wird's ordentlich laut werden herinnen, wenn die Fans lärmen. Wow, der Belag auf der Strecke ist echt glatt, da heißt es aufpassen, wenn's in der Früh noch taunass ist oder gar regnet. Naja, viel Platz und Auslauf ist da nicht gerade hinter der Grundlinie, da muss ich wohl* *mehr in den Ball gehen. Hhmm, die tiefstehende Sonne wird da ordentlich blenden auf dieser Spielhälfte, in dieser Kurve etc. Spitze, bei diesem Tor hinaus bin ich gleich im Wald für mein meditatives Gehen und Entspannen. Aha, ok, durch diesen Tunnel geht's zum Klinikraum, gut zu wissen, auch wenn ich mich morgen ohnehin nicht verletzen werde ...«*

Die Liste weiterer solcher Check-in-Details könnte man bis weit über deine Langweilegrenze hinaus verlängern, es geht jedoch ums Prinzip. Je intensiver du dir im Vorfeld und in aller Ruhe am Ort des kommenden Geschehens alles stressfrei und relaxed ansiehst, desto besser kannst du dann deinen Fokus auf dich und deine Leistung richten, ohne emotionale Reaktionen wie: »*So ein Schmarrn, warum schreiben die unsere Athletenparkplätze nicht besser an, bin wegen eines Morgenstaus eh schon sauspät dran? Mist, in fünf Minuten geht's zum Vorstart und alle WCs im Aufwärmraum sind besetzt! Verdammt, ist es da laut herinnen! Shit, der Belag ist aber rutschig! Verflucht, wie soll ich da mein Spiel anlegen? Mein Gott, wie ich das hasse, jetzt scheint mir die Sonne total tief in die Augen und die Sonnenbrille liegt im Auto. Ich werd' verrückt, kann ich da nicht mal wo ein paar Augenblicke für mich alleine sein? Na klasse, hätten die hier überhaupt irgendwo einen Arzt, wenn mein Knie wieder anfängt, Troubles zu machen?«*

Das Prinzip ist verständlich, oder? Umso mehr ich im Vorfeld checke, umso weniger Überraschungen auf mich einwirken, desto fokussierter kann ich bei mir bleiben und laufe nicht Gefahr, mit meinem Empfindungs-/Blickwinkel abzudriften, dass ich meine Aufmerksamkeit also auf Dinge richten muss, die ich schon erahnen und damit hätte mental vorwegnehmen können.

All diese Beispiele hatten sich nun auf äußere Einflüsse beschränkt. Doch natürlich gibt es auch beim mentalen Check-in so ein Nach-innen-richten der Aufmerksamkeit. Erneut zuerst mit einem Weitwinkelblick: »*Man kann ja nicht gerade sagen, dass mir diese Strecke liegt, so wie ich die beiden letzten Rennen hier voriges Jahr vergeigt habe. Naja, aber ich habe daraus gelernt und einen soliden Plan, wie ich es diesmal von Anfang an besser angehen kann.«*

Der Fokus nach innen kann aber auch viel detaillierter sein, quasi wie mit dem Zoomobjektiv: »*Ganz 100 % belastbar ist mein Knie immer noch nicht nach der OP vor vier Monaten. Bei den drei Sprunghügeln hintereinander sollte ich eher die linke Anfahrt wählen und etwas vorspringen, damit ich nicht zu weit im Flachen lande und meinen Meniskus wieder beleidige.*«

Auch hier geht's um ein **Vorwegnehmen eines möglichen Szenarios**, um die Zielrichtung des Wochenendes, nämlich unter die Top 5 zu fahren, nicht aus den Augen und aus dem Sinn zu verlieren. Zum Beispiel, weil es plötzlich nach dem ersten übermotivierten Sprung im Training im rekonvaleszenten Knie wieder einen Mordsbrenner gemacht hat. Und jetzt bist du ganz aus dem Häuschen, unsicher, ob das Gelenk eh nicht wieder Schaden genommen hat. Läufst panisch zum Rennarzt, aber verdammt, wo ist der verfluchte Klinikraum (natürlich siehst du aufgescheuchtes Huhn nicht den Tunnel, durch den es unter der Strecke zum Doc geht). »*So ein riesen Shit, schon wieder hier auf dieser Strecke…!*« Dabei wäre es so einfach gewesen: Links halten in der Anfahrt, bloß ein wenig vorspringen, weniger hoher Luftstand, weniger Weite, deutlich sanftere Landung … und vielleicht wäre das noch dazu die ohnehin schnellere Linie gewesen, weil du viel früher wieder voll in die Hocke/aufs Gas hättest gehen können … Eine taktische Entdeckung, gemacht beim gemütlichen Track-Walk zwei Abende davor.

Im Grunde geht es bei der Aufmerksamkeitsregulierung im Mentaltraining darum, das Kommende, aber auch möglichst viele nicht geplante Eventualitäten, vorm Wettkampf mental kurz durchzugehen. »*Ok, das alles könnte passieren, diese Schwierigkeiten könnten auftreten, darauf sollte ich vorbereitet sein. Kein Problem! Ich habe eine Lösung parat und so wird es mich nicht so sehr überraschen, dass ich meinen Fokus verliere.*«

Für volle Aufmerksamkeit und Konzentration ist es unumgänglich, geistig im Hier und Jetzt zu sein. Nicht bei vergangenen Siegen, schon gar nicht bei vergangenen Niederlagen. Aber auch nicht in der Zukunft, ausgenommen als kurzzeitiger Mentalanker. Eines der markantesten Beispiele der Sportgeschichte lieferte hierzu das Vorbild vieler unserer ganzheitlichen READY TO WIN™-Ansätze, der unvergessene Formel-1-König Ayrton Senna: Beim Grand Prix in Monte Carlo

1988 lag er fast eine Minute vor seinem Erzrivalen Alain Prost, als er wenige Runden vor Schluss von Teamchef Ron Dennis das Signal bekommt, langsamer und auf Sicherheit zu fahren. Senna reduziert den Speed und rutscht erst recht wie ein Anfänger von der Strecke. Er hatte einfach nur kurz den Fokus verloren und war im Geiste schon bei Siegerehrung, Champagner-Dusche, Pressekonferenz, After-Race-Party – wo auch immer – jedenfalls definitiv nicht **im Hier und Jetzt**, nämlich beim Pilotieren seines McLaren. Dass Ayrton Senna aus dieser bitterpeinlichen Niederlage seine Lektion zur Fokusregulation perfekt gelernt hatte, beweist am besten die Tatsache, dass er dieses so prestigeträchtige Rennen danach von 1989 bis 1993 fünfmal in Folge für sich entscheiden konnte. Ein motorsportliches Kunststück für die Ewigkeit.

Also selbst den Besten der Welt passiert es, mental nicht mehr bei der eigentlichen sportlichen Handlung zu sein, sondern bei möglichen Konsequenzen. Positiven wie negativen. Waren es bei Ayrton Senna 1988 wohl positive Gedanken, die ihn abgelenkt hatten, so sind es sehr oft Befürchtungen und Ängste, die an unserer Aufmerksamkeit kratzen: »*Wenn ich dieses Rennen/Match verliere, dann läuft mir mein Hauptsponsor sicher davon. Wenn ich wieder nicht unter die Top 10 komme, streicht man mir die Sportförderung unter Garantie. Und die Vorwürfe meines Trainers möchte ich mir erst recht nicht ausmalen ...*«

Wer sich mit der Fokusregulation intensiv beschäftigt, weiß, dass dann nur mehr eines hilft: **Die Aufmerksamkeit weg vom (drohenden) Resultat und hin auf die eigene Leistung lenken!** Sich selbst dann, wenn alles schief zu laufen scheint – die Zuschauer nur für den Gegner schreien, das Knie wieder leicht schmerzt, die Sonne blendet, gerade jetzt böiger Wind aufgekommen ist, was ich ganz und gar nicht mag – auf seine Handlung im Hier und Jetzt zu fokussieren, das zeichnet einen reifen, siegessicheren Erfolgstypen aus.

Trotz Handicap zum Doppelweltmeister

Fokusregulation der ganz anderen, besonderen Art durften wir im Zuge unserer Tätigkeit im internationalen Kartsport kennenlernen.

Unter seinem Lebensmotto: »*Dream it. Think it. Do it*« schaffte es Bas Lammers wie schon im Jahr davor 2012 erneut, in der Formel-1 des Kartsports (Klasse KZ1) für das PRAGA-Werksteam Weltmeister zu werden. Bas machte in seinem Leben sein erhebliches körperliches Manko zu seiner großen Stärke: Er ist taub-stumm! Ohne sein Hörgerät nimmt der charismatische Niederländer seine Umwelt auditiv gar nicht wahr. Im Kartsport gehört jedoch der Gehörsinn wesentlich dazu, so möchte man meinen, vorrangig in der akustischen Wahrnehmung der eigenen Verfolger. Genau auf diese Geräusche des Hinterherfahrenden reagierend, drehen sich viele Kartfahrer – vor allem wenn sie in Führung liegend von der Meute gleichsam gejagt werden – dauernd um, anstatt nach vorne zu blicken und sich auf die eigene Linie zu konzentrieren. Dieser Fokusverlust ist Hauptgrund für unzählige verlorene Rennen. Nicht so bei Bas Lammers. Bereits lange vor dem Start übergibt er die Hörhilfen seinem Betreuer und schaltet so, akustisch völlig in die Stille versetzt, total ab. In den Rennen selbst dreht er sich folglich nie unnötig um und folgt ausschließlich seiner inneren Orientierung auf Sieg. Sein körperlicher Nachteil, taub zu sein, wurde zu **Bas Lammers** großem Vorteil, stets seine Aufmerksamkeit perfekt und vollständig auf seine eigene Performance ausgerichtet zu haben.

Manchmal
muss man erst
verlieren,
um zu lernen,
wie man
gewinnt.

Lewis Hamilton

Resilienz
Der Umgang mit Fehlern

Wenn etwas verbockt wurde, liegt dem – wie in der Coaching-Unit davor erörtert – sehr häufig eine Fokusverschiebung zugrunde. Man war, sei es nur für Sekundenbruchteile, nicht bei der Sache. Genauso wie mangelnde oder umdirigierte Aufmerksamkeit, ist aber auch oft das Noch-nicht-Beherrschen einer Materie auf Fertigkeitsniveau Ursache für eine Bruchlandung. Hier fehlt es schlicht und einfach an Know-how, Übung und Konstanz. Aus diesem Fehl**en** wird spätestens unter (Prüfungs-)Stress ein Fehl**er**.

Diese Coaching-Unit macht dich READY TO WIN, denn sie zeigt:

- **Warum gerade Fehler zum Besserwerden unumgänglich sind**
- **Wie du am besten mit Versagen umgehst**
- **Wie Resilienz selbst am Tiefpunkt immer neue Gelegenheiten eröffnet**
- **Warum die Finnen nicht spinnen, oder doch?**

Unser Schulsystem ist bedauerlicherweise zu einem hohen Maße nicht als intuitiver Lern- und Erfolgsweg konzipiert, sondern primär als Fehlersuchsystem. Das ist keine Pauschalkritik am Lehrpersonal, sondern ein Appell, nicht müde zu werden, die Art der Wissensvermittlung an Kinder und Jugendliche stetig weiter zu entwickeln. Ist es doch heute die vorherrschende Philosophie, Schülern aufzuzeigen, was sie **nicht** können und die Anzahl der Fehler einfach zu einer Note zu addieren. Je mehr Fehler, desto schlechter die Benotung der Schularbeit und je mehr schlechte Schularbeiten desto verpfuschter die Sommerferien. Ganz einfach demonstrieren lässt sich dies durch ein simples Experiment:

Was fällt dir bei folgenden Zahlenkombinationen auf?

2 x 2 = 4	**27 – 12 = 15**
4 + 5 = 9	**12 : 4 = 3**
12 x 12 = 144	**16 – 7 = 11**
3 x 3 = 9	**10 – 5 = 5**
4 + 26 = 30	**72 – 36 = 36**

Eine überwältigende Mehrheit von wohl 99,99 % aller Absolventen dieses Tests sagt:

Eine ist falsch! 16 – 7 ist nicht 11, sondern 9, das ist ein Fehler!

Von 1.000 Befragten sagt maximal einer, und der nur, weil er den Test kennt: 9 sind richtig! Würde man im Spitzensport mit dieser demoralisierenden Fehlerscan-Systematik versuchen, erfolgreiche Stars zu produzieren, der Bauchfleck wäre vorprogrammiert noch bevor die Karriere begonnen hat.

Das Deutsche Institut für Normung definiert Fehler als einen *»Merkmalswert, der die vorgegebenen Anforderungen nicht erfüllt«*, wobei eine Anforderung wiederum als *»Erfordernis oder Erwartung, das oder die festlegt, üblicherweise vorausgesetzt oder verpflichtend ist«*. Na wunderbar.

Vermutlich wollen uns die Leute sagen, dass Fehler eine Abweichung vom Sollzustand sind, wer immer auch den Sollzustand als solchen festgelegt hatte. Und wenn man diesen Idealwert verlässt, erscheint automatisch der mahnende Zeigefinger als Drohgebärde, womit auch der Begriff Moral ins Spiel kommt. Wer etwas falsch macht, wird somit als lernfauler, unintelligenter oder gar schlechter (junger) Mensch bezeichnet. Am besten lacht man jemanden, dem etwas nicht normgemäß gelingt, auch noch schadenfroh aus. Jeder Fehler erscheint unglaublich dumm, solange andere ihn begehen. Ehe man sich's versieht, ist man schon mittendrin in der Misere, nämlich ständig Angst davor zu haben, Fehler zu machen.

Dabei ist es zum Lernen bzw. zur Steigerung der bestehenden Leistung so wichtig, diesen weitestgehend sinnlosen moralischen Aspekt (ausgenommen Vorsätzlichkeit, Mutwilligkeit, kriminelle Handlungen u. dgl.) außer Acht zu lassen und sich ausschließlich auf die funktionelle Komponente eines Fehlers zu konzentrieren. **Nur Fehler, aber kaum jemals Siege, zeigen uns auf, wo wir uns noch verbessern können.** Nur wenn ich etwas falsch mache, erkenne ich zwangsläufig, wie es richtigerweise besser, schneller, höher, weiter, einfacher, müheloser und schmerzfreier geht.

Daraus folgt, dass in vielen sportlichen Bereichen erst das Provozieren von Fehlern einen erfolgsorientierten Trainingsreiz gewährleistet. Wer als junger Kartfahrer immer so brav herumgurkt, dass er nie abfliegt, wird später unter Garantie nie ein schneller Autorennfahrer werden. Und wer mit der Motocross oder dem Mountainbike nie auf der Nase gelandet ist, war mit Sicherheit nie am Limit. Wer beim Sportklettern nie ins Seil gefallen ist, hat nie auch nur im Entferntesten seine Grenzen ausgelotet. Selbiges gilt sinngemäß für alle Sportarten dieser Welt, egal ob auf Schnee, auf Wasser, auf Rasen, auf Asphalt, auf Sand, in der Halle, mit oder ohne Schläger, alleine oder im Team – wer keine Fehler macht, hat noch keine blasse Ahnung davon, wo der angestrebte Sollzustand überhaupt liegt. Und gewinnen SOLL man ja, oder?

Nur eben in unserem Schulsystem scheint es höchst verwerflich, wenn bei der Berechnung von Intervallwahrscheinlichkeiten mittels normalverteilter Zufallsvariablen am Ende einer Aufgabe unterm Strich nicht 85,8 % sondern 86,3 % rauskommt. Nicht genügend, setzen. Ja, so werden Versagensängste auf der ganzen Linie produziert. Das hierzulande eher unrühmliche Abschneiden in internationalen Vergleichstests in puncto Mathematik im Gegensatz zum traditionell guten Abschneiden asiatischer Länder liegt vorrangig darin, dass man in fernöstlichen Lernkulturen einen wertfreieren **Umgang mit Fehlern** hat, indem man sie nicht als Unfähigkeit einstuft, sondern als Hinweis, sich in diesen Bereichen noch verbessern zu können. Durch Üben.

Wenn die Teenager dann aus der Schule kommen, und Jung-Maxi hat einen Fleck gebaut in Mathe, dann sind die Eltern enttäuscht und traurig. Aber warum denn? Sie sind ent-täuscht, na also! Auch diese Ent-Täuschung bedeutet schließlich, dass eine Täuschung beendet oder enttarnt wurde. Ist doch wunderbar! Die Täuschung, etwas schon gut genug zu können, wurde beendet. Klasse, jetzt weiß man doch wenigstens, wo man ansetzen sollte, um noch besser zu werden. Nicht so hierzulande. In Mitteleuropa darf Maxi zur Strafe jetzt drei Tage nicht auf sein Happy-Meal gehen. Dass er mit dieser drakonisch anmutenden, disziplinären Maßnahme gesundheitlich und ernährungsphysiologisch eigentlich belohnt wurde, versteht Maxi in diesem Alter noch nicht …

»Aus Schaden wird man klug!«, bekommt der Teenager dann noch mit auf den Weg in sein Zimmer zum sofortigen Mathe-Lernen mitgegeben. Was zumindest im Ansatz schon richtig ist, bloß in der Formulierung noch nicht erfolgsorientiert: **»Sometimes you win, sometimes you gain experience«,** klingt nicht deshalb wesentlich sympathischer, weil es Englisch ist, sondern weil es eine positive Orientierung und Interpretation miteinschließt.

Kurz und gut:

Fehler und Irrtümer sind dazu da, um uns Potenziale zum Verbessern aufzuzeigen.

Was macht einen mittelmäßigen Coach zu einem erstklassigen Berater? Alles, was er im Laufe der Zeit selbst schon falsch gemacht hat. Erfahrung nennt man das dann, und darauf ist man stolz. Schließlich kann man dieses Know-how an seine Schützlinge zu deren möglichst zeit- und energieeffizienter Korrektur von Sollzustands-Abweichungen weitergeben. Ein Trainer, der schon Erfahrung gesammelt hat, ist ein allseits gefragter Hero, ein junger Mensch jedoch, der gerade Erfahrung macht, indem er etwa eine Mathe-Arbeit verpatzt, wird mit Cheeseburger-Entzug gedemütigt. Wie soll einem da nicht der Mut genommen werden?

Wer jedoch entmutigt ist, wird nicht erfolgreich werden. Das ist keine weitere These, das ist eine Tatsache. Mut – wohlgemerkt nicht Übermut – zählt neben Tugenden wie Fleiß, Authentizität, emotionaler Intelligenz, Talent und Gesundheit zu den tragenden Säulen jeder erfolgreichen Karriere. Also, **Mut zum Fehler haben!**

Wer so weit fortgeschritten ist, Rückschläge als nützliche Begleiter auf dem Weg zum Erfolg zuzulassen, der wird sich auch damit beschäftigen müssen, wie er mit einem Ausrutscher umgeht.

Mache einen Fehler, gestehe ihn dir ein, analysiere wertfrei, was du besser machen kannst, eventuell provoziere ihn noch mehrmals, um seinem ganzen Wesen auf den Grund zu gehen, ziehe dann daraus deine Lehren für die Zukunft und – ganz wichtig – wirf den Fehler danach mental weg.

Stelle ihn dir symbolisch vor wie eine Grapefruit: Das Fruchtfleisch, auch wenn es etwas bitter geschmeckt hat, hast du gerade als Nektar der Erkenntnis ausgelöffelt, was übrig bleibt ist die Schale. Und die wirfst du nun zum Biomüll und Deckel drauf. Ein Fehler, dem die Erkenntnis entzogen wurde, ist nur mehr Müll und leider oft sogar geistiger Sperrmüll, weil er uns den Weitblick versperrt.

Begehen – verarbeiten – wegwerfen! Amerikaner kennen hierzu die elegante Formulierung **»Capacity to Close«**, was genau diese Fähigkeit des Verarbeitens und Abschließens mit einem Scheitern meint. Close = Deckel der Mülltonne drauf und weg!

Mit der »Capacity to Close« lernen wir, mit Scheitern umzugehen und dieses zu verarbeiten.

Abseits des moralischen Bewertens eines Ver**gehens** – man beachte auch hier den Wortsinn von »sich *ver-gehen*« in der Bedeutung von »abkommen vom rechten Weg« – besteht die große Gefahr im Hadern. Anstatt die ausgehöhlte Fehler-Schale symbolisch ordentlich wegzuwerfen – als saubere einvernehmliche Trennung – lässt man sie einfach am Küchentisch liegen, wo sie dann tagelang vor sich hinfault. Ständig wird man wieder darauf gestoßen, einfach weil die grapefruitigen Fehlerreste von kleinen Insekten zerfressen zu ekeliger Biomasse zerfallen. Auf diese Weise nicht offensiv entsorgter Fehlermüll verschmutzt unser Unterbewusstsein, auf das unser Bewusstsein ständig zugreifen muss. Liegt da jetzt überall Fehlermüll herum, wird dieser automatisch immer wieder – und sei es nur in Fragmenten – ins aktuelle Tagesgeschehen eingreifen. Und damit wird man mit dieser Sauerei erneut konfrontiert und hadert. Darum: Wegwerfen oder, wem das zu dynamisch erscheint, zumindest loslassen!

Resilienz

Im Zusammenhang mit dem Umgang mit Rückschlägen taucht seit einiger Zeit immer häufiger der geradezu trendige Ausdruck der Resilienz in den Medien auf. Dieses Wort bedeutet Widerstandsfähigkeit, Unverwüstlichkeit oder technisch die wundervolle Eigenschaft der Rückprallelastizität und meint die Kraft, sich nach Niederlagen immer wieder aufzurichten. Am besten selbst aus den größten Lebensdramen gestärkt emporzukommen. Resiliente Menschen gibt es viele, zu den magischsten unter ihnen zählt sicher der Italiener Alessandro »Alex« Zanardi.

Der charismatische Autorennfahrer verlor am 15. September 2001 bei einem Champ-Car-Rennen auf dem Lausitzring in Deutschland beide Beine oberhalb der Knie. Der Zusammenstoß bei 320 km/h war so gewaltig, dass sowohl das Monocoque seines Boliden als auch seine Gliedmaßen wie mit einer Axt abgetrennt wurden. Dass der stets gut gelaunte Bologneser nach sieben Wiederbelebungen überhaupt noch einmal ins Leben zurückkehrte, war einzig und alleine dem forschen Auftreten eines Streckenpostens zu verdanken, der seine Daumen gleich einem Flaschenkorken in die durchtrennten Beinarterien Zanardis rammte. All dies passierte 13 Runden vor Rennende.

Zwei Jahre später fuhr **Alessandro Zanardi**, er hatte inzwischen sein wichtigstes Rennen, jenes gegen den Tod, gewonnen, mit einem auf Handgas und Spezialpedale für die Prothesen umgebauten Champ-Car vor hunderttausend tief bewegten Zusehern seine fehlenden 13 Runden zu Ende. Mit einer Rundenzeit, die damals im anschließenden Champ-Car-Lauf zu Platz 5 gereicht hätte. 2005 gewann Zanardi als erster Mensch ohne Beine einen Lauf der Tourenwagen-Weltmeisterschaft, weitere zwei Triumphe sollten es 2006 noch werden.

Nicht genug damit, gewann **Alex Zanardi** als Handbike-Fahrer den New-York-City-Marathon und krönte seine Karriere 2012 bei den Paralympics in London mit zwei Goldmedaillen in dieser Disziplin. Mit dieser Kurzbiographie einer der bewundernswertesten Persönlichkeiten der Sportwelt ist der Ausdruck Resilienz wohl hinlänglich erklärt.

WideG?

Wer mit Rückschlägen, und seien sie auch noch so schrecklich wie im Falle von Alex Zanardi, so meisterhaft umgehen kann, der wird oft als eine sogenannte WideG-Persönlichkeit bezeichnet. Diese Abkürzung geht zurück auf den Wiener Neurologen, Psychiater und Begründer der Logotherapie Viktor E. Frankl (1905 – 1997) und steht für die hochwirksame Frage »**W**ofür **i**st **d**as **e**ine **G**elegenheit?«. Menschen, die anstatt mit dem Schicksal zu hadern, sich stets diese bloß fünf Worte lange Frage stellen, werden immer wieder einen Sinn und eine Erfüllung im Leben finden, auch wenn die momentane Lage noch so aussichtslos erscheinen mag. So entstehen tiefbeeindruckende Lebenswege wie auch jener des 1972 geborenen Deutschen **Pit Beirer**. Eigentlich selbst auf Motocross-Weltmeister programmiert, stürzte Beirer 2003 beim GP von Bulgarien schwer und zog sich eine Querschnittslähmung auf der Höhe des 6. Brustwirbels zu. Brutal aus seinem Karrieretraum gerissen, wird dieses körperliche Handicap für ihn zur Gelegenheit, als sportlicher Leiter von KTM Factory Racing die unglaubliche weltweite

Erfolgsgeschichte mit zig WM-Titeln in Motocross, Enduro und Motorrad-Roadracing sowie einer 14-jährigen Unbesiegbarkeit bei der Rally Dakar der Mattighofner maßgeblich mitzuschreiben.

Als wohl wirksamstes und wertvollstes Geheimrezept auf dem Weg zum Erfolg und im Umgang mit Fehlern ist die WideG-Frage nicht nur in erschütternden Lebenskrisen ein Garant, sich wieder aufzurichten. Diese so simple Frage *»Wofür ist das eine Gelegenheit?«* kann und soll man sich immer dann stellen, wenn ein Geschehen auf den ersten Blick negativ erscheint. Anstatt mit dem gerade Erlebten zu hadern, könnte man die sich dadurch ergebende neue Gelegenheit suchen.

An jedem Karriere- oder Lebenstiefpunkt stellen sich resiliente Erfolgsmenschen statt zu hadern die Frage:

»Wofür ist das eine Gelegenheit?«

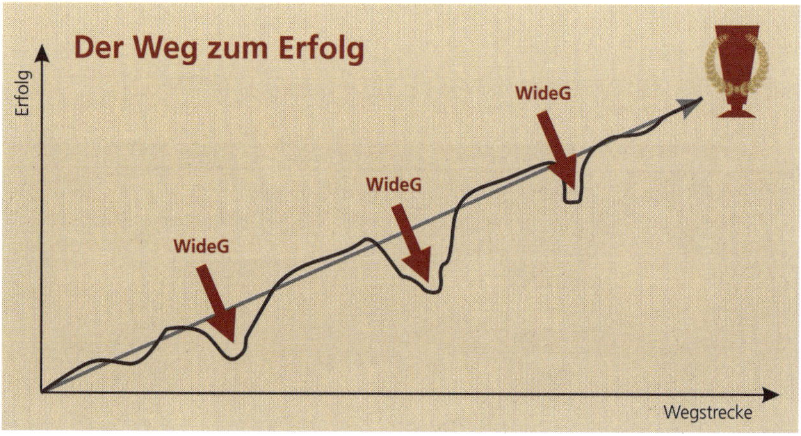

Den Quotenplatz für Olympia verpasst zu haben, könnte so eine Gelegenheit sein, endlich einmal Zeit zu haben, die Absprungtechnik in Ruhe umzustellen. Die Freundin im x-ten Streit wegen des zeitintensiven Trainings verloren zu haben, könnte auch eine Gelegenheit sein, eine neue Partnerin kennenzulernen, die deine sportliche Vision mitzutragen bereit ist. Und wenn beim Maci dein Lieblingsburger aus dem Menü-Programm genommen wurde, könnte auch der Startschuss sein, künftig mittags einen riesigen Pott knackig fischen Salats zu essen.

Solange du ein »Wofür« hast, entwickelst du auch ein »Wie«.
Solange du dich an jedem Tiefpunkt deiner Karriere fragst, wofür dies nun eine Gelegenheit sein könnte, wirst du immer wieder eine Möglichkeit zur Rückkehr auf die Straße zum Erfolg finden. Bloß ist diese Straße selten gerade, eben und asphaltiert. Sie ist übersäht mit Stolpersteinen, Pfützen, Hindernissen, Umleitungen, Glätte, plötzlichem Gefälle, unerwarteten steilen Anstiegen. Manchmal regnet, hagelt und schneit es auf deinem Pfad, dann scheint wieder die Sonne, vielleicht sogar unangenehm heiß. Es bietet sich jedoch immer auch eine positive Gelegenheit, wenn einem eigentlich zum Hadern, Verzweifeln oder Fluchen zu Mute ist. Man muss nur manchmal zuerst sehr genau hinschauen, um diese zu erkennen.

Sowohl Resilienz als auch die WideG-Frage enden freilich für gewöhnlich damit, dass man sein Verhalten nach einem heftigen Ungeschick in Richtung zukünftiges Bessermachen oder gar weiteres Überleben korrigiert. Ein klassisches Auf-die-Nase-Fliegen führt bei den meisten Menschen dazu, bei weiteren Versuchen zu selbigem Thema vorsichtiger, umsichtiger und überlegter ans Werk zu gehen – oder sogar dazu, etwas vernünftigerweise bleiben zu lassen, wenn das erste Experiment schon brutal in die Hose gegangen ist. »*Okay, vielleicht ist ein Salto mit dem Mountainbike doch nichts für mich ...*«

Nicht so die Finnen. Die rund fünfeinhalb Millionen Einwohner dieses extrem dünn besiedelten Landes der tausend Seen haben in der langen Polarnacht viel Zeit, um in der Sauna nachzudenken, was sie denn Spektakuläres anstellen könnten, wenn die Sonne endlich wieder ihr Land beleuchtet und die Trillionen an Mücken vom Winterschlaf aufgeweckt hat. So wortkarg dieses finno-ugrische Völkchen auch sein mag, so vehement sind sie in der Umsetzung ihrer Ideen. Dass es sich dabei um Schnapsideen handelt, ist eine bösartige Unterstellung. Obwohl ...

Sisu oder die Unerbittlichkeit, es dennoch zu tun!

»Sisu« ist der finnische Begriff für Resilienz, bloß um eine Potenz ungestümer als unsere Auslegung des Immer-wieder-Aufstehens. Haut man in der Regel nach dem x-ten schmerzhaft misslungenen, oben angesprochenen Looping am Bike den sprichwörtlichen Hut drauf und sucht sich eine weniger masochistische alternative Freizeitbeschäftigung, so kultivieren die allein schon deshalb so sympathischen Nordländer geradezu ihre Beharrlichkeit, Unnachgiebigkeit und ihren Kampfgeist in abenteuerlichsten Situationen. In der Sauna nach einem barschen Wodka-Auf- und Einguss den Plan zu schmieden, mit alten Autos Vollgas durch die finnischen Wälder zu jagen, völlig egal wie oft man an Bäumen zerschellt, das in etwa meint Sisu. Aufgeben ist nicht. Abweichen vom tollkühnen Plan schon gar nicht. Wenn sich der Finne einmal etwas in den Kopf gesetzt hat, so zieht er es durch. Koste es, was es wolle. Wahrscheinlich sind die Finnen im Vergleich zu ihrer geringen Bevölkerungszahl deshalb so ungemein erfolgreich in gefährlichen (Motor-)Sportarten. Vorm Nachmachen sei aber ausdrücklich gewarnt, zu wahrem Sisu muss man möglicherweise geboren sein.

Ich gewinne
meine Rennen
vorher im Kopf.

Valentino Rossi

Visualisierung
Wie man effizient lernt

An etwas zu Erlernendes erfolgversprechend heranzugehen, ist für viele Erwachsene durchaus mit Schwierigkeiten verbunden, oft auch aufgrund mangelnden Selbstvertrauens in die eigenen Lernfähigkeiten – vor allem für jene, die sich schon in der Schule nicht leicht taten mit der Art und Weise, wie sie den Unterrichtsstoff zu verinnerlichen hatten. Gerade in so praktischen Disziplinen wie den meisten Sportarten reicht es nicht, etwa einen Bewegungsablauf theoretisch auswendig zu lernen. Sich eine optimale Übungsausführung im Geiste vorzustellen, abzuspeichern und diese Visualisierung dann wie einen Film durch wiederholtes Abspielen mental im Unterbewusstsein zu verankern, ist eine der wirksamsten Lernmethoden überhaupt.

Diese Coaching-Unit macht dich READY TO WIN, denn sie zeigt:

- **Wie man methodisch ans Erlernen neuer und Verbessern bestehender Fertigkeiten herangeht**
- **Warum Beobachten so wichtig ist, um selbst erfolgreich zu werden**
- **Wie man seine eigenen »inneren Filme« produziert**

Die im Kapitel »*Resilienz und der Umgang mit Fehlern*« gemachte Feststellung, wonach Scheitern einfach zur Steigerung der Leistung dazugehört wie sprichwörtlich das Salz in die Suppe, benötigt natürlich nun eine Beschäftigung damit, wie man im Sport richtig lernt und trainiert. Wie geht man analytisch an eine Verbesserung heran? Nun ist das Thema Pädagogik – die wissenschaftliche Disziplin, die sich mit Lernen und Lehren beschäftigt – ohnehin eines der am häufigsten diskutierten hierzulande. Die im Folgenden aus unserer Erfahrung stammenden Herangehensweisen, Tipps und Tricks erheben keinen Anspruch auf Vollständigkeit, sondern verstehen sich als Denkanstöße.

Die Praxis zeigt, dass beim Erlernen eines Sports häufig Schritte oder Stufen übersprungen werden. Gerade am Beginn des Einstudierens einer neuen Handlung, welche später auf Fertigkeitsniveau ausgeführt werden muss (das bedeutet, man beherrscht etwas blind, wie Schuhbänderbinden), ist es wichtig, den einfachen Grundabläufen höchste Aufmerksamkeit zu schenken. »*Was Hänschen nicht lernt, lernt Hans nimmermehr*«, kann man auch so interpretieren: In den Anfangsphasen nicht gründlich Erlerntes oder durch zu wenig Aufmerksamkeit eingeschlichene Fehler sind später nur mit großer Mühe aufzuholen bzw. auszumerzen. Eine ungünstige Schlägerhaltung, weil man z.B. als Jugendlicher in die Tennislaufbahn mit nicht optimal passendem Racket startete, sondern mit Papas ausgedientem, viel zu schwerem Pracker samt zu großem Griff, wird in den Folgejahren der Karriere zwangsläufig dazu führen, mühselig und langwierig umlernen zu müssen, weil einem diese eingeschlichene Eigenheit früher oder später den Schritt auf das nächste spieltechnische Level versperrt. In vielen Motorsportarten ist es gang und gäbe, zu früh in eine nächsthöhere Liga aufzusteigen, ohne vorher in niedrigeren Klassen die Hausaufgaben gemacht zu haben. Besonders wenn Geld eine entscheidende Rolle spielt, wird klassenmäßig oft zu voreilig nach oben gewechselt. »*Das wird er schon aufholen, er ist ja noch jung*«, ist jedoch in den meisten Fällen ein schwerer Denkfehler. Stets einen Tick hinten nach zu sein, stets gerade wieder nicht die Chance zu erhalten, im Flowbereich anzukommen, sondern in der Überforderung – dies rächt sich unter Garantie. Ist doch auch in der Schule so: Wer nie ordentlich dividieren gelernt hat, wird sich mit den algebraischen Gleichungen unverhältnismäßig schwer tun.

Tipp 1: Auch wenn es sehr verlockend erscheint, keine auch noch so kleinen Lernstufen überspringen!

Ähnlich gelagert ist die Problematik, zu viele Verbesserungen auf einmal in Angriff zu nehmen. Zu viel auf einmal ändern zu wollen, hat sich noch nie und in keinem Sport bewährt. Ganz besonders negativ wirkt sich solch eine, meist dann auch noch unsystematische Herangehensweise in technik-dominierten Sportarten aus. Paradebeispiel auch hierzu der Motorsport. Beim Lernen und Üben – in diesem Sport meist viel cooler als »Testen« bezeichnet – mehr als eine Komponente zu verändern, minimiert Lernchance und technische Aussagekraft. Den Fahrer mit dem Kart auf die Bahn rausschicken und ihm vorher »in einem Aufwaschen« die Spur vorne, den Winkel des Sitzes und den Reifendruck hinten verändern, samt fahrtechnischem Rat zur Linienwahl gegen das beklagte Untersteuern, wird keinen Lerneffekt bringen, sondern nur heillose Konfusion. Möglicherweise verbessert sich trotz dieser gleichzeitigen Multi-Inputs die Rundenzeit sogar, etwa wenn das Sportgerät vorher komplett falsch auf die Bahnbedingungen eingestellt war. Jedoch analytisch zu erfahren, welche Einstellung am Kart nun was genau im Handling bewirkte – und genau das wäre der gewünschte Lernprozess – ist mit dieser »Alles-auf-einmal-Vorgehensweise« nicht erreichbar.

Tipp 2: Pro Lern- oder Versuchsdurchgang immer nur einen Input setzen!

Zum Erlernen eines Bewegungsablaufes, einer Rennstrecke usw. empfiehlt sich, mit einer Methodik an die Sache heranzugehen, mit der man den Lernprozess in einzelne Phasen unterteilt und sich gegebenenfalls sogar die Lernorte dazu überlegt.

Klugerweise wird man am besten dort etwas ganz Neues probieren, wo man sich wohl und geborgen fühlt und die Verhältnisse bereits bestens kennt. Ein brandneues Rennmotorrad, egal ob Straßenbike, MX oder Enduro, erstmals zu bewegen, wird besser klappen, wenn man dies auf seiner gewohnten Hausstrecke tut. Die Sensoren des Körpers können sich so auf das neu zu erlernende Gerät bestmöglich fokussieren, weil man hier störende Einflüsse, wie z.B. jenen eines unbekannten Streckenverlaufs oder einer ungewohnten Piste, ausblenden kann.

Der aufmerksame Leser wird bemerken, dass dies ohnehin der oben erwähnten Empfehlung entspricht, nicht mehr als einen Faktor auf einmal zu verändern. Neues Bike und neue Rennstrecke, wären zwei unbekannte Faktoren. Stimmt also auch aus dieser Sicht.

Tipp 3: Neue Lernaufgaben erstmals auf vertrautem Terrain in Angriff nehmen!

Jede neu zu erlernende Handlung sollte man nach Möglichkeit zuerst einmal als ganzen Ablauf locker und ohne Druck durchspielen, um ein generelles erstes Gespür zu bekommen, worum es grundlegend geht und worin die Herausforderungen liegen. Ist man für die neue Lernaufgabe sensibilisiert, empfiehlt sich, diese **in einzelne Schritte oder Elemente zu zerlegen**. Möchte ich erlernen, mit einem Kleinkalibergewehr präzise auf eine Zielscheibe zu schießen, so werde ich nach ersten Basis-Instruktionen spielerisch ein paar Schüsse abgeben, um mich an Schießstand, Sportgerät, Knall und Rückstoß usw. zu gewöhnen. *»Ok, darum geht's, so fühlt sich das an …«* Danach wird der Ablauf in einzelne Komponenten zerlegt: korrekte Beinstellung betrachten, Körperhaltung optimieren, die Position der Stützhand festlegen, das Abstützen des Ellbogens an der Hüfte besprechen sowie die korrekte Lage der Waffe an der rechten Achsel, der Blick durch die Visierung und deren Höhe zur Augenachse, die Visierung an das eigene Sehvermögen anpassen usw. Und all diese einzelnen Steps muss man üben: Training mit und ohne Schussabgabe, das richtige Hinstellen, das Aufnehmen der Waffe, das Anlegen und Visieren. Die Haltung der Waffe wird vielleicht bald ganz passabel sein, bloß die Beinstellung immer wieder aufs Neue zu eng, zu breit, zu frontal, zu seitlich sein … was auch immer. Nur durch Übung lernt man, die einzelnen, zur korrekten Ausführung erforderlichen, Elemente richtig einzusetzen. Erst wenn die einzelnen Puzzleteile sauber vorliegen, werden sie wieder zu einem Gesamtbild/Ablauf zusammengebaut. Auch bei einem Puzzle, um bei diesem Exempel zu bleiben, schaut man sich zuerst auf der Verpackung das geplante Endbild an, sortiert dann die vielen einzelnen Steine und setzt diese wiederum zum Gesamtbild zusammen.

Tipp 4: Zerlege einen Handlungsablauf nach erstem Probieren in seine Einzelteile, übe diese isoliert und setze sie wieder zu einem Gesamtablauf zusammen.

Ein außerordentlich effektives Mittel zum Lernen eines Handlungs- oder Bewegungsprozesses liegt in der **Beobachtung anderer**. Einen Meister des Faches als Vorbild bei seiner Übungsausführung konzentriert und bis ins Detail zu beobachten, bietet ein riesen Lernpotenzial. Klingt sehr logisch und simpel, wird dennoch in der Praxis viel zu selten gemacht. Da steht man lieber urwichtig und im neuen Wettkampfdress oberelegant herum, anstatt sich jede freie Minute die Besseren bei deren Training oder Wettkampf live anzuschauen. *Was machen diese besser? Was macht diese besser? Was kann ich erkennen, was läuft beim Champion im Detail anders ab als bei mir?* Im Beobachten und Analysieren der Meister und durchaus folgendem Kopieren von deren effizienterer Technik liegt eines der wahren Geheimnisse des Erfolges. In jedem Sport.

Ein Kind, egal ob Menschenkind oder Tierbaby, lernt durch Imitation der älteren, stärkeren, besseren Artgenossen. In der Psychologie spricht man in diesem Zusammenhang von **Spiegelneuronen**: Man spiegelt ein gesehenes Idealverhalten. Ist doch sehr logisch, sich vom Landes-/Staats-/Europa-/Weltmeister etwas abzuschauen. Es kostet viel zu viel Karrierezeit, stets alles zwanghaft neu oder selbst erfinden zu wollen. Und wenn du als Nachwuchssportler die Superstars nicht regelmäßig live beobachten kannst, dann nimm' doch deren Wettkampf als Zuschauer mit dem Handy auf oder als Video von der Fernsehübertragung. Analysiere in aller Ruhe und professionell mit Zeitlupe und Standbild, schreib oder zeichne dir auf, was denn den Champ zum Champ macht! Solltest du es schaffen, später so gut zu werden, dass du gegen dein Vorbild persönlich antrittst, sagst du ihm dabei, du hättest viel von ihm gelernt: Wetten, er wird dir nicht böse sein, ganz im Gegenteil! Andere positiv beeinflusst und dafür noch Anerkennung erhalten zu haben, hat noch niemanden beleidigt.

Tipp 5: Lerne von den Meistern durch Beobachtung und sauge alles auf, was dich besser machen kann. Spiegle, soferne es sinnvoll ist, das Verhalten von Vorbildern!

Sauge aber nicht bloß durch Beobachtung der Champions positive Inputs für deinen Lernerfolg auf, sondern rede auch mit Sportlerpersönlichkeiten, die besser sind als du. Klar, ein gewisses Maß an Geschick und Gerissenheit gehört schon dazu, ihnen ihre Geheimnisse zum Sieg zu entlocken. Wer blöd fragt, wird (bl)öde Antworten provozieren. Anstatt mit der Tür ins Haus zu fallen, entlocken geschickte Fragen in ungezwungene Talks den Meistern, vor allem wenn sie gerade ein tolles Flow-Erlebnis hinter sich haben, auch schon einmal Aussagen, die unter Umständen für dich einen gewaltigen Lerninput bedeuten können. Ein erfolgsorientierter Typ schnappt auch die noch so winzig scheinende Information des Champions auf, weil er seine Ohren stets auf Empfang geschaltet hat. Es gibt nichts, was nicht interessant sein könnte, um sich selbst damit zu verbessern. Viele Nachwuchsathleten laufen schwitzend und keuchend in ihrem Hamsterrad, fleißig, bemüht, engagiert, aber auch oft frustriert bis stumpfsinnig immer denselben Reizen folgend. Und genau um neue Reize und Inputs zu sammeln, sind Gespräche mit Besseren ungemein nützlich.

Tipp 6: Suche den Kontakt und das Gespräch mit Champions, selbst scheinbar nebenbei können sie dir viele Inputs geben!

Zum symbolischen Vergleich mit dem Hamsterrad von vorhin, passt nahtlos auch die Empfehlung, sich selbst in seinem Lernprozess zu beobachten und sich zu hinterfragen. Grundlegend: *Bin ich da auf dem richtigen Weg, was und wie ich lerne, übe, trainiere?* Sich selbst mit einer gewissen Distanz zu seinen Lernzielen zu sehen, zeichnet erfolgreiche

Menschen aus. Solange ich auch noch so motiviert in meinem Hamsterrad rotiere …, dass es ein Hamsterrad ist, werde ich erst erkennen, wenn ich mich und meinen Lernfortschritt mit etwas mehr Abstand betrachte. Im Mentaltraining wird hierbei von einer Metaposition oder **Metaebene** gesprochen. Regelmäßig den Blickwinkel zu verändern geht aber nur, wenn nicht zu hartnäckig an die Sache herangegangen wird. Denn ein verhärteter Nacken, ein steifes Genick, lässt uns nicht den Kopf zur Seite wenden – das sollte man aber von Zeit zu Zeit!

Kann die grundlegende Frage, ob man auf dem richtigen Lernweg sei, mit ja beantwortet werden, ist es eine gute Gelegenheit, zur Kontrolle des eigenen Lernfortschrittes noch eine Filterebene einzubauen, z.B. sich mittels Videoanalyse detaillierter zu beobachten oder in Selbstgesprächen, in denen man gleichzeitig die Rolle von Schüler und Lehrer in einer fiktiven Prüfung übernimmt. Du kannst dir auch selbst ein Zeugnis in deinem Trainingstagebuch ausstellen, in dem du deinen sportlichen Fortschritt in den einzelnen Teilbereichen selbst benotest. Als Vereins- oder Mannschaftssportler steht man automatisch die meiste Zeit unter Beobachtung durch Trainer oder Teamkameraden, reine Einzelsportler hingegen sind auf diese Eigenbeobachtung und ihr Eigenurteil meist deutlich mehr angewiesen. Und das besonders im Anfangsstadium einer Laufbahn, wo eine ständige individuelle Trainerbegleitung finanziell oft nicht möglich ist.

Tipp 7: Beobachte deinen Lernfortschritt objektiv selbst, umso mehr, wenn es andere nicht tun!

Obwohl in diesem Buch ein eigenes Kapitel zur Zielsetzung enthalten ist, muss dieses Thema auch hier separat Erwähnung finden, denn: **Sich beim Lernen klare Ziele zu setzen, ist oft schon der halbe Lernerfolg!** Ein gut definierter Lernplan, möglichst unterteilt in Lern-Etappen, hilft ungemein, etwas authentisch zu beherrschen. Die Kunst liegt auch hierbei in einem harmonischen Miteinander von Anspannung und Entspannung, Lernen und Pausieren. Das **»Prinzip der lohnenden Pause«** darf niemals langfristig außer Acht gelassen werden, sonst folgen Stagnation und Burn-out als unvermeidliche Konsequenz. Burn-out muss in diesem Zusammenhang noch nicht eine schwere psychische Störung bedeuten, jedoch ein Nicht-mehr-für-seine-Aufgabe-Brennen, ein Ausgebrannt-Sein, keine Lust mehr zu haben, weiter zu lernen.

Wunderbar demonstrieren die Notwendigkeit zur lohnenden Pause Pferde. Wurde mit einem Pferd intensiv gearbeitet, etwa geistig anspruchsvolle Dressurübungen, und beobachtet man nach dieser mentalen Anstrengung und Anspannung das Tier (etwa während mit dem Dressurtrainer das Ergebnis dieser Lektion besprochen wird), sieht man in dieser Entspannungsphase förmlich, wie das Pferd das Gelernte der letzten Stunde vom Kurzzeitspeicher in den Langzeitspeicher im Gehirn überträgt. Das Tier entspannt, die Augen werden klein, das Rattern, wie die Inputs auf die Festplatte im Kopf geschrieben werden, ist beinahe zu hören. Nach einer Weile, sobald die Speicherarbeit in der lohnenden Pause erledigt ist, wird eventuell nochmals ordentlich gegähnt, abgekaut, wie eine für Pferde charakteristische Kieferbewegung genannt wird. Dann wird mit aufgestellten Ohren nach belohnendem Futter gefragt. Bekommt das Pferd keine Chance, das eben Erlernte in Entspannung zu verarbeiten, so minimiert sich der Lernerfolg dramatisch. In der Gangart »Schritt« ruhig ausgehen dient nach einer Dressurlektion ebenso körperlich zur Lockerung wie geistig zur Entspannung und Fixierung der Lerninhalte.

Wenngleich dies jetzt wissenschaftlich nicht ganz exakt war, das Prinzip der lohnenden Pause wird gut illustriert. Selbst bei uns Menschen werden neue Lerninhalte zeitverzögert in den Langzeitspeicher »geschrieben« und so verinnerlicht, weshalb diese Pause eben über die Maßen lohnend ist.

Nicht lohnend, sondern sogar schädigend für den Speicherungsprozess wird die Rast jedoch dann, wenn man sich fälschlich mit ein paar Bierchen belohnt. Alkoholeinfluss wirkt sich nach Erkenntnissen der Gehirnforscher negativ auf die Speicherqualität aus.

Tipp 8: Definiere Lern-Ziele und Lern-Etappen und halte das Prinzip der lohnenden Pause ein!

Dein »innerer Film« zum Erfolg

Ganz ähnlich dem »inneren Coach« mittels Selbstgespräch (siehe ebendort), gilt es im Rahmen von Visualisierungen ein »inneres Filmteam« in seiner mentalen Bilderwelt zu etablieren. Hierbei geht es darum, sich optimale Bewegungsabläufe, Übungssequenzen oder ganze Wettkämpfe so perfekt wie möglich vorzustellen und dieses **»video of perfection«** immer und immer wieder vor dem geistigen Auge abzuspielen. Dein imaginärer Film kann dich zeigen, wie du etwas bereits erstklassig (und damit viel besser als in der Realität) beherrscht, das du eigentlich erst am Erlernen bist oder aber auch, wie du schon vorhandene Fertigkeiten noch weiter verfeinerst, ausfeilst und optimierst. Du musst auch gar nicht zwingend selbst der Hauptdarsteller in deinem fiktiven Film sein. Die Mittelpunktfigur kann auch ein Vorbild sein, dessen meisterhafte Perfektion du nachahmen möchtest. Oder du stellst dir vor, wie der Weltmeister in dich geschlüpft ist, und nun mit deinem Körper einen musterhaften Schlag, Schuss, Schwung, Sprung, Lauf usw. vorzeigt. Warum nicht? Niemand schränkt dich in deiner Fantasie ein. In jedem Fall werden Visualisierungen als symbiotische Ergänzung zum abstrakten, pragmatischen Lernen Riesenschritte der Verbesserung und Vertiefung deiner Technik ermöglichen. Und wenn du jetzt schon unsicher und nervös bist vor dem nächsten TV-Interview, so produziere dir doch eine neue Folge für deine imaginäre Videothek mit dem Titel: »Ich – der Held der Medien!«

> **Visualisierungen als symbiotische Ergänzung zum abstrakten, pragmatischen Lernen ermöglichen Riesenschritte der Verbesserung und Vertiefung der Technik.**

Es braucht die Mischung aus Lockerheit und Anspannung, um überhaupt erst in die Nähe einer Topleistung zu kommen.

Marco Büchel

Aktivierungsregulation
Stress als Erfolgsverhinderer

Es ist dir gewiss schon aufgefallen, dass Menschen auf Belastung oft komplett konträr reagieren. Gerade in einem Team – egal ob die Mitglieder einer Sportmannschaft, die gemeinsam am Platz kämpfen, oder die Crew eines Rennteams, wo die Mehrheit hinter der Boxenmauer steht, während ein, zwei Fahrer auf der Strecke ihr Bestmögliches geben, oder Mitarbeiter in einer verkaufsfördernden Verhandlung – kann man großartig beobachten, was Stress aus Menschen macht. Darum gibt es auch kein alleiniges Allheilmittel gegen Stress. Was bei Einem hilft, ist beim Nächsten gerade verkehrt.

Diese Coaching-Unit macht dich READY TO WIN, denn sie zeigt:

- **Was Stress überhaupt generell ist und warum dieser unsere Leistung reduzieren kann**
- **Was es für Stresstypen gibt, warum der eine ausflippt, während der andere »einflippt«**
- **Wie man mittels Aktivierungsregulation dem Stress gegensteuern kann**

Das Wort »Stress« zählt heute zu den am meisten strapazierten Vokabeln im Sprachgebrauch eines modernen Menschen. Fast jedes Telefongespräch mit der Frage nach dem Befinden des Gegenübers wird mit *»Danke, alles okay, stressig halt«* beantwortet. Und das absolut nicht zu unrecht, denn unser Gehirn steht in der modernen, zivilisierten Welt wirklich unter Dauerspannung.

Die Frage ist nicht: »Hast du Stress?«
Die Frage ist vielmehr:
»Wie sensibel reagierst du auf Stress?«

In der westlichen Welt stehen geschätzt die Hälfte bis Dreiviertel der Arztbesuche in direktem Zusammenhang mit Stresssymptomen. Die täglich vom Arzt verschriebenen Mittel gegen Bluthochdruck oder Magenprobleme aber auch Beruhigungsmittel, Schlafmittel, Antidepressiva, Aufputschmittel sind ein Beweis für das allgemein hohe Maß an Reizüberflutung. Auch ein hoher Konsum an Alkohol ist häufig ein Indikator für Überforderung.

Was ist Stress aber eigentlich?

So unglaublich technisch entwickelt wir Menschen auch sein mögen mit all unseren Flugzeugen, die uns binnen Stunden um den Globus befördern, den Maschinen und Industrierobotern, Computern mit unfasslicher Rechenleistung, all unseren so aufregenden Kommunikationsmitteln usw., letztlich entspricht unser Gehirn evolutionär nach wie vor dem unserer urmenschlichen Vorfahren vor Zigtausenden von Jahren. Natürlich bietet unser Großhirn, der entwicklungsgeschichtlich jüngste Teil unseres Gehirns, heute aufgrund des hohen Maßes an Reizen vom ersten Lebenstag an eine tolle »Prozessorleistung«.

Unser bewusstes Denken ist auf einem unglaublich hohen Niveau, keine Frage. Unser Unbewusstes oder auch Unterbewusstsein genannt, und dieses steuert uns nun mal durchs Leben, ist aber noch genauso gestrickt wie zu Urzeiten.

Wie ist unser Gehirn aufgebaut?

Stark vereinfacht ist unser Gehirn in drei Hauptteile unterteilt:

1. **Das Stammhirn**
2. **Das Großhirn**
3. **Das limbische System**

Zum besseren Verständnis ganz aufs Wesentliche reduziert (alle Gehirnspezialisten mögen uns bitte die nun folgende unwissenschaftliche Vereinfachungen ihres faszinierenden Forschungsgebietes verzeihen) ist das **Stammhirn** zuständig für das Überleben eines Menschen, indem es dessen Herzschlag, Atmung, Stoffwechsel, Immunsystem steuert sowie viele weitere für uns automatisch ablaufende Funktionen und unbewusste Reflexe (bis hin zum Speichelfluss, Schluckreflex, Husten, Lidschluss usw.). Das **Großhirn** ist der Sitz unseres bewussten Ichs und unsere Denkzentrale, ohne hier jetzt für den Moment näher darauf einzugehen.

Für die Verarbeitung von Emotionen und Trieben ist mehrheitlich das **limbische System** zuständig. Ein paarförmiger Teil des limbischen Systems wird Amygdala oder auch Mandelkerne genannt und ist wesentlich an der Entstehung von Angst und der Bewertung von Gefahren beteiligt. Von der Amygdala werden externe Reize verarbeitet und vegetative (= nicht dem Willen unterliegende) Reaktionen gesetzt. Klingt kompliziert, ist es auch. Für uns aber reicht es, die grundlegende Information dahinter nun zu betrachten:

Das evolutionär »uralte« limbische System nimmt externe Reize auf und reagiert darauf auf archaische Art, wie beim Urmenschen, mit drei Strategien: Kampf, Flucht oder Starre (sich tot stellen). Denn nur diese drei Reaktionen kannten unsere urgeschichtlichen Vorfahren. Der Urmensch hatte wenn möglich gechillt (= Energie gespart) und relaxt die tagsüber gesammelte Nahrung gekaut. Sobald seine Sinne jedoch ein Geräusch, eine Bewegung, einen Geruch wahrgenommen hatten (Knacken von Zweigen, Rascheln von Laub, Schattenreflexion u. dgl.), signalisierte seine Amygdala sofort Gefahr und schaltete panikartig um auf Flucht- oder Kampf-/Angriffsmodus. War es dazu schon zu spät, blieb immer noch die Möglichkeit, sich als letzte Überlebenschance tot zu stellen.

Diese dabei gesetzten vegetativen Reaktionen laufen nun unwillkürlich und reflexartig ab und machen das Lebewesen Mensch bereit für einen möglichen Überlebenskampf:

- *Das Denken wird blockiert und die rascher verfügbaren Überlebensinstinkte treten in den Vordergrund.*
- *Die Herzfrequenz wird erhöht und der Blutdruck steigt, um die Leistungsfähigkeit zu erhöhen.*
- *Der Blutzuckerspiegel wird erhöht, um vermehrt Energie bereitzustellen.*
- *Die Produktion der Stresshormone Cortisol, Adrenalin und Noradrenalin wird angeregt.*
- *Die Pupillen der Augen weiten sich, um detailgenauer und sogar mehr (10 % mehr Sichtfeld) zu sehen.*
- *Die Blutgefäße in Haut, Magen und Darm verengen sich (Haut, um weniger zu bluten, falls man sich bei Kampf/Flucht verletzt. Magen/Darm = die Verdauung wird minimiert bzw. zeitweilig ausgesetzt, um alles Blut für Muskeln zur Verfügung zu haben).*
- *Die Atmung wird erhöht, einerseits im Sinne von höherer Atemfrequenz, aber auch körperlich nach oben verlagert von der entspannenden Bauchatmung zur anspannenden Brustatmung.*

Nun hat sich aber vom Steinzeitgehirn bis zu uns herauf ins 21. Jahrhundert die Grundfunktion des limbischen Systems kaum verändert. Was sich verändert bzw. verlagert hat, sind die Reize. Raschelnde Äste oder vorbeihuschende Schatten, auf die unsere Amygdala mit einem vegetativen Alarm reagiert, sind heute dem Läuten von Handys, dem Hupen eines aggressiven Autofahrers, den Drohgebärden des Chefs,

Lehrers, Polizisten gewichen. Selbst das akustische Signal eines einlangenden E-Mails aktiviert automatisch und unbewusst unser Angst- und Gefahrzentrum. Ob wir wollen oder nicht.

Kurzum: Wir leben zwar nicht mehr in der Gefahr, vom Säbelzahntiger gefressen oder von einem galoppierenden Mammut niedergetrampelt zu werden, wir brauchen uns hierzulande Gott sei Dank keine großen Gedanken zu machen um unser nahrungsmäßiges Überleben, auch einem plötzlichem Unwetter können wir einfach mit Schließen des Fensters oder Cabriodachs souverän begegnen … ABER: Unsere Amygdala versetzt uns dennoch in latente Alarmbereitschaft durch unser hohes Maß an Kommunikation, Verkehr, Umwelt, Arbeit, soziale Bedrohungen (Jobverlust …) usw.

Und genau die oben erwähnten vegetativen Reaktionen unseres limbischen Systems nennen wir heute STRESS. Unser Körper läuft tagein, tagaus auf Hochtouren im Panikmodus.

Stress-Symptome ruinieren unsere Gesundheit

- Erhöhter Puls und Blutdruck (*Herzinfarkt, Schlaganfall*)
- Erhöhter Blutzuckerspiegel (*Diabetes*)
- Erhöhtes Level an Stresshormonen, die ohne Flucht-/Kampfreaktion (Bewegung) noch dazu nicht, wie vorgesehen, abgebaut werden können und sich aufstauen. Genau darum wären Sport und körperliche Betätigung so wichtig gegen die gesundheitlichen Stressfolgen (wie *Angstzustände, Schlafstörungen, Depressionen* usw. und durch zu viel Cortisol eine *gestörte Körperabwehr*).
- Reduzierte Arbeit von Magen und Darm (*Verdauungsstörungen*) samt Folgeschäden durch erhöhte Magensäure (*Geschwüre*) oder nicht vollständige verdaute Nahrung (*Blähungen bis Darmkrebs*)
- *Verspannungen* durch Stressatmung in Schulter-Nacken-Bereich samt *Verspannungskopfschmerzen, Migräne* usw.

Stress ist das Synonym für: angespannt, überlastet, nervlich und körperlich erschöpft, lustlos, freudlos. In Zusammenhang mit hochgefährlichen Zusatzbelastungen wie der bereits erwähnten zu geringen Bewegung (zum Abbau der angesammelten Stresshormone), Rauchen, Alkohol, schlechte Ernährung, Medikamentenmissbrauch, Umweltschadstoffe usw. potenzieren sich die Schäden von Stress zu dramatischen Auswirkungen auf die Gesamtgesundheit der Bevölkerung und des staatlichen Gesundheitswesens.

Stress kann man sehen!

Stress – dieser Begriff geht zurück auf den austro-kanadischen Mediziner und Vater der Stressforschung Hans Selye Mitte des 20. Jahrhunderts – kann man messtechnisch sichtbar machen! Das Zauberwort nennt sich **Herzratenvariabilität**, kurz HRV, und macht die tatsächlich empfundenen Belastungen des vegetativen Nervensystems optisch nachweisbar. Dahinter verbirgt sich die Erkenntnis, dass unser Herz nicht gleichmäßig taktet, sondern beim Einatmen etwas schneller, beim Ausatmen etwas langsamer schlägt. Auch steht das gesunde Herz in harmonischer Schwingung mit Blutdruck und Durchblutung. Diese Variabilität, also der rhythmische Unterschied zwischen Systole (Anspannung) und Diastole (Entspannung) des Herzens ist nun bei jungen und gesunden, nicht-gestressten Menschen am höchsten und damit ein Indikator für Vitalität und Lebendigkeit. Mit ans Ohrläppchen oder an die Fingerkuppe geklipptem Sensor wird das Herzschlagmuster auf den Computer übertragen und die Variabilität – und damit die Schwingungsfähigkeit des Herzens – grafisch dargestellt. Konfrontiert man den Probanden nun mit belastenden Themen und Gedanken, sieht man sofort, wie die dynamische und agile Schwingungskurve durch diesen Stress negativ beeinflusst wird. Die HRV-Messung bietet aber auch viele Möglichkeiten, bewusste Entspannung und Entschleunigung konkret zu erlernen und zu üben. Batteriebetriebene Kleinstgeräte in Westentaschenformat machen sogar ein Anti-Stress-Training mobil und vorm Wettkampf möglich. emWave® 2 und Pro sind hierbei mögliche Suchbegriffe zu deiner weiteren Recherche in Google.

Unterschiedliche Stresstypen

Wie erwähnt, reagiert die Amygdala auf Stress mit Reaktionen auf das vegetative Nervensystem. Es reguliert also Vorgänge im Organismus, die automatisch und in der Regel unbewusst den Körper aktivieren oder dämpfen – überwiegend unabhängig von unserem Willen.

Aktivierende Reaktionen richten sich an den sympathischen Teil, dämpfende Reaktionen an den parasympathischen Teil des vegetativen Nervensystems. **Sympathikus** und **Parasympathikus** sind also die zwei Gegenspieler für **Anspannung** und **Entspannung**. Der Parasympathikus wird auch »Vagus« genannt. In einem gesunden Körper arbeiten die beiden Nervenbrüder ausgeglichen zusammen, vor allem Stress, Angst, Krankheit und dergleichen können jedoch diese Balance stören, und das in beide Richtungen. Das erklärt auch die unterschiedlichen Stressreaktionen und Stresstypen: den **Sympathikotoniker** und den **Vagotoniker**, den überaktivierten Typ und den gedämpften Typ.

Der Sympathikotoniker

Ein vom Sympathikus dominierter Mensch ist häufig angespannt, oft **»unter Strom«**, neigt zu Bluthochdruck und Kopfschmerzen. Innere Unruhe, Nervosität, Unausgeglichenheit, Konzentrationsprobleme gehören genauso zum Leben des Sympathikotonikers wie Herz-Kreislauf-Probleme und Einschlafprobleme durch Überaktivität. In Belastungs- und Stresssituationen geht er durch die sympathische Überaktivierung »schnell in die Luft«, verhält sich **aufbrausend und aggressiv**, ist wegen jeder Kleinigkeit »auf 100« und ständig in »Kampfbereitschaft«.

Im Motorsport sind solche Heißsporne keine Seltenheit, ganz im Gegenteil. Wahrscheinlich gehört zum Erfolg eines Rennfahrers eine leichte Verschiebung in Richtung Sympathikus dazu. Wer nicht aktiviert und aggressiv genug ist, wird meist auch im Zweikampf nicht vehement genug ans Werk gehen und im Starterfeld bald den nötigen Respekt eingebüßt haben. Eine zu hohe sympathische Aktivierung jedoch schadet mehr als sie an Temperament und Speed bringen kann. Wenn ein zu heißblütiger Rennfahrer durch sein überaktiviertes Ungestüm ständig Startcrashs auslöst, dauernd Mitbewerbern ins Fahrzeug fährt und mehr durch Stop-and-go-Penalties auffällt denn durch heimgebrachte Spitzenplatzierungen, ist der Karriere auch nicht geholfen. In einem Sport, der ein hohes Maß an Ruhe und Konzentration erfordert, etwa der Schießsport, hat es ein Heißsporn natürlich schwer, unter Belastung möglichst locker und cool zu bleiben.

Einen Sympathikotoniker wird man also »runterbringen« müssen mittels Entspannungsmethoden, Massagen gegen die Verspannungen im Schulter-/Nackenbereich, Atem- und Runenübungen, Chakren-Harmonisierung, stressfreie Anreisen zu den Rennen. Man wird danach trachten, sein Gemüt ernährungsmäßig zu kühlen (siehe dazu Coaching-Unit »Typengerechte Ernährung«) und ihn zu Ruhepausen, wie etwa einem abendlichen Spaziergang um die Rennstrecke, motivieren. In der Regel wird er die Maßnahmen annehmen, denn wie schon erwähnt ist ein Sympathikotoniker auch oft nervös vor dem Start und dankbar, wenn ihm wer die Hochspannung nimmt. Dieser Stresstyp ist vielfach ein eher analytischer, pragmatischer, logischer Mensch, der wesentlich besser rechnen als schätzen kann, seine wahre Gefühlswelt gerne spektakulär hinter seinen Wutausbrüchen verbirgt und der Welt den stets coolen Typen vorspielt. Zum Häufchen Elend verkommt so mancher Sympathikotoniker durch Alkohol, da er entdeckt hat, dass ihn diese Droge entspannen lässt und hilft loszulassen.

Der Vagotoniker

Beim Vagotoniker ist das Aktivierungsgleichgewicht mehr in Richtung Parasympathikus verschoben. Flippt der Sympathikotoniker im Stressfalle aus, so flippt der Vagotoniker ein. Er **frisst alles in sich hinein**, zeigt äußerlich kaum Regung, wirkt **betont ruhig und beherrscht**. Seine Probleme entstehen eben durch die Dämpfung, etwa durch eine träge Verdauung oder einen zu niedrigen Blutdruck. Schwindelgefühle, Frösteln, mulmige Benommenheit und Müdigkeit können beim Vagotoniker als Stressreaktionen gewertet werden.

Als Sportler wird der Vagotoniker am Vorstart nicht nervös herumtänzeln, sondern eher lethargisch herumschleichen, was aber weiters gar nicht auffallen wird, weil ihm in der Startaufstellung ohnehin kaum jemand Beachtung schenkt. Nicht zu verwechseln ist dieses unteraktivierte In-sich-Zurückziehen mit einer starken Fokussierung, wie etwa bei jenen Athleten, die gelernt haben, ganz konzentriert auf den kommenden Start, alles rundherum auszublenden.

Der vagotonische Stresstyp ist trotz aller Belastungsreize, die das kommende Rennen bietet, aufzumuntern und anzufeuern. Ein bisschen Pfeffer in der Allerwertesten brauchen diese Menschen, um auf ihr optimales Aktivierungspotenzial zu kommen. Kurz vorm Start noch ein gestrafftes, dynamisches, aufmunterndes Gymnastikprogramm mit Hüftkreis-Übungen zur Anregung des Energieflusses und anschließendem tänzelndem Boxen kann Wunder wirken. Oder auch das Aktivieren des Sympathikus durch Massage der Reflexpunkten sowie ein aufmunterndes, durchaus lautstarkes, verbales Anfeuern ebenso wie heiße Musikrhythmen im MP3-Player.

Dämpfende Entspannungstechniken wie progressive Muskelentspannung und autogenes Training sind hier der diametral verkehrte Ansatz und sollen tunlichst vermieden werden. Auch ernährungsmäßig wird man eher feurig nachhelfen als noch zusätzlich kühlend einzuwirken.

Technisch ist der Vagotoniker oft nicht detail-interessiert, er ist eher kreativ und künstlerisch veranlagt. Schätzen kann er besser als rechnen, mit seinen Gefühlen ist er lieber im Wald alleine, als sie groß in der Disco zur Schau zu stellen. Im Motorsport ist der Vagotoniker bestenfalls ein besonnener (Langstrecken-)Fahrer. Es ist schwer für ihn, sich im Feld der überwiegend überaktivierten Sympathikotoniker durchzusetzen. Der Biss zu besonders aggressiven Manövern wird eher fehlen, dafür wird er weniger Schrott bauen – ein perfekter, konstanter Testfahrer! Alkoholgenuss macht ihn mutiger und entschlossener und hilft ihm, aus sich herauszugehen.

Die Einteilung in Sympathikotoniker und Vagotoniker ist tendenziell, also nicht nur schwarz-weiß zu verstehen. Natürlich gibt es zwischen den Extremen beider Typen unglaublich viele Graustufen und Mischformen. Dennoch, es besteht oft ein deutlicher Überhang in die eine oder in die andere Richtung. Zum besseren Verständnis haben wir hier die jeweils extremen Ausbildungen erklärt.

Das **Gesetz nach Yerkes-Dodson** (nach Robert Yerkes und John D. Dodson, 1908) beschreibt die geistige, kognitive Leistungsfähigkeit in Relation zu unterschiedlichen Erregungsniveaus, auch als **»Aktivationsniveaus«** bezeichnet.

Aktivationsmodell nach Yerkes & Dodson

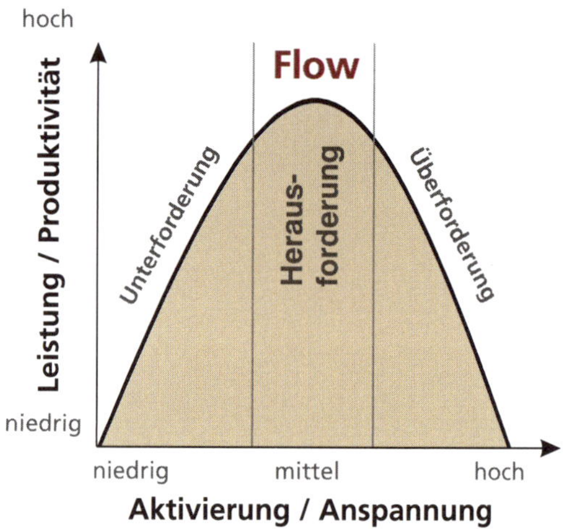

Zwischen der physiologischen Aktivierung und der Leistungsfähigkeit besteht ein umgekehrt U-förmiger Zusammenhang.

Es wird auch als Aktivationsmodell bezeichnet. Selbst wenn hier primär von geistigen Leistungen gesprochen wird, so ist jedenfalls ein optimales Aktivierungspotenzial Grundvoraussetzung für eine erstklassige körperliche Gesamtperformance, denn top oder flop spielt sich zuallererst einmal im Gehirn ab!

Der Leistungsverlauf ist bei jedem Menschen/Sportler sehr veränderlich. Er hängt von der Höhe der emotionalen Aktivierbarkeit und Stressresistenz ab. Hier gilt es eben zu berücksichtigen, ob man es mit einem Sympathikotoniker oder einem Vagotoniker zu tun hat, siehe oben.

Bei einer **Unterforderung** (Aufgabe zu einfach, Konkurrenz zu schwach, Stressniveau zu niedrig, möglicher finanzieller, sozialer Gewinn zu wenig reizvoll usw.) entsteht rasch ein Motivations- und Leistungsleck. Der Mensch im Allgemeinen und der Sportler im Besonderen bleiben hinter ihren Möglichkeiten zurück. Es reizt sie wenig, sich voll anzustrengen.

Durch ein gesundes Maß an emotionaler Aktiviertheit und stressiger Belastung wird aus einer Aufgabe, einem Rennen, einem Match, einer Tour etwa eine echte **Herausforderung** mit einem Maximum an Motivation und Freude am Tun. Die Leistung kann bis zu einem Spitzenwert gesteigert werden, und es kommt im günstigsten Fall zum sogenannten **Flow-Erlebnis**, in dem man nahezu spielerisch eins wird mit seiner Tätigkeit und alles in optimalem Fluss ist.

Erhöht sich das Erregungs- bzw. Stress-/Belastungsniveau über das erforderliche Maß (Aufgabe wird unerwartet zu schwierig, Konkurrenz ist stärker als gedacht, möglicher finanzieller, sozialer oder emotionaler Verlust wird zu hoch, man wird zu nervös), wird aus der Herausforderung eine **Überforderung**. Die Leistung sinkt wieder ab bis zum Verlust selbst kognitiver Fertigkeiten. Ein gutes Beispiel hierfür ist das Binden von Schuhbändern: Eine an sich seit Kindheit automatisierte, einfache Handlung kann unter extremem (Zeit-)Stress plötzlich und mit zittrigen Fingern zum schier unlösbaren Problem werden.

Ein bestimmtes Maß an Stress ist für eine gute sportliche Leistung nötig, um in ein optimales Aktivierungsfenster zu gelangen, in welchem Top-Performance dank Flow-Erlebnissen möglich wird. Überaktivierte Typen gilt es auf das ideale Aktivierungsmaß herunterzuholen, unteraktivierte Typen sind auf dieses Level zu pushen.

So sehr ein gesundes Maß an Stress (im Leistungssport) essentiell ist für Erfolg, so sehr ist darauf zu achten, im Alltag nicht durch unnötigen Zivilisationsstress stets psychisch und physisch auf Hochtouren zu laufen und sich einen regelmäßigen Ausgleich im Alltag zu schaffen. 365 Tage Stress pro Jahr werden mit Sicherheit jeden Leistungssportler – wie auch jeden Berufstätigen – weit unter seinen Erfolgsmöglichkeiten dahinvegetieren lassen.

Umgang mit Stress

Grundsätzlich gibt es **Stress erster und zweiter Ordnung**. Stress erster Ordnung ist einfach da, weil unvermeidbar. Ein großer Wettkampf, ein bedeutsames Rennen, ein WM-Lauf, ein wichtiger Berufstermin – da ist einfach Stress, außer man ist total deaktiviert und demotiviert, aber dann wird ohnehin keine Spitzenleistung möglich sein. Also Stress erster Ordnung gehört naturgemäß dazu, wenn es um etwas geht. Mentaltraining arbeitet nun daran, mit diesem Stress erster Ordnung keinen Stress zweiter Ordnung zu bekommen. **Stress mit dem Stress**. Klingt verwirrend, ist aber logisch. Eine tobende, pfeifende, trommelnde Zuschauermenge löst im Körper Stressreaktionen aus, ob man will oder nicht.

Ob mich dieser Stress erster Ordnung (der einfach da ist und auch nicht besser wird, wenn ich den Zusehern entgegenbrülle, sie mögen jetzt einmal die Klappe halten …) relativ kalt lässt oder gar motiviert und anturned oder ob er in mir kalten Schweiß ausbrechen lässt und mich in Angststarre versetzt, das hängt davon ab, wie ich mit dem Stress zweiter Ordnung umzugehen gelernt habe. Und das beste Rezept hierbei ist, sich regelmäßig diesem Stress auszusetzen. Darum bestreitet man auch möglichst viele Trainingswettkämpfe, um sich an alle möglichen Stressformen zu gewöhnen, und trainiert nicht nur zu Hause im stillen Kämmerlein. Sportler, die diesen regelmäßigen Stressattacken aus dem Weg gehen, bekommen die Rechnung leider meist postwendend präsentiert: Wenn's um etwas geht, flattern die Nerven schon in der Vorrunde, übergroße Nervosität (= Stressreaktion) lässt eine Demonstration des eigenen Könnens im Finale gar nicht erst zu, weil man schon längst ausgeschieden ist. Dabei ging's doch daheim soo gut …

Mentaltraining kann den Stress zum Beispiel vorab visualisieren lassen, also du verdrängst den zu erwartenden Stress nicht, sondern du versuchst ihn dir schon vorab vorzustellen, nach dem Motto: *Was könnte auf mich zukommen?* Oder du holst den Stress ins Training herein, absichtlich. Indem du z.B. Störgeräusche (Pfeifen, Buh-Rufe, Applaus, Schreie usw.) entweder bei einem Wettkampf aufnimmst oder dir aus dem Web downloadest und diese dann beim Training ganz laut einspielst. Während dich der Lärm im Training zudröhnt, konzentrierst du dich auf deine ruhige Bauchatmung, auf die korrekte Ausführung deines Bewegungsablaufes und gewöhnst dich so daran, unter Stresseinflüssen erster Ordnung deine Leistung zu bringen. Auch Zeitdruck kann man einfach simulieren. Ohne sich diesem Stress zigtausende Mal ausgesetzt zu haben, könnten die Mechaniker im Automobilrennsport sicher nicht fehlerfrei binnen weniger Sekunden Reifen wechseln. Die ohne Zeitdruck sicher exakt sitzenden Handgriffe wären im Rennen sonst garantiert hektisch und unkoordiniert. Also, analysiere den Stress in deinem Sport und überlege, wie du ihn in dein Training einbauen und so deine Amygdala überlisten kannst, damit du später, wenn's darauf ankommt, keinen Stress mit dem Stress hast!

Die 24-Stunden von Le Mans – 24 Stunden Dauerstress für das gesamte Team, wie hier bei Lotus Praga in der LMP2-Klasse.

Je schwieriger
ein Sieg,
desto größer
die Freude
am Gewinnen.

Pelé

Wenn aus **Herausforderungen** Bedrohungen werden

Wie schmal der Grat zwischen Herausforderung und Bedrohung ist, sieht man gerade im Sport sehr oft. Eben lief es noch super und man freute sich aufs kommende Rennen, schlagartig kippt das positive Feeling um, man kommt mit dem psychischen Druck nicht mehr klar, und es gelingt rein gar nichts mehr. Plötzlich auftretende Versagensängste sind es meist, die uns und unsere Leistung manchmal geradezu lähmen. Was ist da los?

Diese Coaching-Unit macht dich READY TO WIN, denn sie zeigt:

- **Warum wir plötzlich lang ersehnte Situationen als bedrohlich empfinden**
- **Was es mit der Oszillation von Herausforderung und Bedrohung auf sich hat**
- **Wie man solchen Situationen mental grundlegend begegnet**

Sowohl im Leistungssport als auch im Berufsleben bringt man seine beste Performance genau dann, wenn ein Ziel bei maximaler persönlicher Anstrengung realistisch erreicht werden kann und die positive Konsequenz möglichst groß ist: Man kann es echt schaffen, wenn man sich voll reinhängt und der zu erwartende Gewinn (soziales oder mediales Ansehen, Siegespreis, Sponsorprämie ...) möglichst groß ist. Sportpsychologen sprechen hier von einer **Herausforderung**.

Unterforderung

Ist die nötige oder zu erwartende Anstrengung zum Erreichen des gesteckten Zieles, etwa zum Gewinnen des Rennens, zu niedrig, hat man also das Gefühl, dieses Rennen selbst mit verbundenen Augen nicht verlieren zu können, sinkt die Herausforderung in Richtung Unterforderung. Ist dann auch noch der Siegespreis gering, geht schnell die Motivation verloren: **Gewinnen im Vorbeigehen** und dafür (emotional, sozial, medial, finanziell) **nichts zu bekommen**, lässt zumindest professionell eingestellte Rennfahrer schnell die **Motivation verlieren**.

Natürlich ist es gerade für den Amateur durchaus erfreulich, wenn aus unvorhersehbaren Gründen das halbe Feld vor ihm in der Startaufstellung vom Rennen zurücktritt und er so als Mittelfeldler oder gar Hinterbänkler auch einmal die Chance bekommt, aufs Treppchen zu steigen. Genau für ihn ist hier nämlich exakt das erfüllt, was eine motivierende Herausforderung ausmacht: Plötzlich kann er es schaffen zu gewinnen (weil die Besseren ja fehlen), und der zu erwartende Preis (zu Hause erzählen zu können, man hat gewonnen, Anerkennung, Siegesfoto für die neue Sponsormappe usw.) ist auch erfreulich hoch.

Überforderung/Bedrohung

Ganz anders könnte es aussehen, etwa wenn du Rennfahrer bist und, um bei obigem Szenario zu bleiben, nicht das halbe Starterfeld vor dir erst gar nicht am Rennen teilnimmt, sondern alle vor dir wegen eines Reglementbruchs im Qualifying z.B. um 10 Startplätze nach hinten versetzt werden. Du selbst rückst in der Startaufstellung unerwartet nach vorne, bist statt nur dabei plötzlich mittendrinnen. Oder stehst gar vor den super-schnellen und als aggressiv bekannten Stars. Und noch dazu fängt es am Rennmorgen an zu regnen. Jetzt bist du schon vor dem Start urnervös und Regenrennen oder zumindest nasse Strecke ist ohnehin absolut (noch) nicht dein Ding. Zu allem Überfluss hattest du immer davon geträumt, dass der Talent-Scout eines großen Profiteams einmal zu einem deiner Rennen kommt und du dein Talent super lässig zeigen kannst. Und gerade heute, wo du ohnehin vor dem Start schon zum Zerplatzen aufgeregt bist, eben ein Wolkenbruch die Schlüsselstellen der Strecke total glitschig gemacht hat, begrüßt der Streckensprecher noch deinen lang ersehnten Talent-Scout auf der Strecke. Das darf ja alles nicht wahr sein …!

Schnell wird da aus der noch bei der Anreise vor zwei Tagen heiß ersehnten Herausforderung, auf dieser so schwierigen Strecke sauber im vorderen Drittel zu finishen, eine Überforderung und sogar eine Bedrohung. Wenn dann in den ersten Runden, wo die Superstars von hinten rücksichtslos und knallhart aufholen werden, auf den ganz schnellen, nassen Streckenteilen etwas passiert, *»Kann ich mir ordentlich weh tun«*, macht sich erste Angst bemerkbar. In dieser nun zur Bedrohung gewordenen Herausforderung findest du natürlich den rechten Handschuh nicht, obwohl du ihn ganz sicher zusammen mit dem linken gestern in die Helmtasche gesteckt hast. Wo er übrigens auch noch immer ist, du bist nur viel zu schusselig, ihn zu sehen. Nicht einmal mehr die Schuhbänder der Rennschuhe zu verknoten – an sich wurde das Schnürsenkel-Binden schon im Kindergartenalter zu einer selbstverständlichen Fertigkeit – gelingt dir jetzt so kurz vor dem Start mehr ohne peinliche Szenen der Verzweiflung. Wir könnten diese Bedrohungs-Story am Vorstart noch seitenlang mit unzähligen aktiv erlebten Details füllen (du greifst z.B. auch noch mit deinen öligen Fingern mitten ins penibel gegen Beschlagen präparierte Helmvisier usw.). Lassen wir es aber bewenden bei der Feststellung, dass du nun verstanden hast, wie aus heiterem Himmel eine Herausforderung zu einer Bedrohung werden kann. Man spricht in diesem Zusammenhang von einer Pendelbewegung, einer

Oszillation

So rasch die Bedrohung gekommen ist, so schnell kann sie – vor allem wenn du in mentalem Selbstmanagement geschult bist oder einen guten Mental-Trainer an deiner Seite hast – auch wieder zurückpendeln in Richtung Herausforderung. Es gelang dir nämlich, beim Start die Nervosität überraschend gut in den Griff zu bekommen, und du bist im Regen wesentlich besser gestartet, als du es dir selbst zugetraut hattest. Die Stars haben es etwas übertrieben, aus dem Augenwinkel hast du noch gesehen, dass es hinter dir ordentlich gekracht hat. Super, du bist aus dem Tumult unbeschadet rausgekommen und kannst locker vorne deine Pace fahren. Selbst auf den nassen Schlüsselstellen der Strecke entdeckst du eine perfekt fahrbare Linie, und auf einmal geht alles wie von alleine! Du fühlst dich großartig, ein kurzes Umdrehen auf der Gegengeraden bestätigt dich darin, dass du bereits ein paar Fahrzeuglängen vor einem Verfolgerpulk bist, in dem noch dazu wie wild gerauft wird, wodurch sich die Fahrer in ihren Rundenzeiten gegenseitig bremsen. Hinter euch ersten sechs hat sich schon ein großes Loch gebildet. Hier dürfte das »Gemetzel« am Start stattgefunden haben. *»Wie geil, heute könnte mein ganz großer Tag werden«*, durchschießt es dich, *»wenn ich jetzt voll konzentriert und fokussiert bleibe.«*

Und tatsächlich, du fährst wie ein kleiner Gott, wie ferngesteuert drehst du konstant Runde um Runde und machst keinen nennenswerten Fehler, sogar konditionell fühlst du dich stark wie nie. Klar, du wirst noch von zwei der Top-Favoriten abgefangen, aber du bist erstmals und noch dazu bei einem vorerst so bedrohlich scheinenden Rennen am Siegerfoto. Gratuliere, Situation bestmöglich gemeistert!

Was in dieser Story stattgefunden hat, ist **Oszillation**. Sprich, das Pendel ist zuerst von Herausforderung ganz in die Gegenrichtung geschwungen, nämlich zu Bedrohung.

Wird diese zu übermächtig, folgen die drei ur-instinktiven Verhaltensreaktionen: Zuerst kommt es zum Kampf, verbessert dies die Lage nicht, folgt die Flucht und ist selbst dafür die Panik zu groß, verfällt man in Angststarre.

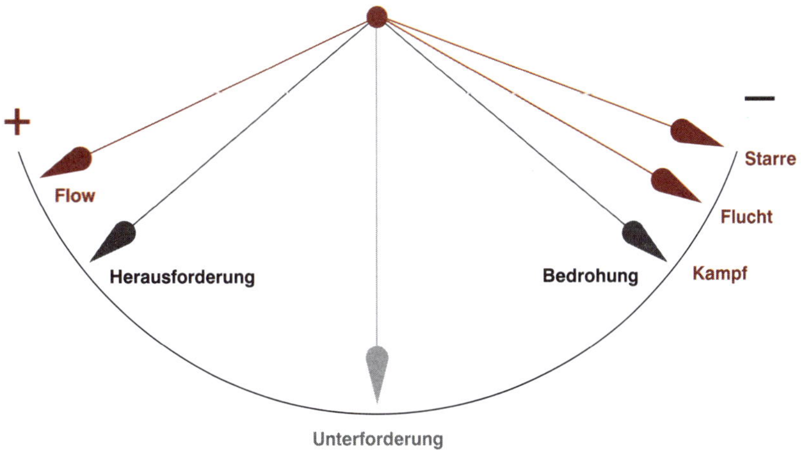

Aufgrund des tollen Verlaufes jedoch schwang das Pendel zurück zu Herausforderung, ja sogar noch weiter ins Positive, zu einem sogenannten **Flow-Erlebnis**, wo man komplett eins ist mit seinem Sport, seinem Körper, seinem Geist und letztlich auch seinem Sportgerät.

Bedrohungsszenarien betreffen nicht nur Anfänger!

Dass es aber auch ganz anders enden kann und dies sogar bei krisenerprobten Weltstars, wurde am 8. Juli 2014 in einem legendären Fußballmatch im Rahmen der WM in Brasilien faszinierend vor Augen geführt: Am entgegengesetzten Pendelausschlag vom positiven Flow, in der extremen Bedrohung, lähmt ein panisches Gefühl der Starre jegliche kontrollierte Leistung – Deutschland demütigte Gastgeber Brasilien mit einem 7:1 vor zigtausend weinenden Fans in Belo Horizonte. Was war passiert?

Brasilien war gegen Deutschland in diesem unglaublichen Halbfinale einerseits durch das Fehlen ihres verletzten Superstürmers Neymar gehandicapt, andererseits aber hatten die zigtausend brasilianischen Fans im Stadion gedacht, mit einer durchaus bedrohlichen Stimmung gegen die Deutschen den eigenen Spielern Gutes zu tun und den Gegner aus dem Konzept zu bringen. Die Schlachtenbummler trommelten, schrien, pfiffen, tobten als wäre dies ein Kriegsschauplatz. Dabei brachten sie gar nicht so sehr die Deutschen aus dem Rhythmus, sondern ließen vielmehr bei den eigenen Spielern unterbewusste Gefühle aufkommen wie: »Wenn wir das nicht gewinnen, kommen wir hier nicht lebend raus!« Natürlich hätten die Sicherheitskräfte dafür in jedem Fall gesorgt, dieser wahrhaft höllische Lärm der Fans nahm dennoch immer bedrohlichere Formen in den Köpfen der eigenen Elf an. Als dann Deutschland bereits in der 11. Minute nach einem Eckball 0:1 in Führung ging, kippte bei den Brasilianern die Herausforderung (bei der Heim-WM ins Finale einzuziehen) in eine Bedrohung (von ganz Brasilien verdammt zu werden). Für die Deutschen schwang das Pendel von Bedrohung (durch den dramatischen brasilianischen Fanlärm) hingegen ins Positive, nämlich zu Herausforderung bis zum Flow (23. bis 29. Minute mit 4 Toren = alle eineinhalb Minuten ein Tor!!!). Das Spiel endete, um bei der zum kriegerischen Lärm der Fans passenden Wortwahl zu bleiben, in einer echten »Hinrichtung«. 7:1, unfasslich, die höchste Niederlage in der Geschichte eines WM-Semifinales. Auch bei der Körpersprache konnte man genau beobachten, wer zu den Deutschen und wer zu den Brasilianern gehörte, die so unterschiedlich bunten Trikots wären gar nicht nötig gewesen, um »Herausforderung und Bedrohung« oder »Deutschland und Brasilien« auseinanderzuhalten.

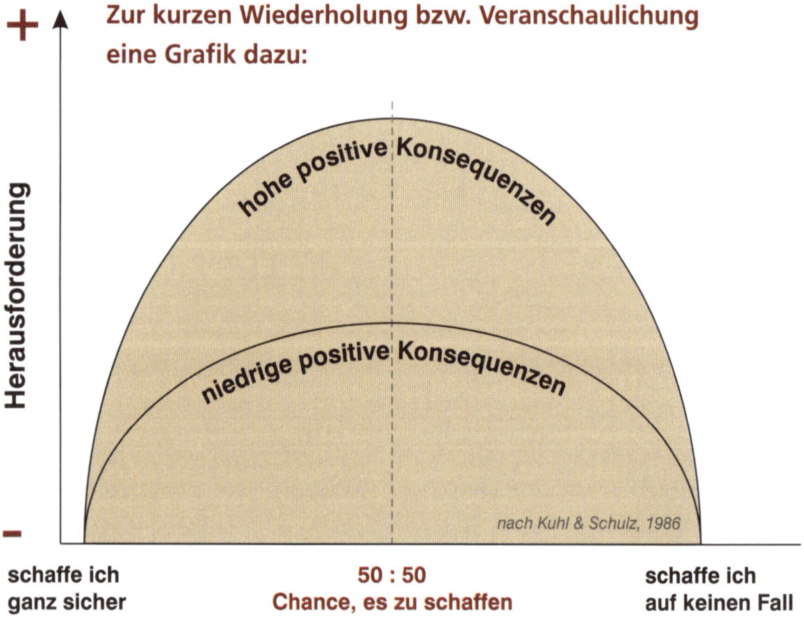

Wenn die Chance, es zu schaffen, bei 50 : 50 steht und der zu erwartende Siegespreis (materiell wie ideell) am größten ist (= hohe positive Konsequenz), wird die Herausforderung am stärksten und positivsten empfunden.

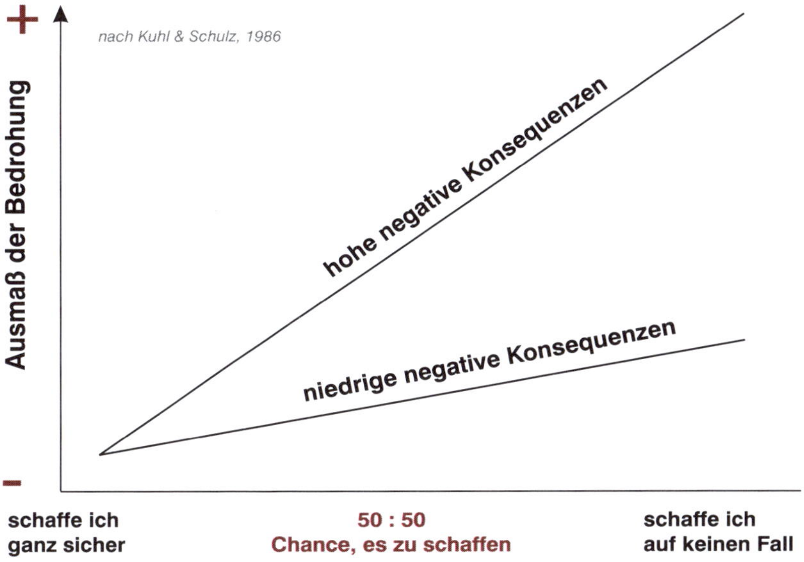

Am stärksten und negativsten als Bedrohung empfunden wird, wenn die Chance, es zu schaffen, schlechter als 50 : 50 steht und die zu erwartenden negativen Konsequenzen am größten sind (Verlust von Selbstwertgefühl, soziale Abwertung, Blamage, Verlust von Sponsoren, Verlust von Karrieremöglichkeiten, Gefahr von Verletzungen oder Tod usw.).

Mentales Training in/für Bedrohungssituationen

So unterschiedlich Bedrohungsszenarien sein können, so vielfältig sind auch die mentalen Reaktionsmöglichkeiten darauf. Es ist unrealistisch, hier in einigen Sätzen eine Standard-Lösung zu präsentieren, da es die gesamte »Trickkiste« mentalen Trainings braucht, um auf bedrohlich empfundene Situationen möglichst entspannt und klar reagieren zu können. Zu den eingesetzten Maßnahmen gehören beispielsweise folgende **mentale Interventionen**:

Visualisierungstraining

Über Visualisierungen versucht man, Bedrohungsszenarien im Vorfeld so real wie möglich geistig zu durchleben. Der Mentaltrainer stellt den Sportler schon vorab fiktiv auf mögliche Situationen ein, die Bedrohung auslösen könnten (extremer Lärm im Publikum, Pfeiffkonzerte usw.).

Mittels Visualisierungen im Moment der Bedrohung oder kurz davor (vor dem Start) kann der Mentaltrainer den Sportler aber auch zurückbringen auf Momente, wo etwa der Bewegungsablauf ohne bedrohliche Angst abgelaufen ist und er sich auf einen sogenannten geistigen **Rettungsanker** zurückbesinnt.

Visualisierung
Aktivierung
Fokussierung
Prognosetraining
Selbstgespräch

Aktivierungs-Regulation

Ein sich bedroht fühlender Mensch ist je nach Stresstyp entweder überaktiviert (sehr nervös und hektisch) oder unteraktiviert (in sich selbst »verkrochen«, lethargisch, verzweifelt). Entsprechend muss der Mentaltrainer seinen Schützling im ersten Fall beruhigen und entspannen, um das Selbstvertrauen zu stärken, damit die Bedrohung als Herausforderung gemeistert werden kann. Der Sportler kann aber auch ganz lethargisch, gleichsam gelähmt vor Schreck, sein. Dann wird man ihm aufmunternd helfen, zu seiner psychischen Stärke und seinem Selbstbewusstsein zurückzufinden.

Fokussierungs-Regulation

Ganz besonders wirkungsvoll ist es auch, seine Aufmerksamkeit von den bedrohlichen Umständen abzuwenden oder abzulenken. Konzentrationstrainings und sogenannte **Fokusregulationen** ermöglichen es dem Sportler, sich quasi in einer Art Tunnelblick nur auf den Ablauf der Bewegung, des Rennens, seine Leistung zu beschränken. Ein Freestyle-Motocrosser wird Sekunden vor der Anfahrt auf seinen lebensgefährlichen Double-Backflip der Bedrohung (Verletzungs-/Todesgefahr) nur entgehen können, wenn er gelernt hat, diese durch Fokusregulation auszublenden. Er lenkt sich damit selbst von der Bedrohung ab, indem er seine Wahrnehmungen auf Dinge konzentriert, die nicht brenzlig sind (Atmung, Cheerleader-Girls, Lichtshow usw.). Auch wenn er gerade noch die begeisterten Zuschauermassen selbst eingeklatscht hat, seinen wahren Fokus muss er ganz woanders haben. Die FMX-Jungs sind ein faszinierendes Beispiel dafür, wie man mit (Lebens-)Bedrohungen umgehen lernen kann, und das sogar noch publikumswirksam und lässig.

Auch eine Art der Fokusregulation ist es zu lernen, **sich stets auf die eigene Leistung zu konzentrieren und nicht auf das Resultat**, nämlich einen möglichen Gewinn oder Verlust. Es geht nur – im Hier und Jetzt – um die eigene Performance, nicht um einen möglicherweise hohen Geldpreis, den man gewinnen aber auch verlieren kann. Ein umsichtiger Mentaltrainer wird klar machen, dass du von deiner Familie und deinen Freunden nicht wegen deiner Erfolge geliebt wirst, sondern weil du ein guter Mensch, ein klasser Typ bist und sozial nichts verlierst, bloß weil du bei einem sportlichen Wettkampf oder Rennen versagt hast!

Prognosetraining

Bedrohliche Rahmenbedingungen des Wettkampfes bereits im Training vorweg zu nehmen, ist ein ähnlicher Ansatz, wie diese Bedrohungsszenarien vorab zu visualisieren. Solche Übungen werden mit einer zuvor abgegeben Prognose verbunden: Was ist trotz dieser simulierten Wettkampfbedrohungen noch zu erreichen? Zu scheitern, also das prognostizierte Resultat nicht zu erreichen, ist ein durchaus gewünschter Effekt, um sich an das Verlieren ebenso zu gewöhnen wie an den erhofften Sieg. Mit methodischen Prognosetrainings arbeitet man daran, sogenannte Trainingsweltmeister siegessicher und siegesstabil zu machen.

Beispielsweise könnte man einen Sportler mittels Prognosetraining konkret an den zu erwartenden störenden Lärm gewöhnen, indem man ihn wirklich via Kopfhörer einspielt. Ein Tipp: Probiere einmal in deinem Sport, einen perfekten Bewegungsablauf hinzubekommen, wenn du über Kopfhörer extrem laute Störgeräusche eingespielt bekommst. Am Anfang und ohne Übung ist das meist ein Ding der Unmöglichkeit. Ein weiteres Szenario ist, den Rennfahrer beim Testen/Trainieren für ihn überraschend absichtlich im brütend heißen Fahrzeug in der Sonne warten und schmachten lassen und ihn so an unangenehme, unerwartete Situationen zu gewöhnen (auch wenn Hitze nicht wirklich bedrohlich ist, eine gute Übung in diese Richtung ist es dennoch!).

Selbstgesprächs-Regulation

Selbstgespräche sind allgemein im mentalen Training, und besonders im Sport, höchst effizient. Wer mit sich selbst still im Geiste bzw. wirklich halblaut oder sogar laut redet, kann sich seine Stärken vergegenwärtigen. Sportler entwickeln z.T. eigene Mantras, Gebete oder wie immer wir es nennen möchten (siehe auch das in der Coaching-Unit zu Selbstgesprächen beschriebene »READY TO WIN™-Mantra«).

Es geht dabei nicht darum, sich einfach einzureden, alles zu können, wenn man es nur genug will, weil man so super und deshalb unbesiegbar ist, das ist Quatsch. Diese Affirmationen sind nie erfolgversprechend, oft sogar gefährlich – gerade in Risikosportarten. Sich als unerfahrener Newcomer einzureden, man sei als in der Kletterwand genauso gut und schnell wie der routinierte Vorsteigende, kann rasch zu folgenschweren Selbstüberschätzungen samt Unfällen, Stürzen und Verletzungen bei sich selbst und anderen führen.

In Selbstgesprächen kannst du dir beispielsweise deine wirklich vorhandenen, erprobten Stärken vorsagen: *»Ich werde diese Situation nun* *meistern, wenn ich mich jetzt maximal anstrenge und die Leistung bringe, die ich im Training schon hunderte Male gebracht habe … also los geht's, ich kann das auch heute, hier und jetzt, wie ich es sonst auch kann.*«

Und gerade, wenn eine Wettkampfsituation von der Herausforderung in die Bedrohung zu kippen droht, ist es wichtig, sich selbst seine Fähigkeiten immer wieder vorzusagen und sich so seiner eigenen Ressourcen zu besinnen. Insbesondere beim Einzelsportler funktioniert diese Mentaltrainings-Technik erstklassig.

Das Selbstgespräch gehört bei den meisten Kletterern zum mentalen Standardrepertoire, um sich in Schlüsselstellen zu pushen.

Ich lege mir schon im Training die Latte hoch, das führt dazu, dass ich mehr Biss habe und mehr Druck spüre, und das heißt auch: mehr Motivation.

Fabio Cancellara

Prognosetraining & Co
Vom Trainingsweltmeister zum Siegertyp

Wer im Sport kennt nicht das Phänomen, dass ein Fahrer beim Trainieren, Testen oder bei unbedeutenden Wettkämpfen locker und lässig hervorragende Topleistungen zeigt, bloß dann, wenn es um Meisterschaftspunkte, Titel, Siege usw. geht, haben erst wieder andere die Nase vorne. Dieses Kapitel handelt von der bestmöglichen Umsetzung der gefestigten Trainings-Performance auch unter Wettkampfbedingungen.

Diese Coaching-Unit macht dich READY TO WIN, denn sie zeigt:

- **Was Wettkämpfe ausmacht und was wettkampfstabil bedeutet**
- **Wie Prognosetraining, Training der Nicht-Wiederholbarkeit (auch mit Zeitversetzung) spielerisch ins Training eingebaut werden kann**
- **Wie man Aufgaben setzt, um aus Trainingsweltmeistern echte Racewinner zu machen**

Bleibt ein Sportler trotz euphorisch stimmender Trainingsergebnisse bei Wettbewerben regelmäßig unter den Erwartungen und reist dann frustriert ab, muss man sich eines vergegenwärtigen: Technisch und konditionell ist er im Vergleich zum Training davor ja unverändert, bloß schafft er es ganz offenbar nicht, sein Potenzial exakt zum rechten Zeitpunkt voll auszuschöpfen und in Siege oder zumindest den Möglichkeiten und Erwartungen entsprechende Platzierungen umzusetzen.

Erfolge brauchen Stärke im mentalen Bereich

Für Mentaltrainer liegen hier die Ursachen meist klar auf der Hand: Der Athlet hat nicht gelernt, die körperlich-motorischen, sporttechnischen und taktischen Fähigkeiten auch bzw. vor allem unter allen denkbaren (belastenden, nervenaufreibenden) Bedingungen zu realisieren. Was diesem Sportler zum großen Durchbruch fehlt, ist oft nur die unbewusste Überzeugung von den eigenen Fähigkeiten in Wettkampfatmosphäre, unter Zeitdruck, vor Zusehern usw. Anstatt sich unerwarteten Anforderungen oder überraschend auftretenden Situationen systematisch und mental kontrolliert zu stellen, kommen Zweifel auf, werden unkoordinierte Reaktionen gesetzt.
Wie wird man »ready to win«, also siegessicher und wettkampfstabil?

Ein Sportler darf als READY TO WIN bezeichnet werden, wenn

- er auch im Unterbewusstsein von den eigenen Fähigkeiten überzeugt ist.
- er in der Lage ist, eine solide Top-Performance genau dann zu bringen, sobald diese gefordert ist (am Sonntag beim Bewerb und nicht am Montag darauf beim fröhlichen Trainieren).
- er für sich entdeckt hat, was er ganzheitlich tun muss, um seine wirkliche Bestform (also noch ein Level über der soliden Top-Form) »einzuladen«, genau dann zu kommen, wenn sie benötigt wird.
- er unerwartet auftretende Situationen blitzschnell und richtig einzuschätzen vermag.

- er auch unter psychisch wie physisch größter Anstrengung und Anspannung den klaren Durchblick und Überblick behalten kann.

Exakt dann perfekt zu performen, also echt »ready to win« zu sein, wenn es drauf ankommt, ist nicht die Frage eines blinden (oder gar übersteigerten, unkritischen) Selbstvertrauens, sondern eine mentale Fähigkeit, die systematisch trainiert werden muss und erfreulicherweise auch gut und greifbar trainiert werden kann. Der Professor für Sportpsychologie Hans Eberspächer offeriert hierzu perfekte Anleitungen.

Aber überlegen wir doch einmal, was einen Test von einem Rennen/Wettkampf unterscheidet:

1. **Wettbewerbe/Rennen sind einmalige Events und nicht wiederholbar.**

   Hat man den Event verhaut, kann man nicht einfach nochmals von vorne beginnen, beim Trainieren nämlich in der Regel schon: *»Ok, das war nichts, nächster Versuch!«*

2. **Wettbewerbe/Rennen gehen immer mit einer konkreten Erwartung einher.**

   Selbst wenn die Erwartungen niedrig sind, sprechen normalerweise Sportler und Team dennoch darüber, was man noch probieren könnte, um diesen einen Konkurrenten noch zu schlagen, unter die ersten 10 zu kommen, aufs Podest oder gar die maximale Punktezahl für die Meisterschaft mit nach Hause zu nehmen. Die große Gefahr besteht darin, vor ausschließlichem Blick auf das mögliche Resultat die nötige Fokussierung auf die eigene Leistung zu verlieren.

3. **Wettbewerbe/Rennen sind mit Konsequenzen verbunden.**

   Gewinnt man, rücken Meistertitel und mögliche Sponsorgelder einen Schritt näher. Verbockt man das Weekend (schon wieder), drohen Kritik von Team, Geldgebern, Eltern (!), man vergeigt das Championat und damit die Chance, in der kommenden Saison in die nächsthöhere Liga aufzusteigen usw.

Wichtigster Schritt zum READY TO WIN™:
Hört auf, euch anzulügen!

Der beste Weg, sich selbst zum Verlierertyp zu machen ist, sich beim Trainieren – bewusst wie unbewusst – etwas vorzumachen: *Absolviere plan- und ziellos deine Trainingseinheiten und – ganz wesentlich – definiere erst nachträglich, was du eigentlich trainieren oder testen wolltest. Ja, genau: Erkläre das, was gut lief, rückwirkend zum Ziel des Tages! Und besonders wichtig: Alles, was danebenging, sofort aussortieren, und mit Negativem nicht lange Zeit vergeuden. Auf diesem Wege vermeidest du jeglichen Druck und schaltest im Vorhinein alle Erwartungshaltungen, die die Freude am Sport stören, aus. So macht Training Laune. Stelle danach deine Performance am besten auch noch in kreativ-sinnlose Relationen: »Wow, wenn heute das Rennen gewesen wäre, ich wäre Kreise um alle gefahren!« oder »Mit der heutigen Laufleistung wäre ich beim letzten Europacup auf dem Podium gestanden.« oder »Mit dem neuen Material haben die anderen beim Race kommendes Monat gegen uns null Chance!« Lüge dir so viel und so oft wie möglich etwas vor, spiele jedes ziellose Herumtrainieren zum persönlichen Erfolg hoch. Schließlich muss man sich ja zum Erfolgstyp erziehen. So werden epochale Stars doch gemacht, oder?*

Erkläre nicht das, was gut lief, rückwirkend zum Ziel des Tages!

Die Ernüchterung beim nächsten Wettbewerb ist vorprogrammiert. Erfolg setzt immer voraus, dass man auch gelernt hat, Misserfolg systematisch zu verarbeiten, und vor allem, dass man darin geschult und geübt ist, analytisch das Beste – im Sinn von das »Lehrreichste« – aus einem Nicht-Erreichen von zuvor gesteckten Zielen zu filtern und im Großhirn jederzeit und blitzschnell wieder abrufbar zu speichern. *Beim angesprochenen echten Wettkampf/Rennen ein Monat später dann passiert im ersten freien Training ein Ausrutscher, im zweiten freien Training passt das Wetter nicht, im Qualifikationstraining spielen erstmals die Nerven mit: Nach zwei eigentlich vermasselten Vorrunden agierst du nun viel zu aggressiv und zu sehr auf Druck und versuchst, deine Topleistung zu erzwingen. Mit Startplatz 7 folgt die erste Ernüchterung. Im übernervös gestarteten Finallauf gibt's ein Startgerangel, du natürlich unverschuldet mittendrin, an-*

statt als Polesetter vorne davonzufahren. Mehr als eine Verteidigung des 7. Platzes war unter diesen so unglücklichen Umständen beim besten Willen und trotz größtem Talent nicht möglich. Aus der Traum vom Meistertitel, und du bist daran völlig schuldlos, einfach dumm gelaufen. Was für eine Enttäuschung. Der aufmerksame Leser wird nun denken: Moment, Ent-Täuschung ..., da war doch was. Genau, eine Täuschung (nämlich wettkampfstabil zu sein) wurde beendet. Statt freies Training, Qualifikationstraining oder Finallauf könntest du natürlich jede beliebige Sportart einfügen – mit Qualifikationsrunde, Vorausscheidung, Finalmatch ... was auch immer – die Story dahinter bleibt inhaltlich dieselbe.

In Wahrheit wurde nämlich auf jede unerwartete Situation im Laufe des Wettbewerbs zu wenig analytisch und systematisch reagiert. Alleine aufgrund der dramatischen Einsicht, dass man doch nicht alle so locker in Grund und Boden fährt/läuft/sprintet/schießt, wie beim Trainieren ohne Konkurrenz gedacht, waren du als Athlet und dein Team mental so überfordert, dass mehr geistige Energie zum Interpretieren der unerwarteten Situation aufgewendet werden musste, als für eine schnelle, zielführende, erfolgversprechende Reaktion. Es wurden also Energie und Zeit verschwendet. Beide sind an einem Meisterschaftswochenende jedoch nur sehr begrenzt verfügbar. Darum:

Kein einziges Training ohne konkrete Aufgabe oder Trainingsziel!

Gleichgültig, ob du eine normale Trainingseinheit machst, gemütlich und ohne Wettkampfhektik etwas probieren möchtest, in Vorbereitung auf einen konkreten Bewerb stehst oder sogar als Rennfahrer einen neuen Motor einfahren willst: Agiere nie, ohne dir und dem Team (so es eines gibt) vorher offiziell ein Ziel zu setzen. Nur so lernst du automatisch, dich dem Risiko des Misserfolges, des etwas Nicht-Erreichens, auszusetzen und systematisch – quasi schon programmiert darauf – zielführend zu reagieren. Mit psychischen Beanspruchungen souverän umzugehen ist im Wesentlichen die Frage, wie oft man solch einer Stresssituation vorher schon ausgesetzt war. Nur durch das permanente Verfolgen und Erarbeiten definierter Ziele (= individueller Mini-Wettkampf) lernen Sportler und Team, mit psychischen Belastungen sowie Erfolgen und Misserfolgen umzugehen. Und das muss schon im

Training geschehen, Wettkämpfe sind für diese Übungen in der Regel zu wertvoll!

Wer nicht gelernt hat, aus eigenem Scheitern zu lernen, ist nicht bereit für langfristigen Erfolg!

Wie setzt man sich Aufgaben und Ziele im Training?

Es ist nicht immer möglich, bei der Zielsetzung offensichtliche, im Sinn von vergleichbare Trainings- oder Test-Aufgaben zu definieren. Witterungseinflüsse, die Verhältnisse an der Sportstätte u. dgl. lassen oft einen direkten Vergleich mit bestehenden Referenzleistungen (Rundenzeiten, erreichte Weiten, Höhen, Gewichte, Punkte usw.) nicht zu. Kein Problem, individuelle Aufgaben sind ebenso wirkungsvoll zur Gewöhnung an psychische Belastungen.

Prognosetraining

Das folgende Beispiel hat für zahlreiche Sportarten Gültigkeit. Um es jedoch nicht allzu stark zu verkomplizieren, haben wir einen fiktiven Motorsport ausgewählt:

Einmal am Trainingsvormittag und einmal am -nachmittag eine 10 Runden-Session. 2 Runden Warmup, dann die 3. Runde so voll du kannst als schnelle Referenzrunde (evtl. Hinweis mit Boxensignal) und nun Runden 4 bis 10 so konstant wie möglich an diese Referenzzeit in Runde 3 heran. Auslaufrunde. Im Grunde ein Gleichmäßigkeitsbewerb, genau. Ein guter Racer ist aber bekanntlich nur einer, der auch mehrere schnelle Runden möglichst zeitgleich am Stück fahren kann. Zurück an der Box wird nun gemeinsam analysiert und vor allem für spätere Gleichmäßigkeitstests die Abweichung der Runden festgehalten. Eine minimale Zeitdifferenz wird zum immer wieder vergleichbaren Ziel der Übung, egal, ob auf der Bahn gerade viel oder wenig Grip ist, es regnet oder heiß ist, what so ever. Erfolg = saubere gleichmäßig schnelle Runden. Misserfolg = große Differenzen, Abflüge, Ausrutscher, unsaubere Ausführung usw. In diesem Fall ist dann das Ziel, die beste Leistung, nicht erbracht. Man muss ja deswegen nicht gleich ein

Mordstheater veranstalten. Jedoch klar zu sagen, das erwartete Ergebnis, das gesteckte Ziel, wurde nicht erreicht, wäre aber Sinn der Übung. WICHTIG: Motivierend, beinahe spielerisch sollte das Ganze dennoch unbedingt bleiben. Den Fahrer jetzt ununterbrochen unter massivsten Druck zu setzen und ihn auch beim freien Trainieren schon zu demoralisieren, ist erklärterweise äußerst destruktiv. Kleine, aber feine **Wettbewerbssituationen laufend zu provozieren**, ist die Idee dahinter.

Gewöhne dich an die Möglichkeit des Nicht-Erreichens eines Ziels!

Erfahrene und gute Piloten definieren die Abweichung von bester zu schlechtester Rundenzeit vorher, was die Herausforderung und den psychischen Druck steigert. Würze doch zum Spaß so eine Ansage mit einer teaminternen Wette: Schafft's der Driver nicht, wie prognostiziert gleichmäßig schnell den Kurs zu umrunden oder hält er dem Druck nicht stand und fliegt gar ab, so zahlt er das Feierabendbier für die Crew. Solche spielerischen Elemente steigern den Wettkampfgeist, und selbst kleinste Wetteinsätze dienen der Erarbeitung der Überzeugung: »*Genau jetzt muss ich mich voll konzentrieren und mein Bestes geben, um eine gute Leistung zu erbringen. Jetzt geht's um was, nämlich um fünf Bier, die ich sonst ausgeben muss …*«

Training der Nicht-Wiederholbarkeit

Wie eingangs erwähnt, sind Rennen und Wettkämpfe unwiederholbare Ereignisse. Kombiniere die Zielsetzung eines Tests daher auch mit dem Faktor Zeitpunkt. Stelle dir oder deinem Schützling z.B. folgende Aufgabe: *Um Punkt 16.00 Uhr beim letzten Hinausfahren simuliere ich ein Qualifikationstraining. In der Zeit von 16.00 bis 16.20 muss die schnellste Zeit des heutigen Tages gefahren werden.* WICHTIG: Vorbereitet wird wie am Raceweekend, der komplette zeitliche wie technische Ablauf für Fahrer und Crew, so gewöhnen sich alle systematisch an das Prozedere. Klappt dieses individuelle Qualifying zufriedenstellend = Ziel erreicht, Test erfolgreich, Händeklatschen, Schulterklopfen, einpacken, fertig für heute. Gelingt es nicht, kein Mega-Drama, aber ein De-Briefing mit Klarstellung: War gesamt guter Testtag, einiges technisch probiert, finales Wettbewerbsziel jedoch nicht erreicht. Beim nächsten Test sollte das besser klappen!

Im Training mit Tieren (Pferdedressur etwa) versucht man stets, mit einer guten Wiederholung aufzuhören. Aufhören bedeutet bei einem Tier, dass nun Pause ist und Pause bedeutet Futter. Also, wenn es etwas gut gemacht hat, gibt es Belohnung. So merkt sich das Tier eine offenbar vom Menschen als gut eingestufte Übungsausführung oder Trainingssession. Hört man bei einem Menschen immer mit oder nach einer guten Wiederholung auf, tut man sich oder seinem Schützling nichts Gutes! **Die Gewöhnung an Scheitern und Misserfolg gehört zum Erfolg dazu**, andernfalls werden nur Trainingsweltmeister produziert, die zwar super gut sind, wenn es auf nichts ankommt, aber unter Druck mit an Sicherheit grenzender Wahrscheinlichkeit scheitern.

Training der Nicht-Wiederholbarkeit mit unerwarteter Zeitversetzung

Möchte der Betreuer seinen Schützling noch zusätzlich mental trainieren und stabilisieren, würzt er ab und an das oben beschriebene Individual-Qualifying mit einer überraschenden Verzögerung. Schon in voller Montur im Rennfahrzeug sitzend, jede Sekunde auf das Zeichen zum Rausfahren aus der Box wartend, wird die vereinbarte Quali-Session um 10 Minuten verschoben. Erfundener Grund: Red Flag, also die Bahn ist gerade gesperrt. Lasst den Racer ruhig ein wenig im eigenen Saft schmoren (Rennfahrer tragen in der Regel sehr heiße Sicherheitskleidung, Anmerkung für alle Nicht-Motorsportler). Sollte dies bei einem der nächsten Rennen tatsächlich passieren, so hat unser Sportfreund vielleicht schon gelernt, Nerven zu bewahren, ruhig und gleichmäßig zu atmen, das Bestmögliche aus der Situation zu machen, in seinen Körper hineinzuhören, sich zu entspannen, um dann dennoch bei Signal START wie ein Pfeil losschnellen und eine ansprechende Performance bringen zu können.

Kein Testtag ohne Datenaufzeichnung!

Um effektiv und aussagekräftig Informationen auswerten und vergleichen zu können und vor allem zielsicher – nachvollziehbar, damit in folgenden Tagen, Wochen, Monaten oder Jahren der Karriere weitertrainieren zu können – ist es ein absolutes Muss, in jedem Sport auch bei jedem Trainieren abseits der eigentlichen Wettbewerbe ausnahmslos Daten aufzuzeichnen. Das wird in den meisten Motorsport-Kategorien bereits auf einem sehr professionellen Niveau digital gemacht. Ist es in deiner Sportart nicht üblich oder möglich, immer einen Data-Logger samt Laptop einzusetzen, so richte dir dein persönliches Trainingstagebuch ein und vermerke auch subjektive Eindrücke: *»08.08. 2014 / die 1.000 m in unter XX.XX gelaufen!!! Woowww, meine beste Zeit seit Monaten!!! Und das, obwohl ich zuerst gar nicht gut drauf war. Wahrscheinlich wegen des einen Bissen Gurkensalates zu Mittag, den es mir 3 Stunden lang aufgestoßen hatte. Aber danach, super. 20°, leicht bewölkt, super Luft, weil es einmal kurz davor geregnet hat. Erstmals auch nur extrem langsam und betont locker aufgewärmt …«*

Wie immer du Daten aufzeichnest, tu es mit einer unerschütterlichen Regelmäßigkeit! Nur wer möglichst oft und detailgenau (Sportstätte, Wetter, Lufttemperatur, Luftdruck, Ausrüstung, Gripniveau, Zeiten, Weiten, Höhen, Intervalle, Setup – was immer es in deinem Sport an entscheidenden Parametern geben mag – samt Uhrzeit usw.) aufzeichnet, verfügt bald über ein unbezahlbar wertvolles Datenarchiv, welches professionelle Vergleiche, Rückschlüsse und vor allem schnelle, weil schon einmal erlebte Situationen und ausgetestete Reaktionen zulässt.

Ein lückenloses Datalogging-Archiv ist eines der wahren Erfolgsgeheimnisse – und das nicht nur im professionellen Motorsport! Ein mit uns kooperierender australischer Kart-Weltmeister hatte seine sämtlichen jemals absolvierten Kartfahrten archiviert, beginnend im zarten Kindesalter bis zum Weltmeistertitel und darüber hinaus! Und aus einem solchen Archiv lassen sich auch sinnvolle Trainingsziele erstellen, wie z.B. so sehr wohl direkte Vergleiche mit früheren Fahrten (Tagesziel: mindestens das Egalisieren der schnellsten Rundenzeit vom XX.XX.20XX vor 3 Monaten, wo die Bedingungen nahezu identisch waren). Soferne es die äußeren Umstände zulassen, ist dieser Vergleich, gekoppelt an die damalige Uhrzeit, noch wirkungsvoller: in der zeitlich selben Session, also beispielsweise wieder von 14.00 bis 14.30 Uhr = Prognosetraining mit Nicht-Wiederholbarkeit siehe oben.

Betreuer, Trainer und Coaches müssen als Katalysatoren für den Erfolg des Sportlers wirken

Konsequentes, geplantes und planbares Trainieren und gleichzeitiges mentales Gewöhnen an Belastungssituation und eine Leistungserbringung zum geforderten Zeitpunkt machen nur Sinn, wenn die entsprechenden relevanten Daten von dir und deinen Betreuern aufgezeichnet und archiviert werden. Finde heraus, was wirklich sinnvoll und aussagekräftig ist, um deine sportliche Entwicklung zu fördern. Überbeanspruche dich jedoch nicht und lasse dich nicht überbeanspruchen. Wie schon wiederholt erwähnt, besteht auch hier die Kunst im Gleichgewicht. Wer Datalogging übertreibt, wer sein Trainingstagebuch zum manischen Selbstzweck macht, verliert sich vermutlich in Details und somit den Überblick … und allzu früh die Lust zur Regelmäßigkeit!

Prognosetraining ist integraler Bestandteil in jeder Sportart, um sich an Gewinnen und Verlieren zu gewöhnen.

Um dein wahres Potenzial zu entdecken, musst du zuerst deine eigenen Grenzen finden, und dann musst du den Mut haben, sie zu überschreiten.

Picabo Street

Das Selbstgespräch
Dein innerer Coach

Das Führen gezielter, kontrollierter Selbstgespräche zählt zu den wirksamsten und erfolgversprechendsten Methoden des mentalen Trainings, um seine möglichst optimale Leistung zum möglichst exakten, gewünschten Zeitpunkt bringen zu können. In einem Coaching wird hierbei entweder daran gearbeitet, jemanden die Fähigkeit zu lernen, mit sich selbst zu sprechen oder aber es wird Sportlern, die ohnehin schon gewöhnt sind, bei jeder Gelegenheit mit sich selbst zu plaudern, eine Selbstgesprächsregulation beigebracht. So essentiell diese Zwiesprache mit sich selbst für den Erfolg ist, so sehr kann sie auch Schaden anrichten, wenn man ihr allzu freien Lauf lässt. Nicht nur im Sport, sondern in allen Bereichen des Lebens, ist diese Art des stillen, inneren Dialoges jedoch eine wunderbare Autotherapie.

Diese Coaching-Unit macht dich READY TO WIN, denn sie zeigt:

- **Wie man mit Selbstgesprächen komplexe Abläufe erlernt und perfektioniert**
- **Welche Funktionen Selbstgespräche erfüllen und warum Affirmationen im Leistungssport nichts verloren haben**
- **Wie du dein eigenes Mantra zum Erfolg entwickeln und in deinen Alltag integrieren kannst**

Wie schon einleitend erwähnt, zählt die Selbstgesprächsregulation zu den fünf Säulen des mentalen Trainings. Das **Etablieren eines »inneren Coaches«**, einer inneren Stimme, ist für die Optimierung eines Leistungsprozesses im Sport ebenso wichtig wie in jeder Belastungssituation in Beruf und Alltag auch.

Mit sich selbst zu sprechen ist gerade für die Entwicklung von Kindern überaus bedeutsam und daher im Kleinkindalter ganz normal. Ab dem zweiten Lebensjahr fangen Kinder an, mit sich selbst zu plaudern, was für die Entwicklung des Gehirns förderlich ist. Kinder sprechen mit sich selbst, um Erlebnisse des Tages auf diese Weise zu reflektieren und zu verarbeiten. Vor allem wenn zu viele oder zu aufregende Ereignisse das kindliche Gehirn überfordern, wird mittels Selbstgespräch eine Art Puffer geschaffen, um die Fülle an Informationen nach und nach einordnen und abarbeiten zu können. Was als Kind also ganz normal und logisch ist, wird im jugendlichen Heranwachsen bis zum Erwachsenenalter oft vernachlässigt und verdrängt.

Ob und wie weit die Fähigkeit, mit sich selbst zu reden, tatsächlich mit den beiden Großhirn-Hemisphären bzw. deren individueller Dominanz zu tun hat, ist wissenschaftlich nicht erwiesen. Unsere praktische Erfahrung zeigt jedoch, dass Menschen mit einer Dominanz der rechten Gehirnhälfte, welche mit Eigenschaften wie kreativ, künstlerisch, gefühlsbetont, intuitiv, neugierig aber auch chaotisch beschrieben werden, eher zum Selbstgespräch neigen. Menschen mit einer Dominanz der linken Gehirnhälfte sind eher analytisch, mathematisch, pragmatisch, rational, logisch und konsequent veranlagt und tun sich oft schwerer damit, eine Auto-Plaudertasche zu sein.

Solange man in aller Stille einen inneren Dialog mit sich führt, bekommt die Umgebung ja nichts mit vom Zwiegespräch der Egos. Aber natürlich empfinden wir Menschen, die laut mit sich reden, als tendenziell verwirrt, zumindest wenn es sich um keine Sportler handelt. Denn im Grunde ist auch bereits ein lautes Fluchen am Tennisplatz Selbstgespräch. Selbst wenn man sich nach dem fünften verhauten Aufschlag ganz konkret an sich selbst wendet, etwa mit: »*Was bin ich doch für ein Volltrottel!!!*«, wird man auf jedem Sportplatz eher als emotional, denn als verrückt eingestuft. Wer öffentlich zugibt, mit sich selbst jedoch nicht zu schimpfen, dafür aber Aktuelles aus dem Tagesgeschehen im Zwiegespräch auszudiskutieren, wird häufig schief angesehen.

Dabei ist das Führen von Selbstgesprächen ein geniales wie erprobtes Mittel, sich selbst beim Ablauf schwieriger Situationen oder Bewegungen höchst effizient zu helfen und zu führen. Denken wir doch nur an die erste Fahrstunde im Auto.

Selbstgespräche zum Erlernen komplexer Fertigkeiten

Wird der Heranwachsende erstmals mit Gas- und Kupplungspedal sowie Schalthebel und Lenkrad konfrontiert, erscheint es ihm – zumindest bei einem Auto mit Schaltgetriebe – unvorstellbar, diese unterschiedlichen Bewegungen je aufeinander abgestimmt und kontrolliert auszuüben. Kommt dann noch die Handbremse mit ins Spiel, weil das gute Vehikel gemeinerweise bergauf wegzufahren ist, wird er sich in der Regel – wie im Kleinkindalter schon bestens bewährt – den Handlungsablauf vorsagen: »*Also gut, zuerst gebe ich die rechte Hand an den Schalthebel, der rechte Fuß ist auf der Bremse. Mit dem linken Fuß trete ich nun die Kupplung durch. Fein, das hat geklappt. Nun lege ich den ersten Gang rein. Ok, ist drin. Jetzt gehe ich langsam mit dem linken Sprunggelenk zurück bis ich den Kupplungspunkt spüre. Ganz langsam. Gut. Nun rechter Fuß von der Bremse zum Gaspedal, Handbremse lösen und … super! Er fährt, wie geil!*« Genau das ist Arbeiten mit Selbstgesprächen!

Was beim Erlernen des Autofahrens so wunderbar funktioniert, ist auch bei komplexen Prozessen im Sport von höchster Bedeutung. Gleichgültig ob dies nun das zu Karrierebeginn diffizile Bedienen von Gas und Trimm in einem Rennboot betrifft oder ein unüberwindbar scheinendes Hindernis am Trial-Parcours oder eine Dressuraufgabe im Pferdesport. Selbst Startabläufe, wo es gilt, exakt bei Erlöschen der roten Ampel oder dem Heben einer Startflagge in Sekundenbruchteilen richtig loszuschnellen, übt man idealerweise mit Selbstgesprächen.

Erlernen kognitiver Fertigkeiten

Natürlich werden in allen Sportarten Selbstgespräche mit gleichem Lernziel angewendet. Turner, Eiskunstläufer, Tennisspieler, Reiter usw. – sie alle können massiv davon profitieren, wenn sie sich komplexe Bewegungsabläufe oder neu einzustudierende Figuren zuerst einmal in einzelne Teile zerlegen, sie als Sätze konkret formulieren und sich – im Selbstgespräch – vorsagen. So seltsam es für manche anmuten mag, aber man kann mit diesem Sich-etwas-Vorsagen sein eigener Nachhilfelehrer sein. Noch effizienter ist es, sich einen Ablauf aufzuschreiben und anschließend in häufiger Wiederholung vorzubeten.

»Ich komme die Gerade herunter. Der Motor ist auf Höchstdrehzahl. Trimme rechts am Lenkrad einmal raus. Ich blicke zur Boje. Etwa 2 Sekunden vor der Wende gehe ich vom Gas, Lenkrad noch gerade. Ich trimme mit rechter Hand Motor zweimal raus bis Anzeige auf -3. Sobald es die Bootsnase runterdrückt, schlage ich das Lenkrad ein. Im Kurvenscheitelpunkt, Vollgas und Trimm links auf maximal up« oder »Zuerst fokussiere ich den geplanten Aufschlagpunkt. Die linke Fußspitze zeigt zum Netzpfosten. Der rechte Fuß steht schräg dahinter parallel zur Grundlinie. Linke Schulter und Schlägerkopf in Schlagrichtung. Nun beide Arme mit Schläger und Ball gleichzeitig an den Körper. Linker Arm führt Ball nach oben, rechter Arm schwingt wie Pendel mit dem Schläger nach hinten ...«

Reduced to the minimum

Sobald der Bewegungsablauf – egal ob es sich dabei um das Umrunden einer Boje im Rennboot oder einen Aufschlag im Tennis handelt – auf diese Art verinnerlich wurde, geht es daran, dies live zu üben. Also man übt mit Rennfahrzeug oder Tennisschläger und Selbstgespräch. Oft wird dabei aber der Ablauf, der zu einer Fertigkeit führen soll, wie das Zubinden der Schuhbänder, zu schnell für ganze gesprochene Sätze sein. Es gibt natürlich Bewegungen, die real nur Sekunden(bruchteile) dauern, jedoch nicht gleichsam in Zeitlupe ausgeführt werden können, um mit ganzen gesprochenen Sätzen zurechtzukommen. Daher reduziert man die Sätze nun auf die wesentlichsten Keywords: »*Vollgas, Trimm, Boje-Blick, rechts Trimm, Nasen unten, einlenken, Vollgas, links Trimm up ...*« Selbst Geräusche, die entstehen, kann man einbauen. Anstatt »Trimm oder rechts Trimm« heißt es dann »*beep oder beep, beep*«, was den einmaligen bzw. zweimalig betätigten Taster am Lenkrad und den dabei entstehenden Ton der Trimmpumpen nachahmt. Für »Nase unten« steht »*wusch*«, für »Einlenken« ein »*Zack*«, für »Vollgas« ein »*Bäng*« und für »Trimm links aus der Kurve« ein »*Zooomm*«. Die völlig minimierte, nur Sekunden(bruchteile) dauernde Kurzformel für das laut in den Helm gesagte Selbstgespräch klingt eventuell am Ende wie: »*beep – beep, beep – wusch – zack – bäng – zooomm*«.

Die Mehrheit der erfolgreichen Topleute übt mit diesen Selbstgesprächsmethoden. Im Grunde handelt es sich dabei um das Abarbeiten einer ganz verkürzten Checklist, ähnlich wie im Flugzeug, bloß bist du selbst Pilot und Co-Pilot in Personalunion: »*Flaps?*« »*Check!*«

Klar ist, dass das jetzt für jemanden, der bislang keine Selbstgespräche führte, ein bisschen befremdlich und grenzwertig bescheuert klingt, aber es hilft ungemein und funktioniert prächtig, einen automatisierten Ablauf auf Fertigkeitsniveau (Fertigkeiten sind z.B. Schuhbänderbinden, Zähneputzen, Autofahren – Dinge, die man tut, ohne bewusst noch nachdenken zu müssen) zu lernen bzw. sich durch diese Gebetsformel wieder zurückzubringen, sollte einmal der sprichwörtliche Faden gerissen sein. Daher: Wenn gerade gar nichts mehr gelingen will und man in der Verzweiflung nicht einmal mehr weiß, wie man mit diesem besch... Boot flott um die Kurve kommt, dann bringt das vielleicht schon seit Monaten nicht mehr aktiv verwendete, im Unterbewusstsein aber tief verwurzelte Selbstgesprächsritual wunderbar retour zur stabilen Routine.

Neben dem Erlernen komplexer Abläufe, Bewegungen, Figuren usw. erfüllt das Selbstgespräch noch zwei weitere wesentliche Effekte auf dem Weg zum Erfolg:

- **Beruhigungsfunktion**
- **Motivierungsfunktion**

Beruhigungsfunktion des Selbstgesprächs

Am ehesten sprechen Menschen mit sich selbst, wenn sie sich in einer als bedrohlich empfundenen Situation befinden. Auch schon ein erschrecktes »*Oh mein Gott*« ist eigentlich ein Selbstgespräch. Sich selbst Mut zuzusprechen oder sich vorzusagen, was jetzt zu tun ist, gehört zu einer ganz normalen menschlichen Standardreaktion in Panik: »*Verdammt, wo ist der Feuerlöscher?? Genau, am Gang. So, Feuerlöscher habe ich. Wie zieht man den Sicherungsstift? Was hat die Feuerwehr für eine Kurzwahl??? Shit, wo ist mein Handy???*«

Je nachdem, ob man vom Stresstyp her eher ein Sympathikotoniker oder eher ein Vagotoniker ist, reagieren Menschen auch in Belastungssituationen und Panik unterschiedlich. Der Sympathikotoniker braust tendenziell auf und flippt aus, der Vagotoniker wird ruhig und »flippt ein«. Das Selbstgespräch kann und muss nun entweder beruhigend werden (»*Ok, ich bleib' jetzt ganz ruhig. Atme mal ruhig. Was muss ich jetzt tun? Ok, pass' auf, zuerst bringe ich den Jungen in eine stabile Seitenlage. Ok, das habe ich gut gemacht. Nun das Mädchen. Mir wird jetzt nicht schlecht, ok!!! Jetzt muss ich die Kopfwunde verbinden. Ok, ich bin ganz ruhig ...*«)

oder sich selbst aktivierend *(»So, Alter, jetzt sind wir gefragt! Zack, zack, zuerst mal den Jungen in die stabile Seitenlage. So, Vollgas, komm', das Mädchen blutet auch am Kopf. So geschafft.«).*

Um sich zu beruhigen, falls die Umstände gerade nicht so aufregend und bedrohlich sind, wie die oben angedeutete Unfallszene mit Verletzten, wird man sich in Selbstgesprächen oft durch eine Relativierung oder Rationalisierung der Situation die Nervosität nehmen: »*… wobei, wenn ich hier nicht gewinne … bei DER Konkurrenz … ein dritter Platz ist da durchaus keine Schande und die Meisterschaftsführung kann mir auch heute keiner wegnehmen …*« oder »*Schauen wir mal, wie's läuft … was soll schon groß sein, sind ja noch 11 Rennen/Wettkämpfe bis zum Saisonende*«.

Gerne spricht man in Selbstgesprächen auch in der Wir-Form. Viele Sportler reden nicht nur im Interview ständig von »wir«, sondern auch im Zwiegespräch nimmt man damit eine neutralere, distanziertere Meta-Stellung zum eigenen Handeln oder im Worstcase zum eigenen Scheitern ein. Diese Wir-Form wird in Interviews vom Zuhörer gerne als großzügige Geste dem ganzen Team gegenüber verstanden. Zum Teil trifft dies wohl zu. Wir kennen jedoch auch Sportler, die durchaus egozentrisch und selbstverliebt genug sind und das »Wir« mehr als schützende Distanz zur eigenen Leistung oder Majestätsplural einsetzen. Sie sehen den Job des Teams ohnehin als selbstverständlich an, vor allem wenn sie dafür gutes Geld zahlen …

Motivierungsfunktion im Selbstgespräch

Es ist eine wunderbare Option, sich über Selbstgespräche zu motivieren sowie sich auf die eigenen Stärken (zurück) zu besinnen und diese wieder ins Selbstbewusstsein zu holen. Wichtig hierbei ist es jedoch, dass die Inhalte dieses Ego-Geplauders real sind.

Damit ist gemeint, der innere Coach soll und darf uns zwar das Gute in uns vorpredigen, er darf uns aber nicht anlügen, denn darin liegt eine große Gefahr im Selbstgespräch.

Affirmation schafft Probleme!

»Affirmation« kommt aus dem Lateinischen und bedeutet Versicherung, Zustimmung oder Bejahung. Auch liegt dieser Begriff dem »Positiven Denken« zu Grunde. Mit positiven Gedanken oder über Selbstgespräche zielt man hierbei darauf ab, in seinem bewussten Denken eine dauerhaft optimistische und zufriedene, zuversichtliche Grundhaltung zu erreichen. Nun ist es prinzipiell natürlich eine herrliche Ausgangsbasis für ein erfolgreiches Leben, wenn man gut gelaunt und positiv gestimmt durch selbiges schreitet, anstatt destruktiv mit allem zu hadern. Einzig, sich mittels systematischer Auto-Gehirnwäsche solange einzureden, alles sei so toll und man selbst vor allem so super, kann zu einer massiven Fehleinschätzung seiner Selbst und der eigenen Stärken und Schwächen führen. *»Ich kann alles, wenn ich es nur fest genug will!«*, ist derselbe Fehlgedanke wie Lebensmottos á la *»Geht nicht, gibt's nicht!«*

Selbst wenn Motivationscoaches und Ex-Sportstars mit flammenden Reden zu diesem Thema riesige Veranstaltungssäle füllen und in Seminaren mit dieser **Affirmation**sgeschichte Vermögen verdienen, ist und bleibt es ein sehr zweischneidiges Schwert, sich so lange einzureden, ein Held zu sein, bis man es schließlich glaubt. Wenngleich es tatsächlich funktioniert. **Das Gefühl für die Realität geht jedoch verloren**, ähnlich oder gleich wie in einer Halluzination, welche ja definitionsgemäß auch eine Sinnestäuschung, Trugwahrnehmung und damit Wahrnehmungsstörung ist. Das heißt: Ich selbst nehme mich nicht mehr annähernd so wahr, wie ich bin.

Aus unserer eigenen Coachingerfahrung sind uns zahlreiche Sportler persönlich bekannt, die sich – einmal ein Motivationsseminar besucht oder von einem skrupellosen Mentaltrainer verführt – gebetsformelgleich einreden: *»Ich werde gewinnen! Ich werde gewinnen! Ich werde gewinnen!«* oder *»Ich habe keine Angst, ich habe keine Angst, ich habe keine Angst!«*

Natürlich ist diese positive Selbstbeeinflussung ein probates Mittel der Psychotherapie, um depressive, ängstliche, grundtraurige Menschen von ihrer negativen Sichtweise gezielt zu einer positiven Lebenseinstellung zu führen und damit durchaus auch die eigene Wahrnehmung zu verbessern. Im Sport, und vor allem in Risikosportarten, haben solche Affirmationen jedoch keinen Platz, denn sie gefährden Gesundheit und Leben des Positiv-Denkers und vor allem das seiner Sportkollegen. Sich über Jahre stumpfsinning, aber konsequent einzureden *»Ich werde Weltmeister«* führt oft zu einem wahnhaften Überschätzen der eigenen Fähigkeiten samt weit überhöhtem Risikoeinsatz. So sinnvoll psychotherapeutisch richtig eingesetzte Affirmationen sein mögen, so brutal folgt besonders im so direkt vergleichenden Sport der dramatische **Absturz in die Realität**. Genau dann nämlich kommt es zu gefährlichen Reaktionen, wenn die anderen Athleten schon im ersten Wettkampf der Saison deutlich besser performen, obwohl wir uns ja die ganze Winterpause kraft positiven Denkens darauf getrimmt haben, heuer Weltmeister zu werden. Aufgewacht in der Realität und uneinsichtig ob der monatelangen trügerischen Auto-Gehirnwäsche werden Grenzen der Sicherheit und Fairness nur allzu leicht überschritten.

Eben als diese Zeilen geschrieben wurden, sorgte ein unglaublicher Todesfall im amerikanischen Rennsport für weltweites Aufsehen: *Ein junger Nachwuchsfahrer wird vom älteren Super-Champion von der Bahn gedrängt. Eine ganz normale Rennsituation. Was aber macht Junior? Er springt aus seinem Auto und läuft mitten auf der Rennbahn den aus der nächsten Ovalrunde kommenden Rennwagen entgegen. Den rechten Arm samt Zeigefinger zum Schwert geformt, stürmt er auf den Crashgegner zu. Mann gegen Auto. Der Old-Star sieht ihn zu spät, kann nicht mehr ausweichen und mäht den jungen Heißsporn nieder. Tot.*

Was kann einen nicht unter halluzinogenen Drogen stehenden Menschen zu einem so wahnsinnigen Verhalten verleiten? Wir werden es leider nicht mehr erfahren, aber der Verdacht liegt nahe, dass der Jungspund sehr wohl einer drastischen Selbstwahrnehmungsstörung zum Opfer gefallen ist und deshalb so blindwütig ausgerastet ist. Vielleicht hatte auch er sich zu intensiv der Affirmation gewidmet: *»I'll beat you all, I'll beat you all!!!«*, und plötzlich angesichts des Scheiterns seiner Selbsteinschätzung so wahnwitzig reagiert. Auch weniger fatal kennt man das häufig auftretende Phänomen von Rennfahrern, die in der

Meisterschaftszwischenwertung ohnehin irgendwo im Nirgendwo platziert sind und dann einmal halbwegs vorne im Feld vollkommen unnötig einen Startcrash auslösen. Man fragt sich, wohin der lustige Sportsfreund geglaubt hatte, dass all die anderen in der ersten Kurve hätten verschwinden sollen.

Übermotiviert nennt man so ein unprofessionelles Verhalten weit weg vom Erfolg dann oft diplomatisch in den Medien. Vollkommen selbstüberschätzt wäre jedoch die korrektere Diagnose.

Trotz aller Warnung vor geistlosen Affirmationen soll hier der wunderbaren Kraft positiver Gedanken und positiver Selbstgespräche nicht widersprochen werden. Ganz im Gegenteil: Sich seine eigenen Stärken vorzusagen ist eine der profundesten Maßnahmen auf dem Weg zum Erfolg. NUR: **Das aufmunternde Sich-selbst-Motivieren muss immer an eine Kondition bzw. Kausalität gebunden werden.** Klingt kompliziert, ist es aber nicht! Zum Beispiel:

»Ich gewinne dieses Rennen jetzt! Ich gewinne dieses Rennen jetzt! Ich …« ist eine schlechte Affirmation, sollte es nämlich momentan nicht so laufen, wie man sich's die ganze Zeit eingeredet hat, wirft einen dies mental total und augenblicklich aus der Bahn.

»Wenn ich jetzt locker aber voll konzentriert an den Start gehe und danach 25 Runden lang wie im Training mein Bestes gebe, kann ich es schaffen, das Rennen zu gewinnen! Wenn ich jetzt locker …«

Dies wäre eine durchaus sinnvolle Selbstgesprächsaffirmation, weil sie an eine Kondition, eine Bedingung gebunden ist. Ich gewinne nicht einfach von selbst wie im ersten Affirmationsfall, sondern ich muss zuerst einmal locker bleiben, mich dennoch auf den Start konzentrieren und 25 Runden mein Bestes geben – das ist jedenfalls eine zielgerichtete und erfolgsorientierte Ansage!

»Ich kann dieses Rennen nun gewinnen, weil ich perfekt trainiert bin. Ich kann dieses Rennen nun gewinnen, weil ich ein super Setup gefunden habe. Ich kann dieses Rennen nun gewinnen, weil ich mich großartig fühle! Ich kann dieses Rennen nun gewinnen, weil die Strecke ideal

zu meinem Fahrstil passt! Ich kann dieses Rennen nun gewinnen, weil ich konditionell der Stärkste im Feld bin! Ich kann dieses Rennen nun gewinnen, weil ich gelernt habe, Rennen zu gewinnen!«

Dies wäre eine Selbstgesprächsmotivation, die an eine Kausalität gebunden ist. Ich erkläre mir also selbst, warum ich jetzt dazu in der Lage bin, zu gewinnen und hole mir all meine Stärken ins (Selbst-)Bewusstsein.

Ich weiß aber gleichzeitig, dass ich für diesen Erfolg, diesen möglichen Sieg, einen Preis zu bezahlen habe oder hatte. Ich muss nun bei 35° C im Schatten, praller Sonne, im ohnehin heißen Renndress 25 Minuten lang mein Bestes geben. Nicht einfach eine Standard-/Langeweile-/Lässigleistung, nein: mein Bestes mit 200 Pulsschlägen bis zur völligen Erschöpfung. Oder ich habe den Preis schon vorher bezahlt, Erfolg gegen Vorauskassa: Ich bin perfekt trainiert, habe ein perfektes Setup meines Sportgerätes gefunden, konditionell bin ich der Stärkste – dafür habe ich durch massives Arbeiten an mir selbst stets einen Preis zu bezahlen gehabt. Sogar dafür, dass ich mich großartig fühle, habe ich bezahlt. Etwa in Form teurer, biologisch hochwertiger Ernährung. Ideel oder materiell: Es gibt immer einen Preis zu bezahlen!

Einen Sieg kann man schon einmal geschenkt bekommen, für dauerhaften Erfolg ist stets ein Preis zu zahlen. Nicht nur im Sport, sondern im ganzen Leben. Reine Affirmation wie im ersten Beispiel – im Sinne von *»Ich denke mir alles schön, dann wird alles schön werden, ich denke mich erfolgreich, also werde ich erfolgreich sein!«* – funktioniert langfristig generell nicht, und im Sport schon gar nicht.

Es gibt immer einen Preis zu bezahlen!

Viele Motivationscoaches legen hier das Gesetz der Resonanz – Gleiches zieht Gleiches an – zu einseitig aus. *»Wie man in den Wald hineinruft, so schallt es heraus!«*, ist hundertprozentig richtig. *»Wenn du einen Menschen anlächelst, wird auch dieser dich anlächeln.«*, auch das stimmt. Wer allerdings meint, sein ganzes Leben sei alleine ein Spiegelbild seiner schönen Gedanken, Gefühle und Wünsche, ohne jemals dafür eine Rechnung präsentiert zu bekommen, wird sich täuschen.

Selbstgesprächsregulation

Dass Gedanken sehr wohl die Tendenz haben, Wirklichkeit zu werden, sieht man vor allem bei negativer Einstellung und Sichtweise. Immer dann, wenn es im Sport nicht gut läuft, kippt das Selbstgespräch oft von »*Los, gib nicht auf!*« zu »*Verdammt, das schaffe ich nie …, den Rückstand hole ich nie auf, so eine Sch…, ich verliere schon wieder!*«. Und dann wird man verlieren, unter Garantie, und auch wieder einen Preis zu zahlen haben: Imageverlust, Frust im Team oder der Familie, Verlust von Punkten für die Meisterschaft, Verlust von Sponsorgeldern usw.

Negative Selbstgespräche eignen sich nämlich hervorragend dazu, sich selbst zur Sau zu machen. Mentaltrainer arbeiten daher mit ihren Schützlingen ganz massiv daran, die Gedanken bzw. Selbstgespräche stets im Bereich der Zuversicht zu halten und nicht ins Zweifeln oder gar maßlose Selbstbeschimpfen kippen zu lassen. Ein Sportler, der gelernt hat, sich richtig einzuschätzen und sein Bewusstsein und seine internen Zwiegespräche, auch wenn's mal kritisch ausschaut, erfolgsorientiert und zuversichtlich zu halten, besitzt damit eine grundlegende Fähigkeit, sein Bestes zu geben und körperlich und geistig durchzuhalten. »*Wenn ich mich in den verbleibenden Runden noch total zusammenreiße, mich trotz der sengenden Hitze nochmals aufraffe und bis zur absoluten Erschöpfung echt alles gebe, kann ich noch den Pulk vor mir einholen und vielleicht noch ein paar Plätze aufholen. Ich gebe nicht auf. Bis zur Zielflagge. Ja, ja, ja, los!!!!!!*«

Falls man dazu neigt, negative Ereignisse des Tages oder Sorgen stundenlang und ergebnislos vor sich hin zu wälzen, sollte Selbstgesprächsregulation erlernt werden. **»Drop the thought«** wie es der Dalai Lama empfiehlt: »*Lass' den Gedanken fallen*«, ist eine immens wichtige Mentalübung auf dem Weg zum Erfolg. Man stellt sich dabei visuell vor, wie man sich den schlechten Gedanken aus dem Kopf herauszieht und dieser dann imaginär aus der deiner Hand wie einen Stein ins Meer oder einen Fluss fällt, wo er fortgetragen wird. Wann immer der Gedanke zurückkommt, wirft man ihn erneut mit einem »Drop the thought!« weg. Nach einer individuell unterschiedlichen Anzahl von Gedanken-Wegwerf-Wiederholungen wird es gelingen, zehrende oder angsteinflößende Vorstellungen endgültig über Bord zu werfen.

Die Auswirkung von »Ja« und »Nein«

Spricht man mit sich selbst oder feuert sich gar an, sollte in seinen Motivationssätzen und -formeln häufig das Wort »*Ja*« eingebaut sein. In kinesiologischen Muskelkrafttests wird sehr einfach und spektakulär vor Augen geführt, wie während des energischen »*Ja, ja, ja!!!*« unsere Kräfte exorbitant höher sind und wir beim wiederholten »*Nein*« energetisch gedämpft werden.

In kinesiologischen Armtests, bei denen der Proband den seitlich weg- und ausgestreckten Arm waagrecht zu halten versucht, während der Coach an der Hand des Testarms gleichmäßig herunterdrückt, ist diese positive Wirkung von Ja bzw. die negative Wirkung von Nein – bei korrekter Übungsausführung – zweifelsfrei nachzuweisen.

Mehr Power beim kinesiologischen Armtest, wenn der Proband laut »ja« sagt.

Das READY TO WIN™-Mantra

Beeindruckende Erfolge und langfristig ausgezeichnete mentale Reaktionen hatten Sportler zu berichten, die unser READY TO WIN™-Mantra in ihre täglichen Selbstgesprächsrituale eingebaut haben. Diese meditative Gebetsformel, die man anhand unten stehender Funktionsbasis natürlich auf sich selbst adaptiert, eignet sich auch perfekt, zum lauten Vor-sich-Hersagen in einer Aufwärmrunde vor dem Rennstart. Ein dynamisches, immer stärker und lauter werdendes »*Ja und jetzt, ja und jetzt, ja, ja, ja, yesssss!!!!!*« genau zum Fallen der Startflagge oder zur Freigabe der Startampel bringt Energie und Fokussierung in ungeahnte Höhen.

I'm ready to win, I'm ready to win, I'm ready to win!
Ich werde es schaffen, meine Ziele zu erreichen!
Ich werde es schaffen, meine Ziele zu erreichen!
Ich werde es schaffen, meine Ziele zu erreichen!
I'm ready to win!
Wenn ich mich anstrenge, werde ich es schaffen, meine Ziele zu erreichen!
Wenn ich mich anstrenge, werde ich es schaffen, meine Ziele zu erreichen!
Wenn ich mich anstrenge, werde ich es schaffen, meine Ziele zu erreichen!
I'm ready to win!
Wenn ich mich anstrenge und ganz bewusst im Jetzt lebe, werde ich es schaffen, meine Ziele zu erreichen!
Wenn ich mich anstrenge und ganz bewusst im Jetzt lebe, werde ich es schaffen, meine Ziele zu erreichen!
Wenn ich mich anstrenge und ganz bewusst im Jetzt lebe, werde ich es schaffen, meine Ziele zu erreichen!

Eigene individuelle Gedanken

I'm ready to win!
Wenn ich mich anstrenge, ganz bewusst im Jetzt lebe und mich jeden Tag um einen Schritt näher an meine Ziele bringe, werde ich es schaffen!
Wenn ich mich anstrenge, ganz bewusst im Jetzt lebe und mich jeden Tag um einen Schritt näher an meine Ziele bringe, werde ich es schaffen!

Wenn ich mich anstrenge, ganz bewusst im Jetzt lebe und mich jeden Tag um einen Schritt näher an meine Ziele bringe, werde ich es schaffen!

Ja, so werde ich es schaffen, ja, so werde ich es schaffen, ja, so werde ich es schaffen!!!

Ja und jetzt, ja und jetzt, ja und jetzt, ja, ja, ja, yessssss!!!!!!!!!!!!

Und schon startet man in den Wettkampf oder ins alles entscheidende Business-Meeting, als hätte man Asterix' Zaubertrank getrunken.

Je stiller du bist,
desto mehr
kannst du hören.

Chinesische Weisheit

Kommunikation
Verstehen wir uns richtig?

Kommunikation schafft bisweilen mehr Probleme als sie löst. Ein zugegebenermaßen recht markiger Spruch, der jedoch bei näherer Betrachtung des zwischenmenschlichen verbalen Umgangs leider seine Richtigkeit erfährt. Seine Nachricht so zu übermitteln, dass die Botschaft dahinter beim Empfänger auch wie beabsichtigt verstanden wird, ist eine Kunst für sich. Ob in Sport, Beruf oder Privatleben, es ist schon eine Krux, wenn unser Gegenüber immer alles in die falsche Kehle bekommt. Oder du selbst dazu neigst, zur Sicherheit einmal eingeschnappt zu sein, was auch immer man dir konstruktiv mitteilen will.

Diese Coaching-Unit macht dich READY TO WIN, denn sie zeigt:

- **Wie Kommunikation grundsätzlich aufgebaut ist**
- **Welche psychologischen Modelle uns Kommunikationsprobleme verstehen lassen**
- **Warum dennoch die Gefahr von kommunikativen Missverständnissen so groß ist**
- **Was es beim erfolgreichen Kommunizieren zu beachten gibt**

Wie in der Einleitung provokant formuliert, ist jede Kommunikation nicht nur ein Informations-, sondern auch ein Emotionsaustausch, und damit eine sprudelnde Quelle an potenziellen Fehlinterpretationen. Um zu verstehen, warum das alles mit dem zwischenmenschlichen Reden so kompliziert ist, muss man sich Folgendes vor Augen führen:

Kommunikation besteht grundsätzlich aus einem Sender, also einer Person, die etwas mitteilen möchte, wobei diese ihre Nachricht verschlüsselt aussendet. Und als Verschlüsselung dient unsere Sprache. Verfügt der Empfänger über ein entsprechendes Dekodierungstool, indem er derselben Sprache mächtig ist, so kann er die Nachricht entschlüsseln. Zieht man in Betracht, wie viele Möglichkeiten der Nachrichten-Verschlüsselung sich alleine durch individuellen Wortschatz und durch die Wortwahl bereits auf der Seite des Senders ergeben, so verwundert es nicht, dass der Empfänger gleich viele Möglichkeiten hat, beinahe jedes einzelne Wort misszuverstehen und in die falsche Kehle zu bekommen. Bis hierher haben wir aber erst das wahrhaftig gesprochene Wort isoliert betrachtet, ohne näher auf die Mimik, Gestik, Körperhaltung, Betonung, Lautstärke oder Sprachmelodie des Senders bei der Kommunikation einzugehen. Wenn man sich das alles durch den Kopf gehen lässt, wäre es wohl am klügsten, gar nichts mehr zu sagen …? Weit gefehlt. In seinem **1. Axiom** teilt uns der weltberühmte Psychologe **Dr. Paul Watzlawick** nämlich Folgendes mit:

Man kann nicht nicht kommunizieren!

Stell' dir vor du bist Teamchef und dein Fahrer entsteigt in der Boxenstraße seinem rundherum kaltverformten, eingebeulten Rennfahrzeug, wo mehr Teile lose davonhängen als noch fix verschraubt sind. Keine zehn Minuten, keine sechs Runden zuvor war das wunderschöne, sündteure Vehikel noch wie neu, jetzt gleicht es einem – okay, immerhin noch fahrbaren – Schrotthaufen. Selbst wenn du jetzt zu deinem Fahrer nichts sagst, kein Sterbenswörtchen, keinerlei akustisches Signal (auch nicht Seufzen, Brummen, Grummeln u. dgl.), ihn gar nicht einmal anblickst, sondern ihm einfach in der Box den Rücken zuwendest und ihn einfach ignorierst … du kommunizierst dennoch. Und wie! Obwohl kein Wort gesprochen, kein Blick ausgetauscht wurde, so würde der Fahrer deine Nicht-Kommunikation garantiert als Verachtung seiner Handlung verstehen. Daher, nach der Lektüre dieser Zeilen (basierend auf dem 1. Axiom von Prof. Paul Watzlawick): Mit niemanden mehr zu sprechen, ist auch keine Lösung!

Wesentlich cleverer ist es, sich mit dem **Kommunikationsquadrat von Prof. Dr. Friedmann Schulz von Thun** zu beschäftigen, denn es erklärt, warum selbst die kürzesten, einfachen Sätze so viel emotionalen Interpretationsspielraum lassen. Und warum er auf der Autobahnfahrt hinter dem Steuer aggressiv wird, wenn sie am Beifahrersitz demonstrativ verspannt, aber dennoch liebevoll, den an sich harmlosen Satz haucht: *»Liebling, da vorne bremsen alle …«*

Grundsätzlich unterscheidet man zwischen **Nachricht und Botschaft**. Eine Nachricht beschränkt sich nur auf den Sachinhalt. Ein Nachrichtensprecher im Fernsehen hat daher die Aufgabe, Fakten möglichst neutral vorzutragen. Es geht in diesem Beruf nicht darum, sich anmerken zu lassen, ob man das Vorgelesene inhaltlich gut findet oder nicht. Individuelle Befindlichkeiten oder persönliche Offenbarungen haben hier nichts verloren, denn sonst hieße der Beruf »Botschaftensprecher«.

Als Nachricht bezeichnet man das, was man sagt – als Botschaft das, was man meint.

Kommunikation nach Schulz von Thun

Eine Kommunikation besteht nun nicht nur aus einem Sender, einer Verschlüsselung und einem Empfänger, sondern – laut Prof. Dr. Friedmann Schulz von Thun – auch noch aus vier Ebenen:

- **Sachinformation:** *Worüber ich spreche*
- **Appell:** *Was ich erreichen möchte*
- **Beziehungshinweis:** *Wie stehe ich zum Empfänger*
- **Selbstoffenbarung:** *Was ich im Dialog von mir preisgebe*

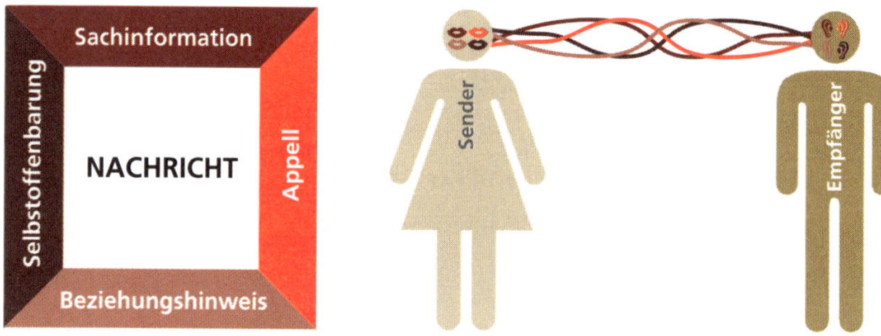

Kommunikationsmodell nach Friedmann Schulz von Thun

Ein Beispiel:

Versetze dich wieder in die Lage des Teamchefs: Nach dreijähriger Durststrecke ist es deinem Fahrer endlich gelungen, aufs Podium zu fahren. Er klettert aus/von seinem Rennfahrzeug, und du bist sein erster Gratulant. In Umarmung samt gekreuztem Handschlag sagst du: ***»Woowww, gratuliere, du bist auf dem Podium!!!!«***

Abgesehen von mimischen, gestischen und sprachlichen Aspekten, also rein reduziert auf das Gesprochene, beinhaltet dein Satz nun laut Prof. Thun diese vier Ebenen.

Sachinformation: *Du hast Platz 3 erreicht und betrittst daher gleich das Podium.*

Appell: *Na also, wenn du zukünftig auch so fährst wirst du auch einmal ein Champion.*

Beziehungshinweis: *Dafür haben wir gemeinsam drei verdammt-lange Jahre hart gearbeitet.*

Selbstoffenbarung: *Gut, dass ich immer an dein Potenzial geglaubt habe.*

Auf diesen vier Ebenen wird nun nicht nur vom Sender gesendet, sondern auch vom Empfänger empfangen bzw. verstanden. Gerne wird in diesem Zusammenhang auch symbolisch vom vierschnäbligen Sender und vom vierohrigen Empfänger gesprochen.

Es obliegt natürlich jetzt einzig und alleine dem Angesprochenen – in unserem Beispiel unserem drittplatzierten Rennfahrer – welche Botschaft er aus der Nachricht heraushören will bzw. auf welcher Ebene er momentan auf Empfang geschaltet ist. Selbst ohne jetzt eine übersensible Mimose zu sein, kann unser Racer nun auch auf der Beziehungsebene interpretieren: *»Verdammte endlose drei lange Jahre habe ich mich mit dir hinuntergerauft, bis du es endlich mal schaffst, ein Rennen halbwegs erfolgreich zu beenden …«*

Eine garantiert negative Reaktion auf diese eigentlich nur als Lob und Gratulation gemeinte Aussage könntest du auslösen, indem du ein klitzekleines Wort hinzufügst und am besten noch betonst. Zum Beispiel das Wort »endlich«:
»Woowww, gratuliere, ENDLICH bist du auf dem Podium!!!!«

Jetzt wird der Empfänger mit an Sicherheit grenzender Wahrscheinlichkeit beleidigt reagieren, denn er hat am Beziehungs-Ohr gehört: *»Das gibt's doch nicht, dass man geschlagene drei Jahre versch... muss, bis du es endlich einmal auf das Treppchen schaffst, du elende Rennschnecke!!!«*

Profisportler bzw. Menschen in Stresssituationen – und berufsmäßiger Wettkampfsport ist eine Stressbelastung ersten Ranges – hören sehr häufig primär auf dem Appellohr oder auf dem Beziehungsohr.

Nicht zuletzt wenn man aufgrund eines nicht idealen Renn-, Wettkampf- oder Saison-/Meisterschaftsverlaufes ohnehin schon an der Grenze zu ersten Selbstzweifeln steht, reagiert der Empfänger schnell übersensibel. Und überall einen Appell oder vielleicht eine persönliche Kritik herauszuhören (Teamchef sagt: »*Woowww, gratuliere, du bist auf dem Podium!!!!*«, Fahrer hört: »*Wenn du nur immer so fahren würdest wie heute und nicht jedes zweite Rennen verbocken würdest, hätten wir in unseren drei gemeinsamen Jahren wesentlich mehr weitergebracht.*«), kann es dem sendenden Kommunikationspartner ganz schön erschweren, auf sachlicher Ebene Fortschritte zu machen. Dies entspricht auch dem **2. Axiom von Prof. Watzlawick**, wonach jede Kommunikation einen **Inhalts- und einen Beziehungsaspekt** aufweist, der Beziehungsaspekt jedoch in der Priorität über dem Inhaltsaspekt steht. In der Praxis bedeutet dies freilich auch, dass zwei Menschen selbst dann wunderbar harmonisch zu kommunizieren in der Lage sind, wenn sie eigentlich nur unwichtigen Quatsch reden. Vorausgesetzt bzw. solange die Beziehungsebene passt, also die Wellenlänge stimmt. Genau, das kennst du vom Pub oder von der Disco. Nach ein paar Drinks unterhältst du dich mit fremden Leuten superlocker über nichts und hast Fun, solange die Wellenlänge stimmt.

Menschen bilden sich ihre Wirklichkeit aufgrund persönlicher Empfindungen und individueller Urteile. Darum ist das, was ich sage oder schreibe, **meine** Wahrheit und das, wie du mich – auch jetzt gerade – verstehst, der zweite Teil, nämlich **deine** Wahrheit. Und dem folgt stets eine Reaktion. Kommunikation ist daher immer **Ursache und Wirkung** zugleich (**3. Axiom von Watzlawick**). Klingt verwirrend, ist es aber bei näherer Betrachtung gar nicht: »*Als Teamchef muss ich dich dauernd ermahnen, mehr Engagement im Team zu zeigen.*« Du aus deiner Warte jedoch sagst: »*Es fällt mir total schwer, mich voll zu engagieren und motivieren, weil mir deine dauernde Herummeckerei jegliche Lust nimmt.*« Erraten – das ist der **Teufelskreis der Kommunikation**. Diesen zu durchbrechen ist eine Herausforderung, denn aus unserer jeweiligen subjektiven Sicht haben wir beide Recht.

Kommunikation besteht, wie schon einmal erwähnt, aus der Sprache, mehr noch aber aus Körpersprache, Mimik, Gestik, Betonung usw.

»Der Ton macht die Musik«, sagt der Volksmund, *»Eine Geste oder Miene sagt uns mehr darüber, wie ein anderer über uns denkt als hundert Worte«*, formuliert Psychologe **Watzlawick in seinem 4. Axiom**. Man kann also ein und denselben Satz als Kombination von Wort und Gehabe ganz offen und sympathisch rüberbringen oder unfreundlich, aggressiv und abweisend. Jener, der in der Rolle des Coaches, Betreuers, Teamchefs, Motivators einen guten, erfolgsorientierten Dialog führen will, wird ein hohes Maß an Empathie an den Tag legen müssen.

Empathisch zu kommunizieren bedeutet, willig und fähig sein, auf die Emotionen, Persönlichkeitsmerkmale, Motive, Gedanken des Gesprächspartners einzugehen. Empathisch kommunizieren bedeutet nicht zwangsläufig, übertrieben einfühlsam mit Engelszungen sprechen, sondern vielmehr sich in sein Gegenüber hineinzuversetzen und dessen Reaktionen nachzuempfinden und nicht von vornherein nur seine eigene Sichtweise ohne Widerrede als DIE Wahrheit zu akzeptieren.

Empathisch zu kommunizieren schließt Strenge und Konsequenz nicht aus. Exakt hier sind wir bei einem der wesentlichsten Bestandteile echter Führungskompetenz: Mit seinen Mitmenschen so kommunizieren, dass das Optimum für beide Seiten erzielt wird. Eine konstante, idente Mimik und Gestik machen es dem Gesprächspartner leichter, Vertrauen zu fassen und sich auf Sachinhalte zu konzentrieren. Launische Menschen, die sehr inhomogen und unberechenbar kommunizieren – sei es als Team-/Firmenchef, Trainer, Betreuer oder Sportler/Mitarbeiter/Kollegen – verschwenden viel Zeit. Erfolg im Team entsteht, wenn alle Beteiligten neutral und zielgerichtet miteinander umgehen. Persönliche Befindlichkeiten sollten hinter die sachliche Kommunikationsebene zurückgestellt werden. An einem Renn-/Wettkampfwochenende gilt es, schnellstmöglich Lösungen finden, um siegestauglich zu werden. Muss man stets hinterfragen, ob der Aussage eines Fahrers (*»Das Fahr-*

Erfolg im Team entsteht, wenn alle Beteiligten neutral und zielgerichtet miteinander umgehen.

zeug liegt total sch...!«, »Wo genau?«, »Überall!«) eine sachlich-technische Information zugrunde liegt oder nur die momentane miese Laune einer mimosenhaften Persönlichkeit, wird unglaublich viel Zeit und Energie vergeudet. Ein Erfolgsmensch arbeitet daher auch im Bereich der erfolgsorientierten Kommunikation an sich.

Dr. Paul Watzlawick unterscheidet in seinem **5. Axiom** noch zwischen symmetrischer und komplementärer Kommunikation, abhängig davon ob die **Beziehung zwischen den Gesprächspartnern** auf Gleichgewicht oder Unterschiedlichkeit beruht. Das heißt, dass die Hierarchie unter den Gesprächspartnern eine Rolle spielt. Reden also Rennfahrerkumpels untereinander (symmetrisch = gleichwertig) bei einem Bier in der Fahrerlagerkneipe oder kommt plötzlich der Vorstandsdirektor eines großen Sponsors dazu, der maßgeblich das ganze Team finanziert und damit in der Rolle des Mächtigeren/Stärkeren ist. Dann wird die Unterhaltung komplementär = ergänzend. Emotional intelligente Menschen werden sich nun an die veränderte Hierarchie anpassen und die Unterhaltung entsprechend adaptieren. Die weniger cleveren und damit früher oder später erfolglosen Konstantversager weisen diese Fähigkeit zur distanzierteren Kommunikation nicht auf. Sie kennen weder im Gespräch noch in ihrer Arbeit eine angemessene Distanz gegenüber Höhergestellten.

Kommunikation schafft bisweilen mehr Probleme als sie löst.

Zusammenfassend kann man einleitender, provokanter Aussage, wonach Kommunikation in der Regel mehr Probleme schafft als löst, kaum ihre Richtigkeit absprechen, vor allem wenn nicht respektiert wird, dass Beziehungsaspekte über Sachinformationen wahrgenommen oder jedenfalls hineininterpretiert werden. Selbst wenn man nur eine Nachricht übermitteln will, nimmt der Empfänger sie als Botschaft wahr und sein Unterbewusstsein überlegt, ob der Sachinhalt nicht doch zur Sicherheit zuerst einmal ein wenig persönlich genommen werden könnte.

Wirklich eskalieren kann die Situation dann, wenn die Kommunikationspartner noch dazu sehr unterschiedliche Typen sind. Wenn etwa der Sender ein sehr rationaler, pragmatischer Zeitgenosse ist, der analog seiner linken Großhirndominanz distanziert sachlich argumentiert, wogegen der Empfänger ein emotionaler, kreativ-chaotischer Typ ist, der ausschließlich auf dem Beziehungsohr zuhört.

Die typische **Beziehungskiste** also, wo, egal was der/die eine rational sagt, der/die andere zuerst einmal eingeschnappt ist und umgekehrt emotionale Botschaften beim anderen nur als inhaltslose Gefühlsduselei abgetan werden. Es fehle jegliche Gesprächs-/Diskussionsbasis, wird dann vorm Eheberater oder gar Scheidungsanwalt als Grund der Entzweiung angegeben.

Kommentare oder Aussagen schon im Vorhinein zu überdenken und zurechtzulegen, zeichnet einen besonnenen Coach, Betreuer, Trainer, Chef usw. aus. Es ist kommunikativ nicht feige, sondern weise, sich typische Standards vorzubereiten. Zum Beispiel sich darauf einzustellen, wenn nach jahrelanger Durststrecke der Schützling tatsächlich zum ersten Mal am Podium steht. Selbstverständlich schließen selbst empathisch wohlüberlegte Aussagen keine Fehlinterpretation aus, aber man lässt ganz sicher im schon zitierten Satz »*Woowww, gratuliere, ENDLICH bist du auf dem Podium!!!!*« das tödliche Wort »*endlich*« weg.

Feedback, Lob, Kritik oder Alternative

Ein ganz wesentlicher Aspekt jeder Leistungssteigerung liegt in den Bereichen des konstruktiven Umgangs mit Erfolg und Misserfolg, wie auch an anderer Stelle mehrmals beschrieben, etwa in Form von Feedback. Gerade in Phasen des Jubelns aber auch des Verzweifelns sind kommunikative Missverständnisse nahezu vorprogrammiert.

Wenn man als Sportler vor Kurzem ein Flow-Erlebnis hatte, in dem alles göttlich-gut gelaufen ist, aber auch wenn man gerade einen dramatischen Rückschlag einstecken musste, ist man besonders sensibel, was Feedback und Kommentare anderer anbelangt. Ein unüberlegtes falsches Wort des Trainers oder gar eine absichtliche verbale Attacke eines Gegners lässt selbst den gerade noch fröhlich auf Wolke 7 schwebenden Winner auf den Boden knallen. Ist ohnehin schon alles unglaublich mühsam und entmutigend, weil man mental, emotional oder physisch (etwa durch eine Verletzung) gerade wieder weit unten im Tal der Realität angelangt ist, so sind die Antennen natürlich noch feiner und verletzlicher justiert.

Jeder Sportler oder wohl jeder Mensch benötigt für sein Tun und Handeln ein individuelles Maß an Feedback von seiner Umgebung. Manche tun zwar so, als wäre ihnen an der Meinung anderer absolut rein gar nichts gelegen, dermaßen souverän stünden sie schließlich in ihrer Mitte und letztendlich im Leben, bloß: Das ist nur Fassade! Ihr so cooles, arrogantes Auftreten ist in Wahrheit ein Überspielen von Unsicherheit und Angst, vom Thron der Selbstherrlichkeit gestoßen zu werden, von dem sich nur Psychologie-Unkundige blenden lassen. Also offen für Feedback ist jeder, geradezu symbolisch klaffend-offen wie eine Wunde im »Low-Erleben«.

Wie auch im Kapitel zum Führungsstil beschrieben, ist bei Feedback generell, aber vor allem auch bei Lob und Kritik, stets zu beachten: **Mache niemals etwas zum Thema, was der Angesprochene nicht zu beeinflussen oder ändern vermag.** Weder lobe noch tadle zum Beispiel Talent, spezielle körperliche Eigenschaften oder Veranlagungen. Beziehe dein Feedback immer auf die Leistung bzw. das erbrachte Engagement. »*Wenn du dich noch länger beim Training so faul und unmotiviert gibst, wird der nächste Wettkampf wohl ziemlich zäh werden!*«, das muss der Sportler schon als Kritik aushalten können. Vor allem, wenn das hier kritische Feedback an Lösungsvorschläge geknüpft wird: »*Gibt es etwas, was deine Trägheit vertreiben könnte? Oder möchtest du etwas am Training ändern, neue Reize setzen? Was könnten wir gemeinsam unternehmen, damit deine Begeisterung und dein Eifer wiederkommen?*«

Sich mit seinem Feedback auf die Sachebene bzw. Sachinformation zu konzentrieren, ist in jedem Fall der erste Schritt. Es hilft weder der Leistung noch dem Klima, sachliche und fachliche Inputs auf die Beziehungsebene zu stellen. Ein Appell kann schon bisweilen zum Aufrütteln des Schützlings von Nöten sein. Aber immer nur in Bereichen, die beeinflussbar oder änderbar sind. »*Wenn du dich im Training nicht mehr engagieren möchtest, so solltest du deine Ziele für diese Saison wohl mal hinterfragen …*«, ist genauso eine sinnvolle, weil beeinflussbare Aufforderung, wie möglicherweise im Motorsport: »*Mit dem vorhandenen Material wirst du nicht gewinnen können, das ist nur Zeitverschwendung. Entweder wir schaffen finanziell ein Fahrzeug-Update oder es ist wohl besser, in eine günstigere Klasse/Meisterschaft abzusteigen …*« Auch hier wieder: **Sachliches Feedback plus möglicher Lösungsansatz oder Alternative, und das durchaus mit Appellcharakter.**

»*Mit deinem kleinen bisschen Talent wird das nie etwas werden in der WM!*«, wäre so die Variante eines kritischen Feedbacks, wie man es nicht machen sollte. Auch ein »*Mit deinen kurzen Beinen wirst du nie eine gute Sitzposition haben können*«, hilft dem Betroffenen nicht wirklich weiter und nährt zusätzlich die vielleicht ohnehin schon vorhandenen Komplexe wegen des nicht idealen Körperbaus. Aktiv beeinflussen kann man leider weder Talent noch kurze Extremitäten. Wenn schon kurze Beine, dann könnte das Feedback lauten: »*Ich glaube, eine Optimierung deiner Sitzposition würde deine Leistung verbessern. Lass' uns mit den Technikern reden, welche Ideen sie haben, um den Schwerpunkt besser an dich anzupassen.*« Wenn der so Angesprochene diese Sachinfo immer noch interpretiert als: »*Mit deinen kurzen Haxen solltest du besser im Zirkus auftreten, anstatt diesen Sport zu betreiben!*«, müsste man mental eher beim Kommunikationsempfänger ansetzen …

Erster Grundsatz: Feedback nur zu beeinflussbaren Aspekten!

Zweiter Grundsatz: Konzentration auf die Sach-Information!

Dritter Grundsatz: Einen Appell stets mit Lösungsideen oder Alternativen verknüpfen!

Vierter Grundsatz: Der Ton macht die Musik!

Nicht nur das Was, sondern auch das Wie spielt eine entscheidende Rolle in der Kommunikation. Wer herumbrüllt wie ein Stier und sich beim Anbringen von sachlichem Feedback sofort cholerisch in beziehungsmäßige Kritik versteigt, der wird absolut nichts erreichen.

Einfach deswegen, weil der Empfänger des vielleicht auch noch so gut gemeinten Feedbacks (Merke: Gut gemeint ist das Gegenteil von gut gemacht!) seine Aufmerksamkeit weg von der eigentlichen Botschaft hin zum Verhalten verlagert. Also anstatt *»Okay, danke, guter Input«* denkt sich der so aggressiv Angesprochene nur mehr: *»Ach, rutsch' mir doch den Buckel runter!«*

Fünfter Grundsatz: Ersetze Kritik durch Umlenkung

Bevor man einen Menschen, seinen Sportschützling etwa, kritisiert, sollte immer hinterfragt werden, ob Kritik die einzig sinnvolle Reaktion ist oder ob man zuvor Richtungsänderungen durch neue Inputs (im Training, in der Strategie, in der gesamten Karriereplanung usw.) aufzeigen kann. Nur wenn vorab ein Weg gemeinsam definiert und beschlossen worden ist, besitzt man das Recht, Kritik zu üben! Anderenfalls geht es einen nämlich rein gar nichts an, was jemand tut. Unberechtigte Kritik ist heutzutage groß in Mode, schließlich zählt ungefragt überall seinen Senf dazuzugeben, für viele heute als Tugend. Oft wird der Begriff der Meinungsfreiheit missverstanden: Diese bedeutet, man **kann** zu einem Thema hierzulande seine freie Meinung äußern. Man **muss** aber nicht zwangsläufig immer und alles besser wissen, wenn man nichts davon versteht. Wurde der Weg vorab gemeinsam beschlossen, steht dem Beteiligten durchaus Kritik zu. Verlässt der Partner diesen vereinbarten Kurs, wird man versuchen, ihn behutsam und kollegial in die gewünschte Zielrichtung zu führen und die Hand über seine Schulter legen, anstatt ihm grob den Ellbogen in die Rippen zu rammen. Philosophisch betrachtet: **Wenn man vom richtigen Weg abgekommen ist, erscheint der falsche Weg meist als der richtige.**

Wir werden ihm nicht unterstellen, absichtlich oder gar mutwillig etwas falsch zu machen, sondern zuerst für uns selbst einen Lösungsansatz suchen, mit dem wieder auf den gemeinsam beschlossenen Pfad zurückgefunden werden kann. Hat man zum Nörgeln kein Recht – am besten Klappe halten und sich nicht ungebeten einmischen ; -)

Sechster Grundsatz: Negatives Feedback immer mit positiver Ummantelung

Hat man als Trainer tatsächlich etwas Negatives anzubringen, tut man dies sachlich, möglichst konkret und konstruktiv und versetzt sich vorher in die Lage des anderen. Nur aufzuzeigen, was falsch lief oder läuft, wird wenig Aussicht auf Verbesserung haben. Am besten wird Kritik aufgenommen, wenn sie von positivem Feedback umhüllt ist: *»Deine Haltung beim Absprung ist jetzt schon viel dynamischer, du machst das schon echt deutlich besser als zuletzt. Bei der Landung jedoch …* negatives Feedback …*, aber alles in allem sind wir auf einem guten Weg. Danke für dein Engagement im Training. Wir kriegen das bald perfekt hin!«*

Hineinversetzen und Zuhören

Für eine erfolgreiche Kommunikation und einen erfolgsorientierten Umgang mit Mitmenschen, empfehlen wir, sich einmal in sein Gegenüber hineinzuversetzen, sich mit ihm zu identifizieren. Warum macht er das jetzt schon seit Ewigkeiten anders als erwartet, als empfohlen oder als erhofft? Schon die Sichtweise »anders« ist hier von Bedeutung, ersetzt sie doch das moralisch-wertende Adjektiv »falsch«. Eine sehr wesentliche und bedeutsame Tugend ist das Zuhören. Aktives Zuhören. Nicht bloß so tun als ob. Und Zuhören bedeutet in erster Linie, den anderen ausreden zu lassen. Nicht ins Wort fallen, nicht dazwischen quatschen, einfach aktiv zuhören und auf den anderen und seine Botschaft empathisch eingehen.

Richtig zu kommunizieren ist tatsächlich eine große Herausforderung.

Viele Menschen haben das Essen verlernt. Sie können nur noch schlucken.

Paul Bocuse

Ernährungsproblematik heute
Mangel im Überfluss

Den wohl massivsten Einfluss auf unsere Gesundheit und unser Wohlergehen überhaupt haben unsere Ernährungsgewohnheiten. Mit keinem anderen Faktor unseres Lebensstils können wir so nachhaltig beeinflussen, ob und wie gesund wir unser Leben bis ins hohe Alter – auch trotz hoher sportlicher Belastung – führen können. Leider haben sich in den letzten Jahrzehnten einige Missverständnisse zu diesem Thema eingeschlichen, wie die unkontrollierbare Eskalation der Wohlstands(= Ernährungs-)Erkrankungen drastisch vor Augen führen.

Diese Coaching-Unit macht dich READY TO WIN, denn sie zeigt:

- **Wie heutzutage Industrienahrung und Fast-/Convenience-Food aufgebaut sind**
- **Was es mit der gesundheitlichen Intelligenz (GQ) auf sich hat**
- **Warum moderne raffinierte Nahrungsmittel zwar lange haltbar, aber energetisch »tot« sind und uns sogar im Körper gespeicherte Vitalstoffe rauben**
- **Was wir Tag für Tag essen und trinken, obwohl es für uns extrem ungeeignet und sogar schädlich ist**
- **Wie du diese Vitalstoff-Misere in deiner Ernährung eigenverantwortlich wesentlich verbessern kannst**

Missverständnis 1:

Die Nahrungsmittelindustrie nimmt Rücksicht auf unsere Gesundheit.

Weit gefehlt. Ihr Bestreben ist die Optimierung ihrer Verkaufszahlen und ihrer Gewinne. Darüber darf man sich letztlich aber nicht einmal allzu verständnislos zeigen, denn die Food-Konzerne agieren hiermit nur wie jedes Unternehmen, das schwarze Zahlen schreiben muss und in letzter Konsequenz auch Arbeitsplätze zu erhalten hat. Mit immer geringerem Aufwand, weniger (teuren) Arbeitskräften, günstigeren Rohstoffen möglichst viel zu produzieren und zu vermarkten, ist deren erklärtes Ziel. Und sonst nichts.

Missverständnis 2:

Dein Arzt ist für deine Gesundheit verantwortlich.

Ebenso wenig ist es – zumindest in der westlichen Welt – die Aufgabe des Hausarztes, sich durch präventive Ernährungsempfehlungen um deine Gesundheit jetzt oder im hohen Alter zu kümmern. Dazu hat er in der Regel weder die Ausbildung oder Zeit noch eine Veranlassung, da er dies nicht bezahlt bekommt. Über das westliche Gesundheitssystem wird mitunter provokant behauptet, dass ein Arzt hierzulande grundsätzlich davon lebt, dass du **krank** bist und nicht davon, dass er dich **gesund erhält**. Was jedoch nicht die Schuld deines Arztes ist. Es krankt hier am System!

Deine Gesundheit liegt ausschließlich in deiner Eigenverantwortung.

Diese zwei Irrglauben alleine – die Problematik um die ausschließlich gewinn-orientierte, moderne Nahrungsmittelindustrie sowie unser primär auf Reparatur und Symptombekämpfung ausgerichtetes »Krankheitssystem« – führen uns ahnungslose Konsumenten (oder Schäfchen …) in eine gesundheitliche Katastrophe.

Anstatt uns über unsere Nahrung Wohlbefinden, Energie, Schönheit und vor allem Gesundheit bis zum 120. Geburtstag zu erhalten, verrecken wir im wahrsten Sinn des Wortes an zwar super appetitlichem, toll riechendem und total lecker schmeckendem **Einheitsfraß**. Warum »Einheitsfraß«? Weil durchwegs nicht mehr die Inhaltsstoffe drinnen sind, die wir so lebensnotwendig brauchen. Sich hier richtig zu ernähren, liegt heute zu 100 % in der Eigenverantwortung jedes Menschen.

Die wenigen Vitalstoffe, die unsere Nahrungsmittel noch beinhalten, werden sodann in der Zubereitung, also beim Kochen, nochmals auf beinahe Null reduziert.

Kürzlich sorgte eine Presseaussendung für Aufsehen oder zumindest Verwunderung, wonach man es doch mittlerweile geschafft hätte, eine Tomate zu züchten, die frei von Vitamin C ist. Also nur mehr Wasser in einer appetitlich roten Schale. Was das Ganze soll? Keine Ahnung, aber es charakterisiert unsere aktuelle Ernährungsproblematik, die man unter dem Motto »Mangel im Überfluss« zusammenfassen kann.

Die Nahrungsmittelindustrie mit ihren gewinnorientierten Interessen und gewaltigen Werbeetats, die Medien, die um diese Etats in Form von Werbeeinschaltungen buhlen, aber auch wir – mittlerweile offenbar nur mehr auf die optischen und geschmacklichen Reize eines Essens achtenden – Konsumenten, haben heute Nahrungsmittel entstehen lassen, die aus ernährungsphysiologischer Sicht zu 90 % gleich in die Mülltonne gehören. Aber nicht in unseren Körper.

Leider nur in der deutschen Sprache gibt es einen feinen, aber bei ganzheitlicher Betrachtung wesentlichen Unterschied in den Worten **»Nahrungsmittel«** und **»Lebensmittel«**. Nahrungsmittel finden wir heute im Supermarktregal zu ca. 90 %, Lebensmittel zu bestenfalls 10 %. Vorausgesetzt, es ist ein guter Supermarkt mit ordentlicher Gemüse- und Obstabteilung.

Gründe, warum uns heute die meisten Produkte, die wir essen, nur mehr krank machen anstatt gesund und fit zu halten, gibt es viele. Mit einigen der Hauptproblematiken wollen wir uns beschäftigen, denn ein ganzheitlich denkender, erfolgsorientierter Sportler muss darüber Bescheid wissen!

Problematik 1: Ausgelaugte Böden

Vitalstoffe müssen wir primär über pflanzliche Nahrung zu uns nehmen. Tatsächlich sind diese nur so wirklich verwertbar und bioverfügbar. Dies setzt voraus, dass Mineralstoffe und Spurenelemente, aber auch Vitamine und Aminosäuren, im Gemüse und im Obst, das wir essen, auch drinnen sind. Mineralstoffe und Spurenelemente kann die Pflanze nicht selbst produzieren. Keine Pflanze der Welt kann Mineralien (egal ob Kalzium, Kalium, Kupfer, Magnesium, Phosphor, Selen usw.) selbst erzeugen. Sie kann diese nur vom Boden aufnehmen. Wenn der Boden durch unseren viel zu aggressiven Ackerbau ausgelaugt ist, dann ist in der Frucht einfach nichts mehr enthalten. Aussehen mögen Brokkoli, Salat oder die angesprochene Tomate nach wie vor appetitlich und knackig, aber sie haben kaum mehr wichtige Inhaltsstoffe.

Natürlich bringt der Landwirt entsprechend mineralstoffreichen Dünger auf seinen Feldern auf, um dem Boden verloren gegangene Mineralien zurückzuführen. Die Entwicklung der letzten Jahrzehnte und der dramatische Rückgang an Mineralstoffen und Spurenelementen in unserem Obst und Gemüse beweisen jedoch, dass dies zwar gut gemeint ist, aber langfristig nicht zu funktionieren scheint. Nein, der einzelne Landwirt ist jetzt nicht schuld, er ist auch nur Passagier von Politik, Industrie usw. Das Aussteigen einzelner Bauern aus diesem alles überrollenden System ist absolut lobenswert, denn mit ihren Bioprodukten ermöglichen sie es uns **Holitariern®**, gesund, leistungsstark und einfach gut drauf zu sein (siehe dazu die nächste Coaching-Unit zur Ernährung). Wie eben auch dort ausführlich behandelt, trägt unsere aktuelle und Krankheiten verursachende Ernährung mit viel zu viel Fleisch zu diesem Auslaugen der Böden noch zusätzlich bei. Anstatt für uns Menschen hochwertige pflanzliche Produkte anzubauen, aus denen wir unser tägliches Protein in gesunder Form bekommen, produzieren wir auf den Feldern überwiegend Viehfutter, mit dem wir letztlich Nahrung aus tierischem Fleisch erzeugen, dessen übertriebener Konsum uns in den frühen Tod führt. Wir laugen also unsere Böden völlig aus, um für uns Menschen Nahrung zu produzieren, welche uns ohnehin weit mehr schadet als hilft. Auf die bestialische Massentierhaltung, ihre gesundheitlichen Konsequenzen für uns Menschen und die dramatischen Folgen für unsere Umwelt möchten wir hier gar nicht im Detail eingehen. Fakt ist aber: Die Böden werden immer ärmer und leerer, die darauf angebauten Pflanzen auch. Wo keine Vitalstoffe mehr im Boden sind, sind auch keine mehr in der Pflanze und somit im Essen. Wir sehen die ganze Problematik allzu schwarz, meinst du? Nein, leider nicht. Einzelne Gemüse- und Obstsorten haben in den letzten 20 Jahren bis zu 90 % an lebenswichtigen Inhaltsstoffen eingebüßt!

Beispiele für den dramatischen Verlust an Inhaltsstoffen in den letzten 20 Jahren:

Kartoffeln	-70 % an Kalzium
Spinat	-50 % an Vitamin C
Erdbeeren	-67 % an Vitamin C
Bananen	-92 % an Vitamin B6, -84 % B9 (Folsäure)
Möhren	-57 % an Magnesium

Diese erschreckende Liste kann man noch seitenlang weiterführen.

Verlieren wir aufgrund ausgelaugter Anbauflächen für uns, unsere Gesundheit und Leistung lebensnotwendige Mineralstoffe und Spurenelemente, so lassen **unreifes Ernten und künstliches Nachreifen** in der Lagerhalle Vitamine entweder verkommen oder erst gar nicht in natürlichem Ausmaß entstehen. Galt früher die Faustregel, dass ein großer Apfel den Vitamin-C-Bedarf eines Tages zu decken vermag, so müsste man heute schon mindestens fünf Supermarktäpfel essen, bei manchen Golden Delicious gar 20 (lt. Ökotest)!

Problematik 2: Raffinierung

Betrachten wir ein Getreidekorn: Dieses besteht aus einem überaus vitalstoffreichen, lebendigen Keim, der umgeben ist von einem vitalstoffarmen aber kalorienreichen Stärkekörper, und darüber wiederum liegt eine gesunde, weil überaus ballaststoffreiche, Schale. Ein Getreidekorn hat ganzheitlich betrachtet zwei extrem wertvolle Teile (Keim und Schale) und einen verbleibenden Teil, den Stärkekörper. Dieser ist verglichen mit dem so wertvollen Keim jedoch viel länger haltbar. Also macht man daraus unser weißes Mehl. Wer braucht schon Vitalstoffe im Brötchen, Hauptsache das Mehl hält ewig ...

Durch dieses sogenannte Auszugsmehl gehen leider beinahe alle Vitalstoffe verloren. 80 % des Magnesiums, 70 % des Kaliums, Eisens und Phosphors, 60 % des Kalziums und Kupfers, 40 % des Chroms. Aber auch alle ungesättigten Fettsäuren und fettlöslichen Vitamine werden aussortiert. Die ernährungsphysiologisch guten, lebendigen Teile des Getreidekorns werden als Viehfutter etwa den Schweinen verfüttert. Wir Menschen bekommen über unser Mehl nur mehr den vitalstoffarmen, ganzheitlich betrachtet toten Teil der Getreidematerie. Klar, das Mehl hält sich nun ewig, ohne die so wichtigen Fettsäuren wird es nicht mehr ranzig und sogar Mehlwürmer gehen in so ein Mehl nicht mehr freiwillig. Was wollten sie auch dort? Tiere sind nämlich mit ihren Instinkten nicht so dumm und fressen etwas, wo keine Vitalstoffe mehr enthalten sind. Okay, dafür können wir autofahren, das kann der Mehlwurm nicht ...

Raffinieren und Haltbarmachen geschieht auch mit dem Zucker. Alle **Vitalstoffe raus, Haltbarkeit rein!** Industriezucker wird so zum totalen Vitalstoffräuber (Details später) und schädigt uns systematisch in Form von Süßigkeiten (hier sind meist sogar Auszugsmehl, Industriezucker und künstliche Aromastoffe vereint) oder ungemein zucker- und säurehältigen Limonadengetränken – ganzheitlich der Supergau!

Mit unserem Kochsalz ist es nicht viel anders. Auch dort raffiniert man in mehreren Vorgängen alle im ursprünglich abgebauten Salz vorhandenen, wertvollen Mineralstoffe und Spurenelemente heraus. Richtiges, gutes Salz, zumindest Steinsalz, ist nicht weiß! Es hat alle Färbungen vom appetitlichen Rosa-Orange bis hin zu weniger gustiösen dunkelbraunen und graubraunen Bestandteilen, den gesunden Mineralien. Raus damit, strahlend weißes Salz, reduziert nur mehr auf Natrium und Chlorid, verlangt der Markt. Ähnlich wie bei Getreide und Zucker ist genau das der ungesündeste Rest des Salzes. Aber wir unmündigen Konsumenten verlangen offenbar nur noch nach nach reinweißem Zucker und Salz sowie gelblich-weißem Mehl? Das Salz, das bei uns der Jäger im Winter den Rehen als Leckstein in den Wald bringt, ist jedenfalls um 100 % besser als das Kochsalz aus dem Supermarkt. Österreichs Salinen produzieren aber Gott sei Dank alternativ auch gesundes Natursalz. Meersalz, wenngleich es von Haus aus weiß ist, hat ebenfalls hochwertige Mineralstoffe und Spurenelemente (im Gegensatz zu Steinsalz auch Jod) – bis zur Raffinierung …

Problematik 3: Zubereitung

Die wenigen Vitalstoffe, die in unserer Nahrung noch enthalten sind, bringen wir letztendlich oft noch mit der Verarbeitung aus dem Essen. Damit ist einerseits natürlich die thermische Behandlung gemeint, sprich wir kochen, braten und dünsten die letzten Vitalstoffe zu Tode oder wir lassen diese gar nicht so weit kommen. Weil wir alles schälen und entkernen. Wie zuerst beim Getreide, so nehmen wir nun als Beispiel einen Apfel. Im Grunde hat der Apfel genauso Keim/Kern, Fruchtkörper und Schale. Ganzheitlich betrachtet sollten wir auch alle Teile essen. Wie beim Getreidekorn. Bloß, wir schälen den Apfel und befreien ihn so von den meisten in der Schale befindlichen Vitalstoffen. Und natürlich schneiden wir das Kerngehäuse raus. Schade. Geschält wird der Apfel aber mit gutem Grund, denn in Großplantagen massenweise gezogene Supermarktäpfel werden natürlich chemisch behandelt (gegen Schädlinge aber auch zur längeren Haltbarkeit) und trotz Waschens vor dem Genuss bleibt ganz zurecht eine Unsicherheit, ob man sich jetzt wirklich Gutes tut, wenn man die Schale isst. Unbehandelte Bioäpfel sind daher die erste Wahl. Ganz besonders grotesk ist unserer ganzheitlichen Ansicht nach die Sache mit den kernlosen Trauben. Es ist ja in einem mitteleuropäischen Supermarkt fast nicht mehr möglich, Weintrauben mit Kernen zu bekommen. Seedless, seedless, seedless … wohin man schaut. Also kauft man diese Weintrauben und bestellt daheim – während man die Trauben ohne das lästige Knirschen der Zähne beim Kernzermahlen nascht – im Nahrungsergänzungsmittel-Onlineshop die so unglaublich gesunden OPC-Kapseln. OPC steht für Oligomere Pro Cyanidine. Was das ist? Traubenkernextrakt! Nein, kein Scherz, wir essen kernlose Trauben, um uns dann sündteuer zermahlene Traubenkerne in Kapselform einzuwerfen. Dabei würde unser Körper beim Verwerten des Vitamin C der Traube gleich auch die Stoffe des Kerns brauchen.

Problematik 4: Mangelnde gesundheitliche Intelligenz

Es wird ja oft vom Intelligenz-Quotienten (IQ) gesprochen, nicht ganz so oft, wenngleich fürs Leben noch viel wichtiger, auch von der emotionalen Intelligenz (EQ) oder bisweilen von der sozialen Intelligenz. Leider nie die Rede ist vom **gesundheitlichen Intelligenzquotienten** (GQ). Darunter verstehen wir in unserer ganzheitlichen Sichtweise eine angeborene Cleverness, die uns mit einem Blick durchs Leben leitet, was unserer Gesundheit gut tut. Es ist oft geradezu faszinierend, wie Menschen beim Essen, beim Trinken oder etwa auch beim Sport mit an Sicherheit grenzender Wahrscheinlichkeit genau das tun, was ihnen schadet. Offenbar hat die Mehrheit unserer Zeitgenossen gänzlich verlernt, instinktiv einer inneren Stimme zu folgen, die ihnen warnend sagt, dass alles, was im Supermarktregal oder der Konditorei an Süßigkeiten auch noch so bunt präsentiert wird, aller Voraussicht nach ungesund oder schädlich ist. Anstatt ein Gespür dafür zu entwickeln, was einem gut tut und worauf der Körper positiv reagiert (Gemüse, Obst, Vollkornprodukte, Wasser usw.), folgen die meisten Menschen gleich Lemmingen der Werbung der Nahrungsmittelindustrie in den gesundheitlichen Abgrund. Heutzutage isst oder trinkt man ja in der Regel nur noch, was mega-lecker schmeckt, aber nicht, was der Körper braucht. Im Umkehrschluss ernähren sich heute Millionen Menschen nicht von Lebensmitteln, sondern von Genussmitteln (Weißmehlprodukte, Zucker, Fleisch, Limonaden usw.), die bestenfalls als »Sünde«

oder Belohnung alle »heiligen Zeiten« konsumiert werden sollen. Mit verheerenden gesundheitlichen Folgen.

Auch Wasser trinken viele nicht, weil Limonaden viel mehr Geschmack haben und wenn Wasser, dann möglichst prickelndes Mineralwasser, ist dieses doch nicht so fad, wie das optimal gesunde stille (Leitungs-) Wasser. Aus unserer Beratungstätigkeit kennen wir viele Menschen, die bei einer Auswahlmöglichkeit von 1:1 zwischen gesund:ungesund mit 100%iger Sicherheit das ungesunde Produkt wählen. Dabei geht es gar nicht darum, ernährungstechnisch vorgebildet zu sein. **Es geht einzig und alleine darum, instinktiv zu fühlen, was schadet und was nicht.**

Tiere haben diesen Instinkt, anderenfalls wären sie längst ausgestorben. Betrachtet man jedoch schon sehr vermenschlichte Haustiere, so verlieren auch diese durch die Nähe zu uns, den mittlerweile gesundheitlich nicht mehr besonders intelligenten Menschen, ihren Instinkt dafür, dass salzige Wurst, chemisch aromatisierte Leckerlis bis hin zu Schokolade u. dgl. ihnen nicht gut tun. Beobachtet man Pferde beim Grasen aus der Nähe und passt man genau auf, welche Gräser sie fressen, beeindruckt deren hohe gesundheitliche Intelligenz. Sofern ihnen nicht einfältige Menschen Zuckerwürfel aufnötigen, wissen Pferde auf der Weide ganz genau, welche Pflanze ihnen gut tut und wann. Sollten es die Wiesen in ihrer Pflanzenvielfalt noch ermöglichen, fressen sie nicht wahllos in sich hinein wie wir Menschen, sondern achten genau auf eine Balance unterschiedlichster Gräser und Kräuter. Sie spüren instinktiv, dass es heute, hier und jetzt nicht bloß Löwenzahnblätter sein sollen, sondern auch in bestimmtem Maße Blätter von Spitzwegerich und Co. Und dazu fressen sie auch kleine Mengen Erde, genau dann und dort, wann und wo es ihr Instinkt verlangt.

Unter gesundheitlichem Intelligenzquotienten verstehen wir das ganzheitliche Feeling, zu spüren, was unserer Gesundheit gut tut.

Abgesehen von mangelnder gesundheitlicher Intelligenz beim Essen und Trinken ist es im Sport um uns nicht viel besser bestellt. Zuerst betreiben wir über Monate oder Jahre keinen Sport. Wenn es dann gilt, mit den Freunden eine mehrtägige Mountainbike-Tour zu unternehmen, dann überfordern/übersäuern wir uns aufgrund eines überzogenen Imponiergehabes bis zum Herzinfarkt oder zumindest knapp davor, ohne es zu wissen.

Die wenigsten Hobbysportler, die Ausdauertraining machen, sind heute noch in der Lage zu erkennen, welche Belastung ihnen etwa beim Laufen gut tut bzw. wann sie sich im Sauerstoffgleichgewicht bewegen und wann nicht. Ohne Pulsmesser würden sie nicht mehr erfühlen, welche Belastungsintensität für ihren Körper genau jetzt richtig ist und ihn positiv fordert und fördert.

Die gute Nachricht: Die gesundheitliche Intelligenz kann sich wieder entwickeln. Man muss nur mit gesunder Ernährung und ganzheitlicher Lebensweise dem Körper und seinem Ur-Instinkt auf die Beine helfen. Bald kehrt eine Sensibilität für alles Gute und Gesunde im Leben zurück.

Mangel im Überfluss – die Praxis

Wenn uns unser Körper Hungergefühl vermittelt und so auffordert, etwas zu essen, tut er dies deshalb, weil er einen Mangel an bestimmten benötigten Vitalstoffen verspürt. Also er sagt dir damit: *»Iss' bitte was, ich brauche den einen oder anderen lebensnotwendigen Nährstoff jetzt.«* Ist der Hunger groß, ist auch der Nährstoffmangel groß. Der »leere Magen« ist es nicht alleine, der dich zur Nahrungsaufnahme motiviert. Menschen, die ihrem Körper mit Fastenperioden ganzheitlich Gutes tun, beweisen dies. Also, gib deinem Körper die verlangten Vitalstoffe für sein Wohlbefinden und seine Gesundheit!

Und was macht der Durchschnittseuropäer? Er geht zum nächsten Fastfoodladen und schmeißt sich ein Weißbrotlaibchen aus totem Auszugsmehl ein, das mit ohnehin von Natur aus völlig vitalstoffarmem, dafür fettem und scharf angebratenem Fleisch gefüllt und mit raffiniertem Kochsalz gewürzt ist. Zur optischen Garnierung und Beruhigung deines Gewissens findet sich in ihm ein Blatt eines mineralstoffleeren Glashaussalates und eine Scheibe der vitaminlosen Tomate, bevor oben drauf industrielle Fettdressing mit chemischen Aromastoffen als Geschmacksverstärker folgt, damit das ganze Zeugs nach irgendetwas schmeckt. Man bezahlt an der Kassa ein kleines Vermögen für den vitalstofffreien Müll, isst ihn während der Heimfahrt im Auto, wirft die Papiertüte samt leerem Pappbecher der Zuckerlimonade aus dem Fenster und parkt daheim ein. Wenn man jetzt nicht gleich einen Parkplatz findet, verspürt man schon wieder Hunger, bevor die Wohnung betreten ist. Du weißt, was ich meine? Jaja, das mit der Tüte aus dem Fenster werfen tun wir nicht, nur Dummköpfe. Aber das mit dem Hunger, der umgehend wieder einsetzt, das kennst du schon …

Und wenn du diese Unit bisher aufmerksam gelesen hast, weißt du auch, warum! Dein Körper braucht nicht einen optisch appetitlich aussehenden Burger mit hohen Brennwerten, er braucht nicht Nahrung, die zwar köstlich riecht, schmeckt und dick macht … dein Körper braucht Vitalstoffe!

Du brauchst nicht nur Energie, sondern auch Vitalstoffe!

Und solange er die nicht bekommt, gibt er permanent wieder Alarm durch Hungergefühl. Und du stopfst dir – abwechselnd mit dem Industriezucker-Billigfett-Schokoriegel, der dich angeblich löwenstark werden lässt – den nächsten Burger rein. Natürlich gefällt es dir, wenn dich die hübsche Kleine an der Fastfood-Theke schon kennt und freudig als Stammgast begrüßt. Sieht deine Ernährung so aus, solltest du sie raschest überdenken ...

Das war jetzt ein sehr dramatischer Absatz, der auf dich als Sportler wohl nicht zutrifft. Gerade bei Motorsportlern gibt es aber leider nicht nur gesundheits- und körperbewusste. Viele meinen, dass es ohnehin nur auf den Bleifuß und viel Mut ankommt. Es ist erwiesen, dass alle erfolgreichen Sportstars ganz massiv auf ihre Ernährung achten, andernfalls wären sie keine Stars geworden ...

Problematik: Lightgetränke

Nun haben wir also den raffinierten Zucker schon als Vitalstoffräuber schlimmster Sorte enttarnt. Dann sind wir von READY TO WIN™ sicherlich totale Befürworter von Lightgetränken mit Zuckerersatzstoffen, wirst du fragen? Nein, nicht wirklich, auch die Süßstoffe haben gewaltige Nachteile.

Künstliche Süßstoffe, wie Aspartam, Sucralose, Saccharin und Co., stehen laut zahlreichen Forschungen immer wieder in unmittelbaremVerdacht, auf heimtückische Weise die Steuerung des Appetit-/Hungergefühls zu beeinträchtigen. Indirekt tun sie dies garantiert, denn viele Menschen meinen, wenn sie zum Megaburger ein Cola Zero trinken, können sie ruhigen Gewissens anschließend noch ein Schoko-Törtchen zum chemischen Erdbeer-Shake dazunehmen.

Darum empfehlen wir dir generell bei Limonaden und Energiedrinks, selbst wenn diese light sind: Vermeide diese wann und wo es geht, es handelt sich um chemische Keulen ohne Lebendigkeit und ohne ernährungsphysiologische Notwendigkeit außer Genuss! Daher konsumiere sie sparsam und bewusst als Belohnung und genieße sie dann wirklich. Zum Ausgleich vitalstoffreich essen und viel Wasser trinken, somit hat man auch die negativen Nebenwirkungen von Süßstoffen (z.B. erhöhtes Formaldehyd), Phosphorsäure und Co. im Griff. Regelmäßigen Konsum von Lightprodukten würden wir genausowenig empfehlen wie die extrem zuckerhaltigen Nicht-Light-Limonaden mit ihren gesundheitlich katastrophalen Auswirkungen!

Wenn du wissen möchtest, wie man sich erstklassig ernährt, dann blätter einfach um zur nächsten Coaching-Unit **»Die optimale Ernährung – Das Geheimrezept zum Erfolg!«**.

Eure Nahrung
sei eure Medizin,
und eure Medizin
sei eure Nahrung.

Hippokrates

Die optimale Ernährung
Das Geheimrezept zum Erfolg

Die mit Abstand bedeutendste Rolle für Gesundheit und Wohlbefinden eines Menschen generell und damit für Power, Energie und Erfolg eines Sportlers im Besonderen spielt seine Ernährung. Kein anderer Faktor entscheidet so nachhaltig über Erfolg und Niederlage, körperliche und geistige Fitness bis ins hohe Alter oder frühes Leiden, etwa an sogenannten Zivilisationskrankheiten.

Diese Coaching-Unit macht dich READY TO WIN, denn sie zeigt:

- **Welche Ernährung der Spezies Mensch evolutionär am logischsten entspricht**
- **Welche Lebensmittel stärken mich und geben mir Energie**
- **Welche Nahrungsmittel und Essgewohnheiten schwächen mich und rauben mir Power**
- **Wie soll ich Proteine, Kohlenhydrate und Fette optimal in meiner Ernährung verteilen**
- **Wie sich ein READY TO WIN-Holitarier® ganzheitlich, gesund und artgerecht ernährt**

Leider essen die meisten Menschen – Sportler wie Nicht-Sportler – heute nicht mehr, was ihr Körper braucht und ihnen gut tut, sondern primär, was ihnen die Nahrungsmittelindustrie mit ihren gigantischen Werbebudgets in den schillerndsten Farben anpreist.

Die Nahrungsmittelhersteller sind – wie im Grunde alle Unternehmen – auf Gewinnoptimierung ausgerichtet. Und maximalen Gewinn macht man, wenn man möglichst billige Rohstoffe, möglichst günstig weiterverarbeitet und möglichst teuer verhökert. Um die Gesundheit ihrer Käufer kümmern sich diese Unternehmen in der Regel nicht bis kaum, denn im Ernährungsbereich lässt sich mit Gesundheit viel schwieriger Geld verdienen als mit Genuss. Apropos Genuss: Es hat sich in den vergangenen Wohlstands-Jahrzehnten eingeschlichen, dass man nur mehr das isst, was einem schmeckt. Nahrung nur nach ihrem Geschmack zu beurteilen und nicht nach deren Vitalstoffen ist vielleicht der dramatischste Fehler unserer modernen Ernährung. Kaum jemand gibt seinem Organismus, was dieser braucht, sondern nur mehr, was dem Kopf gefällt, optisch anspricht und seinen Geschmacksnerven taugt. Mit fatalen Folgen.

Wenn man einen Sportler ganzheitlich betreuen oder sich als Sportler selbst ganzheitlich zu langfristigem Erfolg führen möchte, beginnt ein (Self-) Coaching bei der Ernährung. Und nirgendwo sonst!

Alle anderen, noch so professionellen Inhalte unsere Akademie können nicht die versprochene und mögliche Wirkung erzielen, wenn man Tag für Tag anstatt hochwertiger Lebensmittel einen Ernährungsdreck in sich hineinstopft.

Wer sich heutzutage mit Ernährung beschäftigt – egal ob professionell oder eben im privaten, persönlichen Bereich via Zeitschriften, Internet und dergleichen – der wird überrollt von einer unüberschaubaren Vielzahl an Empfehlungen, Ernährungstypen, Diäten usw. Einmal heißt es, man solle primär Kohlenhydrate mit faserigen Ballaststoffen zu sich nehmen, der nächste Autor propagiert »low carb« und damit genau das Gegenteil. Fett gilt eigentlich immer als der Bösewicht, aber Halt! … Was ist denn dann mit den in jeder Drogerie angebotenen Omega-3-Fettsäuren? Macht mich hoher Fleischkonsum stärker oder haben doch die Veganer recht, wenn sie tierisches Protein fanatisch verneinen? Fragen über Fragen. Dabei wäre es aus ganzheitlicher Sicht scheinbar so einfach!

Evolution und Verdauungsapparat des Menschen

Am bio-logischsten erscheint uns zur Klärung der Kernfrage »*Wie ernähre ich mich richtig?*«, sich doch einfach einmal den Menschen anatomisch anzuschauen. Wie ist denn unser Verdauungstrakt eigentlich aufgebaut?

Wir beziehen uns auf die Interpretation von Ernährungstrendsetter Dr. Rüdiger Dahlke und beginnen ganz oben, bei unserem **Gebiss**. Schon dieses lässt zweifelsfrei erkennen, dass wir kein fleischfressendes Raubtier sind, da wir keine Reißzähne haben, sondern Schneidezähne und harmlose Eckzähne, die zum Abbeißen, etwa von einem Apfel, geformt sind. Probiere einmal, deine Katze oder deinen Hund von etwas abbeißen zu lassen … geht nicht, sie haben Reißzähne. Lass einen reinen Vegetarier wie ein Pferd von einem Apfel abbeißen, perfekt, ein glatter Biss durch die Frucht. Wenn dein »Raub-Haustier« frisst, dann schlingt es die Fleischstücke mehr oder weniger im Ganzen hinunter. Weil es – zum Unterschied von uns Menschen – keine Mahlzähne zum Zerkleinern von Getreide, Obst und Gemüse hat. Aufgrund unsers Gebisses – die zum langsamen friedlichen Kauen vorhanden Mahlzähne sind unseren Schneidezähnen auch zahlenmäßig überlegen – sind wir sicher nicht als aggressive Fleischfresser ausgelegt. Ein Ernährungsweg, den aber mittlerweile die meisten Menschen der angeblich so zivilisierten Welt eingeschlagen haben. Wir sind bestenfalls Allesesser, Mischkostler oder wie immer man es nennen möchte.

Gehen wir weiter im Verdauungsapparat zu **Speiseröhre, Magen und Darm**: Die wesentlichste Aussagekraft, ob ein Lebewesen für Fleisch- oder Pflanzenkost ausgelegt ist, hat die Länge seines Verdauungsapparates in Relation zur Körperlänge. Je mehr Fleischfresser (Raubkatze), desto kürzer ist der Magen-/Darmtrakt nämlich, je mehr Vegetarier

(Pferd, Rind, Reh) desto länger muss der Verdauungsschlauch sein, um die Nahrung in ihre Bestandteile und Vitalstoffe zu zerlegen, sprich, um aus dem Grünzeug auch tatsächlich Nährstoffe extrahieren zu können.

Wenn man zwischen Löwen und Rehen, als den beiden Extremen von Fleisch- zu Pflanzenkost, eine Einteilung trifft, so findet sich der Mensch in der Mitte mit deutlicher Tendenz zum Pflanzenfresser wieder. Ironischerweise sind wir damit den Schweinen sehr nahe, die sich in freier Wildbahn primär von Pflanzen ernähren, aber beim Umwühlen der Erde auch gerne einmal einen Wurm, Raupen usw. verspeisen. Auch sind wir hinsichtlich unserer Säure-Basen-Balance samt pH-Wert unseres Blutes ebendort.

Betrachtet man nun diese Erkenntnis der Anatomie in Zusammenhang mit unserer Evolution, so stimmt sie auch hier perfekt überein: Unsere Vorfahren waren **Jäger und Sammler**, die sich **primär von Pflanzen**, Kräutern, Beeren, Wildfrüchten, Körnern und Kernen (z.B. Apfel) u. dgl. ernährten (darum die Mahlzähne) und eben nur **ab und zu** mit ihren im Vergleich zu heute primitiv anmutenden Jagdwaffen ein Tier erlegten und dann tierisches Eiweiß und noch viel wichtiger, weil wärmender, das tierische Fett verspeisten. Und genau in diesem »ab und zu« liegt das größte Geheimnis zu Gesundheit, Fitness und artgerechter Ernährung für uns Menschen. Selbst die berühmte Gletscherleiche »Ötzi« in den Südtiroler Alpen ergab bestätigende Hinweise in all diese Richtungen.

Ab und zu!

Durchlaufen wir die Evolution vom Steinzeit-Menschen in einem rasend schnellen Zeitraffer bis herauf zu unseren Großeltern (!!!), so haben/hatten Oma und Opa immer noch dasselbe Gebiss und denselben Verdauungsapparat wie die Gletschermumie. UND sie aßen – wenn's hoch herging – **einmal pro Woche Fleisch**, in der Regel am Sonntag. Während der Woche gab es … genau richtig geraten: pflanzliche Kost! Außer, deine Großeltern waren reiche Adelige. Dann hatten sie auch damals schon mehrmals pro Woche Fleisch und damit auch viele der heute als Wohlstandskrankheiten bekannten, im Folgenden noch detailliert behandelten, Probleme wie Gicht, Arthrose, Arteriosklerose, Diabetes usw. Also **Oma und Opa, nur zwei Generationen vor uns, ernährten sich noch artgerecht!** Was ist seitdem passiert?

Das große Protein-/Eiweiß-Verhängnis

Unsere Großeltern erlebten noch die Armut nach dem Zweiten Weltkrieg und die danach einsetzenden Wirtschaftsaufschwung. Man wollte und konnte sich nach all den Entbehrungen wieder etwas leisten, fuhr auf Urlaub, ein bis dahin nur den Reichen vorbehaltenes Erlebnis. Eine mobile Revolution setzte ein, das Auto erlaubte plötzlich, ganz andere Horizonte zu erkunden, es herrschte an allen Ecken und Enden Aufbruchsstimmung. Natürlich auch in der Nahrungsmittelherstellung und -industrie. Nach der Unterernährung der Kriegsjahre gab es nun endlich genug und Gutes wie Schmackhaftes zu essen. In diese Zeit fiel leider auch die Aussage eines Wissenschaftlers, dass tierisches Eiweiß von höherwertiger Qualität als pflanzliches Eiweiß sei. Eine fatale Aussage, die die Gesundheit und Ethik der westlichen Welt nachhaltig prägte. Und das negativ, wie kaum ein Sager eines Wissenschaftlers zuvor!

Wie wir heute wissen, wollte der gute Mann wissenschaftlich beweisen, dass tierisches Eiweiß (auch tierisches Protein genannt) unserem menschlichen Eiweiß strukturell viel näher, gleichwertiger sei und damit natürlich auch hochwertiger. Und ja, aus 100 g Eiweiß kann der Körper etwa im Bestfall, dem Ei, tatsächlich die vollen 100 g zu lebensnotwendigen Aminosäuren verwerten. Bei Fleisch gut 80 %, bei Gemüse 60 – 80 %, was im Umkehrschluss klarerweise bedeutet, dass ein gleich großes Stück Fleisch mehr Protein bietet als ein gleich großes Stück Gemüse. Stellt man die Portionen nicht nach Gewicht, sondern laut Kalorienmenge gegenüber, ist pflanzliches Eiweiß auf gleichem Niveau – kurzum: **Von Gemüse muss man mengenmäßig mehr essen, um die gleiche Aminosäuremenge zu bekommen, dafür tut man das wesentlich gesünder, weil vital- und ballaststoffreicher!**

Was aber war die Folge dieser Publikation der Hochwertigkeit tierischen Eiweißes? Die in ihrem Leben nach Wohlstand und Hochwertigkeit geradezu lechzenden Menschen fingen an, mehr Fleisch zu essen. Weil es ja anscheinend qualitätsvoller sei. Also, all die Jahrmillionen der Evolution waren Unsinn: Der Mensch muss ab sofort möglichst viel Fleisch essen! Glücklicherweise dachten unsere Vorfahren diesen Gedanken nicht ganz zu Ende, denn dann müssten wir nämlich wieder zum Kannibalismus zurückkehren. Weil unserem Eiweiß nicht nur so hochwertig-ähnlich, sondern genau gleich wäre natürlich das Eiweiß/Fleisch anderer Menschen. Opa fraß Oma aber Gott sei Dank nicht.

Was Opa aber tat, war, dass er die Massentierhaltung und industrielle Schlachtung und Verarbeitung der uns als Säugetiere durchaus evolutionär nahen Lebewesen startete. Hatte man davor Tiere durchaus artgerecht in kleinen Herden auf der Weide gehalten und sie in der Regel mit entsprechendem Respekt am Hof geschlachtet, so pferchte man sie nun in betonierte Stallungen, mästete sie schnellstmöglich zum Schlachtgewicht und brachte sie dem Großschlachthof zur Tötung und Zerlegung in ihre angeblich so hochwertigen Einzelteile. Heute im 21. Jahrhundert ist die Massentierhaltung und -schlachtung vor allem in den USA und der Europäischen Union auf einem dermaßen bestialischen Niveau angelangt, dass man sich als ganzheitlich denkender Mensch schämen muss, zu dieser zu verachtenden Spezies Mensch zu gehören. Beim täglichen Fastfood-Fleischlaibchen denkt aber ohnehin heute keiner mehr nach, sondern stopft nur dumpf in sich hinein.

Jetzt können sich zwar die auf verachtungswürdigste Art und Weise zum Eiweißlieferanten degradierten Lebewesen nicht direkt wehren, aber indirekt tun sie es sehr wohl. Ganzheitlich betrachtet verrecken wir ach so zivilisierten Menschen nämlich an den Folgen dieser allgemeinen Fleischmast jämmerlich. Die Mehrzahl unserer Wohlstandserkrankungen, an denen wir heute in der westlichen Welt leiden und sterben – und das qualvoll und bisweilen überaus unappetitlich – sind ganz maßgeblich auf unseren zu hohen Fleischkonsum (= Fett- und Eiweißkonsum) zurückzuführen. Darin sind sich Experten global einig. Letztlich macht es aber keinen Unterschied, woran der zum Fleischfresser mutierte moderne Mensch verreckt, am Fett oder eben am viel zu hohen tierischen Eiweißkonsum, der sich laut aktueller Forschung immer mehr als der wahre Killer herausstellt, weil er unseren Körper total übersäuert und diese **übernatürliche Säureflut vom Körper nur mehr auf Kosten von Wohlbefinden und Gesundheit abgepuffert**/neutralisiert werden kann.

1. Grundsatz zur ganzheitlichen, gesunden, kraftvollen Ernährung: »Meide Fleisch!«

Tierische Nahrungsmittel beinhalten im gravierenden Unterschied zu pflanzlichen Lebensmitteln dramatisch weniger Vitalstoffe. Aber genau diese Vitalstoffe sind es letztlich, um die es geht! Unser Körper braucht Vitalstoffe, nicht Burger, Steaks oder Würstchen.
Sieht man sich folgende Tabelle an, dann wird klar, weshalb:

Beispielhafte Inhalts-/Nährstoffzusammensetzung in Pflanzen* und tierischen Nahrungsmitteln**

(pro 500 kcal) Quelle: T. Colin Campbell, Thomas M. Campbell

Nährstoff	*pflanzlich*	*tierisch*
Cholesterin (mg)	0	137
Fett (g)	4	36
Protein (g)	33	34
Beta-Carotine (µg)	29.919	17
Ballaststoffe (g)	31	0
Vitamin C (mg)	293	4
Folsäure (µg)	1.168	19
Vitamin E (mg)	11	0,5
Eisen (mg)	20	2
Magnesium (mg)	548	51
Kalzium (mg)	545	252

* Gleiche Anteile von Tomaten, Spinat, Bohnen, Erbsen und Kartoffeln
** Gleiche Anteile von Rind-, Schweine- und Hühnerfleisch sowie Vollmilch

Nahrungsmittel tierischen Ursprungs sind nur haushoch »überlegen« beim ungesunden Cholesterin sowie beim nicht minder ungesunden Fett. Beides sollte der Mensch unbedingt meiden.

Vergleichbare Kalorienmengen tierischer und pflanzlicher Nahrungsmittel haben annähernd gleich viel des für unsere Ernährung natürlich wichtigen Eiweißes (Proteins). Ja, natürlich sind 500 kcal Grünzeug viel mehr Masse zum Wegfuttern als 500 kcal Steak. Darum essen Pflanzenfresser wie Pferde, Kühe und Co. einen Großteil des Tages. Menschliche Vegetarier und Veganer müssen gehörige Mengen an Gemüse und Obst essen – sofern sie sich richtig und gesund ernähren, was für beide Ernährungsformen jedoch absolut nicht automatisch gilt (siehe im Folgenden)!

Alle für die Gesundheit wirklich wichtigen Stoffe, wie Vitamine, Mineralstoffe, Spurenelemente, Antioxidantien, bieten tierische Nahrungsmittel in einem erschreckend geringen Ausmaß. Nochmals: Vor allem rotes Fleisch liefert ein Maximum an ungesundem Cholesterin und Fett, hat gleich viel Eiweiß wie Pflanzen bei gleicher Kalorienmenge, jedoch verschwindend wenige Vitalstoffe. Esoteriker würden jetzt nicht ganz zu unrecht sagen: Ja, man isst ja **mit dem Aas** auch etwas Totes, nämlich ein totes Tier. Ist halt so, ist deine Antwort, dazu war das Rind oder Schwein ja auf der Welt.

Seltsamerweise werden Europäer aber ganz rebellisch, wenn von Völkern die Rede ist, die Hunde essen. Und warum nicht? Was ist genau der Unterschied zwischen einem Hund und einem Schwein? Ich weiß, dein vierbeiniger Liebling ist ja so clever. Du wirst jetzt sicher nicht lesen wollen, dass Schweine noch viel intelligenter sind und ein Plus an Intelligenz wohl auch bedeutet, zumindest mehr von seiner (Massentierhaltungs-)Situation samt bestialischer Hinrichtung mitzubekommen, obwohl man Gefühle bei Tieren wissenschaftlich als eher unseriös betrachtet. Ebenso *wissenschaftlich* gesehen ist dein Hund leider auch nur dieselbe dumme Fressmaschine wie das Schwein deiner köstlichen Spareribs vom letzten BBQ. Aber keine Sorge, dies war nur ein drastischer Versuch, dir einen greifbaren Vergleich als Denkanstoß vorzuführen.

Zurück zum Thema: In der industriellen Massenschlachtung werden in riesigen Schlachthöfen die Tiere hingerichtet ohne jegliche Achtung vor deren Leben. (Aus ganzheitlicher Sicht ist es in höchstem Maße beklagenswert, dass EU-Politiker die früher übliche, viel »gesündere« und tierfreundlichere Bauernhofschlachtung verbieten.) Zu hunderten sind die Rinder, Schweine usw. aufgereiht, sehen zu oder wittern zumindest, wie ihre Artgenossen vor ihnen umgebracht, aufgehängt und zum Ausbluten aufgeschlitzt werden (wo dann etwa noch nicht geborene Kälber aus dem Mutterbauch fallen und halt irgendwie dann von Menschen erschlagen werden). Bist du dir sicher, dass dein über alles geliebter Hund – der noch dazu weniger Intelligenz hat wie das dort zur Hinrichtung anstehende Schwein – sich an dessen Stelle schwanzwedelnd »denken« würde, hey, das ist aber eine lustige Party, echt klasse Stimmung hier. Hoffentlich bin ich auch bald an der Reihe …

Völlig normal daher, dass die zur brutalen Tötung anstehenden Tiere in ihrer Panik alle **Stress- und Angsthormone** ausschütten in ihren letzten Stunden und Minuten. Bei den – unserer Ansicht nach so primitiven – Urvölkern, richtig, das sind die so bunt bemalten, barfüßigen Typen aus dem Urwald mit dem netten Lendenschurz und Speer … also bei diesen Völkern würde man so ein Fleisch unter keinen Umständen essen: Wird bei der Jagd das Beutetier z.B. aufgrund eines Zielfehlers nicht auf den ersten Schuss erlegt, sondern kann es in Todespanik noch fliehen, dann essen sie dieses Fleisch nicht mehr, seien Hunger und Appetit auch noch so groß. Das hat ihnen ihr Häuptling oder Medizinmann ausdrücklich verboten mit dem Hinweis, so ein Tier/Fleisch sei von bösen Geistern befallen und zerstöre den, der es isst. Diese für uns mitunter so zurückgeblieben wirkenden, primitiven Völker wissen vielleicht nicht die wissenschaftliche Erklärung hinter der Wahrheit des Medizinmannes, aber sie essen es nicht aus jahrtausende alter Tradition.

Jene Menschen aber, die in dunklen Nadelstreifanzügen und teuren Limousinen samt Chauffeur über unsere Gesundheit regieren, lassen uns nur mehr dieses Fleisch essen. Fleisch, das voll mit Stress- und Angsthormonen ist. Leider entsprechen die Angst- & Stresshormone des Rindes jenen des Menschen, weil beide Säugetiere sind. Sprich, mit jedem Fleischkonsum isst man Stresshormone, die in unserem Körper genauso wirken wie die körpereigenen, allen voran Cortisol. Würdest du freiwillig mehrmals täglich Pillen mit Angst-/Stresshormonen schlucken?

Die »positive« statistische Korrelation von Angstzuständen und Depressionen beim stark fleischessenden Menschen ist frappant. Von der Belastung des Industriefleisches mit **Antibiotika**, die den Tieren massenweise verabreicht werden, ganz zu schweigen. Diese Antibiotika gelangen über unser Essen in unseren Körper, produzieren dort unerwünschte, negative Symptome, und vor allem machen sie uns resistent gegen deren gewünschte Heilwirkung: Wenn wir dann einmal tatsächlich Antibiotika benötigen, wirken diese oft nicht mehr entsprechend, weil wir darauf durch unsere Fleischmast resistent sind.

Schon alleine aus diesem Grund, aus dieser dramatischen Erkenntnis heraus – und noch ganz abseits aller ethischer Bedenken über Massentierhaltung und -schlachtung – empfehlen wir aus ganzheitlicher Sicht, Fleisch von Säugetieren tendenziell zu meiden. Es ist unglaublich, welche versteckten Potenziale, geistigen Energien und Kräfte nach einigen Monaten des Verzichts und weitestgehender Reinigung des Körpers von jahrelang konsumierten Stresshormonen (wie etwa Cortisol) erwachen. Jeder, der viel Rind oder Schwein aus industrieller Haltung isst, lebt sein Leben im dunklen Keller seiner emotionalen, geistigen, körperlichen, sportlichen und beruflichen Möglichkeiten. Leider wissen das nur jene, die mit Fleischkonsum aufgehört haben. Und die berichten über gesundheitliche und mentale Verbesserungen, ähnlich wie starke Raucher, die ihr tägliches Giftlaster ein für alle Mal besiegen konnten.

Das Fleisch von industriell gezüchtetem Geflügel wie auch das von Fischen enthält neben den bereits angesprochenen Antibiotika ebenso Cortisol und macht den Konsum aus dieser Sicht nicht wirklich besser. Die angsthormonmäßig belastende Wirkung auf den Menschen scheint geringer, der Grund dafür könnte darin liegen, dass uns diese Tiere evolutionär nicht so nahe stehen wie Säugetiere, zu denen wir ja schließlich selbst gehören. Ernährungsphysiologisch sind Geflügel (ohne Haut) und Fisch insofern sehr wohl zu bevorzugen, als sie etwa im Vergleich zu Schweinefleisch weniger Fett haben. Die Omega-

3-Fettsäuren in Fischen helfen, die Omega-6-3-Balance positiv zu beeinflussen, zumal in fleischbetonter Ernährung der Anteil an Omega-6-Fettsäuren deutlich zu hoch ist.

Diese Abhandlung dient nicht dem Zweck, Menschen zu Veganern zu erziehen, selbst wenn wir sie aus moralischen Gründen gerne davon überzeugen würden. Wir sehen es allerdings als unsere Aufgabe, dir als Sportler aufzuzeigen, was du tun kannst, um dich zu verbessern. Wie du dich ernähren sollst, um deine maximale Leistung erbringen zu können. Darum sei hier mit höchstem Respekt erwähnt, dass Geflügel und Fisch aus artgerechter biologischer Haltung bzw. Wildfang zweifelsfrei dem roten Fleisch von Schwein, Lamm und Rind vorzuziehen ist.

Unser ganzheitlicher Ernährungs-Tipp:

Kehre zurück zu der Ernährung, die jahrtausendelang für uns Menschen artgerecht und richtig war. Ernähre dich weitestgehend von pflanzlichen Lebensmitteln, iss Fleisch maximal 1- bis 2-mal pro Woche. Bevorzuge dabei vor allem Fisch anstelle Fleisch von Säugetieren (falls du es nicht schaffst, es gänzlich wegzulassen), ausgenommen du kennst einen treffsicheren Jäger, der dir Wildfleisch (Reh, Hirsch) aus freier Natur (mit artgerechtem Kräuter-Futter) anbieten kann. Dieses ist relativ betrachtet das »gesündeste« rote Fleisch aufgrund des guten Verhältnisses von Omega-6- zu Omega-3-Fettsäuren. Ein geschossenes Reh weist keine Hormonbelastung auf, da es Sekundenbruchteile vor seinem gewaltsamen Ableben noch keinen Verdacht vom nahen Ende hatte. Für Wild aus Gehegehaltung mit anschließender Massenschlachtung gilt sinngemäß Gleiches wie bei Rind, Schwein, Lamm etc. Bevorzuge frischen Fisch auch anstelle Geflügelfleisch.

Übrigens: Täglich 100 g mehr an »rotem« Fleisch von Rind, Schwein oder Lamm erhöht das Risiko für Dickdarmkrebs um 49 %, wogegen 100 g mehr frischer Fisch das Risiko halbiert!

2. Ganzheitlicher Grundsatz: »Iss nicht mehr als 10 % bis maximal 15 % Protein – und davon so viel wie möglich pflanzlich.«

Klingt kompliziert, ist es aber in Wahrheit nicht. Doch schauen wir uns zum besseren Verständnis einmal an, wie das mit der Eiweißaufnahme in unserem Organismus überhaupt funktioniert: Dein Körper braucht nämlich kein Eiweiß (oder Protein genannt) an sich, sondern die Aminosäuren, welche er aus Protein herauslösen kann. Ja, das ist ein ganz gewaltiger Unterschied, wie du nun gleich lesen wirst!

Eiweiß oder Protein ist eine chemische Verkettung bestimmter Aminosäuren, also von Eiweißbausteinen. Nun benötigt jeder Körper sein ganz bestimmtes körpereigenes Eiweiß. Jede Spezies von Lebewesen ist unterschiedlich, aber auch jedes Lebewesen an sich. Das heißt, du hast ein anderes Körperprotein wie dein Hund, aber auch ein anderes als ich, und ich bin ein Mensch.

Das Eiweiß, das du isst, zerlegt also dein Körper in dessen Bestandteile, die schon erwähnten Aminosäuren, und baut sich daraus sein Körpereiweiß zusammen, wie er es genau heute und jetzt benötigt. Heute warst du intensiv trainieren im Gym und danach laufen, also braucht dein Körper eine andere Proteinzusammensetzung als morgen, an deinem Ruhetag. Natürlich ist unser Körpereiweiß dem anderer Säugetiere viel ähnlicher als etwa dem von Krebsen. Daher auch diese oben ausführlich beschriebene Aussage zur Hochwertigkeit, die den extremen Fleischkonsum unserer modernen Ernährung auslöste.

Grundsätzlich gibt es etwa 20 (proteinogene) Aminosäuren, wobei acht davon als essenziell bezeichnet werden, was wiederum bedeutet, dass sie der Körper nicht selbst herstellen kann, sondern ihm als Bestandteil der Nahrung zugeführt werden müssen. Alle essenziellen Aminosäuren kommen auch in Pflanzen vor. Es gibt also aus dieser Warte **keinen triftigen Grund, Fleisch essen zu müssen**. Es ist aber richtig, dass Menschen, die auf tierisches Protein verzichten, bei sehr einseitiger Ernährung einen Mangel an der einen oder anderen Aminosäure haben könnten. Dem gegenüber steht jedoch der Fleischesser, der im

Vergleich zum Vegetarier jedenfalls gewiss gleich eine Vielzahl von Mankos an allen Vitaminen (außer vielleicht B12) sowie den meisten Mineralstoffen und Spurenelementen haben wird. Selbst ein Minus an Aminosäuren ist absolut nicht auszuschließen. Dein täglicher Lieblingsburger ist damit sogar aminosäuremäßig nur Ernährungsmüll. Für unseren Körper spielt es letztlich keine bedeutende Rolle, ob er Aminosäuren aus Eiweiß oder gleich die separierten Aminosäuren bekommt.

Das bedeutet, dass man Aminosäuren durchaus auch gut als Nahrungsergänzungsmittel zuführen kann. Aus Sicht des Sportlers ist zu empfehlen, einen möglichst geringen Anteil von 10 % der täglichen Gesamtkalorienmenge mittels Protein nicht zu überschreiten und statt dessen in den Jahren der sportlichen Karriere ein kombiniertes Nahrungsergänzungsmittel (Aminosäuren-Komplex) einzunehmen, um den durch die sportliche Belastung erhöhten Bedarf an Aminosäuren nicht nur abzudecken, sondern einen gesunden Überfluss an diesen zu erreichen.

»Gesund« deshalb, weil ein zu hoher Eiweißkonsum in Form von Fleisch oder Milchprodukten gesundheitliche Langzeitfolgen haben wird, die isolierte Zuführung von Aminosäuren jedoch als unbedenklich zu bewerten ist. Wie bereits eingangs erwähnt, ist es auch und vor allem das rote Fleisch, das unsere Wohlstandserkrankungen (Arterienverkalkung, Herzerkrankungen, Schlaganfall, Diabetes und vor allem Krebs) ganz dramatisch in die Höhe schnellen lässt. Im Verhältnis zur Gesamtkalorienmenge bedarf es übrigens lediglich 5-6 % Nahrungseiweiß, um die vom Körper ausgeschiedenen Aminosäuren zu ersetzen. Passionierte Fastfoodler und menschliche Fleischtiger schaffen bis zu 30 %, bevor sie mit 45 Jahren zuckerkranke, herzleidende Krebspatienten werden.

Aminosäuren als Nährstoffe beeinflussen direkt unsere Leistungsfähigkeit und unsere Power, daher ist natürlich deren qualitatives Zuführen wichtig, ihre Menge wird jedoch quantitativ häufig überschätzt.

Bei Aminosäuren spielt die Qualität der Eiweißquelle eine höhere Rolle als deren Quantität.

Thema Eier

Lange Zeit galt die Ansicht, dass Eier aufgrund ihres hohen Cholesteringehalts regelrechte Cholesterinbomben wären und damit schlecht für die Gesundheit. Mittlerweile relativierten Ernährungswissenschaftler diese Annahme, denn neben der tatsächlich recht hohen Cholesterinmenge – ein Ei enthält 206 mg Cholesterin (Tagesbedarf maximal 300 mg) – liefert das Ei auch viel Lezithin. Und dieser Stoff bremst die Cholesterinaufnahme im Körper und wirkt so als natürlicher Regulator.

Nach dem heutigen Wissensstand bleibt der Cholesterinspiegel beim Verzehr von Eiern im Rahmen einer ausgewogenen Ernährung bei den meisten Menschen konstant. Studien stellten keinen Zusammenhang zwischen einem regelmäßigen Eierkonsum (bis zu sechs Eier pro Woche) und einer Herzerkrankung fest.

Aus ganzheitlicher Sicht ist das Ei für uns Menschen wohl DAS **Lebensmittel** tierischer Herkunft schlechthin, der Rest tierischer Produkte fällt bestenfalls unter **Nahrungsmittel**. Ein Ei enthält definitionsgemäß das höchstwertige Eiweiß überhaupt mit allen acht essenziellen Aminosäuren in perfekter Balance. Darüber hinaus bietet es Vitamin A, D, E, K, B12 und Eisen.

Wenn du dann noch zum vernünftigen Konsum von Eiern aus Bio- oder Freilandhaltung so viel wie möglich Proteine in pflanzlicher Form zu dir nimmst, bist du in puncto Proteine/Aminosäuren bestens versorgt. Neben dem Ei sind wahre Amino-Bomben Hülsenfrüchte (Kichererbsen, Linsen, Bohnen, Soja) oder Nüsse (nicht die gesalzenen Knabbereien, sondern ungesalzene Nüsse konsumieren!), Vollkorngetreide, Sonnenblumenkerne, Sesam, Kartoffeln, Bananen, Sprossen usw.

Natürlich gibt es Tabellen und Aufstellungen, in welcher Frucht wieviel drinnen ist. Unserer Meinung nach ist das letztlich von wenig Belang, wenn du den Hauptgrundsatz unserer Ernährung befolgst:

Iss so viel wie möglich pflanzliche Kost und das nicht einseitig!
Iss einfach alles, was pflanzlichen Ursprungs ist.

3. Grundsatz gesunder Ernährung: »Iss 65-70 % deiner Gesamtkalorienmenge als Kohlenhydrate und 20-25 % Fett.«

Wir hatten schon definiert, dass wir nur 10 % (schlechtestenfalls 15 %) unser gesamten Nahrungsmenge hinsichtlich der Kalorien in Form von Eiweiß zu uns nehmen wollten. Die verbleibenden 85-90 % teilen wir auf in: 65-70 % Kohlenhydrate und den Rest in gute Fette.

Aber Kohlenhydrate machen ja dick und fett, hast du schon einmal gehört? Ja, das stimmt schon, ist aber auch wiederum nur der Teil der Wahrheit, den dir dein Industriefleischer offeriert, damit du sein Fleisch kaufst. »Low Carb« nennt sich daher ein immer wiederkehrender Ernährungstrend, der wenig Kohlenhydrate und viel Protein empfiehlt. Unserer ganzheitlichen Sichtweise zufolge der todsichere Weg in langfristiges Siechtum, Krankheit und allzu frühes Dahinscheiden. Leider rebelliert unser Körper bei ernährungstechnischen Fehlern meist erst, wenn es zu spät ist, wenn schon irreversible Gesundheitsschäden eingetreten sind, etwa durch einen zu maßlosen Fleischkonsum.

Vollwertige Kohlenhydrate – ganz vereinfacht ausgedrückt alles Pflanzliche – kann man nicht genug essen. Bitte das Wort »vollwertige« aber nicht weglassen. **Mit allen Gemüsen, Obst und vollwertigen Getreideprodukten wird man sich kaum fett essen.** Denke nur an einen Apfel: eine große Frucht, viel zu essen, super viel Ballaststoffe, Vitamine, Mineralstoffe, Spurenelemente, dafür aber hat der Apfel kaum Kalorien, kein Fett, kein Cholesterin usw.

Raffinierte Kohlenhydrate, wie etwa weißes Mehl für Weißbrot oder Pasta sowie Zucker, sind – ganzheitlich betrachtet – durch ihre Verarbeitung so tot, wie das Fleisch toter Tiere. Zu Tode raffiniert hinsichtlich ihrer Vitalstoffe und befreit von Ballaststoffen, lassen sie unseren Körper wie das tierische Protein total übersäuern. Und alles, was an Energie nicht verbrannt wird, legt der Körper in Fett- und Schlackendepots ab. Daher das Vorurteil, dass Kohlenhydrate fett machen. Aber mit Kohlenhydraten meinen wir auch etwas anderes als weiße Brötchen, matschig gekochte Nudeln, Fertigpüree, Fertigpizza, Pommes, Zucker, Süßigkeiten und Co.

Kohlenhydrate sind für uns alle Obst- und Gemüsesorten, Vollwert-Getreide (wo nicht nur der tote und dick machende Stärketeil vermahlen wurde, sondern auch der vitalstoffreiche Keim und die ballaststoffreiche Schale) samt Ballaststoffen. An frisch gekochten Kartoffeln mit Petersilie, an Vollkorn-Wildreis mit Spargel, an einer Gemüsepfanne mit Kräutern isst man sich genauso wenig fett wie an Äpfeln, Weintrauben, Beeren und Co. An synthetisch hergestelltem Kartoffelpüree, in Massen in billigstem Öl produzierten Pommes Frites oder übersalzenem Knabbergebäck sehr wohl.

Fette und damit auch Öle werden heute von der Nahrungsmittelindustrie und den dazugehörigen Lobbys – zu denen durchaus auch Mediziner und Ernährungsberater gehören – primär für unsere Gesundheits-/Ernährungsproblematik verantwortlich gemacht. Klar, einen Schuldigen braucht es. Und am besten einen, der einem marketingpolitisch in den Kram passt. Es ist einfach, Fleisch fettarm zu produzieren oder zumindest zu fettarmer Wurst zu verarbeiten. Proteinarm noch dazu geht aber nicht, weil ohne Protein vom saftigen Braten außer Wasser nichts mehr übrig bleibt. Also ist Fett verantwortlich für unsere allgemeinen Cholesterinprobleme, und damit basta! Dass die meisten Menschen ihren viel zu hohen Cholesterinspiegel in Wahrheit von einem übermäßigen Fleischkonsum an sich haben – das passt gar nicht in den Kram der weltweit agierenden Fleischproduzenten. Daher versucht man scheinheilig, seine Produkte fettarm zu machen. »Light«, das Wort an sich klingt ja werblich schon toll. Fast wie »erleuchtet«. Dabei verbirgt sich hinter light meist ganz und gar nicht gesund oder healthy.

Urmenschen hatten es – so weiß man heute mit Gewissheit – bei der Jagd nach Beutetieren eher auf deren Fett abgesehen als auf deren Muskelfleisch. Tierisches Fett und pflanzliches Öl waren früher viel wertvoller als rotes Muskelfleisch. Besonders in den Eiszeiten lieferte Fett überhaupt erst die Basis zum Überleben. Ohne Fett zu konsumieren wären die Menschen in dieser kalten, heizungslosen Zeit ausgestorben. Das heißt, das Mamut wurde früher gejagt und getötet, um mit dessen überaus energiereichem Fett Brennstoff im Sinne von Nahrung zu haben, was den Körper von innen heraus wärmte.

Das Muskelfleisch überließ man lieber den Geiern und Hyänen. Der massive Brennwert von Fett führt heute freilich dazu, dass man allzu schnell allzu viel davon erwischt. Vor allem von **versteckten Fetten**, wie sie im modernen Fast- und Convenience-Food viel mehr vorkommen, als nötig und vor allem für den Konsumenten sichtbar. Wer liest schon die Inhaltsstoffe-/Brennwerttabellen in Mini-Schrift auf der Verpackungsrückseite? Fett ist ein extrem guter Geschmacksträger, weshalb selbst Spitzenköche Unmengen von Butter und Sahne in beinahe jedes Gericht schummeln. Weil es dann einfach nach viel mehr schmeckt. Nichts anderes tun die Nahrungsmittelkonzerne, wobei sie in die Fertigprodukte auch gleich jenes Fett wieder reinmischen, das sie für den fettarmen Light-Schinken vorher weggeschnitten haben. Man wird ja doch nicht wirklich glauben, dass hier etwas weggeworfen wird. Daher bekommst du über dein Fertigprodukt das Fett wieder untergejubelt und bist auch noch ganz überrascht, dass die neue original italienische Steinofen-Tiefkühlpizza so lecker schmeckt. Ja, so kann man es mit unmündigen Konsumenten praktizieren, zu denen wir uns heute degradieren (lassen).

Drehe daher ab nun die Tiefkühlpizza-, die Backrohr-Potatoe-Wedges- und ähnliche Convenience-Food-Verpackung tunlichst um und lies, was da unter Fette an Brennwert = Kalorien steht. Und dann legst du das Stück im Supermarkt am besten gleich wieder ins Tiefkühlregal zurück. Wer selbst kocht und sich damit artgerecht, sinnvoll und gesund ernähren kann, der braucht Fette und Öle weder fürchten noch scheuen. Das Oliven-Öl »extra vergine«, das kaltgepresste Rapsöl, selbst die ayurvedische Ghee (aus Butter hergestelltes, eiweißloses Schmalz), die Omega-3-Fettsäuren guter Fische (am gesündesten sind Fische je kälter das Wasser war, in dem sie lebten) oder von Wildfleisch ... – ganzheitlich gesehen gibt es typenmäßig viel mehr Fette und Öle, die uns gut tun zum Unterschied zu tierischen, die uns schaden.

4. Grundsatz: »Meide Milch und Milchprodukte!«

Muttermilch ist das wertvollste Lebensmittel für ein Baby, aber dass es kein geeignetes Nahrungsmittel für einen erwachsenen Menschen ist, soviel sind wir uns einig. Warum sollte es Kuhmilch, das Lebensmittel für Kälber, dann sein? Oft ist von Laktose-Intoleranz die Rede, einer Unverträglichkeit auf den Milchzucker. In Wahrheit hätte jeder Mensch nach dem Säuglingsalter eine Milch-Abneigung. Mütter erzählen oft, dass sich ihr Baby nach dem Abstillen weigert, den ersatzmäßigen Milch-Grießbrei zu essen. Ganz klar, denn eigentlich würde der kleine Mensch instinktiv aufhören, Milch zu trinken, wie jedes Tier auch. Einfach weil die körpereigene Produktion des zum Verdauen von Milchzucker nötigen Enzyms Laktase abnimmt bzw. stoppt. Wenn ein Pferdefohlen dem Säuglingsalter entwachsen ist, lässt es (Mutter-) Milch für immer bleiben. Wie jede andere Spezies der Säugetiere von Natur aus auch, nicht so der Mensch. Er hält dem Kleinstkind solange den Milchbrei unter die Nase, bis das Kind mangels Alternativen wieder davon isst. Es will ja nicht freiwillig verhungern! Reden kann es noch nicht, und eine Artikulation mit Ausspucken führte nur dazu, dass ein noch vollerer Milchbreilöffel mit Nachdruck in den Mund gekippt wird. So gewöhnen wir unseren Nachwuchs an eine der größten Ernährungsunarten: Nämlich die **Muttermilch einer anderen Spezies zu trinken**, wenn die Quelle der leiblichen Mutter versiegt ist.

Kleinkindern sollten frühestens erst ab dem ersten Lebensjahr Kuhmilch zu sich nehmen, unserer Meinung am besten gar nicht.

Milch ist in erster Linie völlig unnötige Fettnahrung: Kuhmilch ist eine Lösung aus Fett in Wasser mit überschätzten Vitalstoffen, die man über Pflanzen viel besser und bioverfügbarer bekommen kann. Der fettreduzierte Fruchtjoghurt hat doch nur 0,1 % Fett, sagst du? Kann sein, dafür Unmengen von Zucker und künstlichen Aromastoffen. Auch Käse ist in Wahrheit tierisches Fett. Ebenso wird der Effekt, wonach »Milch starke Knochen macht« von vielen Ernährungsexperten weltweit zum Teil sehr kontroversiell und kritisch diskutiert. Es ist davon auszugehen, dass Ursachen für Mineralstoffmangelkrankheiten wie Osteoporose nicht in einer zu geringen Kalziumaufnahme oder gar einem zu geringen Milchkonsum liegen, sondern in einer stark säureüberschüssigen Ernährungs- und Lebensweise – zu der Milch und Milchprodukte ganz an vorderster Front beitragen.

Wer sich eine **Extraportion Kalzium** gönnen will, der tue dies besser über (dunkel-)grüne Gemüse, Nüsse, Sesam, Hülsenfrüchte oder auch Beerenfrüchte. Und wenn schon Milch, dann Ziegenmilch, denn diese bietet eine besser verwertbare Kalziumverbindung. Aber wie schon erwähnt, besteht Milch im Wesentlichen aus in Wasser gelöstem Fett. Mittlerweile gibt es auch hervorragende Mandel-, Hafer- oder Reismilch zu kaufen, die unserer Meinung nach z.B. im morgendlichen Müsli- oder Haferflocken-/-kleiebrei die bessere Alternative zur verschleimenden Kuhmilch darstellt, weil frei von tierischem Fett und tierischem Protein. Die hinsichtlich Geschmack und Konsistenz der Kuhmilch am nächsten kommende Sojamilch enthält Phytoöstrogene (hormonähnliche Wirksubstanzen) und Harnsäure bildende Purine. Daher Sojamilch nicht in übertriebenen Mengen konsumieren.

ACHTUNG: Leider sind viele dieser alternativ-pflanzlichen Produkte, die in vielen Ländern aus rechtlichen Gründen nicht als Milch, sondern als »Drink« bezeichnet werden müssen, auch mit künstlichen Aromastoffen und gar Zucker versetzt. Bitte auf der Verpackung nachlesen!

Der große Erfolg des Werbefeldzuges für die Kuhmilch führt wiederum zu extremen Auswüchsen in der Milchproduktion, d.h. Massentierhaltung, Hormoneinsatz für mehr Milchleistung, hoher Medikamenteneinsatz bei der Kuh mit entsprechenden Rückständen davon in der Milch usw. Ebenfalls ein sehr bedenklicher Aspekt rund um die angeblich so gesunde Kuhmilch.

Unsere tendenzielle Ablehnung der Milch trifft auch auf eine Minimierung von Milchprodukten in der Ernährung zu. Diese bestehen wie erwähnt primär aus Fett, nicht wirklich »nebenwirkungsfreiem« Eiweiß sowie Kalzium, das wir möglicherweise gar nicht gut aufnehmen können und kaum guten Vitalstoffen.

Bemerkenswerterweise essen die meisten Vegetarier aus moralischen Gründen anstatt Fleisch oft viel Käse, bedenken dabei jedoch nicht, dass zur Produktion von Käse das Labferment benötigt wird. Und dieses entstammt dem Magen getöteter Kälber. Daher ist Käse tierschutzmäßig dem Kalbfleisch gleichzusetzen, das sei am Rande bemerkt.

Kurzum: Wenn du bisher geglaubt hast, mit Milch tust du deinem Körper und damit deiner Fitness etwas Gutes, dann müssen wir dich ganzheitlich leider auf den Boden der Realität herunterbringen. Joghurt ist Milch, deren Milchzucker (Laktose) von Bakterien in Milchsäure umgewandelt wurde. Deshalb ist zumindest dieser uns negativ belastende Faktor weg. Schenkt man den Werbeaussagen der Molkereien Glauben, gibt es nichts Wichtigeres, als täglich Bakterienstämme rechtsdrehender Milchsäurejoghurts zu löffeln, um unsere Verdauung zu unterstützen. Dass unsere Darmflora Tausende von Jahren vor der Erfindung von Joghurt funktionieren konnte, scheint angesichts der Appelle der Industrie geradezu als Wunder. Schau dir bei deinem Lieblings-Fruchtjoghurt an, welche Unmenge an Zucker möglicherweise enthalten ist. Nährwertangaben zeigen gut und gerne 24 g Zucker pro 100 g Fruchtjoghurt an. Ein Würfel Zucker hat ca. 3 g – zur Orientierung!

Natürlich »verbieten« wir dir keine Milchprodukte, aber konsumiere sie mit Bedacht und zum Genuss und nicht zur vermeintlichen Erhaltung oder Verbesserung deiner Gesundheit.

5. Grundsatz: »Meide Industriezucker!«

Eine weitere unserer Empfehlungen, was du aus ganzheitlicher Sicht aus deinem Leben verbannen oder zumindest auf ein Minimum des Genusses reduzieren sollst und was wir als absolutes No-Go betrachten, ist der weiße Industriezucker.

Zucker an sich ist für uns lebensnotwendig, für unsere Leistungsfähigkeit genauso, wie für unsere Zellen. Das Problem ist nur, Zucker ist nicht gleich Zucker! Der raffinierte, nur mehr picksüße Industriezucker hat mit dem natürlichen Zucker, den unser Körper zum perfekten Funktionieren unbedingt braucht, leider fast nur noch eines gemein: missverständlicherweise den gleichen Namen.

Grundsätzlich braucht der Körper zur Verstoffwechslung von Zucker (auch des guten) Vitalstoffe. Also jeder Zucker entzieht uns Mineralstoffe, Spurenelemente, Vitamine und Co. Artgerecht würden wir jedoch nur Zucker über Gemüse und reife Früchte, aufnehmen, so wär's von der Evolution geplant. Und diese – wie genial doch die Natur wäre, würden wir ihr nicht ständig entgegenarbeiten – haben nun all diese Vitalstoffe mit an Bord. Denke nur an einen Apfel: Dieser beinhaltet nicht nur den für uns lebenswichtigen Zucker, sondern auch alle Vitalstoffe, die der Körper zusätzlich benötigt, um diese Fructose (Fruchtzucker) aufzuspalten und zu verarbeiten. Schon erstaunlich, oder?

Was machen wir? Wir raffinieren Zucker (egal ob aus Zuckerrohr, Zuckerrüben usw.) so lange, bis keine Vitalstoffe mehr enthalten sind, sondern nur mehr die abstrakte Süße, und diese in einem unglaublich hohen, konzentrierten Maß. Isst du nun anstatt des Apfels ein Zuckerstück, hast du nicht nur eine im Vergleich zu Obst riesige Menge Zucker konzentriert und binnen Sekunden zugeführt, sondern du entziehst damit deinem Körper automatisch zur Verdauung dieses Zuckers benötigte Vitalstoffe. Du löst umgehend einen Vitalstoffraub aus, du vergeudest lebensnotwendige Mineralstoffe, Spurenelemente, Vitamine usw. Mit jedem Stück Zucker und leider auch mit dem als schnellem Energiespender angepriesenen »sportlichen« Traubenzucker, selbst wenn diesem Vitalstoffe zugesetzt sein mögen. Es sind nur leider nicht die, um die es ganzheitlich geht.

In einer Dose deiner Lieblingslimonade sind bis zu zehn Zuckerstücke, bei den derzeit so trendigen Mineralwässern mit Aroma sieht es inhaltlich oft auch nicht viel gesünder aus. Ja, du hast richtig gelesen. Mit jedem Schluck entziehst du deinem Körper bereits Vitalstoffe, mit jedem getrunkenen Liter so viele, wie du sie nicht mehr aufholen kannst, auch für den Fall, dass du den ganzen restlichen Tag nur mehr Obst und Gemüse in rauen Mengen zu dir nimmst. In welches Vitalstoff-Desaster du deinen Körper führst, wenn du dir bei jeder Gelegenheit eine Dose Limo reinschießt, kannst du dir vielleicht nun ansatzweise

Raffinierter Industriezucker verursacht Vitalstoffmankos.

vorstellen. Du trinkst ab nun nur mehr die Light-Variante, meinst du? Okay, das Thema Zucker ist dann zwar aus der Welt, viel gesünder werden die Chemielimos dennoch nicht. Diese synthetischen (säurehältigen) Drinks sollte man, wie Süßigkeiten auch, so konsumieren, wie sie von den Herstellern ursprünglich gedacht waren: als Genussmittel, die schon mal eine Sünde wert sind, jedoch nicht als unverzichtbarer Bestandteil der 5-mal täglichen Ernährung.

Abgesehen von diesem unüberschaubaren Vitalstoffmangel gelangt der raffinierte Zucker (gleichgültig ob weißer oder brauner Rohrzucker, Unterschiede sind hier eher im Geschmack) viel zu schnell ins Blut. Bis der Zucker vom Apfel im Blut ist, dauert es schon einige Zeit. Wenn du den Zuckerwürfel im Mund zergehen lässt und schluckst, kommt es binnen kürzester Zeit zu einem extremen Reiz der Bauchspeicheldrüse, die nun **Insulin** – ein Hormon, das den **Blutzuckerspiegel** reguliert und uns vor zu viel Zucker im Blut bewahrt – ausschüttet, um die Zellen für die Aufnahme des Blutzuckers zu öffnen. Insulin wird sofort und in hohem Maße freigesetzt und nicht langsam und kleinweise wie z.B. bei unserem Apfel. Für unsere Bauchspeicheldrüse ist jede dieser Zuckerattacken gleich einem Peitschenschlag. Ohne Vorwarnung muss sie wie verrückt Insulin produzieren und ausschütten. Und irgendwann, später oder eher früher, wird dir deine Bauchspeicheldrüse sagen: »*Mein lieber Zuckerfreund, es reicht! Ich mag nicht mehr. Nimm' dir dein Insulin, woher du willst, aber ich produziere dir keines mehr!*« Ab dann wirst du das Insulin in Form von Injektionen von außen zuführen, du bist jetzt **Diabetiker** Typ 2, gratuliere Sweetheart!

6. Grundsatz: »Meide raffinierten Weizen!«

Wie raffinierter Zucker Gift ist, so verfügt auch raffiniertes Weizenmehl über keine Vitalstoffe und keine ganzheitliche Lebendigkeit mehr, sondern ist nur ein schädliches Mastfutter. Auch hier bleibt nach der Verstoffwechselung ein massiver Vitalstoffmangel übrig.

Immer mehr Menschen klagen heute über Gluten-Unverträglichkeit (Zöliakie), bei welcher Gluten (das Klebereiweiß von Weizen, Roggen und Dinkel) eine entzündliche Reaktion im Dünndarm auslöst (typische Anzeichen hierfür sind Blähungen, Übelkeit, Appetitlosigkeit, Durchfall). Für Gesunde ist Gluten grundsätzlich ungefährlich und unbedenklich. Das heißt aber nicht, dass eine weitgehend glutenarme Ernährung dir nicht viel besser bekommen würde. Erfahrungen unserer READY TO WIN™-Coaches haben gezeigt, dass glutenfreies Gebäck »weniger schwer im Magen liegt« und von vielen Sportlern als bekömmlicher eingestuft wird. Gerade am Wettkampftag ideal, da man mit einer unbeschwerten Verdauung mehr Blut und Energie für die sportliche Muskel- und Hirnarbeit verfügbar hat.

Bei **Gluten-Unverträglichkeit** musst du auf Weizen & Co. ohnehin verzichten, aber auch als gesundheitsbewusster Sportler reduziere deinen Weizenkonsum auf das Genussmaß. Es gibt auch besonders leckere Vollkornbrote glutenfrei aus Mais, Reis, Buchweizen usw. Eine empfehlenswerte, weil verträglichere und noch dazu vitalstoffreichere Alternative zu Weizen ist der Dinkel, idealerweise auch wieder vollkornig verwendet. In Dinkel sind nicht nur mehr Mineralien, Spurenelemente und Vitamine (allen voran Vitamin B), er verfügt auch über einen mengenmäßig höheren Anteil an allen acht essentiellen Aminosäuren als Weizen. Dinkel an sich ist – sofern er nicht schon mit industriell hochgezüchtetem und glutenreichem Weizen gekreuzt wurde – glutenärmer, aber nicht glutenfrei. Es bleibt zu hoffen, dass dieses Getreide noch lange möglichst natürlich angebaut wird.

7. Grundsatz: »Meide chemische Zusatzstoffe!«

Glutamat oder genauer Glutaminsäure ist ein Baustein der Proteine, also des Körpereiweißes. Glutamat ist einer der wichtigsten erregenden Neurotransmitter in unserem zentralen Nervensystem. Die Glutaminsäure und deren Salze (Kennzeichnungsnummern für Lebensmittelzusatzstoffe E620-625), dem Essen beigemengt, aktivieren und sensibilisieren die Geschmackspapillen im Mund und täuschen somit mehr Geschmack vor. Glutamate werden für Asthma, Migräne und viele allergischen Reaktionen verantwortlich gemacht, finden aber leider in vielen modernen Fertignahrungsmitteln und in der asiatischen Küche

Verwendung, vielleicht ist dir daher auch der Begriff des »China-Restaurant-Syndroms« bekannt.

Geschmacksverstärker sind nicht zu verwechseln mit Gewürzen, die selbst einen Geschmack machen, und nicht nur ein bereits vorhandenes Aroma verstärken. Die Nahrungsmittelindustrie schüttet nun massenweise Glutamate in unser Futter, spart so an den wesentlich teureren natürlichen Gewürzen und Kräutern und stimuliert gleichzeitig ein künstliches Hungergefühl im Gehirn. Ohne Glutamate wären die meisten Conveniencefood-/Fertiggerichte wahrscheinlich ungenießbar oder zumindest geschmacklich eine fade Mehlpampe. In der Regel werden Natrium-, Kalium- oder Kalziumglutamat verwendet, die in einem gesundheitsbewusst denkenden Land wie Schweden verboten sind! Wenngleich in Studien nicht bewiesen, so verdächtigen viele Gesundheits- und Ernährungsexperten die Glutamate, dass sie neurodegenerative Erkrankungen (Alzheimer, Parkinson, Multiple Sklerose) fördern könnten, auch bei Prostatakrebs wird eine Wechselwirkung zu Glutamaten aktuell in Studien untersucht.

Chemische Zusatzstoffe gehören nicht in das Essen von gesundheitsbewussten Sportlern.

Dieselbe kritische Einstellung muss auch Farb- und Konservierungsstoffen gegenüber gelten. **Farbstoffe** wirken verlockend, lösen im Gehirn Schlüsselreize aus und beeinflussen so unser Kaufverhalten. Abgesehen von dieser Sinnestäuschung haben künstliche Farbstoffe allergisierendes Potenzial (E102, E122, E123 und E127 meiden!!!).

Konservierungsstoffe verzögern den mikrobiologischen Verderb von Lebensmitteln. So wichtig diese Funktion ist, so ungesund können auch ihre Nebenwirkungen sein. Große Mengen gesundheitsschädigender Konservierungsstoffe finden sich in Wurstwaren, Fischerzeugnissen, Saucen, Konserven usw. Menschen, die unter Asthma, Allergien oder Migräne leiden sollten jedenfalls E210-228, E235, E250-252 vermeiden und frische Nahrungsmittel bevorzugen.

Entwickle daher beim Einkaufen eine gesunde Sensibilität und achte verstärkt auf unerwünschte E-Nummern.

8. Grundregel: »Optimiere deinen Salzkonsum!«

Salz bzw. die darin enthaltenen Elemente Natrium und Chlorid sind zusammen mit Kalium (Bananen, Marillen usw.) als natürlichem Gegenspieler hauptverantwortlich für unseren Wasserhaushalt. Also Salz an sich ist lebensnotwendig und damit überaus wertvoll! Ein dramatisches, gesundheitliches Problem besteht heutzutage jedoch darin, dass wir vor allem durch massiven Salzgehalt von Convenience-Food und Fertiggerichten (Wurst, Tiefkühlpizza, Konserven, Knabbergebäck usw.) viel zu viel vom »weißen Gold« zu uns nehmen. Ein Übermaß an Salz speichert Wasser im Körper anstatt es reinigend fließen zu lassen, erhöht den Blutdruck und raubt Mineralstoffe. Also eine Optimierung des persönlichen Salzkonsums führt zuallererst über eine **quantitative Reduktion**. Sogar wenn man selbst frisch kocht, lässt sich der Salzbedarf einer Speise bedeutend verringern, indem man nicht schon früh während des Kochens salzt, sondern erst ganz am Schluss oder sogar bei Tisch, nachdem bereits serviert wurde. So braucht ein köstlicher Geschmack wesentlich weniger Natriumchlorid, sprich Kochsalz. Zu wenig Salz zu sich zu nehmen, ist bei ausgeglichener Ernährung wie auf den folgenden Seiten beschrieben, nicht zu befürchten.

Den zweiten Aspekt beim Salz betrifft die qualitative Komponente. Das mehrheitlich verwendete raffinierte, weiße Salz bietet kaum mehr Inhaltstoffe, wie Mineralien und Spurenelemente. Daher ist aus qualitativer Sicht möglichst **naturbelassenes Natursalz** absolut zu bevorzugen – zu erkennen an der wunderbar vielfältigen Färbung der mit einer Mühle zu zerreibenden Kristalle, von zartrosa bis dunkelbraun. Himalaya-Salz zu kaufen ist aus unserer Sicht überhaupt nicht notwendig, im Salzkammergut wird wunderbares Salz abgebaut und bundesweit vertrieben.

9. Grundregel: »Genieße Ungesundes!«

Ja, du hast richtig gelesen! Du hast den Hauptteil der Story, in dem dir die Dinge, die du bislang so gerne gegessen hast, vergällt werden, hinter dir. Halleluja, wirst du jubeln …

Die philosophische Basis von READY TO WIN™ ist Ganzheitlichkeit. Dazu gehört unserer Meinung nach nicht nur Licht, sondern auch Schatten. Nicht nur Verzicht, sondern auch Genuss. **Nicht nur Tugend, sondern auch Sünde.** Vielleicht ist das eine der wichtigsten Aussagen zu gesunder Ernährung überhaupt, das Geheimrezept für langfristigen Erfolg: Iss wann und wo immer es geht gesund!!! Halte dich soweit es geht an unsere Empfehlungen, meide tierisches Protein in Form von Fleisch, Industriezucker, Glutamate, Weizen, Alkohol und Limonaden. Den Rest, den du beim besten Willen nicht vermeiden kannst oder willst, den **GENIESSE**!

Genuss gehört zu uns Menschen und damit zu unserer Gesundheit unbedingt dazu. Du tust weder dir noch deiner Umwelt etwas Gutes, wenn du zum militanten Ernährungsfanatiker wirst, der sich nur mehr zu Gemüse zwingt, obwohl du so gerne einmal deinen geliebten Burger mit Kohlensäure-Limonade (noch dazu nicht light) verschlingen möchtest. Verhärmte Fanatiker bringen es im Leben nie zu Erfolg, weil Ganzheitlichkeit auch Negatives – auch bei der Ernährung – einschließt, solange du es bewusst erlebst und dann bestmöglich genießt.

Wenn du dich zu 90 % abwechslungsreich-gesund ernährst, dann darfst du durchaus gelegentlich sündigen. Natürlich sind 100 % gesundes Essen und Trinken idealer, solange dir mental oder emotional nichts abgeht. Aber sei um Himmels willen nicht **zu** streng mit dir, denn auch das schmälert, wie Krankheit, deine Lebensfreude, Lebensenergie und Leistung.

Unter diesem Gesichtspunkt sehen wir auch die unzähligen eigentlich zu vermeidenden Produkte der Nahrungsmittel- und Getränkeindustrie. Wir werfen den Erzeugern von Limonaden, Süßigkeiten, Knabbersnacks, Milchprodukten u.dgl. nicht ihre Produkte vor an sich vor, sondern vielmehr den Stil der Vermarktung. Denn sie alle haben eines gemeinsam: Sie gaukeln vor, ihre Produkte wären zu irgendetwas anderem noch gut, außer zum Genuss.

Sinngemäß gilt dasselbe auch für die seit 20 Jahren anhaltend boomenden Energydrinks sowie für Kohlensäurelimos, wenngleich diese oft mit an sich guten Vitalstoffen (Vitamin-B-Komplex, Aminosäuren usw.) angereichert sind. Diese könnte man jedoch auch anderweitig mit viel weniger gesundheitlichen Fragezeichen konsumieren. Beworben werden all diese Produkte geradeso, als würde der moderne Mensch gar nicht ohne deren Vitalstoffe leben können oder sogar dürfen. Wobei wir uns sicher sind, dass die Erfinder von Energydrinks und Limonaden nicht beabsichtigt hatten, Menschen zum mehrheitlichen Flüssigkeitskonsum ihres Chemiesprudels anstatt des lebensnotwendigen Wassers zu verleiten. Manche Konsumenten vergessen mangels gesundheitlicher Intelligenz bloß scheinbar darauf, dass der Mensch einen **Wasserhaushalt** hat – und keinen Limonadenhaushalt.

Am Ende des Tages muss die Vitalstoff-Bilanz wieder stimmen!

Versuche auf Basis abwechslungsreicher, vollwertiger und überwiegend pflanzlicher Nahrung und hohem Wasserkonsum für dich einen persönlichen Weg zu finden, der es dir ermöglicht, dir auch ab und zu ein (be)lohnendes Bier zu gönnen, deinen täglichen Espresso guten Gewissens zu genießen, ein Cola (am besten ein Red-Bull-Cola) oder einen Red Bull mit Begeisterung zu trinken, einen Burger mit Freude zu essen. ABER: Am Ende des Tages muss die Vitalstoff-Bilanz wieder stimmen!

Trink dein Bier, aber gib deinem Körper mindestens dieselbe Menge kohlensäurefreien Wassers, damit er die schädlichen Stoffe wieder ausschwemmen kann. Genieße deinen Kaffee, genieße ihn bewusst, in Ruhe und ebenso mit Wasser – und er wird dir nicht schaden. Statt des knappen halben Liters Kuhmilch in deinem geliebten Latte macchiato versuche es mit Soja- oder besser Mandeldrink oder probiere, ob du nicht langfristig einen milchlosen Espresso zu deinem Lieblingskaffee machen kannst. Und das eine Stück raffinierter Zucker pro

Tag und Kaffee wirst du locker wieder ausgleichen, wenn du dich wie empfohlen mehrheitlich gesund, weil pflanzlich, ernährst. Künstliche Süßstoffe sind ganzheitlich betrachtet auch nicht viel besser als Zucker, es gibt jedoch mittlerweile Zuckeralternativen auf natürlicher Basis, wie etwa das (originale und natürliche) Stevia, Sukrin®, Xylit (oder Birkenzucker) und Ähnliches.

Die Dosis macht das Gift! Diese Aussage ist goldrichtig für gesunde Ernährung. Dein Espresso wird dir sicher nicht schaden, acht Kaffees pro Tag, gedankenlos nebenher getrunken, schon. Hinterfrage deine **EssGEWOHNHEITEN** anhand unserer Empfehlungen. Prüfe, was du wo verbessern kannst, und werde dir deiner Ernährung **BEWUSST**. Als mündiger Konsument bis du selbst dafür verantwortlich, was du zu dir nimmst. Drehe Verpackungen um und lese die Inhaltsstoffe.

Ernährungsformen und typengerechte Ernährung

Fleischesser:

Wie bereits ausführlich erwähnt, sind (massive) Fleischesser aus ganzheitlicher Sicht sicherlich am schlechtesten ernährt. Sie haben in der Regel eine überhöhte Stresshormonbelastung, eine übersäuerte Säure-Basen-Balance, jede Menge Vitalstoffmängel. Sie steuern mit ihrem Leben durch eine Wohlstandserkrankung ins frühe Elend und überlasten unsere Gesundheitssysteme weit über deren Grenzen hinaus. Damit sind sie zumindest zahlenmäßig in bester Gesellschaft in der zivilisierten (?), westlichen Welt: **0 von 10 Punkten**

Veganer:

Auf einer Skala zwischen schlechtester (0 Punkte) und bester Ernährung (10 Punkte) sind die Veganer aus unserer Sicht bei **8 Punkten** zu finden. WICHTIG: Vorausgesetzt, sie verstehen, sich bei aller moralischer selbstauferlegter Verantwortung auch wirklich gesund zu ernähren. Vegan bedeutet nämlich noch lange nicht automatisch gesund: Eine Semmel, darauf dick Marmelade und dazu ein Glas Wodka ist auch eine vegane Mahlzeit, dennoch weit entfernt von perfekter Diät. Wer vegan im Sinne von abwechslungsreich, hoch- und vollwertig, protein-pflanzlich – ohne dass Tiere getötet werden – lebt: »Gratulation!«

Die oft zitierte Gefahr eines Vitamin-B12-Mangels sollte bei dieser veganen Ernährung nicht mehr gegeben sein. Ab und zu eine Karotte aus dem eigenen Garten oder Bioladen und diese nicht so genau gewaschen, sondern mit ein wenig Erdresten drauf – und schon sind die B12-Depots wieder gefüllt, und im Zweifelsfall gibt es gute Nahrungsergänzungsmittel. Übrigens: Sprinter-Ikone Carl Lewis ist und war als der beste Sprinter seiner Zeit Veganer – soviel zum Thema Eiweißmangel selbst im Extremsport …

Vegetarier:

Sie essen zwar kein Fleisch, allerdings im Gegensatz zum Veganer Tierprotein in Form von Eiern und Milchprodukten. Und diese mangels Fleisch meist nicht zu knapp. Ganzheitlich gesehen ist es kein großer Gewinn, Fleisch gegen Käse zu tauschen, jedoch die Konsumation von Ei sehen wir wegen der Aminosäuren-Thematik als großen Vorteil gegenüber Veganern. Der Ausdruck »Fruchtzwerge-Vegetarismus« bringt zum Ausdruck, dass vegetarisch aber oft am eigentlichen Gesundheitsziel vorbeigehen kann. **6 von 10 Punkten**

Pescetarier:

Vegetarier, die zusätzlich Tierprotein in Form von Fisch zu sich nehmen. Falls das frischer Fisch mit guten Omega-3-Fettsäuren und dafür weniger Milchprodukte heißt: **7 von 10 Punkten**

Flexitarier:

Das sind sich generell möglichst ausgewogen und pflanzlich-gesund ernährende Menschen, die 1 x pro Woche Fleisch oder Fisch essen. Ein sicher guter, vernünftiger Ansatz, der die Ziele nicht zu hoch steckt und sicher am ehesten einzuhalten ist – daher: **8 von 10 Punkten**

READY TO WIN-Holitarier®:

Diese Bezeichnung auf Basis des Wortes **»holistic = ganzheitlich«** wirst du in der Fachliteratur (noch) nicht finden, sie ist der klingende Name für unseren ganzheitlichen Ansatz von gesunder Ernährung und Lebensweise. Von diesem wissen wir aus eigener Erfahrung, dass er alle wichtigen Aspekte gesunder Ernährung abdeckt, und es vor allem binnen weniger Wochen und Monate für jeden möglich ist, durchzuhalten!

Ein Holitarier® ernährt sich auf Basis:

- 90 % abwechslungs- und vitalstoffreicher pflanzlicher Ernährung
- Zu 65 % vollwertige Kohlenhydrate, 25 % gute Fette/Öle und 10 % Protein, und das weitestgehend pflanzlich
- Wenn tierisches Protein in Form von Fleisch dann als Bio-Geflügel oder freilebendes Wild vom Jäger des Vertrauens einmal pro Woche, frischer (Kaltwasser-)Fisch oder Meeresfrüchte hoher Qualität zweimal pro Woche. Eier aus biologischer, artgerechter Bodenhaltung, als Sportnahrung nach dem Training durchaus jeden Tag eines
- Keine Milch! Milchprodukte, wie Käse, Joghurt und Ähnliches, möglichst wenig und ausschließlich als bewusst gewähltes Genussmittel und nicht als »Hauptnahrungsmittel«
- Möglichst wenig raffiniertes Mehl, Industriezucker, Kochsalz, dafür Vollkornmehl, reife Früchte und Natursalz
- Wenn immer möglich, wird selbst gekocht und somit unnötige Zusatzstoffe, Geschmacksverstärker, Konservierungsstoffe vermieden. Fertiggerichte werden vor dem Kauf anhand ihrer Inhaltsstoffe-Tabelle auf Hochwertigkeit und Vermeidung von Giften überprüft, sonst wieder ins Supermarktregal zurückgelegt
- Hauptgetränk Wasser! Limonaden möglichst meiden, auch diese wie Kaffee und Alkohol, nicht als Nahrungsmittel oder aus reiner Gewohnheit, sondern als reines Genussmittel, als seltene Belohnung oder bewusst begangene »Sünde« auskosten!

9 von 10 Punkten für Gesundheit,
10 von 10 in puncto Durchhalte-Sicherheit

Wie stellt man nun am besten seine Ernährung um?

Sofort und in kleinen Schritten! Zu bestimmten, mehr oder weniger lange im Voraus festgelegten Zeitpunkten etwas von Null auf Hundert ändern zu wollen, funktioniert kaum, weder bei der Ernährung noch sonst im Leben. Man denke hierbei nur an die schon bei ihrer Bekanntgabe zum Scheitern verurteilten Neujahrsvorsätze. Auch »fluchtartig« in eine massive Ernährungsumstellung zu eilen, weil man sich in der jetzigen Situation schon so unwohl fühlt, wird langfristig gesehen nicht viel besser funktionieren.

Wir empfehlen, sofort, spätestens morgen beim Frühstück, zu beginnen, und Schritt für Schritt zu achten, wo man seine Ernährung im

Sinne eines Holitariers® verbessern kann. Gibt es bei deinem Frühstück ohnehin nichts mehr zu verbessern, weil du bereits vor deiner geplanten Ernährungsumstellung ein ungezuckertes (bzw. mit Xylit oder Sukrin® gesüßtes) Vollkornmüsli mit Mandelmilch und Früchten der Region gegessen hast samt Kräutertee dazu. Um 9 Uhr als Snack schon wieder süße Früchte nach dem Müsli ist dir zu viel? Kein Problem: Dann versuche doch einmal Gemüse zur Jause. Wie wäre es mit einer Scheibe mehrkornigen Pitabrots mit Humus als gesunde Alternative zu Streichkäse und dazu Vitalstoffe in Form eines frischen grünen Paprikas, eines Kohlrabis, einer Karotte. Sogar Stangensellerie ist zum Dippen in den Kichererbsen-Humus perfekt. Wenn du bisher Montag bis Freitag jeweils um 9 Uhr eine Leberkässemmel gegessen hast, wäre es schon einer der kleinen empfohlenen Schritte in deiner Ernährungsoptimierung, wenn du als Beginn deiner Gesund-Essens-Ära zumindest Dienstag und Donnerstag stattdessen die Humus-Gemüse-Jause einschiebst.

Das Tolle an der Umstellung seiner Essgewohnheiten ist auch, dass das Einkaufen auf einmal wieder zum Erlebnis wird und Spaß macht, weil es so viel zu entdecken gibt. Schau dich in deinem Supermarkt um, welche bisher nicht beachteten Köstlichkeiten bei Fisch oder verlockende vegane Produkte im bereits als solches beschilderten Kühlregal angeboten werden. Den erwähnten Humus in verschiedenen Geschmacksrichtungen, Gerste- oder Hirse-Couscous oder besonders empfehlenswert: Falafel als veganer gesunder Ersatz für Fleischbällchen. Vegane und dabei köstliche Alternativen zu Milch und Käse sind bereits ebenso erhältlich, wie gesunde Süßigkeiten und Mehlspeisen, die man auch wunderbar selber machen kann! Koch- und Backbücher zu diesen Themen gibt es reichlich, auch im Internet findet man unzählige appetitliche Tipps, wie man mit Zuckeralternativen, Buchweizenmehl, echtem Kakao statt Schokolade und dergleichen erstklassige Sweets zaubert. Als Hauptmahlzeit probiere doch z.B. die Wurstfleckerl der österreichischen Hausmannskost mit Dinkelteigwaren und geräuchertem Tofu anstelle der Wurst und Weizennudeln – mit reichlich frischen Kräutern ein Gedicht! Kurzum: Es gibt bei etwas Umsicht viele Möglichkeiten, sich 3 x täglich vorzüglich zu ernähren ohne dabei dauernd Fleisch, Wurst, Käse und Weiß-/Weizenmehlprodukte zu sich zu nehmen. Einmal bis zweimal pro Woche Fisch, einmal pro Woche Fleisch (Wild oder Bio-Geflügel) und die restlichen Tage vegetarisch ist **keine Einbuße an lukullischer Lebensfreude**.

Noch einen Schritt konsequenter und statt vegetarischen vegane Mahlzeiten einzulegen, ist bei abwechslungsreichem, kreativem Einkaufen keine Sache. Wer jedoch an seinen vegetarischen/veganen Tagen immer nur dasselbe fade Tiefkühl-Röstgemüse lustlos in sich hineinstopft, der handelt psychologisch aus einer **Vermeidungsmotivation** heraus und nicht aus einer **Zielmotivation**. Das heißt, der sucht in Wahrheit nur einen Grund, seine Ernährung NICHT umzustellen (weil's so unüberwindbar geschmacklos ist). Naturgemäß fällt es uns viel leichter, Gründe zu finden, etwas nicht zu tun. Manche destruktiven Zeitgenossen treffen beinahe alle ihrer täglichen Entscheidungen nach dem Vermeidungsprinzip, weshalb ihnen auch die vom umsichtigen Arzt dringend – im wahrsten Sinn des Wortes – ans Herz gelegte Ernährungsumstellung (gegen Bluthochdruck, hohes Cholesterin, Adipositas usw.) meist gar nicht schmeckt. Weiterfuttern wie bisher, dafür eine Hand voll Medikamente vom – wegen der Aussichtslosigkeit seiner Ratschläge frustrierten – Doc zur Senkung von Bluthochdruck, Cholesterin, Blutzucker, Harnsäure usw. zu schlucken, ist leider die Hauptproblematik unseres modernen Krankheitssystems. Der beste und effektivste Weg zur Gesundheit beginnt bei einer menschen-artgerechten Ernährung: **Darum starte so schnell wie möglich und in kleinen Schritten. Freue dich über jede auch noch so unbedeutend scheinende Mini-Verbesserung deiner Essgewohnheiten.**

Die Summe macht den langfristigen Erfolg! Im Laufe einiger Monate werden vitalstoffreiche Lebensmittel so in dein Leben eingekehrt sein, dass Genuss und Gesundheit in keinerlei Widerspruch mehr stehen.

Eure Nahrung sei eure Medizin,
und eure Medizin sei eure Nahrung.

Hippokrates

Wenn man
in die falsche
Richtung läuft,
hat es keinen
Zweck,
das Tempo
zu erhöhen.

Birgit Breuel

Typgerechte Ernährung
Gesund, aber dennoch unpassend?

Sich gesund zu ernähren, bedeutet nicht automatisch auch, sich seinem persönlichen Typ gerecht zu ernähren. Ganz im Gegenteil, gesunde Ernährung kann auch total an deinen Bedürfnissen vorbeiführen. Es gibt hierzu die unterschiedlichsten Sichtweisen und Empfehlungen. Je weiter man hier ins Detail geht, umso schwieriger und unübersichtlicher wird es, den Durchblick zu behalten. Mit dem Folgenden wollen wir dir eine Basis bieten, dich selbst einzuschätzen, welcher Ernährungstyp du bist und wie du in Hinkunft nicht mehr an deinen individuellen Bedürfnissen »vorbei-isst«.

Diese Coaching-Unit macht dich READY TO WIN, denn sie zeigt:

- **Was tun, wenn dir – gerade als weibliche Leserin – meist kalt ist**
- **Was tun, wenn dir – gerade als männlicher Leser – meist allzu heiß ist**
- **Was tun, wenn du deinen Geist kühlen möchtest**

Wie schon einleitend erwähnt, gibt es unterschiedliche Ernährungstypen. Hierauf wird jedoch (auch in der Familie) kaum Rücksicht genommen. Es wird für alle – Mutter, Vater, Oma, Opa und die drei Kinder – ein Mahl gekocht, und das gilt es dann zusammenzuessen. Frühstück, Mittagessen und Abendessen. Dabei sitzen nun aber wohl ganz unterschiedliche Typen und Charaktere am Tisch:

Mum ist eine eher blasse Mittvierzigerin mit niedrigem Blutdruck, dauerndem Frösteln und stets der Ruhepol in Person, der Junior dafür ein nerviger Hitzkopf, der wegen jeder Kleinigkeit explodiert wie ein überhitzter Druckkochtopf. Du ahnst, worauf ich hinaus will? Wenn deine Schwester dann nach gemeinsamem, einheitlichem Mittagsmahl zu ihrem Reitunterricht geht, dann schärft ihr der Reitlehrer ein, ihrem Übungspferd aber ja keinen Hafer zu geben, damit ihn selbiger nicht »steche«, wie man in einer deutschen Redewendung sagt. Was ist damit gemeint …?

Nun, offenbar gibt es hitzigere, aufbrausende Typen und kühlere, ruhigere Menschen. Und Tiere. Einem heißblütigen Hengst gibt man nicht noch zusätzlich besonders viel energiereichen, wärmenden Hafer, um ihn nicht noch »heißer« und temperamentvoller zu machen. Er braucht nämlich, um sinnvoll und gefahrlos geritten werden zu können, Kühle und Ruhe. Und das nicht nur äußerlich, auch von innen heraus mit einer entsprechenden Ernährung.

Hinsichtlich ihrer thermischen Einteilung unterscheidet man zwischen **heißen, warmen, neutralen, kühlen und kalten Menschentypen**. Wenngleich es durchaus auch Übereinstimmungen charakterlicher Art mit dieser thermischen Interpretation gibt, so sind diese Klassifizierungen in keinster Weise hier wertend, im Sinne von positiv oder negativ, zu verstehen.

Genauso wie es aber eine thermische Einteilung von Menschen gibt, so gibt es diese Einteilung auch bei den Nahrungsmitteln: Es gibt **heiße, warme, neutrale, kühle und kalte Nahrungsmittel**. Nein, wir meinen hier nicht einen heißen Tee oder eine kalte Eiscreme. Es gibt nämlich auch kühlenden Tee, und man kann durchaus nach dem kalten Essgenuss ein innerlich wärmendes Eis kreieren.

So ein Quatsch, wirst du jetzt vielleicht denken, aber warte: Wüstennomaden in der unglaublich heißen Sahara trinken in der Mittagshitze heißen Tee. Nicht irgendeinen, sondern zum Beispiel Pfefferminztee mit viel Zucker. Beides kühlt uns nämlich dann innerlich, auch wenn der Tee im Moment des Trinkens heiß war. Und wenn du meinst, Kaltes vermag nicht zu wärmen, dann lege eine Chilischote in den Gefrierschrank und iss sie später. Die wird wärmen, unter Garantie. Und am nächsten Tag auf der Toilette sicher sogar ein zweites Mal ...

Den Körper kühlen oder wärmen

Grundsätzlich kann man jedes Nahrungsmittel nach seiner thermischen Wirkung einstufen. Gewürze sind in der Regel heiß (Chili, Pfeffer, Zimt, Ingwer), Früchte und viele Gemüse dagegen kühl und erfrischend (Apfel, Beeren, Salat, Tomate usw.) oder sogar auskühlend (Zitrusfrüchte, Ananas, Mango). Tropische Früchte sind so gut wie immer kühlend, und das macht auch Sinn, denn sie sollen ja die Menschen, die in der Hitze davon essen, kühlen und nicht zusätzlich wärmen. So genial ist die Natur. Mangos, Ananas, Papayas usw. sind ursprünglich nicht für uns im kühlen Mitteleuropa gedacht, es gab sie auch vor ein paar Jahrzehnten hier noch kaum. Großeltern erzählen gerne die Geschichte, wie sie zum ersten Mal eine Banane gegessen haben ...

Unsere modernen Transportmittel bringen solche exotischen, kühlenden Früchte heute auch in geographisch kühlere Regionen und dort werden sie von ernährungsbewussten (meist) Frauen, wie unserer oben erwähnten Mutter, gegessen. Jetzt ist Mum mit ihrem niedrigen Blutdruck und ausgeglichenen Charakter, zierlichen Körperbau und empfindlichen Bindegewebe ohnehin schon (ernährungsmäßig) ein kühler Typ, und dann isst sie zum Frühstück extrem kühlendes Obst, mittags eine kühlende Salatplatte und abends kühlendes bis maximal neutrales Gemüse. Und das am besten auch an kalten Wintertagen. Na klar friert sie ständig, wie sollte es anders sein?!

Dafür kann es unserem brüderlichen Hitzkopf nicht scharf genug sein. Das thailändische Curry, das jedem Nicht-Thai einen Mittelscheitel zieht, ist ihm grad würzig genug (ein bisschen Imponiergehabe ist auch dabei …). Jetzt ist er eh schon so ein aufbrausend-heißer Typ, klar, dass ihn diese zusätzliche Hitze von innen zum Überkochen bringt.

Unsere Mum wird mit einem Frühstück mit Haferbrei (dem englischen Porridge), Walnüssen, Zimt, Ingwer und Aprikosen ein ganz neues Lebensgefühl bekommen, denn alle diese Nahrungsmittel wärmen von innen. Und den hitzigen Junior wird man versuchen, mit weniger würzigen Speisen und Obst etwas »abzukühlen«.

Im Rahmen der ganzheitlichen Betreuung von Sportlern/Rennfahrern durch READY TO WIN™-Coaches wird sehr wohl darauf Rücksicht genommen. Bei heißen Rennen und/oder heißen Fahrern wird man auf die Gesamtsituation kühlend einwirken, bei frierenden – oft weiblichen – Schützlingen wird man an der Wettkampfstätte an einem kühlen, windigen Tag mit wärmenden Snacks und Drinks nachhelfen, um gut und aufgewärmt zu voller Leistung zu kommen.

Vom Gesichtspunkt des innerlichen Auskühlens durch Zitrusfrüchte ist auch das Trinken von **Zitronensaft bei Erkältungen genau das Verkehrte**, selbst wenn dieser Saft heiß getrunken wird. Die Zitrone kühlt uns innerlich noch weiter ab, und die Erkältung kann sich zu einem grippalen Infekt auswachsen. Daher: Frische Ingwerstücke mit heißem Wasser aufgießen statt Zitronensaft trinken.

Den Geist kühlen oder wärmen

Was mit dem Körper funktioniert, ist auch mit dem Geist möglich. Scharfes, fleischiges Essen fördert aggressives Verhalten. Das halbrohe XL-T-Bone-Steak mit feuriger Chili-BBQ-Sauce wird die Angriffslust des »menschlichen Löwen« noch ordentlich anheizen. Der Ausdruck des Blutrausches kommt ja nicht von ungefähr. Viel Fleisch fördert auch beim Homo sapiens ein Raubtierverhalten, welches sich durch zwei Extreme auszeichnet: **geistige Aggression bei gleichzeitiger körperlicher Trägheit**. Ausgewachsene Raubkatzen killen oder schlafen, töten oder dösen. Intensiv fleisch(fr)essende Menschen reagieren ebenso schnell zornig, streitsüchtig und kampfeslüstern, gleichzeitig sind sie dauermüde und körperlich nie »leicht« und spritzig. Wenn es also gilt, als Coach einen ohnehin schon über die Maßen kämpferischen Athleten etwas kontrollierter im Zaum zu halten, empfiehlt sich jedenfalls, an den Wettkampftagen den Killer-Instinkt nicht noch weiter mit blutrünstigen Steakorgien zu schüren. Eine vegetarische Diät wirkt hier ausgleichend und harmonisierend auf Parasympathikus und Sympathikus, wenn dieser zu sehr auf »Angriff« steht.

Folgende Bilder zeigen die etwas ungewöhnliche Interpretation des Begriffes »ÜBERholen« durch unseren Powerboat-Piloten Stanislav Kourtsenovsky im grün-schwarzen Formel-2-Katamaran. Der Schwede Erik Edin (21) erlebt hier (siehe Onboard-Kamera) den »killing or winning instinct« des als heißblütig und explosiv bekannten »crazy russian« bereits zu Rennbeginn. Beide Fahrer beendeten den WM-Lauf noch in den Top 5!

If you
can dream it,
you can do it.
If you can do it,
you can stand it.

Walt Disney & Michael Erhart

Ernährung im Sport
Grundlagen

Die optimale Ernährung spielt in jeder Sportart eine maßgebliche Rolle, sobald es gilt, die bestmögliche körperliche wie geistige Leistung zu erbringen. Wer sich nicht der sportlichen Belastung oder dem gerade gesetzten Trainingsreiz entsprechend ernährt, wird nie seine volle Leistungsfähigkeit ausschöpfen und gar nie erfahren, wo seine Potenziale wirklich gelegen wären. Hat man sich nie richtig ernährt, hat man sich auch nie die Chance gegeben, wirklich erstklassige Performance abzuliefern. Aber wer beschäftigt sich schon gerne mit Kohlenhydraten, Fett, Eiweiß und Ballaststoffen? Die Anforderungen an Körper und Ernährung sind dermaßen sportspezifisch, dass man darüber ein eigenes Buch schreiben kann. Dessen ungeachtet liefern wir im Folgenden einen Grundlagenkurs in Sachen KP, ATP, Glykogen und Co.

Diese Coaching-Unit macht dich READY TO WIN, denn sie zeigt:

- **Wie sich die Energieverteilung zwischen Gehirn und dem restlichen Körper verhält**
- **Wie Muskelarbeit funktioniert**
- **Welche Energiebereitstellung und Speicherung in unserem Körper ablaufen**
- **Wie eine optimale Aufteilung Kohlenhydrate – Protein – Fett aussieht**
- **Wie man sich am Wettkampf-/Renntag idealerweise ernährt**

Ernährung an sich ist schon ein komplexes Thema. Unter hoher körperlicher Leistung noch mehr. Die Belastungen könnten unterschiedlicher nicht sein: Ein muskelbepackter Gewichtheber bringt binnen Sekunden gewaltige Lasten zur Hochstrecke, wofür er aber täglich stundenlang trainieren muss, der wohl halb so schwere Triathlet legt seinen Fokus im Wettkampf wie im Training auf Ausdauer. Ein Autorennfahrer sitzt bei seinem Rennen eigentlich nur herum, braucht jedoch selbst unter sehr hohen Temperaturen und dehydrierenden Bedingungen im Cockpit vor allem ausdauernde Konzentration auf dem Weg zum Sieg. Apropos Konzentration: **Das Gehirn ist ernährungsmäßig wie ein Muskel zu betrachten, der noch dazu der Hauptenergieverbraucher im ganzen Körper ist.**

Die Rolle unseres Gehirns

Unser Gehirn spielt in unserer Ernährung nicht nur insofern die bedeutendste Rolle, in dem es uns bei der Auswahl des Futters im Supermarkt oder Restaurant entscheidend hilft oder Hilfe zumindest vorgaukelt. Nach den aktuellen Erkenntnissen der Gehirnforschungen steht fest, dass in Wahrheit unser unbewusstes Ich die Entscheidung trifft, wogegen unser bewusstes Ich, unser Denken, uns diese Entscheidung rückwirkend schönredet. Nochmals zur Verdeutlichung: Du legst dir nicht bewusst die Riesentafel Schokolade in den Einkaufswagen, dein unbewusstes Ich tut das. Nachdem die 300-Gramm-Verführung schon zumindest in deiner Hand oder sogar im Wagerl liegt, rechtfertigt erst dein bewusstes Denken diese Entscheidung (z.B.: schon ewig keine Schokolade mehr gehabt, große Tafel gerade in Aktion, im nebligen Herbst braucht man mehr Glücksstoffe, die da ja bekanntlich drinnen sind, ich entscheide mich eh für eine Walnuss-Schokolade und Walnüsse sind so gut fürs Gehirn ...). Die Erkenntnis ist dramatisch, aber wahr: **Wir sind nur Passagier unseres unbewussten Ichs.** Also, nicht du hast die Schokolade gekauft, »es« tat es.

Die zweite und wohl noch dominantere Rolle spielt unser Gehirn beim Verbrauch der über die Nahrung bereitgestellten Energie. Unsere

Schaltzentrale im Oberstübchen teilt den einzelnen Verbrauchern im Körperhaus Energie zu, manchen mehr, manchen weniger, den einen oder anderen reduziert sie knallhart fast auf Null und – darum diese so dominante Rolle – die größte Ration der Energie behält sich das Gehirn immer für sich selbst zurück. Die Versorgung des Gehirns mit Nährstoffen und »Brennstoff« hat die höchste Priorität, alles andere im Organismus kommt immer erst an den Futtertrog, wenn der »Rudelführer« satt ist.

Man merkt das kaum wo besser als beim Sport: Nicht deine Muskeln lassen dich beim Marathonlauf stehenbleiben, es ist das Gehirn! Dein **»gefräßiges, selbstsüchtiges« Gehirn** – obwohl es nur ca. 2 % unserer Masse ausmacht, beansprucht es mehr als 50 % unserer über die Nahrung aufgenommenen Kohlenhydrate! – fürchtet um seine weitere Energieversorgung und dreht deinen laufenden Gliedmaßen quasi den Saft ab. Das geschieht unbewusst. Dein Bewusstsein liefert dir hier nachträglich die Rechtfertigung (Schmerzen im Knie, sowieso schon Krämpfe in den Waden, extreme Hitze, ohnehin keine realistische Chance mehr auf die angestrebte Platzierung, lieber Kräfte schonen für das Rennen in vier Wochen, neues Schuhmodell vielleicht doch noch nicht gewöhnt genug und man will sich nicht die Zehen total verhauen …). Bewusst unwissenschaftlich illustriert, drückte das Gehirn in Wirklichkeit den Not-Aus-Schalter in Sorge, es könnte nicht genügend Futter bekommen, wenn du bei deiner Lauferei deine körpereigenen Glykogenspeicher weiter so vergeudest … Glukose, also Zucker, ist es nämlich, was unser Gehirn wie unsere Muskeln als Energie benötigt. Wobei als Zucker hier nicht der vitalstofflose Industriezucker gemeint ist, den du ja tunlichst meiden solltest, wie im Kapitel zur Ernährung ausführlich erwähnt. Leider ist hier die Terminologie missverständlich: Sowohl das, was langfristig schadet (nämlich minderwertiger raffinierter Industriezucker), wird als Zucker bezeichnet, als auch jener lebensnotwendige Brennstoff (Glukose), den sich unser Körper am besten aus möglichst hochwertigen Kohlenhydraten selbst herstellt. Daher oft der Irrglaube, Zucker = Zucker, und dieser ist ja schließlich in einer Limonade auch drin, warum sich also mit Gemüse, Obst, Vollkorngetreideprodukten usw. abquälen?

Kurzum: **Unser Gehirn benötigt Glukose als Energie.** Glukose ist Zucker, den sich der Körper am effizientesten, gesündesten und nebenwirkungsfreiesten aus möglichst hochwertigen Kohlenhydraten herstellt und in seinem Glykogenspeicher lagert.

Unter diesem Gesichtspunkt ist es verständlich, warum zuallererst einmal unser Gehirn nahrungsmäßig top sein muss, um körperliche Höchstleistungen überhaupt in Angriff nehmen zu können.

Wie man Nahrung unserem Gehirn sehr effizient zusätzlich zuführen kann, darüber berichten wir in der Coaching-Unit »Professionelle orthomolekulare Supplements«.

Glukose wird von unserem Gehirn als Nahrung benötigt.

Nun zurück zur muskulären Bewegung des Körpers und zum Thema:

Wie funktioniert unsere Muskelarbeit überhaupt ernährungsphysiologisch?

Unser Körper hat rund 400 Muskeln, mit denen er alle unsere Bewegungen steuert. Viel Muskelarbeit entgeht uns jedoch, da unbewusst ausgeführt (z.B. die Tätigkeit der Herzmuskulatur).

Die Skelettmuskeln (Herzmuskel und glatte Muskulatur lassen wir hier außer Acht) sind wie folgt aufgebaut: Umgeben von einem festen Bindegewebe, der Faszie, besteht ein Muskel aus Muskelfasern, diese aus bis zu mehreren hunderten Muskelzellen, in denen sich die Myofibrillen befinden. Diese wiederum sind unterteilt in die Proteinstrukturen Actin und Myosin, die letztlich für die Muskelkontraktion sorgen, also für das Zusammenziehen der Muskeln.

Damit diese Muskelarbeit überhaupt funktioniert, braucht es Energie sowie Kalzium und Magnesium. Der Mineralstoff Kalzium wird benötigt für die Kontraktion, Magnesium für die Muskelentspannung. Darum liegt hinter einer Neigung zu Krämpfen häufig auch ein Magnesium-Mangel.

Die benötigte Energie wird vom Körper in Form von Kreatinphosphat (KP) und Adenosin-Tri-Phosphat (ATP) angeliefert.

Sogenannte rote Muskelfasern sind für primär lang anhaltende Ausdauerarbeit (langes Laufen) verantwortlich, weiße Muskelfasern für kurze, explosionsartige Schnellkraftbewegungen (eine steile Stiege hinaufsprinten).

Je nach seinem Einsatzzweck besteht ein Muskel mehrheitlich aus roten, mehrheitlich aus weißen oder einer Mischung aus beiden. Grundsätzlich haben alle Menschen dieselben Muskeln. Welche aber stärker oder schwächer ausgeprägt sind, wird vom Lebensstil und vor allem von der Art des Trainings/Sports beeinflusst. Das heißt, der Langstrecken-Mountainbiker mit seinen stundenlangen Etappen wird einen anderen Skelettmuskel-Zustand haben wie ein Boxer. Topfit werden beide sein müssen, um erfolgreich zu sein, ohne Zweifel.

Durch die Verbrennung primär von Kohlenhydraten (Glukose) und Fetten gewinnt der Körper die in Form von Adenosin-Tri-Phosphat (ATP) benötigte Energie. Jene Energie, die nicht unmittelbar benötigt wird, speichert der Körper für spätere Muskelarbeit als ATP sowie in Form von bereits erwähntem Kreatinphosphat, Glykogen und – bekanntermaßen – Fett.

Rote Muskelfasern nutzen bei ihrer langanhaltenden Ausdauerarbeit vor allem Kohlenhydrate und Fett als Brennstoffe, wozu sie viel Sauerstoff (und auch Zeit, vor allem bei Fett) benötigen = **aerobe Energiegewinnung**.

Weiße Muskelfasern für kurze Maximalkraftbelastungen, wie etwa bei einem explosionsartigen Sprung, dagegen beziehen ihre Energie aus **anaerober Kohlenhydratverbrennung** (Glykogen) und verfügen intramuskulär über einen höheren Speicher an Kreatinphosphat und ATP, schließlich benötigen sie die Energie ja blitzartig. Ein langer aerober Verbrennungsprozess ist hier nicht zielführend, weil zu langsam. Muskelprotein hingegen wird nur im Notfall aufgrund eines totalen Kohlenhydratmangels zur Energiegewinnung hergenommen, was die Leistung der Muskeln deutlich reduziert.

Um einen Überblick zu bekommen, was es mit den **Brennwerten von Fett, Kohlenhydraten und Eiweiß** (Protein) in Zahlen auf sich hat:

1 g Fett entspricht 9,3 kcal

1 g Kohlenhydrate = 4,1 kcal

1 g Eiweiß/Protein = 4,1 kcal

Zwei Beispiele:

Ein ordentlicher **Hamburger mit ca. 300 g** Gesamtgewicht samt Käse und Sauce besteht aus ca.:

53 g Fett (im Fleisch, im Käse und in der Sauce) x 9,3 kcal

50 g Eiweiß (Protein des Fleisches und des Käses) x 4,1 kcal

32 g Kohlenhydrate (primär das Weißbrotlaibchen, minimal Salatblatt und Zwiebel) x 4,1 kcal

Der gewichtsmäßige Rest ist Wasser und ein paar Ballaststoffe. Alles zusammen kommt man auf ca. **830 kcal.**

Ein großer **Apfel wiegt ca. 200 g** und besteht aus

0,2 g Fett x 9,3 + 22,8 g Kohlenhydrate x 4,1 + 0,6 g Protein x 4,1 = **98 kcal**

Der Rest zum Gewicht sind auch hier 85 % Wasser sowie 4 g nährwertlose Ballaststoffe.

Der Grundumsatz des Körpers (im Ruhezustand) pro Tag bewegt sich in etwa bei 1.200 kcal bei Frauen und 1.700 kcal beim Mann. Dazu kommt noch der Leistungsumsatz für körperliche/sportliche Tätigkeit, der natürlich gerade im Sport unterschiedlicher nicht sein könnte.

Zur Demonstration:

Ein großer Hamburger deckt kalorienmäßig einen halben Tag ab. Kalorienmäßig wohl gemerkt, vitalstoffmäßig ersparen wir uns hier trotz Salatblatt und Zwiebelringe besser jeden Kommentar.

Als Energiespeicher stehen dem Körper zur Verfügung:

Basis: 75 kg schwerer Mensch (Quelle: Weineck, 2010)

Energieträger	*Körperspeicher*	*ATP-Bildungsrate*
ATP (Adenosin-Tri-Phosphat)	1,5 kcal (6,3 kJ)	
KP (Kreatinphosphat)	3,5 kcal (14,7 kJ)	4,4
Glykogen	1.200 kcal (5.040 kJ)	1,0-2,4
Fett (Triglyceride)	50.000 kcal (210.000 kJ)	0,4

Die ATP-Bildungsrate gibt an, wieviel mmol/min aus dem Energieträger in das von Muskeln benötigte ATP umgewandelt werden können.

ATP selbst und KP stehen als Energie sofort zur Verfügung, jedoch nur in ganz geringen Mengen. Der körpereigene 1.200 kcal-Glykogenspeicher wird für eine »normale« sportliche Belastungsintensität in der Regel ausreichen. Zum Vergleich: Ein Fußballspieler verbrennt im Laufe eines 90-minütigen Spiels ziemlich exakt diese 1.200 Kalorien, je nach Spielerposition auch etwas mehr.

Ein Motorrad-Racer der Rally Dakar wird allerdings mit Sicherheit auf seiner Etappe seine Fettreserven zu verbrennen beginnen, ebenso jeder Langstreckenläufer, Rennradfahrer usw. Wenn man sich jedoch die Ausdauerathleten ansieht, kann man erkennen, dass sie wenig offensichtliche Fettdepots an ihren extrem durchtrainierten Körpern haben. Sie verfügen über Fett in Form kleiner Tröpfchen zwischen den Muskelfasern als Brennstoffdepots. Auf einer brutalen Langstreckenetappe kommen diese Rennfahrer-/läufer durchaus an den Punkt, wo sie ungewollt auch Muskelprotein aufzuzehren beginnen, mit ein Grund für den körperlichen Leistungsverfall bei mehrtägigen Wettkämpfen, wie eben zum Beispiel die Rally Dakar. Ein Sprintsportler oder durchschnittlicher Motorsportler wird in Ausübung seines Sports nicht einmal annähernd den Fettspeicher angreifen, bestenfalls beim empfehlens- wie lobenswerten Grundlagen-Ausdauer-Training zwischen den Wettkämpfen bzw. zur Saisonvorbereitung.

Formen der Energiegewinnung im Körper

Art der Belastung	*Energieträger*	*Art der Gewinnung*
Schnellkraft (bis 45 Sekunden)	ATP, KP	100 % anaerob
Kurzzeitausdauer (45-120 Sekunden)	Kohlenhydrate	vorwiegend anaerob
Mittelzeitausdauer (2-8 Minuten)	überwiegend Kohlenhydrate	aerob/anaerob
Langzeitausdauer (8-60 Minuten)	Kohlenhydrate und Fett	überwiegend aerob
Lange Ausdauerbelastung (> 60 min)	überwiegend Fett	100 % aerob

Energiegewinnung und Energiebereitstellung im Detail

Gehen wir nochmals ein wenig genauer auf die Energieversorgung der Muskeln in Abhängigkeit von Energieträger und Muskelbelastung ein.

KP und ATP:

Kreatinphosphat und ATP gewinnt der Körper kurzzeitig aus der anaeroben Glykogenumwandlung. Diese Art der Energiebereitstellung ist ausbeutemäßig sehr gering, aber auch sehr schnell (20 bis 120 Sekunden), jedoch verbunden mit hoher Laktatproduktion. Dauert eine extreme Schnellkraft-Belastung länger als maximal 120 Sekunden, so führt dies zu einer raschen Übersäuerung der Muskulatur mit Laktat (Milchsäure). Die Muskeln »brennen«, und es tritt eine dramatische Ermüdung ein (Wer das probieren möchte, laufe einfach in einem Hochhaus die Treppe im Sprint schnellstmöglich nach oben ...).

Glykogen:

Glykogen wird in den Muskeln und in der Leber gespeichert und entsteht aus Glucose, dem Abbauprodukt von Kohlenhydraten. Gesamt kann der Körper eines durchschnittlich trainierten Menschen zwischen 300 und 450 g Glykogen speichern (1 g Glykogen entspricht 4,1 Kalorien). Wer auf Ausdauerleistung trainiert, kann seinen Glykogenspeicher durchaus auf 600 g und mehr erhöhen. Sprich, wer ausdauermäßig gut trainiert ist, wird bei Belastung später von Glykogen- und Fettverbrennung auf reine Fettverbrennung umstellen.

Bis ca. 8 Minuten körperlicher Belastung wird Glykogen zuerst anaerob (also im Sauerstoff-Defizit), dann immer mehr aerob (mit Sauerstoff) und schließlich bei Muskelarbeit ab etwa 8 Minuten überwiegend aerob verstoffwechselt, natürlich auch jeweils in Abhängigkeit von der Intensität. Mit Zunahme des im Prozess involvierten Sauerstoffes nimmt die Produktion von Laktat ab = **mehr Sauerstoff (mehr aerob) desto weniger Laktat (Übersäuerung).**

Unter aerober Verstoffwechselung kann aus Glucose 16-mal so viel Adenosin-Tri-Phosphat (ATP) gewonnen werden wie ohne Sauerstoff. Aber klar, die benötigte Zeit hierzu ist länger. Darum wird man nach einem ersten Wegsprinten beim zuerst erwähnten Stiegen-Hinauflaufen dramatisch langsamer, sobald das gespeicherte ATP verbrannt ist und der Körper weder mengenmäßig ausreichend noch zeitmäßig schnell genug ATP nachproduzieren kann. Die Umstellung auf aerobe Energiebereitstellung bremst uns automatisch ein. Wer glaubt, über diesen kritischen Punkt hinaus sprinten zu können, wird bald mit völlig übersäuerten, schmerzenden Muskeln aufgeben müssen.

Fett:

Ist die Belastungsintensität nicht hoch aber lange (ab ca. 45 Minuten), geschieht die Energiegewinnung primär im Fettabbau-Modus. Genau diesen Effekt machen sich alle sinnvollen Fettabbau-Programme zunutze, wenn es gilt, gegen hinaufgefutterte Wohlstands-Fettpölsterchen (bei den Damen) oder gewaltige Bier-Kugelbäuche (bei den Herren) anzukämpfen. Sportlich massiv abzunehmen, d.h. Gewicht durch Fettreduktion zu verlieren, geht nur durch möglichst lange Trainingseinheiten im Sauerstoffgleichgewicht, also bei geringem Trainingsreiz (Nordic Walking, Rad-/Ergometerfahren, langsam laufen, langsam rudern u. dgl.). Die Fettreserven werden aber auch bei hoher Belastungsintensität angegriffen, nämlich genau dann, wenn die Glykogenspeicher in Muskeln und Leber allmählich zur Neige gehen. Die Umstellung von Glykogen- und Fett- auf Nur-Fettverbrennung kann einen Leistungseinbruch verursachen, den so mancher Marathonläufer auf Hobbyniveau nicht mehr überwinden kann und beim kritischen Punkt der Glykogen-auf-Fett-Umstellung zermürbt aufgibt. Daher ist anzustreben, bei körperlich belastungsintensiven Wettkämpfen so lange wie möglich im Glykogenhaushalt zu bleiben.

Der aerobe Abbau von Fett – der Fachmann spricht hier von Triglyceriden – liefert ungleich größere Mengen an ATP (rund 50-mal so viel wie der anaerobe Glykogenabbau), beeinträchtigt jedoch durch die wesentlich längere Zeitspanne und vor allem durch den hohen Sauerstoffbedarf. Die Aufnahme von Sauerstoff ist durch die Lungen natürlich begrenzt. Je trainierter ein Mensch, desto effektiver die Lungenleistung, desto mehr rote Blutkörperchen und desto effektiver die Fettumwandlung: Wenn mehr Sauerstoff da ist, kann mehr Fett verbrannt werden.

Nun ist es aber leider nicht so, dass diese erhöhte Verstoffwechselung unter Sauerstoffeinfluss gesundheitlich nur positiv ist. Ein überhöhtes Maß an »freien Radikalen« ist in diesem Zusammenhang nämlich auch in den Griff zu bekommen. Siehe dazu auch die entsprechende Coaching-Unit über die freien Radikale.

Proteine:

Der erwachsene Mensch benötigt Proteine zur Aufrechterhaltung von Körperstrukturen. Proteine formen unseren Körper, Proteine machen uns äußerlich zu dem, was wir sind. Natürlich beeinflusst von Fett, vor allem wenn es zu viel Körperfett ist.

Wir müssen Proteine essen wegen der darin enthaltenen Aminosäuren, die das täglich abgenützte Körperprotein erneuern und ersetzen. Abseits dessen benötigen wir Aminosäuren aus Protein für viele Funktionen im Körper (Hormone, Enzyme usw.).

Der sich belastende Sportler hat natürlich einen Mehrbedarf an Protein bzw. den Aminosäuren. Die massiven negativen Nebenwirkungen von zu viel tierischem Protein, wie es unsere nach neuestem Stand der Wissenschaft massiv auch auf unsere Fleischmast zurückzuführenden Wohlstandskrankheiten eindrucksvoll vor Augen führen, mahnen jedoch zu Vorsicht. Zusätzlich zur ohnehin schon weit überhöhten fleischlichen Kost der meisten Menschen auch noch massivst Protein aus sportlichen Gründen zuzuführen (weil es im Fitnessstudio alle halbwegs guten Trainierer mit Proteinshakes und Ähnlichem tun), ist aus unserer Sicht und bei der von uns vorgeschlagenen Ernährung unnötig, unsinnig und auf Dauer gesundheitsschädigend. Unter Anleitung eines Therapeuten (für orthomolekulare Medizin) einzelne Aminosäuren zu supplementieren, also isoliert zusätzlich zu nehmen, kann für den Hochleistungssportler (vor allem im Ausdauerbereich) durchaus sinnvoll sein. In diesem Zusammenhang spricht der Experte übrigens auch vom **»Open-Window-Effekt«**, der besagt, dass die Gabe von Aminosäuren unmittelbar bis ca. 2 Stunden nach der sportlichen Belastung am besten wirkt, weil die belasteten Muskeln dann ideal »offen« sind für Nährstoffe. Selbiges gilt auch für Kohlenhydrate, um die Glykogenspeicher wieder aufzufüllen.
Mehr dazu in den Coaching-Units zu Ernährung und Vitalstoffen.

Energieverbrauch für den Sportler

Wie schon eingangs erwähnt, kann diese Coaching-Unit in Anbetracht der zu unterschiedlichen Anforderungen nur einen groben Basisüberblick über Ernährung im Sport bieten. Die nächsten Seiten beziehen sich daher exemplarisch auf unsere Kernkompetenz, den Motorsport. Alle Nicht-Motorsportler laden wir ein, dennoch weiterzulesen, haben doch die **folgenden Empfehlungen für die meisten Sportarten** – zwischen extremer Kurzbelastung und Langzeitausdauer – **Gültigkeit**.

Berechnung des täglichen Grundumsatzes in kcal:

Frauen: 700 + 7 x Körpergewicht
Männer: 900 + 10 x Körpergewicht

Von dem vom Körper zur Aufrechterhaltung seiner Lebensfunktionen immer benötigten Grundumsatz an Energie bis zum zusätzlichen belastungsabhängigen Energieverbrauch bei der Ausübung eines Sports spannt sich der Bogen von einem Extrem zum anderen – von einem kaum nennenswerten beeinflussenden zusätzlichen Kalorienverbrauch (im Tourenwagen auf einem Trackday bei 20 °C herumfahren) bis hin zur 10-Stunden-Etappe bei der Dakar-Rally auf dem Motorrad. Gerade im Rennsport wird die eigentliche Muskelarbeit häufig noch von exogenen, also äußeren Bedingungen und Faktoren beeinflusst. Denn auch das an sich wenig energieraubende Fahren eines Tourenwagens wird bei 35 Grad im nicht vorhandenen Schatten, 60 ° Cockpittemperatur und in voller feuerfester Fahrerkleidung gleich ganz anders aussehen. Dazu die mentale Beanspruchung durch die Hitze – da kann selbst der spezifische Energieverbrauch zusätzlich zur Dehydrierungsgefahr merkbar steigen.

Dennoch wird man Motorsport mit wenigen Ausnahmen (Motocross, Enduro ...) nicht betreiben, um sich fit zu machen, sondern man wird konditionell trainieren, um fit zu sein fürs Rennfahren. Wer sich ein Trial-Motorrad kauft, weil er damit abspecken will oder seine Kondition trainieren möchte, der gibt nur einen »gesunden«, vernünftigen Grund vor, um sich sein motorisiertes Hobby zu leisten.

Gehen wir von einem leistungsmäßig durchschnittlichen Motorsport bzw. leistungsmäßigen Training für einen Motorsport aus, würde man als Definitions-/Trainingsbasis primär **»Ausdauersportarten«** als Basis nehmen, denn mit langen, aeroben Ausdauereinheiten wird man sich abseits der Wettbewerbe eine gute allgemeine Fitness aufbauen und zum Erhalt von Spritzigkeit und Schnelligkeit noch eine Spielsportart oder Schnellkraftsportart als zusätzlichen Trainingsreiz dazunehmen. Okay, hier z.B. Trial oder hobbymäßiges Motocross – zusätzlich zum Grundlagen-/Ausdauertraining ... und nicht anstatt! So sind wir gut gerüstet für den Motorsport.

Je nach Intensität der Belastung wird die Energiegewinnung – beim langen Ausdauerlauf, mit dem wir unsere Kondition trainieren – primär aus dem Fettstoffwechsel stattfinden oder vorrangig aus dem Glykogenhaushalt (Fitnessstudio, Powergymnastik, Squash, Tennis, Fußball, Trial-Wandern, Motocross).

Wie jeder gesund lebende Mensch, unser READY TO WIN™-Holitarier® erst recht, sollte sich auch der Motorsportler grundlegend kohlenhydratbetont, fettreduziert und protein-moderat ernähren.

Zusammensetzung einer optimalen Ernährung:

Kohlenhydrate	**ca. 65 %**
Fette	**ca. 25 %**
Proteine	**ca. 10 %**

Wie in unserer Coaching-Unit »Die optimale Ernährung – das Geheimrezept zum Erfolg« ausführlich beschrieben, wird man eine vorwiegend vollwertige, pflanzliche Ernährung wählen, mit guten Ölen und gesunden Fetten, sowie – dank gesundheitlichem Weitblick – Proteine überwiegend pflanzlichen Ursprungs und nicht bloß aus Fleisch wählen. Der heute in der modernen Welt viel zu hohe Konsum an Fleisch und Milchprodukten ist mit einer gesunden, ganzheitlichen, menschlich-artgerechten Ernährung nicht zu vereinbaren.

Ernährung vor dem Wettkampf

Sofern es sich um einen konditionsbetonten Sport handelt, der den Sportler während des Rennens oder während mehrerer kurz aufeinander folgender Rennläufe an die Grenzen seiner Glykogenreserven bringen könnte (Nochmals zur Erinnerung: Unsere Glykogenreserven halten je nach Anstrengung und exogenen, äußeren Faktoren 1 bis 2 Stunden bei durchgehender Belastung.), empfehlen wir, etwa eine Woche vor einem wichtigen Rennevent seine Glykogenspeicher optimal zu füllen. Dies kann man mit der Methode der **»Kohlenhydratsuperkompensation«** machen.

In der Woche vor dem Wettkampfwochenende:

Montag bis Mittwoch:
Entleeren der Glykogenspeicher durch vermehrtes, deutlich **längeres Ausdauertraining als üblich** zur Erhaltung der Fitness während der Saison bei gleichzeitig **normaler Ernährung**.

Donnerstag und Freitag:
Reduzierung des Trainings bei extrem kohlenhydratreicher Ernährung mit bis 80 % Kohlenhydratanteil (9-10 g/kg Körpergewicht) mit Reis, Nudeln, Kartoffeln, Hülsenfrüchten, Bananen u. dgl. – normaler Proteinanteil, jedoch fettarm.

Rennwochenende:
zurück zu normalem Essen

So werden die Glykogenspeicher optimal gefüllt, und man hat in der Regel genug Energie-/Zuckerreserven fürs Rennwochenende.

Ernährung am Wettkampftag

Generell empfehlen wir, am Rennwochenende lieber mehrmals aber in kleineren Portionen Nahrung zu sich zu nehmen. Egal ob man fest angegurtet im Rennauto oder Powerboat sitzt oder zusammengefaltet im Rennkart, ob man sich hinter einer Motorradverkleidung möglichst windschlüpfrig machen will oder akrobatisch am Bike herumturnt – **mit einem Völlegefühl war noch niemand schnell oder spritzig**. Man soll weder hungrig noch mit unverdauter Nahrung im Magen an den Start gehen.

Die letzte größere Mahlzeit vor dem (Haupt-)Rennen soll daher drei bis vier Stunden zurückliegen. So sehr wir auch eine möglichst ganzheitlich-gesunde, vollwertige, vollkornige und ballaststoffreiche Ernährung das ganze Jahr über dringend empfehlen, am Renntag muss es eine leicht verdauliche Nahrung sein, selbst wenn die gesundheitlichen Aspekte hier für 2-3 Tage in den Hintergrund treten. Auch muss es Nahrung sein, die der Rennfahrer kennt und die er gewohnt ist. Es ist absolut kontraproduktiv, sich das ganze Jahr über mit minderwertigem, weil raffiniertem Fastfood, Weißbrot, Kuchen usw. vollzustopfen und dann am Rennwochenende plötzlich Wildreis, Linseneintopf, Rohkost und Pumpernickelbrot zu essen. Das führt nur zu Verdauungsproblemen und Leistungsverlust, da große Mengen und/oder schwerer verdauliche Nahrung (was gesunde Nahrung in der Regel und mit gutem Grund etwa wegen eines langsameren Blutzuckeranstiegs etwa ist) im Verdauungstrakt vermehrt Blut ansammeln lässt, welches man aber zur optimalen Durchblutung der Muskeln wesentlich wichtiger braucht.

Perfekt für Training, Wettkampf oder im Alltag zwischendurch:
Black Bear® Steinzeitnahrung »Natur pur« mit hochwertigsten Inhaltsstoffen lieben auch alle Sport-Naschkatzen.

Also, achte auf erstklassige, ganzheitlich-gesunde Ernährung an allen Tagen im Jahr, an denen kein Rennen ist. Am Rennwochenende iss primär leicht Verdauliches, lass dir auch gerne einmal deine nicht so besonders gesunde Lieblingsspeise kochen, sofern sie gut verträglich ist.

Magenverweildauer einiger Lebensmittel

nach Donath/Schüler

1-2 Stunden:
Wasser, Kaffee, Tee, Kakao, fettarme Fleischbrühe, Bier, weiche Eier, gekochter Reis, gekochte Süßwasserfische

2-3 Stunden:
Gekochte Milch, Kaffee mit Obers oder Milch, Kartoffeln, Kartoffelpüree, zarte gekochte Gemüse, Obst (z.B. Banane, Beeren, Melone, Mango reif, Papaya), Weißbrot, rohe Eier, Seefisch, mageres Kalbfleisch

3-4 Stunden:
Schwarzbrot, Vollkornbrot, Bratkartoffeln, Kohlrabi, Karotten, Spinat, Äpfel, hell gegrilltes Filet, Schinken, gekochtes Huhn, Rührei, Radieschen, Omelette

4-5 Stunden:
Hülsenfrüchte, gebratenes Geflügel oder Rind, Wild, Rauchfleisch, Gurkensalat, gebackene Speisen

6-7 Stunden:
Speck, Heringssalat, Rollmops, Pilze, Thunfisch in Öl

7-8 Stunden:
Gänsebraten, Ölsardinen, fettes Fleisch (Stelze), Kohl

Schließlich soll jedes Rennwochenende auch zu einem ganzheitlichen Fest werden. Ja, mache das Rennwochenende zu deinem Fest: Du machst an diesen Tagen das, was dir vielleicht den größten Spaß macht im Leben und wofür du eventuell das meiste Geld ausgibst, dann genieße es auch! Auch beim Essen – vorausgesetzt, es reduziert nicht deine Leistung.

Also nochmals, **kleine Portionsgrößen leicht verdaulicher Nahrung sind ideal**.

Eine echt ideale, weil leicht verdauliche Basis für ein Wettkampfwochenende ist sicher Reis mit gekochtem Gemüse, Fisch oder etwas Hühnerfleisch (ohne die fette Haut).

Ernährung nach dem Wettkampf

Bei den meisten Rennsportarten wird nach dem Rennen der Flüssigkeitsbedarf wesentlich größer sein als der Nahrungsbedarf. Ein sitzender Rennfahrer wird sich seine Glykogenreserven kaum jemals so ausleeren können, dass er zusätzlich zu Wasser noch sofort konkret Zucker wird aufnehmen müssen.

Sollte dem dennoch so sein, also ein **»Zuckerloch«** eintreten (man wird zittrig, schwindelig und hat Heißhunger), helfen ein Weißmehlbrötchen, Apfel- oder Fruchtsaft, ja okay, auch ein Energy- oder Limonadendrink (hier nicht zuckerfrei natürlich) oder der berühmte Traubenzucker-Würfel.

Einhergehend mit dem Flüssigkeitsverlust ist durchaus auch der erhöhte Mineralstoffbedarf zu nennen. Dennoch sind sehr mineralstoffreiche Mineralwässer direkt nach der Belastung eher kontraproduktiv, da sie den Mineralstoffhaushalt durcheinanderbringen können. Erst einige Stunden nach der Belastung die Mineralstoffdepots wieder auffüllen. Wenn man einen halben Tag im dicken Rennoverall mitsamt feuerfester, langer Unterwäsche im eigenen Saft geschmort hat, ist sicherlich das **Bedürfnis nach Flüssigkeit am höchsten**. Und hierbei trinkt man am besten Wasser. Stilles normales Leitungswasser.

Energiegetränke und Limonaden scheinen zwar aufgrund ihres Zuckergehalts auf den ersten Blick logisch (Glukose ist doch Zucker, oder?), sie sind es aber gesundheitlich aufgrund des in der Regel vitalstoffarmen, raffinierten Industriezuckers und der enthaltenen Phosphorsäure, außer bei oben beschriebenem Zuckerloch als rasche »Erste Hilfe«, nicht ideal.

In einem Liter einer durchschnittlichen Kohlensäure-Limo stecken rund 40 (!) Stück Würfelzucker = 450 kcal / 1850 kJ. Raffinierter Zucker raubt uns Unmengen von Vitalstoffen und lässt aufgrund der schnellen Aufnahme unseren Blutzuckerspiegel blitzartig ansteigen. Und nochmals: Ein sitzender Rennfahrer wird sich seine Glykogenreserven kaum jemals so ausleeren können, dass er Zucker in so hohem Maße ergänzen müsste.

Wesentlich idealer wäre da schon, direkt nach dem Rennen Wasser zu trinken und das verbrauchte Glykogen etwas später über Obst (Tipp: frische Datteln), Fruchtsaft oder kohlenhydratreiche Nahrung wieder aufzunehmen. Wobei dies wirklich nur an Renntagen bei belastungsintensiven (Motor-)Sportarten (Motocross, Enduro u. dgl.) nötig ist – also nicht nach einem 20-minütigen Rennen im Tourenwagen deswegen gleich anschließend »einschneiden wie ein Bär«.

Ganz anderes gilt natürlich für unsere schon mehrmals erwähnten Dakar-Helden: Deren Glykogenreserven sind nach einer langen Etappe völlig ausgeräumt, gleich wie bei einem Langstrecken-/Bergläufer. In der kurzen Zeit der möglichen Regeneration über Nacht bis zur nächsten »special stage« empfiehlt es sich, die **Glykogenspeicher mit schnell verdaulichen Kohlenhydratquellen** (hoher glykämischer Index) **und Getränken mit Glucose, Maltrodextrin** usw. **aufzufüllen**.

Open-Window-Effekt

In den beiden ersten Stunden unmittelbar nach der Belastung (egal, ob Wettkampf oder Training) nimmt der Körper Kohlenhydrate und Aminosäuren am besten auf. Daher bezeichnet man dieses Phänomen als **»Open-Window-Effekt«.**

Viele erfahrene Ernährungscoaches halten die erste Mahlzeit »danach« als die wichtigste des Tages. Neben den oben erwähnten schnell verdaulichen Kohlenhydraten darf hierbei auch ein Ei nicht fehlen, welches mit seinen ca. 6 g essenziellen Aminosäuren genau den Bedarf des ausgepowerten Körpers deckt und zusätzlich noch die Vitamine A, D, E, K und B12 sowie Eisen liefert – das tierische »Superfood«.

Exkurs: Glykämischer Index

Der Glykämische Index (GI) gibt Auskunft darüber, wie schnell die Kohlenhydrate (Zucker) eines Nahrungsmittels ins Blut übergehen. Je höher der GI, desto rapider steigt der Blutzuckerspiegel an. Rein gesundheitlich betrachtet kann als Faustregel gelten, dass Nahrungsmittel mit hohem GI (vornehmlich Einfachzucker) zwar schnelle Energie liefern, jedoch bei hohem Konsum langfristig in einem **Diabetes-Problem** münden. Nahrungsmittel mit niedrigem GI liefern langfristig Energie und liegen länger im Magen, weil der Körper zum Aufspalten der in ihnen enthaltenen Mehrfachzucker schlicht und einfach mehr Zeit benötigt. Insulin, ein Hormon das die Aufnahme von Glukose (Zucker) in den Körperzellen reguliert, wird bei niedrigem GI langsamer und für die erzeugende Bauchspeicheldrüse – und damit unsere Gesundheit – schonender ausgeschüttet.

Der Glykämische Index anhand einiger Beispiele:

Bier	110
Traubenzucker (Glukose)	100
Pommes frites	95
Karotten gekocht	85
Kartoffelpüree	80
gezuckerter Milchreis	75
Baguette	70
Limonade	70
Reis (Standard)	70
Kartoffel mit Schale gekocht	65
Marmelade	65
Spaghetti weich gekocht	55
Basmati-Reis	50
Spaghetti al dente gekocht	40
Pumpernickel-Brot	40
Hülsenfrüchte (z.B. Kichererbsen, Linsen)	30
Karotten roh	30
Gemüse (z.B. Brokkoli, Paprika, Gurke, Kohl)	15
Krustentiere (z.B. Garnelen, Shrimps, Krebse)	5

Wasser arbeitet
im Körper durch
das, was es
mitnimmt,
nicht durch das,
was es mitbringt.

Prof. Henri Huchard

Wasser
Das Getränk der Weltmeister

(Zitat Prof. Baldur Preiml)

Wie unsere Essgewohnheiten so haben auch unsere Trinkgewohnheiten einen wesentlich gewichtigeren Einfluss auf Leistungsfähigkeit, Power und Gesundheit, als man es ohne näherer Beschäftigung mit dem Thema glauben würden. Wie beim Essen so auch beim Trinken entscheiden sich heute die meisten Menschen nicht mehr für Lebensmittel und Getränke, die ihr Körper lebensnotwendig braucht, um stark, vital und gesund zu sein. Ganz im Gegenteil, sie trinken Unmengen von synthetischem, chemisch hergestelltem »Gebräu«, das zwar super schmecken und auch appetitlich bunt aussehen mag, aber ernährungsphysiologisch fatal ist. Nein, keine Sorge, dies ist keine grundsätzliche Verteufelung all deiner Lieblingsgetränke. In unserer ganzheitlichen Betrachtungsweise unterscheiden wir nur zwischen »Trinken, um uns leistungsfähig und gesund zu erhalten« und »Trinken zum Genuss«.

Diese Coaching-Unit macht dich READY TO WIN, denn sie zeigt:

- **Wie unser Flüssigkeitshaushalt funktioniert**
- **Wie du leistungsstark und gesund wirst und bleibst, wenn du das richtige Verhältnis aus gesunder Flüssigkeitsaufnahme und verführerischen Genussmitteln kennst und beachtest**
- **Was der »diuretische« Effekt der meisten Getränke bedeutet und warum er unsere körperliche Leistungsfähigkeit reduziert**
- **Wie und was man im Wettkampf / Rennen idealerweise trinkt**

Eines der größten Potenziale im Hinblick auf unsere Körperenergie ist in einem optimalen Flüssigkeitshaushalt zu finden. Trinken ist für uns Menschen noch weit wichtiger als Essen, würden wir doch ungleich schneller verdursten als verhungern. Einer der größten Ernährungsirrtümer der modernen Menschheitsgeschichte ist die Meinung, erst dann zu trinken, wenn man durstig ist. »Wenn du Durst hast, musst du Saft trinken«, startet schon im Kleinkindalter ein gesundheitlich verheerender Doppel-Irrtum. Erstens ist **Durstgefühl schon ein Anzeichen dafür, dass unser Körper aufgrund Wassermangels auf Notprogramm schaltet** – ein echtes Alarmzeichen also. Wer erst bei Durstgefühl trinkt, füllt seinen Flüssigkeitspegel jedoch wieder nur bis zum Minimum auf, obwohl, unser Organismus nötig hätte, stets auf Maximum aufgefüllt zu werden, um perfekt arbeiten zu können. Zweitens ruft unser Körper über das Durstgefühl nicht nach Himbeersaft, sondern nach Wasser!

Der Mensch besteht zum überwiegenden Teil aus Wasser!

Ein kleines Kind besteht zu rund 75 % aus Wasser. Altern und leistungsschwächer zu werden bedeutet auch »auszutrocknen«. Alte Menschen verfügen nur mehr über rund 60 % Wasseranteil oder oft sogar weniger (chronische Dehydrierung!). Im Laufe der Jahre vertrocknet der Mensch/Körper, was allein schon am Zustand der Haut auch äußerlich deutlich sichtbar wird. Die pralle, gesunde, straffe Haut eines Babys oder Kleinkindes zeugt noch von einem optimalen Flüssigkeitshaushalt. Leider und unweigerlich viel schneller als gedacht starten wir unseren Austrocknungsprozess durch physische Belastung, falsche Ernährung und vor allem falsches Trinken.

Der Körper eines gesunden, jugendlich-blühenden Menschen besteht im Durchschnitt immer noch zu ca. 70 % aus Wasser. Was wird daher für unsere Gesundheit und Energie am wichtigsten sein? Kaffee? Künstliche, chemische Limonade? Bier? Oder Wasser? Erraten? Gratuliere! Du bist ab nun auf dem besten Wege zur maximalen Ausschöpfung deines möglichen Energiepotenziales!

Moment mal, wirst du jetzt vielleicht sagen, Kaffee, Limonade und Bier bestehen ja ohnehin fast ausschließlich aus Wasser! Mengenmäßig, prozentuell schon, stimmt. Leider sind jedoch die in den meisten Getränken beinhalteten Stoffe, wie Säuren, Zucker, Alkohol usw., **diuretisch**, d.h. sie entziehen dem Organismus mehr Wasser, als sie ihm bringen. Der Körper braucht zur Neutralisierung dieser Getränke mehr Wasser aus seinem körpereigenen Reservoir als diese ihm zuführen. Der staubtrockene Mund samt extremem Durst am Morgen nach zu viel Alkohol ist hier der beste Beweis! Wenn man ein Bier oder eine Limonade trinkt, um den Durst zu löschen, wird dem Organismus noch mehr Wasser entzogen. Eine teuflische Spirale in Richtung chronischer Dehydrierung beginnt sich zu drehen.

Sind alle Getränke und Flüssigkeiten außer Wasser für unsere Gesundheit schädlich?

Zu unserer Gesundheit und Leistungsstärke sowie unserem Wohlbefinden – diese werden auch entscheidend vom Faktor Wohlfühlen beeinflusst – gehört auch Genuss. In Maßen genießen ist integraler Bestandteil von Gesundheit und Gesundheitsvorsorge. **Wer sich keinen Genuss gönnt, wird sich auf Dauer keinen Dienst erweisen.** Unsere körperliche Verfassung hängt direkt mit unserem geistigen Wohl zusammen, unsere Psyche steuert die Gesundheit. Ist der Geist frustriert, weil er nie genießen darf (oder im Beruf ausgebrannt ist, gemobbt wird usw.), wird er sich in unserem Körper früher oder später unwohl fühlen und uns krank machen. Was uns wie viel Genuss bedeutet, ist sehr individuell. Wer Genussmittel, wie eben Limonaden, Bier, Kaffee, als Genussmittel versteht, konsumiert diese Getränke auch mengenmäßig richtig. Aus dieser Sicht ist nichts gegen einen Energydrink einzuwenden. Es war weder von Limonadenherstellern noch von Winzern oder Bierbrauern je wirklich geplant, etwas auf den Markt zu bringen, das Wasser als unser Hauptgetränk ersetzen soll. Energydrinks, Limos, Wein, Bier, Kaffee usw. sind erfolgreiche und wunderbare Genussmittel, sie sind jedoch nicht als Basis unseres Flüssigkeitshaushaltes gedacht. Sportler trinken sie – wenn überhaupt – zum Genuss, zur

Belohnung. Ihren **Flüssigkeitshaushalt regulieren sie mit Wasser und sonst nichts!**

Wasser ist der Energiespender Nummer eins in unserem Leben. Das Innere unserer Zellen, Blut, Lymph- und Gehirnflüssigkeit usw. bestehen im Wesentlichen aus Wasser. Alle Organe leben in wässrigem Milieu. Im übertragenen Sinne könnte man **unseren Körper auch als Fluss** darstellen. Wir haben die Aufgabe, diesen im Fließen zu halten und **niemals austrocknen zu lassen**.

Wasser reinigt unseren Körper!

Auch ist Wasser die Trägerflüssigkeit, um überschüssige Säuren und Gifte aus unserem Körper auszuscheiden. Wasser kann Verunreinigungen aufnehmen und reinigt so den Körper. Genau wegen dieses Effekts verwendet man Wasser auch zum Waschen! Natürlich bedingt das Trinken entsprechender Wassermengen auch ein häufigeres »Entleeren« und Wasser-lassen. Genau dabei befreit sich der Organismus von angefallenen Toxinen.

Nicht über Wasser (Urin) ausgeschwemmte Säuren bilden z.B. abgelagerte Säurekristalle und diese garantieren Gelenks- und Knorpelschäden. Dehydrierung, also der Zustand von Austrocknung, verursacht Rückenbeschwerden, weil die Bandscheiben im Grunde auch wassergefüllte Dämpfer sind, die nicht vertrocknen dürfen. Gicht, schlechte Zähne und vieles mehr sind weitere Dauer- bzw. Spätfolgen zu hoher Säuren im Körper bzw. deren nicht ausreichende Ausleitung mit Hilfe von Wasser. Ein Nicht-Ausschöpfen seiner möglichen Körperenergie und -leistung sind kurzfristige Sofort-Erscheinungen. Gerade für Sportler ein Drama im doppelten Sinne: Einerseits braucht natürlich ein Athlet zum möglichst erfolgreichen Ausüben seines Sports die maximale Leistungsfähigkeit, andererseits jedoch belastet ein Sportler seinen Körper deutlich mehr, wodurch mehr Säuren/Gifte entstehen (durch erhöhte Muskelarbeit, generell aktivierteren Stoffwechsel, mehr Nahrung, vermehrten Zelltod durch Muskelbeanspruchung, Wettkampfstress, hohes Schweißaufkommen usw.). Um diese auszuscheiden, ist Wassertrinken ein absolutes Muss.

2 Liter Wasser pro Tag sind das Minimum!

Ohne noch beim Sport schwitzen zu müssen, sind 2 Liter reines, stilles Wasser am Tag jedenfalls das Minimum, das man sich zusätzlich zu anderen Getränken zuführen sollte. Wann immer wir oder unsere Sportler für Training oder Wettkämpfe in heißeren Regionen schwitzend unterwegs sind, trinken wir pro Tag bis zu 6 Liter Wasser und mehr. Sobald du bis zum Durstgefühl wartest, hast du schon zu wenig Wasser getrunken! **Zu einem optimalen Wasserhaushalt muss man sich erziehen**, und bisweilen dauert es Monate, bis diese Routine so weit in den Alltag integriert ist, dass Wasser als Teil unseres Lebens immer mit dabei ist. Ob auf der (langen) Autofahrt, im Büro, im Training, auf der Rennstrecke – eine Wasserflasche befindet sich immer in der Nähe jedes READY TO WIN™-Coaches oder -Sportlers!

Faustregel zum Wasserkonsum

Der »Wasser-Arzt« Dr. Fereydoon Batmanghelidj – weltberühmt durch seinen Bestseller **»Sie sind nicht krank, Sie sind durstig!«** – stellte auf die Frage, woran erkennbar sei, ob man zu wenig getrunken hat, folgende einfache Faustregel für gesunde Menschen auf: **Der Urin sollte tagsüber immer farblos sein.** Eine gelbe oder noch dunklere Färbung ist jedenfalls ein Zeichen dafür, dass man nicht genügend getrunken hat.

Tagsüber sinnvoll Wasser trinken!

Die erste ordentliche Portion Wasser gibt es unmittelbar nach dem Aufstehen. Um unseren Körper noch effizienter von Giftstoffen zu befreien, nehmen wir bei dieser Gelegenheit auch gleich unser Zeolith-Pulver zu uns (siehe dazu die Coaching-Unit: »Der Darm – Sitz unserer Gesundheit«). Tagsüber trinken wir gleichmäßig verteilt Wasser in ca. ¼-Liter-Mengen. Am Beginn deiner Wassertrinker-Laufbahn bekommst du durch Mitzählen/Mitnotieren der getrunkenen Gläser ein gutes Gespür für die notwendige Menge. Bald hast du deinen Wasserkonsum automatisch im Gefühl. ¼-Liter-Einheiten, ein übliches Trinkglas, auf einmal getrunken ist gesundheitlich okay und praktikabel. Größere Wassermengen auf einmal hinuntergestürzt können aufgrund des sogenannten gastrokolischen Reflexes die Verdauung anregen. Dieser Reflex bedeutet, wenn »oben« im Körper viel eingefüllt wird, dieser »unten« Platz schaffen möchte. Das Trinken eines größeren Quantums auf einmal regt nicht nur das spätere Wasserlassen an, sondern auch die Darmentleerung. Guter Trick bei Verstopfung, schlecht allerdings, wenn gerade dann am morgendlichen Rennstart der gastrokolische Effekt zusammen mit der Wettkampf-Nervosität die Konzentration auf den Enddarm anstatt auf das Rennen fokussiert. Kleinere Mengen als ¼-Liter zu trinken und dafür öfters, wäre noch besser, hat sich aber als unpraktikabel herausgestellt: **Wassertrinken darf nicht zur nervigen Last werden, sondern zur Routine, die den Tagesablauf nicht beeinträchtigt.**

Jeweils gut eine Viertelstunde vor den Hauptmahlzeiten konsumiere die letzte Wasserration. Zum Essen selbst empfehlen wir, generell wenig bis nichts zu trinken. Jede zur Nahrung konsumierte größere Flüssigkeitsmenge, ob Wasser, Saft, (alkoholfreies) Bier …, verdünnt die nun benötigte Magensäure und erschwert deinem Magen unnötig die Vorverdauung der aufgenommenen Nahrung. Das Essen liegt schwer und zu lange im Magen. Cirka eine bis zwei Stunden nach der Mahlzeit – je nach »Schwere« des Essens – sollte der Magen mit seinem »Job« so weit fortgeschritten sein, dass man wieder Wasser nachtanken kann.

Theoretisch kann man zu viel Wasser trinken

Zu viel Wasser trinken kann man, aber nicht leicht. Ein vernünftiges Mittelmaß – wie empfohlen – ergibt sich gleichsam von selbst: 2 (bei normaler Transpiration) bis 6 Liter (bei stark erhöhtem Schwitzen) sind ohnehin eine Herausforderung. Wer das einhält, ist in jeder Weise auf der sicheren Seite. Er hat genug frisches Wasser, seinen Wasserhaushalt als sauberen Lebensfluss zu führen und läuft bei weitem nicht Gefahr, zu viel Wasser zu trinken. Obwohl Wasser einer der wichtigsten Stoffe für unser Leben ist, macht wie überall auch hier die Dosis das Gift. Trinkt man pro Tag (ohne viel auszuschwitzen) 12 bis 15 oder mehr Liter Wasser, könnte das Gleichgewicht unserer Zellen sehr wohl lebensbedrohlich ins Wanken geraten. Aber wer trinkt schon nur zum Spaß solche Unmengen an Wasser und warum?

Wasser ist nicht gleich Wasser!

Wann immer wir hier von Wasser schreiben, meinen wir ganz »normales« natürliches Wasser, vor allem aber kein kohlensäurehältiges Mineral- oder Sodawasser. Kohlensäure ist Bestandteil von Genussmitteln. Getränke werden »frizzante« oder »sparkling« gemacht, weil diese prickelnden Säure-Bläschen das Trinkvergnügen und die Haltbarkeit erhöhen. Hast du es gecheckt? Trinkvergnügen – Genussmittel! CO_2, der Hauptbestandteil von Kohlensäure, ist ein Stoffwechselabfallprodukt, das wir durch die Ausatemluft abgeben. Es ist doch seltsam, dass wir das, was wir als unseren Stoffwechselabfall über die Luftröhre ständig ausatmen, unserem Körper über die Speiseröhre in den Magen wieder zuführen, wo wir es nicht abatmen, sondern abrülpsen müssen … Unsere Gesundheit wird damit unter Garantie nicht gefördert.

Leben ist Wasser – Wasser ist Leben!

Daher: **Kohlensäure fällt unter Genussmittel und ist KEIN Lebensmittel!**

Leitungswasser oder Mineralwasser?

Wir Menschen sind in der Evolution über Jahrtausende darauf ausgerichtet, Oberflächenwasser zu trinken. Natürlich ist es für uns hier in Österreich, inmitten der Alpen, mit vielleicht dem besten Wasser der Welt, einfach, über optimales Wasser zu reden. Wir hier trinken immer und überall reines und klares Wasser einfach aus der Wasserleitung – eine absolute Selbstverständlichkeit. Daher haben wir besonders großen Respekt vor den Regionen der Welt, in denen man auf künstlich gefördertes Wasser angewiesen ist. Es ist uns bewusst, wie schwierig unsere Empfehlung mit 2 bis 6 Litern (bei erhöhter Schweißabgabe) am Tag gerade dort einzuhalten sein wird. Dessen ungeachtet liegt nun einmal **in einem perfekten Wasserhaushalt das wohl größte Potenzial zur Aktivierung der Körperenergie** verborgen.

Ein übertriebener Konsum von stillen Mineralwässern ist angesichts der Wasserqualität hierzulande nicht notwendig. Diese Wässer werden aus extremen Tiefen an die Oberfläche gefördert und sind dadurch mit Mineralien angereichert. **Hochwertige Mineralwässer** stellen daher durch ihren Mineralstoffgehalt mit leicht basischem pH-Wert eine empfehlenswerte Ergänzung als Quelle für Calcium, Magnesium usw. dar. Einen Jungbrunnen mit beeindruckender Zusammensetzung stellt das Mehrner Heilwasser aus einer artesischen Quelle (Wasser steigt von selbst aus der Tiefe an die Erdoberfläche) aus Brixlegg/Tirol mit schier unglaublichen 363,6 mg/l Calcium dar.

Nicht nur der Wasserpapst Dr. Masaru Emoto, sondern auch die READY TO WIN™-Sportler sind von dieser »Gesundheit aus der Tiefe der Tiroler Bergwelt« begeistert.

Wenn wir empfehlen, in erster Linie Wasser zu trinken, um uns fit, vital und gesund zu halten, so bedeutet das nicht, dass wir Genussmittel gänzlich verschmähen oder kategorisch ablehnen. Direkt gepresste Naturfruchtsäfte ohne Konservierungsmittelzusatz und ohne zusätzlichen Zucker sind natürlich noch viel besser als synthetische Limonaden. Wir lieben auch Obst- und Gemüsesäfte sowie Smoothies, aber bei allem Wohlgeschmack sowie Vitamin- und Mineralstoffgehalt – die Grundversorgung unseres Körpers basiert auf einem ausgewogenen Wasserhaushalt, anderenfalls würde man ja auch von einem »Safthaushalt« sprechen.

Kann man Wasser noch verbessern?

Leitungswasser und Wasser in Flaschen haben schon viel von ihrer »Lebendigkeit« eingebüßt. Bei aller Dankbarkeit für das Wasser in Österreich – das beste Wasser ist das natürliche Quellwasser! Dieser Luxus steht allerdings auch uns nur bei einem Ausflug in die Natur zur Verfügung. Um dem Wasser wieder ein gewisses Maß an **Lebendigkeit** zurückzuführen, gibt es zahlreiche Möglichkeiten und Anbieter. Am einfachsten funktioniert es mit sogenannten Wasserverwirblern, die an den Wasserhahn montiert werden. Sie verwirbeln das Wasser und verleihen ihm wieder seine ursprüngliche Lebendigkeit, gleichtzeitig reichern sie es mit natürlichem Sauerstoff aus der Luft an.

Wasser aus Flaschen bekommt seine Lebendigkeit durch mehrmaliges Ausgießen in ein Glasgefäß wieder, wenn dabei die Flasche rasch gegen den Uhrzeigersinn gedreht wird. Unser tägliches Trinkwasser bereiten wir mit Magnetit-Kristallen auf, auch diverse Quarzkristalle (z.B. Amethyst, Rosenquarz …) sind geeignet. Bei ernsthafter ganzheitlicher Betrachtung müsste man zuallererst mit kinesiologischen Tests (siehe Seite 159) feststellen, welche **Halbedelsteine** im Wasser tatsächlich gut tun und fördern. Den Autor dieser Zeilen schwächt Amethyst, und die schönen violetten Kristalle ins Trinkwasser zu legen, wäre in diesem individuellen Fall eher kontraproduktiv. Weiß man nicht, welcher Kristall einem gut oder schlecht tut – **einfach normales Wasser trinken!**

In Plastikflaschen abgefülltes Wasser für unterwegs hat einen Großteil seiner Lebendigkeit eingebüßt. Eine Tatsache, mit der man sich allerdings in den meisten Ländern der Welt wohl abfinden muss. Gekauftes Wasser aus Glasflaschen ist natürlich unsere erste Wahl und verwenden wir, soweit möglich und sinnvoll. Wenn wir verreisen, befüllen wir Glasflaschen mit Leitungswasser. Plastikflaschen sind aber in jedem Fall besser, als sich bei einer Autofahrt mit einer Glasflasche die Zähne einzuschlagen.

TIPP: Magst du reines Wasser partout nicht, kannst du zur gesunden »Aufpeppung« in deine Wasserflasche ein paar Scheiben unbehandelter Orangen und Zitronen oder auch Zitronenmelisse, Ingwer oder Zimtstangen (Winter) quetschen ...

Basentrunk

Wie schon oft erwähnt, leben wir heute meist viel zu übersäuert, scheinbar gesunde Sportler noch mehr. Sie – zumindest die cleveren unter ihnen – rauchen zwar nicht (auch sollten sie wenig Alkohol konsumieren), statt dessen belasten sie sich durch stark aktivierten Stoffwechsel, hohe Laktatbildung, vermehrte Harnsäurebelastung durch höheren Zelltod aufgrund des Trainings bzw. die oft zu fleischreiche Fehlernährung (im Irrglauben, mit mehr Fleischkonsum bessere Muskeln aufzubauen). Daher ist alles, worauf unser Körper basenbildend reagiert, von immenser Wichtigkeit für unsere Gesundheit.

Das Getränk mit der besten basischen, weil mineralisierenden Wirkung ist der sogenannte **Basentrunk nach Are Waerland** (Schweden).

Dazu schneidet man Gemüse, wie Karotten, Pastinaken, (Stangen-) Sellerie, Petersilwurzel, Kartoffel, Fenchel, Zucchini, Broccoli usw., klein, fügt alles an verfügbaren Kräutern hinzu (Petersilie, Liebstöckl u.dgl.), köchelt dies mit einigen Litern Wasser etwa 15 Minuten und lässt den Trunk erkalten. KEIN SALZ zufügen!!! Die abgeseihte Flüssigkeit trinkt man am besten morgens und abends (je ¼ Liter) leicht angewärmt (jedoch nicht in der Mikrowelle!!! Dann besser kalt trinken! Mikrowelle zerstört jedes Essen oder Getränk energetisch). Dieser basische Sud schmeckt zwar sehr dezent, ist aber wunderbar gesund für den übersäuerten Körper. Wir kochen ihn einmal pro Woche vor. Im Kühlschrank hält er sich, weil ungesalzen (wichtig!), lange genug.

Und wie schädlich ist Bier?

Bier ist unter den alkoholischen Getränken das für den Sportler am ehesten akzeptable, weil es sehr vitalstoffreich ist. Wären da nicht der Alkohol und die Harnsäurethematik. Von der, in manchen Fällen ja durchaus angenehmen Großhirnvergiftung abgesehen, ist alkoholisches Bier auch ein diuretisches Getränk, das dem Körper mehr Wasser zum Neutralisieren entzieht, als es bringt (Stichwort: »Brand« am Tag danach). Anders ist es bei alkoholfreiem Bier! Es ist bei einem minimalen Alkoholgehalt von 0,02 bis 0,5 % (vereinzelt gibt es auch schon 0,0 % Bier!) als isotonisches Vollgetränk z.B. Limonaden vorzuziehen. Demnach »bleifreies« Bier ja – »verbleites« Bier in kontrollierten Maßen, dann spielt auch die Harnsäure keine Rolle. Wenn schon Bier, dann dieselbe Menge Wasser dazu oder danach trinken. So reguliert sich der Bierkonsum automatisch. Trinkt man zu jedem Bier gleichviel Wasser, ist man ohnehin bald randvoll, ohne betrunken zu sein.

So trinkt man Wasser am Wettkampfwochenende

Wird der körpereigene Flüssigkeitshaushalt das ganze Jahr über konstant gehalten, sind die Wasserdepots und -speicher soweit gefüllt, dass man am Renn-/Wettkampfwochenende durchaus einmal weniger trinken kann. Es ist nicht sehr klug, eine halbe Stunde vor dem Matchstart noch einen Liter Wasser hinunterzustürzen. Sollte die Wasseraufnahme dich nämlich während des Bewerbes negativ beeinflussen, weil du ab der 5. Minute nur noch das Ende der Partie (samt WC) herbeisehnst, ist das ganz sicher nicht im Sinne unseres Rates. Unmittelbar nach Renn- oder Matchende kannst du sofort wieder ordentlich die Wasserflasche ansetzen!

Trinken im Sport abseits der Dehydrierung

Natürlich trinken wir nicht nur, um Wasser nachzufüllen, sondern auch um Mineralstoffe und vor allem Zucker schnell zuzuführen. Wie du in der Coaching-Unit »Grundlagen zur Ernährung im Sport« nachlesen kannst, findet bei den meisten Sportarten die körperliche Energiegewinnung primär aus dem Glykogen-(Zucker-)Haushalt statt.

Normalerweise kommt es bei Outdoorsportarten aufgrund von exogenen Faktoren – und hier in erster Linie durch Hitze – zu vermehrtem Schwitzen, und damit ist die Dehydrierung das primär zu lösende Problem. Das schaffen wir mit Wasser.

Zusätzlich Mineralstoffe aus isotonischen Sportdrinks zuzuführen, ist nur bei Bewerben zielführend, die über mehrere Tage dauern. Mit der von uns empfohlenen Ernährung hast du eine körpereigene Mineralstoffversorgung gewährleistet, die dich ein Ein-Tages-Event problemlos ohne Mineralstoffdefizit überstehen lässt. **Zucker zuzuführen ist erst bei harten körperlichen Anstrengungen nötig, die die Glykogenreserven des Körpers massiv angreifen.**

Getränketipps von unserem READY TO WIN-Partner, Extremläufer und Weltrekordler Hubert Gantioler

Je nach Anstrengung, Dauer des Events und äußeren Faktoren solltest du dir ein Getränk vorbereiten, welches selbstverständlich hauptsächlich aus Wasser besteht, eventuell Naturapfelsaft als Geschmacksaufbesserer, einem Mineralstoffmix und vor allem Zucker in Form von Maltodextrin. Idealerwei-

se ist ein Zucker-Komplex zu finden, in dem kurz-, mittel- und langkettige Zuckerarten gemischt sind. Das heißt, dass die unterschiedlichen Zuckerketten auch unterschiedlich schnell bzw. langsam vom Körper aufgenommen werden. Kurzkettige eben schnell, langkettige mit Verzögerungseffekt. So hat der Körper länger und konstanter Energie in Form von Zucker ohne den berühmten wie gefürchteten »Zuckerflash«, also eine Zucker-/Energie-/Insulinspitze, nach der es wieder energetisch steil bergab geht.

Das Mischungsverhältnis aus Mineralstoffen und Maltodextrin wird bestimmt von Dauer und Temperatur. Je länger die Belastung, desto mehr Maltodextrin. Je heißer und mehr Schweißabsonderung, desto mehr zusätzliche Mineralstoffe (neben Magnesium auch Kalium gegen Krämpfe! – Krämpfe während des Sport deuten auf einen Kalium-Mangel hin, Krämpfe während der Nacht auf einen Magnesium-Mangel!). Im kalten Winter-Wettbewerb werden kaum Mineralstoffe im Drink sein, dafür Maltodextrin, denn dann braucht der Körper in erster Linie Energie und nicht so sehr Mineralstoffe. Bei langen Anstrengungen in brutaler Hitze muss man sein Mischungsverhältnis finden, bei dem der Drink vor allem auch nicht zu pickigsüß wird. Was dir wann genau individuell am besten tut, in welchem Mischungsverhältnis das Getränk geschmacklich für dich noch erträglich ist, das musst du selbst für dich austesten, dazu gibt es keine allgemein gültige Empfehlung. Proteine und Vitamine brauchen in diesem Drink nicht enthalten sein, außer vielleicht eine Kombination aus verschiedenen B-Vitaminen (vor allem B1 und B2 haben großen Einfluss auf den Energiestoffwechsel). Auch die Trinkmenge variiert natürlich und kann je nach Dauer und Hitze zwischen 2 und 10 Litern liegen. Unsere READY TO WIN™-Coaches erarbeiten mit unseren Sportlern hierzu beim Training und in Trainingsrennen/-wettkämpfen einen genauen Trinkablauf. Wie erwähnt muss man das individuell für sich entwickeln, dazu sind Sportdisziplinen, Sportler und örtliche Gegebenheiten individuell zu berücksichtigen.

Isotonische Sportdrinks haben dieselbe Mineralstoffkonzentration wie unser Blut und können rasch 1:1 aufgenommen werden. Hypotone Drinks sind stärker verdünnt und versorgen uns primär mit Wasser, hypertone Getränke entziehen dem Körper Wasser durch ihren zu hohen Mineralstoff-/Elektrolytgehalt.

Untätigkeit
schwächt,
Übung stärkt,
Überlastung
schadet.

Sebastian Kneipp

Krankheit Sport
Die Säure-Basen-Balance

Sport wird in unserer Gesellschaft als vernünftig, gut, gesund, vorbildhaft usw. – also als grundpositiv – eingestuft und von den Medien präsentiert. Erfolgreiche Profisportler werden in nahezu allen Belangen des Lebens als Idole dargestellt. Eine Rolle, unter der so manche von ihnen durchaus auch leiden. Ihr Ehrgeiz, ihr Durchhalte- und vor allem Wiederaufstehvermögen, ihre Fairness – einfach alles ist an Sportlern toll. So wird es unseren Männern und unserer Jugend suggeriert. Frauen sehen Sport als Sinn des Lebens naturgemäß etwas differenzierter und emotionsloser.
Obwohl wir ganzheitlichen Coaches von READY TO WIN™ auch Sportler – und gerade die von uns betreuten – in vielerlei Hinsicht als vorbildhafte Persönlichkeiten erleben, betrachten und behandeln wir Hochleistungssportler im physischen Bereich wie kranke Menschen. Der Stoffwechsel eines Sportlers auf Höchstleistungsniveau ist über die Jahre oder Jahrzehnte seiner Karriere so extrem belastet und gefordert, wie es »im Normalleben« eigentlich nur bei schweren Erkrankungen der Fall ist.

Diese Coaching-Unit macht dich READY TO WIN, denn sie zeigt:

- **Wie wichtig es ist, auf die Gefahren von Übersäuerung und deren Folgen sensibilisiert zu sein**
- **Warum eine ausgeglichene Säure-Basen-Balance deine Leistung steigert**
- **Was absolute Tabus für einen gesundheitsbewussten Menschen/Sportler sind**
- **Was deinem Körper basenbildend gut tut**

Einer der wichtigsten Faktoren für **Höchstleistung durch Gesundheit – Gesundheit trotz Höchstleistung** ist eine ausgewogene Balance von Säuren und Basen in unserem Körper, besteht also darin, einen nicht latent übersäuerten Organismus zu haben. Etwas missverständlich wird in diesem Zusammenhang von Nicht-Medizinern gerne vom Säure-Basen-Haushalt gesprochen. Diese Bezeichnung bezieht sich medizinisch zwar grundsätzlich auf dieselbe Thematik, meint jedoch auf elementarerer Ebene die Kontrollmechanismen, die den pH-Wert unseres Blutes regulieren.

Gehen wir kurz auf den pH-Wert des Menschen ein: In der Chemie wird die Stärke einer Säure oder Base über den pH-Wert angegeben. Die pH-Wert-Skala reicht von 0 bis 14, wobei 0 die stärkste Säure und 14 die stärkste Base – auch Lauge genannt – bedeuten. Wasser ist mit einem pH-Wert von 7 neutral, also weder sauer noch basisch. Der Mensch ist mit einem **pH-Wert des Blutes von 7,36 bis 7,44** ein leicht basisches Wesen und besteht auch selbst zu ca. 80 % aus Basen und 20 % aus Säuren. Fällt oder steigt der pH-Wert des Blutes unter oder über diesen Bereich, wird's kritisch. In der Medizin spricht man bei diesen lebensbedrohlichen Szenarien von akuter Azidose bzw. Alkalose.

Säuren und Basen fallen ständig in unserem Körper an, schon alleine im Zuge der lebensnotwendigen Versorgung mit Sauerstoff, mit welchem in den Mitochondrien, den »Kraftwerken der Zelle«, aus Zucker Energie hergestellt wird. Mechanismen wie der Bikarbonatpuffer sorgen dafür, dass der pH-Wert des Blutes stets im »grünen Bereich« bleibt. Auch verwendet unser Organismus aktiv Säuren (z.B. Magensäure) und Basen (z.B. Galle), etwa um die Nahrung in aufnahmefähige Bestandteile zu zerlegen. In der Leber werden schwefelhaltige Eiweißbausteine zu Schwefelsäure abgebaut. Aus Phosphatsalzen, die als Konservierungsstoffe Anwendung finden (z.B. in Limonaden), entsteht Phosphorsäure usw. Überschüssige Säuren werden als Stoffwechselabfall abgeatmet (Kohlensäure), über die Nieren oder den Darm ausgeschieden, über die Hautporen ausgeschwitzt usw. Kurzum – ein, wie der ganze Mensch an sich, perfekt funktionierendes System. Womit die Evolution nicht gerechnet hatte, ist die Tatsache, dass wir heute mit unglaublich gesteigerten Säurebelastungen konfrontiert sind. Allen voran setzt sich unsere moderne, raffinierte und denaturierte Nahrung zum überwiegenden Teil aus im Körper säurebildenden Bestandteilen zusammen. Wobei sauer oder säurebildend nicht mit saurem Geschmack zu verwechseln ist! Weit gefehlt: Die meiste Säure bildet unser Körper als Reaktion auf den raffinierten Wohlstandsfraß, der süß schmeckt, von Süßigkeiten über Weißmehlprodukte bis zur Zuckerlimonade. Aufgrund des heute bei vielen völlig artungerecht hohen Anteils an Fleisch und den darin (mehr als in Pflanzen) enthaltenen Purinen schlagen sich große Teile der Bevölkerung mit schwindelerregenden Harnsäurewerten herum. Gicht und zerstörte Gelenke sind traurige Beweise unseres zivilisierten Lifestyles. Als Folge des ständigen Zelltodes bzw. der Zellerneuerung entsteht als Endprodukt des körpereigenen Purinstoffwechsels ebenfalls Harnsäure. Insbesondere beim Hochleistungssportler ein ernstes Thema, geht doch körperlich hohe Belastung mit wesentlich vermehrtem Zellsterben einher. Durch harte Muskelarbeit, aber erst recht durch Blutergüsse und »blaue Flecken« sterben Millionen (!) unserer gesamt 70 Billionen Körperzellen.

Nochmals: Naturgemäß verfügt der Mensch über eine Regulation seines Säure-Basen-Haushaltes. **Die Problematik besteht hier also nicht in der Tatsache des Säurevorkommens, sondern in einem unnatürlichen, weil chronisch weit überhöhten Säureaufkommen durch Fehlernährung und extreme Belastung.**

Warum ist eine ausgeglichene Säure-Basen-Balance für Sportler nun so bedeutend?

Aus zwei überaus wichtigen Gesichtspunkten:

1. Ein übersäuerter Körper kann nie die volle Leistung erbringen. Er ist »falsch eingestellt« wie ein zu fetter Motor, zum besseren Verständnis sei dieser unwissenschaftliche Vergleich gestattet. Ein schlecht eingestellter Motor bringt bekanntlich auch nicht seine Top-Leistung, dreht nicht so gut und leicht wie er sollte und produziert

unnötig Abgase und Dreck. Ist das Milieu unserer Körperzellen solcherart verschmutzt, werden diese schlapp, krank, sterben ab oder ufern zu bösartigen Zellverbänden wie Tumoren aus. Erst ein sauberes Zellmilieu und ein sauberes Blut mit allen Vitalstoffen ermöglichen es dir, deine optimale körperliche Performance zu bringen – **Höchstleistung durch Gesundheit!**

2. Ein zu sauer lebender Mensch hat auch mit Langzeitfolgen zu rechnen. Die überhandnehmenden und das körpereigene Regulationssystem über die Grenzen hinaus belastenden »Zivilisations-Säuren« zerstören mit der Zeit den Körper, leider in einem anfänglich oft unsichtbaren, schleichenden Prozess – unsichtbar für den ahnungslosen Sportler und zukünftigen Patienten. Es gibt alternativmedizinisch die Ansicht, dass **alle Krankheiten letztlich Säure-Katastrophen** sind. Allen voran aber werden Gelenks-/Knorpelschäden auftreten, Bandscheibenprobleme, Zahnprobleme, Osteoporose, aber auch Arterienverkalkung bis zum Herzinfarkt, Sodbrennen, chronische Magen-Darmstörungen, Cellulite, Neurodermitis, Allergien, Diabetes und viel Unerfreuliches mehr. Vom vielen Sport hat man dann mit 40 Jahren völlig zerstörte Gelenke, aber das war eben der Preis, den es für die Profikarriere zu bezahlen galt. Unsinn: Es ist der Preis, den es für einen Mineralstoffmangel und nicht rechtzeitig betreute Säureüberschüsse, wie auch jahrelang zu hohe Milchsäure (Laktat), zu bezahlen gibt.

Unser Coachingansatz daher: **Gesundheit trotz Höchstleistung!**

Basenbildend reagiert der Körper auf:

1. vollwertige Ernährung (siehe READY TO WIN-Holitarier®)
2. Wasser als Hauptgetränk
3. basische Getränke, Kräutertees, Basentrunk
4. Ernährung mit viel Gemüse und Obst
5. viel frische Luft
6. aerobe Entspannungsphasen

Extrem säurebildend und daher zu vermeiden sind:

1. Rauchen
2. Alkohol
3. Süßigkeiten
4. raffinierte Weißmehlprodukte
5. kohlensäure- und phosphorsäurehaltige Limonadengetränke
6. Fleisch, allen voran Schweinefleisch, Wurst
7. übermäßiger Stress (fördert Magensäure = Stressmagen, Magengeschwüre)
8. extreme körperlicher Beanspruchung
9. übermäßig Kaffee und schwarzer Tee

Im Sinne einer basischen oder basen-überschüssigen Ernährung ist also nicht von der Regulierung akuter Entgleisungen des pH-Werts des Blutes wie Azidose und Alkalose die Rede, sondern von einer Therapie chronischer Übersäuerung des Körpergewebes außerhalb des Blutes, um das einleitend erwähnte Missverständnis zum medizinischen Begriff des Säure-Basen-Haushaltes nochmals anzusprechen.

Starke Beanspruchung bzw. ungewöhnlich hohe Säurebelastung müssen vom Körper mit einem hohen Maß an Mineralstoffen abgefangen werden. Genau hier ist eine der größten Gefahren, die Höchstleistung und Krankheit in gleichem Maße mit sich bringen: gewaltige Mangelerscheinungen an Mineralien, Spurenelementen, Vitaminen und Aminosäuren, welche langfristig zu irreversiblen Schäden führen.

Für uns ganzheitliche Coaches sind vor allem die Mineralstoffmängel bei intensivst trainierenden Sportlern meist auf den ersten Blick erkennbar, ohne mit dem Athleten auch nur ein Wort gewechselt zu haben. Nicht einmal ein persönliches Treffen ist nötig, um Anzeichen für drohenden gesundheitlichen Schaden zu sehen. Fernsehbilder reichen, und diese brauchen nicht in HD zu sein.

Je härter die Trainingsreize und -intensitäten eines Sports, desto dramatischer. Alpinski-Abfahrt, besonders bei den Herren, ist immer eine gute Gelegenheit, ahnungslosen Sportfans zu zeigen, wie Menschen aussehen, die weit über ihre Mineralstoffreserven oder -zufuhr hinaus trainieren.

Ein schütteres Kopfhaar (durch Entzug vom Kalzium aus dem Haarboden zur Säureneutralisation) ist ein bombensicheres Anzeichen, das nicht nicht wenige der kühnen Downhill-Racer mit ihren beeindruckenden Oberschenkelmuskeln ihr Eigen nennen. Um mehr über Zahnprobleme (Leistungssportlern empfehlen wir eine noch regelmäßigere zahnärztliche Kontrolle!), Schweißfüße, üble Körpergerüche, schlechte Knochendichten oder Cellulite von Sportprofis zu erfahren, muss man sie als Therapeut persönlich schon etwas näher kennen.

If you can dream it, you can do it.

If you can do it, you can stand it!

Einer unserer READY TO WIN-Grundsätze

Die Leistung, die du – einmal erträumt – zu bringen im Stande bist, hält dein Körper auch aus. Dein Körper ist viel klüger als dein bewusstes Denken es jemals sein wird. Dein Körper lässt dich nichts machen, was er nicht auch aushalten würde. Du zerstörst ihn nur leider durch falsche oder nicht ausreichende Entsäuerung und Mineralisierung. Wenn du Profi bist oder warst, hast du wenigstens finanziell direkt oder indirekt **profi**tiert vom körperlichen Raubbau.

Noch schlimmer sind jene dran, die sich ihre Gesundheit nur zum Vergnügen ruinieren. Meist Männer, die sich den ganzen Tag über ungesund (weil viel zu fleisch- und fettreich, dafür ballaststoff- und vitalstoffarm) ernähren und ihre ohnehin säuredominierte Lebensweise dann am Feierabend durch starke sportliche Betätigung mit anschließendem Saunagang und ein paar Belohnungsbierchen samt Zigarre kompensieren. Sie sind auf direktem Wege, schwer krank zu werden, ohne es zu merken und ohne es noch dazu von Sponsoren bezahlt zu bekommen!

READY TO WIN-Tipp:

Um die im Sport anfallenden Säuren aus dem Körper auszuleiten, braucht es einen perfekten Wasserhaushalt. Mehr dazu erfährst du in der Coaching-Unit »So trinkt ein Weltmeister«. Richtig genial zum Regenerieren des vom Sport gepeinigten Körpers ist auch ein ausgiebiges Entspannen und Entsäuern in einem Basenbad. Unserer Erfahrung nach ist das Produkt bzw. der Anwendungsablauf von »Meine Base« aus dem Hause Jentschura die beste Methode, überschüssige Säuren scheinbar aus den Muskeln zu »saugen«.

Während eines langen, mindestens eine Stunde dauernden Bades in einem pH-Wert von 8,5 (Messbecher dabei) wird die Ausscheidefunktion der Haut und ihrer bis zu 600 Schweißdrüsen/cm^2 optimal unterstützt und der Organismus sanft entsäuert.

Den Effekt kann man gut nachprüfen, indem man nach dem Entsäuerungs-Prozess das Badewasser erneut auf seinen pH-Wert untersucht: Wenn der Körper wirklich übersäuert war, hat das Wasser nun nicht mehr pH 8,5, sondern nur mehr 8 oder gar 7,5. **Übrigens bedeutet eine Stufe im pH-Wert 10-mal so sauer bzw. basisch. pH 7 ist daher 10-mal so sauer wie pH 8.**

Wenn READY TO WIN™-Coaches mit einem Sportler zusammenarbeiten, so richten wir stets unser Augenmerk auf:

- **Minimierung des spezifischen Säureaufkommens**
- **Einhaltung eines perfekten Wasserhaushaltes zur Entgiftung**
- **Optimierung der Mineralstoffzufuhr**

Die Mitte
der Nacht
ist der Anfang
des Tages.

Quelle unbekannt

Freie Radikale
Mit Antioxidanzien gegen die Giftzwerge

Das Thema »freie Radikale« wird immer öfter von den Medien aufgegriffen, da man mit diesen Stoffwechsel-Reaktionen auf Sauerstoffbasis endlich einen (Allein-)Schuldigen für die allgemeine Abnahme der Gesundheit bei gleichzeitiger Zunahme der (Wohlstands-)Krankheiten gefunden zu haben meint. Aus unserer ganzheitlichen Sichtweise sind diese freien Radikale, bzw. um genau zu sein ihr dramatischer Überhang, mit- bis hauptverantwortlich für viele Krankheiten und besonders wesentlich beim Sportler für Leistungseinbußen.

Wer sich, wie in der Coaching-Unit »Ernährung – das Geheimrezept zum Erfolg« beschrieben, als READY TO WIN-Holitarier® richtig ernährt, richtig trinkt und damit seine Säure-Basen-Balance perfekt positiv beeinflusst, wird mit etwas Wissen über die freien Radikale ohne großen Aufwand noch weiter seine Leistung verbessern können und sich seine physische wie psychische Gesundheit bis ins hohe Alter erhalten können – selbst bei oder gerade trotz hoher körperlicher Beanspruchung im Alltag eines Leistungssportlers.

Diese Coaching-Unit macht dich READY TO WIN, denn sie zeigt:

- **Wie freie Radikale entstehen und warum sie so gefährlich sind**
- **Warum das gerade einen Leistungssportler so betrifft**
- **Wie du dich jetzt und vor Spätfolgen ganz einfach schützen kannst**

Freie Radikale (= ROS reactive oxygen species) oder reaktive Sauerstoffspezies sind Stoffwechselprodukte chemischer Reaktionen mit Sauerstoff. Sie entstehen durch Oxidation überall dort, wo wir mit Sauerstoff in Verbindung kommen bzw. im Körper Sauerstoff transportiert wird. Diese **freien Radikale, oder auch Oxidanzien** genannt, sind von Natur aus vorgesehen, sinnvoll und nötig. Unser Körper verwendet sie unter anderem als Waffe gegen eindringende Mikroorganismen und Krankheitserreger. Also grundsätzlich haben diese aggressiven »radikalen« Sauerstoffmoleküle eine wichtige Funktion in unserem Organismus.

Die ROS sollten primär bei der Energiebereitstellung in unseren Zellen entstehen, quasi als durchaus brauchbares Nebenprodukt der Mitochondrien, der Zellkraftwerke, aber auch bei entzündlichen Erkrankungen – als »Gegengift« zur Bekämpfung gefährlicher Krankheitserreger. So war der geniale Plan der Evolution.

Unsere Immunabwehr benötigt freie Radikale! Haben wir jedoch zu viele, richten sie sich gegen uns selbst.

Von der Evolution war nicht geplant, dass der moderne Mensch so vielen Umwelt- und Lebensstilfaktoren ausgesetzt ist, welche auch und zusätzlich massivst freie Radikale produzieren. Am dramatischsten sind hier Nikotin- und Alkoholgenuss, Umweltschadstoffe (Luftverschmutzung, Schwermetalle, Ozon, Pestizide u. dgl.), Medikamente, nicht-artgerechte Ernährung usw., aber auch vermehrte körperliche Anstrengung = Sport und erst recht Leistungssport! Sogar die UV-Strahlung spielt eine Rolle. Das bedeutet, dass aus Sicht der Produktion von freien Radikalen hohe sportliche Anstrengung in der Sonne und an der frischen Luft alles andere als nur gesund ist. Leider ist das so – einmal musstest du es ja erfahren …

Diese aggressiven Oxidanzien beginnen nun – wenn sie derart in der Überzahl sind – verrückt zu spielen und unsere gesunden Körperzellen anzugreifen. Ihr Job ist ja das Angreifen und Vernichten böser Eindringlinge. Sind jetzt aber viel zu wenige Eindringlinge da, finden diese Sauerstoff-Hooligans quasi niemanden zum sinnvollen Bekämpfen, dann fangen sie an, die guten, gesunden Körperzellen zu attackieren. Mit irgendwem müssen sie sich einfach prügeln, das ist ihr Instinkt. Damit richten sie auf Dauer verheerende Schäden im Körper an. Die so permanent gepiesackten Körperzellen beginnen ihrerseits auszuflippen – verständlich, wenn einem ständig einer aufs Maul haut – werden auch zu bösartigen Randalierern und attackieren nun zusammen mit den Radikalen weitere gesunde Zellen. Ein bürgerkriegsartiges Chaos entsteht.

Möglicherweise war das jetzt nicht ganz hochwissenschaftlich, aber es geht uns mehr darum, dass du das Prinzip verstehst. Denn dieses Entarten gesunder Zellen ist auch das Funktionsprinzip einer Krebserkrankung. Genau solche Erkrankungen sind es u. a., die durch eine große Überzahl an ROS entstehen: Krebs, Herz-Kreislauf-Probleme, Diabetes, Autoimmunerkrankungen, Gelenkserkrankungen, Atemwegserkrankungen, zahlreiche neurodegenerative Schäden usw. **Vermutlich kann man jede Krankheit auch auf diese Interpretation mit den freien Radikalen zurückführen.**

Diese Problematik mit der Sauerstoff-Reaktion betrifft nicht nur uns Menschen. Auch Pflanzen. Wenn du beispielsweise einen Apfel in zwei Hälften schneidest und eine Hälfte kurze Zeit liegen lässt, so verfärbt sich diese an der Schnittfläche braun. Exakt, das sind die freien Radikale. Reibst du die zweite Hälfte deines Apfels aber an der Schnittfläche sofort zusätzlich mit Vitamin C ein, etwa mit einer halbierten Zitrone – wie von Geisterhand bleibt diese Apfelhälfte schön hell, »gesund« und oxidiert kaum bis nicht. Es ist offensichtlich, dass Vitamin C freie Radikale in Zaum hält. Daher wird Vitamin C, wie auch einige andere effektive Hilfsstoffe gegen den Überschuss der Oxid-

anzien, der freien Radikale, auch Antioxidans genannt. In unserer Tränenflüssigkeit befindet sich rund 50-mal so viel Vitamin C wie in unserem Blut. Warum? Damit unsere dem Sauerstoff direkt ausgesetzten und extrem empfindlichen Augen nicht genauso angegriffen werden wie die Schnittfläche deines Apfels. Genial, oder?

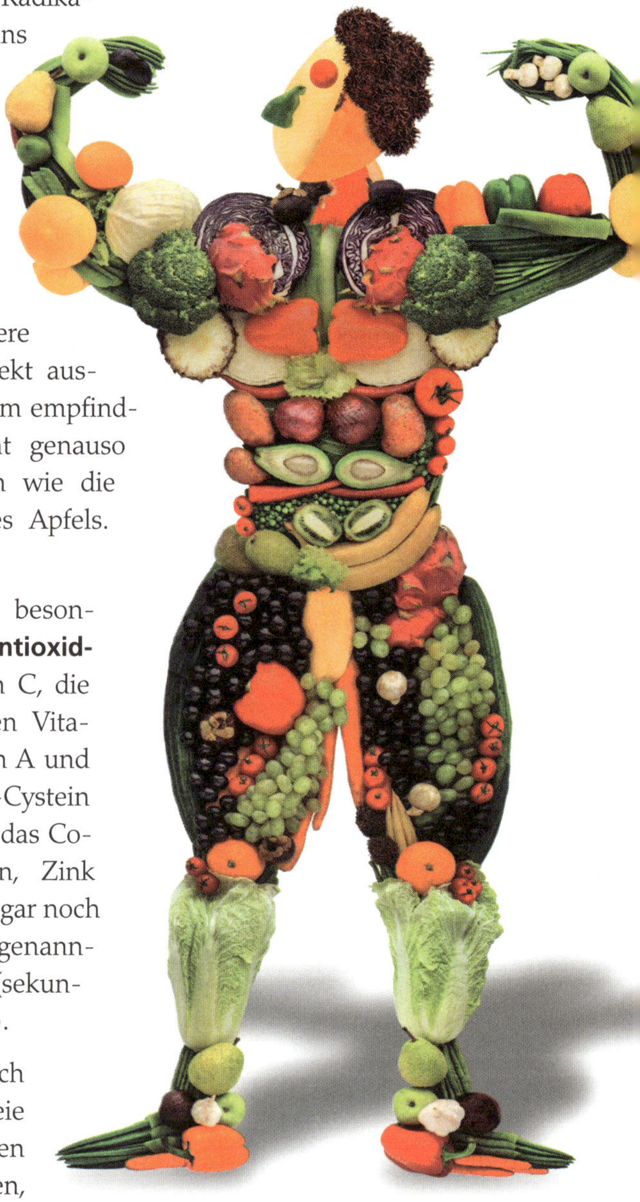

Es gibt zahlreiche besonders wirksame **Antioxidanzien** wie Vitamin C, die bekanntesten neben Vitamin C sind: Vitamin A und E, Beta-Karotin, L-Cystein (eine Aminosäure), das Coenzym Q10, Selen, Zink oder –Vitaminen sogar noch überlegen – die sogenannten Bioflavonoide (sekundäre Pflanzenstoffe).

Du möchtest dich wirksam gegen freie Radikale bzw. deren Übermacht schützen, aber wie funktioniert das am besten? Ganz unkompliziert: **Ernähre dich einfach – wie bei unserem Holitarier® ausführlich beschrieben – abwechslungsreich und vollwertig, überwiegend auf pflanzlicher Basis.**

Dann hast du ganz automatisch ausreichend Antioxidanzien (auch Radikalfänger genannt) in Form sekundärer Pflanzenstoffe, wie etwa **Polyphenole**, sodass dir nicht mehr viel passieren kann.

Keine Sorge, übertreiben kannst du es dabei nicht. Du kannst nicht zu viel gesundes Obst und Gemüse essen, um die vom Körper zur Abwehr benötigten ROS übermäßig zu dezimieren. In Fleisch sind übrigens verschwindend wenig Antioxidanzien ...

Die Natur hat die Pflanzen mit ihren Vitaminen und vor allem sekundären Pflanzenstoffen vor den Folgen des Sauerstoff- und Sonnenkontakts geschützt. Und diese Schutzstoffe sind allesamt farbenfroh. Rot, grün, gelb, orange, blau – einfach knallbunt – wie Früchte mit dünner Haut nun einmal sind. Und mit diesen Leuchtfarben wollte die Natur schon seit jeher den Menschen – und heute dir – sagen: *»Los, iss mich, ich schütze dich vor den bösen freien Radikalen und damit vor Krankheit!«*

Eine einzige Zigarette verbraucht rund ein Drittel der Tagesration an Vitamin C!

PS: Du als erfolgshungriger Sportler bist natürlich Nichtraucher. Aber vielleicht einer deiner Betreuer nicht und daher interessiert es dich: Eine gerauchte Zigarette setzt im Körper 10 Billiarden freie Radikale aus. Eine Zigarette verbraucht daher alleine 40 mg Vitamin C als Antioxidanz, rund ein Drittel bis die Hälfte der ganzen Tagesration deines Freundes. Selbst bei durchschnittlich guter Ernährung zerstören 2-3 Zigaretten zur Gänze das täglich zugeführte Vitamin C, unser »Lebensvitamin«. Wer eine Packung Zigaretten oder noch mehr raucht, hat neben akutem Vitamin-C-Mangel einen extremen Überhang an freien Radikalen. Diese werden – wie oben beschrieben – mit hoher Wahrscheinlichkeit früher oder später gesunde Zellen angreifen, bis diese zu bösartigen Zellen entarten und in ihrer Zahl und Aggressivität immer ausufernder werden. So könnte man die Entstehung eines Lungenkrebstumors alternativ interpretieren.

Super, dass du nicht rauchst!

Es gibt nicht
nur ansteckende
Krankheiten,
es gibt auch
ansteckende
Gesundheit.

Kurt Hahn

Vitalstoffe
Lebensnotwendig und leistungssteigernd

Der menschliche Körper braucht zu seinem ordnungsgemäßen, leistungsstarken Funktionieren Mikronährstoffe, auch Vitalstoffe genannt, die wir uns durch die Nahrung zuführen bzw. die sich unser Organismus selbst aus anderen Nährstoffen so, wie er sie quantitativ gerade jetzt genau benötigt, zusammenstellt.
Diese Vitalstoffe bestimmen das Leben unser 70 Billionen Körperzellen und damit unsere Gesundheit und unser Wohlbefinden. Vitamine, Mineralstoffe, Spurenelemente, Aminosäuren und einige Fettsäuren sind es, die wir zum Teil in großer Menge, zum Teil aber auch nur in winzigsten Dosierungen von millionstel-Gramm benötigen. Das Fehlen eines oder mehrerer Vitalstoffe führt über kurz oder lang unweigerlich zu Leistungsabfall und Krankheit.

Diese Coaching-Unit macht dich READY TO WIN, denn sie zeigt:

- **Was einzelne Vitalstoffgruppen im Körper bewirken**
- **Wieviel Leistungsgewinn vitaminreiches Leben bringt**
- **Was es mit Aminosäuren und Körpereiweiß auf sich hat**
- **Woher der Körper welche Vitalstoffe bekommt und ob Nahrungsergänzungsmittel Alternativen oder gar Allheilmittel darstellen**
- **Was man im Bereich von Nahrungsergänzungsmitteln tun kann, aber vielmehr noch, was man unterlassen sollte**

Aufgrund unserer heute an Nährstoffen durch Raffinierung, ausgelaugte Ackerböden und zerstörende Zubereitung sehr vitalstoffarmen Kost sind Mangelerscheinungen und daraus folgende gesundheitliche Probleme und körperlicher Leistungsverlust leider die Regel. Menschen ohne den einen oder anderen Vitalstoffmangel sind zweifellos die Ausnahme. Die uns Menschen in Wahrheit überfordernden, extremen Belastungen von Berufsleben, Alltagsstress, Umweltverschmutzung, Fehlernährung, Genuss- und Suchtmittel, aber auch intensives Training und Leistungssport lassen in jedem von uns einen Mangel entdecken. Manchmal sofort und für einen geschulten Coach offensichtlich, mitunter erst bei genauer Untersuchung.

Wie schon einleitend erklärt, umfassen die Mikronährstoffe/Vitalstoffe alle Vitamine, Mineralstoffe, Spurenelemente, Aminosäuren und einige Fettsäuren, die dem Körper durch die Nahrung zugeführt werden müssen. Im Folgenden beschäftigen wir uns mit diesen Vitalstoffgruppen aus der Sicht des Sportlers.

Vitalstoff-Mangel

Wir verbrauchen in unserem überaus modernen Leben viel mehr Vitalstoffe als unsere Vorfahren, zurück bis zum Urmenschen. Wenn unsere frühen Ahnen nicht gerade auf der Suche nach essbaren Pflanzen waren, ab und zu einmal auf der Jagd nach Beutetieren oder als potenzielle Beute selbst kurzzeitig auf der Flucht vor einem Raubtier waren, haben sie sich einfach erholt. Ohne dass im Sekundentakt SMS, E-Mails oder Anrufe angekommen sind, ohne dass ihnen ständig einer auf der Autobahn vor der Nase rausgefahren ist und ohne dass sie freiwillig ultraschwere Kniebeugen in Sätzen zu je acht Wiederholungen gemacht hätten.

Der Geschmack ihrer Nahrung ist zwar für uns heute so verwöhnten Zivilisationspflänzchen unvorstellbar, aber schlecht war sie keinesfalls, denn sie war zumindest artgerecht – und vitalstoffreich!

Alle Lebensmittel haben in den vergangen 20 Jahren extrem an Vitalstoffen eingebüßt, anbei stellvertretend ein paar Beispiele:

Kartoffeln	-70 % an Kalzium
Spinat	-50 % an Vitamin C
Erdbeeren	-67 % an Vitamin C
Bananen	-92 % an Vitamin B6, -84 % B9 (Folsäure)
Möhren	-57 % an Magnesium

Diese erschreckende Liste könnte man noch seitenlang weiterführen.

Auch durch unreife Ernte, Nachreifung während des Transportes und viel zu lange Lagerung im Supermarkt sowie daheim verlieren Obst und Gemüse an lebensnotwendigen Vitalstoffen. Wer sich dann noch dazu überwiegend von vitalstofflosem Fleisch ernährt, der hat eine Vielzahl an Mangelerscheinungen und ist körperlich absolut im roten Alarmbereich.

Wir haben alle genug Vitamine?

Eine weitere Ursache für Vitalstoffmangel liegt auch in den individuell oft viel zu niedrig erscheinenden und damit fragwürdigen Richtlinien der Ernährungsexperten im Gesundheitswesen.

Die RDA-Werte (Recommended Daily Amount bzw. Allowence) beziffern Mengen an Vitalstoffen

- für einen gesunden,
- jungen Menschen,
- der keinen Alkohol trinkt,
- der nicht raucht,
- der keine Medikamente nimmt,

- die zumindest täglich eingenommen werden müssen, damit
- keine unmittelbare Schädigung aus einem Mangel an Vitalstoffen feststellbar ist.

Es wird heute schon als Normalwert betrachtet, was untersuchte Personen durchschnittlich an Vitalstoffen im Blut aufweisen. Bloß, wessen Blutwerte werden denn untersucht? Exakt: normalerweise sind es kranke Menschen und kaum vorbildlich fitte und vitalstoffversorgte Menschen. Daher sind die durchschnittlichen »Normalwerte« bestenfalls die durchschnittlichen »Krankenwerte«.

So empfiehlt man uns von unserem »Lebensvitamin« gerade einmal 100 mg **Vitamin C** pro Tag. Wenn man Schimpansen, die genetisch in ihrem Erbgut zu 99,4 % mit uns Menschen übereinstimmen, im Zoo mit so wenig Vitamin C füttert, werden sie nicht lange überleben. Ihnen wird – obwohl sie im Vergleich zu uns wesentlich weniger Stress ausgesetzt sind und ohnehin eine extrem vitalstoffreiche, erstklassige Diät bekommen – mindestens an die 3 g Vitamin C verabreicht. Also rund die 30-fache Dosis, um sie gesund zu halten. Eine ungefähr gleich große Dosis nahm über Jahrzehnte der Urvater der Orthomolekularen Medizin und zweifache Nobelpreisträger Prof. Linus Pauling. Seine Kritiker überlebte er alle, zum Teil um Jahrzehnte.

Apropos »überleben«: Alles, was wir hier ganzheitlich als Optimierung unserer Gesundheit und Leistungsstärke empfehlen, zielt nicht darauf ab, ewig zu leben. Wir versprechen hier nicht das ewige Leben. Unser erklärtes Ziel ist jedoch, an Altersschwäche zu sterben, sobald die biologische Uhr abgelaufen ist, und nicht wie der moderne Mensch um viele Jahre oder gar Jahrzehnte zu früh an Wohlstandserscheinungen, wie Herzinfarkt, Gehirnschlag, Diabetes, Krebs und so weiter.

Der Pionier schlechthin im Gesundheitscoaching von (Motor-)Sportlern war der Österreicher Prof. Willi Dungl. Wohl alle großen Rennfahrer seiner Zeit gehörten zu seinen Patienten, als komplementärmedizinischer Betreuer von Niki Lauda nach dessen Feuerunfall am Nürburgring erreichte er in Rennsportkreisen Weltruhm. Von vielen Medizinern belächelt und angefeindet, verstarb Willi Dungl 65-jährig. Was seine Kritiker nicht wussten oder verdrängten war, dass Dungl in jungen Jahren bei der Armee eine schwere Krankheit samt extremen Spätfolgen erlitt und als »Normalmensch« ohne seinen ganzheitlichen Lebensstil vermutlich seinen 40. Geburtstag nicht erlebt hätte. Seiner vorbildlichen Lebensweise verdankte er zumindest zwanzig Lebensjahre mehr als prognostiziert.

Die menschliche Zelle übrigens wäre für eine maximale Lebensdauer von 120 Jahren vorgesehen. Also mit 85 zu sterben ist zwar ein schönes Alter, aber da wäre mit entsprechenden Vitalstoffen schon noch was gegangen. Der Papst der Orthomolekularen Medizin Prof. Pauling wurde immerhin 94 Jahre alt.

Zufuhr von Vitalstoffen durch Nahrung oder Supplements (Nahrungsergänzungsmittel)

Eine der zumindest ernährungsmäßig bemerkenswertesten Eigenarten der zivilisierten westlichen Welt ist es, sich zuerst von vitalstoffarmem, raffiniertem Restmüll zu ernähren und dann »Vitaminpillen« einzuwerfen. Zuerst stopft man nur Burger mit Pommes in sich hinein, um dann mit einer Vitamin-C-Kapsel alles wieder ausgleichen zu wollen, was an Gemüse, Salat und Obst in der täglichen Ernährung fehlt. Und das ist leider ein großer Irrtum.

Nicht isolierte Vitalstoffe, sondern natürliche Vitalstoff-Komplexe braucht der Mensch.

Unser Körper braucht in seiner täglichen Ernährung nicht isoliert Vitamin C in seiner chemischen Form als Ascorbinsäure, um beim Beispiel unseres Lebensvitamins zu bleiben. Unser Körper benötigt primär Vitamin C eingebettet in dessen natürliches, ursprüngliches Umfeld. Unser Körper verlangt nicht nach einer Vitamin-C-Pille, sondern einem frischen Paprika zum Beispiel. Dort ist ungeheuer viel Vitamin C drin, aber auch weitere Vitamine, Co-Vitamine und Vitalstoffe, um dieses gewünschte Vitamin bestmöglich aufzunehmen. Ascorbinsäure alleine ist frei von Bioflavanoiden, also von Pflanzenstoffen, die

Vitamin C erst so aufnehmbar machen, wie wir es benötigen. Viele Menschen trinken täglich in Wasser gelöste Ascorbinsäure oder billige Brausetabletten in der Meinung, sich etwas Gutes zu tun. Es ist wissenschaftlich zumindest bedenklich, Vitamine isoliert und ohne dass sie in ihr natürliches Umfeld eingebettet sind, dauerhaft hochdosiert zu konsumieren. Das gilt nicht nur für Vitamin C, sondern letztlich für alle Vitalstoffe.

Die beste Art, Vitalstoffe zu sich zu nehmen, ist über eine ausgewogene Ernährung.

Daraus ergibt sich, dass Vitalstoffe hauptsächlich dann zu vitalen = lebens- und energiespendenden Wirkstoffen werden, wenn sie über die Nahrung aufgenommen werden, wie erklärt am Beispiel des Paprikas. Die Ergänzung bestimmter Vitamine, Mineralstoffe und Co. in Pillenform ist in erster Linie dann ratsam und angebracht, wenn es gilt, einen **Mangel oder extrem hohen Bedarf** (etwa in der Rekonvaleszenz nach Unfall bzw. Krankheit oder bei extremer sportlicher Belastung) auszugleichen. Ist dieser Mangel behoben oder nicht mehr existent, empfehlen wir, primär danach zu trachten, ein hohes Maß an Vitalstoffen erneut über gesunde, vollwertige, nicht-vitalstoffraubende, sondern eben vitalstoffreiche Ernährung zu sich zu nehmen wie der READY TO WIN-Holitarier®. Wäre unser Organismus dazu konzipiert, Vitalstoffpillen zu essen, gäbe es die verschiedensten **Pillenbäume** in Mutter Natur. Nein, wir wollen jetzt nicht grundsätzlich gegen Nahrungsergänzungsmittel oder gar orthomolekulare Supplements argumentieren, ganz im Gegenteil. Sehr wohl aber argumentieren wir gegen deren unkontrollierten, langfristigen Gebrauch, ohne zuallererst die natürlichen und ursprünglichen Konsumationsformen (Obst, Gemüse usw.) anzustreben. Anstatt vermeintlich prophylaktisch Vitamin-D-Kapseln zu schlucken, wäre vitalstoffreich zu essen und vor allem regelmäßig in die Sonne zu gehen bei Weitem klüger. Dann bildet der Körper sein eigenes Vitamin D. Sollte dies nicht der Fall sein, ist ein Arzt oder ein seriöser, umsichtiger Orthomolekular-Medizin-Therapeut um Rat und Ursachenforschung zu fragen. Einfach auf Verdacht (etwa im weniger sonnigen Winter) via Internet irgendwelche Vitamin-D-Pillen besorgen und dann monatelang zu schlucken, ist mit an Sicherheit grenzender Wahrscheinlichkeit alles andere als ganzheitlich gesundheitsfördernd.

Leider werden heute die scheinbar magischen Vitalstoffpillen fragwürdigster Herkunft aus dem WorldWideWeb als eine Art Lebensversicherung oder Gesundheitsvorsorge gegen schlechte Ernährung angepriesen, wodurch sich niemand mehr schuldig fühlen muss, wenn er einen ernährungsphysiologischen Mist isst. Weit gefehlt.

Wie funktioniert der Vitalstoff-Transport im Körper?

Im deutschen Sprachgebrauch gibt es die Redewendung, dass einem »etwas im Blut liegt«, damit ist durchaus positiv gemeint, dass der Betreffende hierzu die Power hat. Und wie in vielen althergebrachten Weisheiten, liegt hier viel Wahrheit. In unserem Blut schwimmen nämlich unsere Vitalstoffe als Basis für Kraft, Elan und Lebensfreude.

Exkurs: Unser Blut

Im Folgenden ein kurzer und sehr grober Blick, wie unser Blut aufgebaut ist:

Blut besteht aus dem flüssigen **Blutplasma** als Trägerflüssigkeit und darin schwimmenden Feststoffen, den weißen und roten Blutkörperchen und den Blutplättchen. Im Blutplasma gelöst sind auch alle Vitalstoffe (Vitamine, Aminosäuren, Mineralstoffe, Spurenelemente) als Energiebooster unseres Lebens. Hormone, Enzyme und Fette befinden sich ebenso in unserem Blut.

Die **weißen Blutkörperchen** (Leukozyten) sind unsere Immunabwehr, sie bekämpfen Krankheitserreger, Bakterien und Viren.

Die **Blutplättchen** dienen zur Reparatur von Verletzungen und verhindern – soweit aufgrund der Schwere des Defekts möglich – ein Ausbluten des Körpers, indem sie Wunden an Blutgefäßen verschließen.

Den **roten Blutkörperchen** kommt gerade im Leben eines Sportlers eine besonders wichtige Rolle zu, denn sie transportieren den lebensnotwendigen Sauerstoff in die Kapillaren, unsere kleinsten Blutgefäße, und somit zu unseren 70 Billionen Körperzellen. Sie nehmen von dort anfallendes Kohlendioxid zum Abtransport und zur Abatmung durch die Lungen wieder auf. Sauerstoff und Kohlendioxid sind hierzu an das Hämoglobin gebunden, das unser Blut rot färbt (hellrot und sauerstoffreich am Weg zu den Zellen, dunkelrot und sauerstoffarm am Retourweg mit dem Kohlendioxid huckepack).

Je höher der Hämoglobinwert eines Menschen, vor allem eines Sportlers, desto effektiver ist sein Sauerstofftransport. Für sportliche Top-Performance ist ein möglichst hoher Sauerstoffgehalt durch eine hohe Anzahl an roten Blutkörperchen im Blut unerlässlich. Vor allem bei längeren körperlichen Belastungen braucht es möglichst viel Sauerstoff, um aus Kohlenhydraten und Fett Energie für muskuläre Tätigkeit zu gewinnen.

Die Vitalstoffe schwimmen im Strom des Blutplasmas gleichsam wie unterschiedlich große Frachtschiffe auf einem Fluß und liefern unsere »Lebensstoffe« dorthin, wo diese benötigt werden.

Vitamine

Es werden aktuell 14 Vitalstoffe als Vitamine bezeichnet, die an über 100.000 Stoffwechselvorgängen im Körper beteiligt sind. Vitamine (vita lat: das Leben) können entweder wasser- oder fettlöslich sein. Dabei handelt es sich um organische Verbindungen, die unser Stoffwechsel – mit Ausnahme von Vitamin D – nicht selbst aus anderen Vitalstoffen herstellen kann, diese aber für verschiedenste lebensnotwendige Stoffwechselfunktionen benötigt.

Nachdem der Körper nicht in der Lage ist, sie selbst zu produzieren, müssen wir diese Vitamine mit der Nahrung in entsprechendem Maß aufnehmen. Haben wir einen Vitaminmangel, werden die erwähnten Stoffwechselprozesse nicht in vollem Funktionsumfang ablaufen oder langfristig und im Extremfall gänzlich zum Erliegen kommen. Vitamine werden ebenso benötigt, um Mineralstoffe und Spurenelemente für den Stoffwechsel aufzuschließen. Da die einzelnen Vitalstoffen stets in Wechselwirkung stehen, ist es wenig zielführend oder oft sogar kontraproduktiv, nur einen einzelnen davon isoliert zu betrachten.

Wie erwähnt, sind im Vergleich zu früher in unserer heutigen Nahrung deutlich weniger Vitamine enthalten. Dramatisch wenig sogar. Ötzi, die berühmte Gletschermumie aus Südtirol, er verstarb zwischen 3300 und 3100 v. Chr., ernährte sich im Gegensatz zu uns heute kärglich, rund 5200 Jahre v. McD. (vor McDonald's). In puncto Vitamingehalt war seine Nahrung jedoch um Lichtjahre besser als unsere heutige vitalstoffarme Zivilisationskost. Ötzi hatte zwar schon gekocht, er war kein Rohkostesser mehr, aber die Pflanzen und Tiere, die er zubereitete, waren ungleich vitalstoffreicher. Kein Wunder, zu Ötzis Zeit wurde nichts unreif geerntet, was vorher mit Chemie gespritzt und Kunstdünger herangezogen wurde, die Böden waren reich an Mineralien und Spurenelementen und seine potenziellen Beutetiere fraßen in freier Natur gesunde Kräuter anstatt stinkendes Silofutter im Stall. Auch kannte der Mann aus dem Eis zu seinem Glück noch keinen Mikrowellenherd, in dem er eine vitalstoffraubende Tiefkühlpampe aus dem Supermarkt zu noch »toterer Materie« garen hätte können. Aber verlassen wir Ötzi und widmen wir uns der Neuzeit:

Wie bereits erwähnt, gibt es wasser- und fettlösliche Vitamine, die allesamt lebenswichtig sind.

Die **wasserlöslichen Vitamine B und C** können im Körper kaum gespeichert werden und müssen daher ständig über die Nahrung zugeführt werden.

Fettlösliche Vitamine (A, D, E und K) hingegen können im Körper (Leber, Zellwänden, Muskeln) gespeichert werden.

Überdosierung

Eine Überdosierung mit wasserlöslichen Vitaminen B und C ist nach derzeitigen Erkenntnissen der pro-vitalstoff-eingestellten Wissenschaft nicht gesundheitsschädigend. Es wird aktuell als sehr sicher angenommen, dass der Körper ein Zuviel an Vitaminen B und C einfach über den Urin wieder ausscheidet. Eine unkontrollierte Überdosierung ist jedoch selbst in diesem Fall wenig sinnvoll, da diese nur teuren Urin produziert. Da die Wissenschaft derzeit nicht davon ausgeht, dass eine Übermaß an Vitamin B und C gesundheitlich Schaden anrichten kann, verabreichen wir unseren Sportlern diese Vitamine bei Bedarf durchaus in weit höherem Maß als die RDA-Angaben – aber eben dennoch in vorsichtigem Rahmen und nicht wahllos.

Ganz gewiss überdosieren kann man die fettlöslichen, hormon-gleich wirkenden Vitamine A und D. Sie sollen generell nur auf konkretes Anraten eines (orthomolekularen) Mediziners oder Therapeuten zusätzlich zur Nahrung eingenommen werden (Vitamin D zum Beispiel zur besseren/beschleunigten Kallusbildung bei Verletzungen und Brüchen des Skelettapparates). Die RDA-Werte sind aber auch bei A und D so niedrig angesetzt, dass selbst bei Vitamin A eine 10-fache Dosis laut aktueller Wissenschaft nicht schadet, einzig in der Schwangerschaft ist mit Vitamin A mit größter Vorsicht umzugehen.

Nach derzeitigem Wissensstand sollte man die fettlöslichen Vitamine E und K ebenfalls nicht leicht überdosieren können. Auch hier wird ein Zuviel ausgeschieden. »Nach derzeitigem Wissensstand« bedeutet in der medizinischen Forschung, dass mehrheitlich und im Moment keine Gefahr gesehen wird. Daher: Selbst wenn die zusätzliche isolierte Einnahme von Vitamin K aktuell von vielen Vitalstoff-Onlineshops empfohlen wird, weil diese natürlich etwas verkaufen wollen: Besprich dich vorher mit einem seriösen Therapeuten.

Unsere READY TO WIN™-Coaches geben ohne konkrete medizinische Indikation, das heißt ohne tatsächlichen Grund, weder Vitamin A noch D noch E noch K. Sehr wohl versorgen wir unsere Sportler in der Zeit höchster körperlicher Leistung mit Vitamin C (diese Vitamin-C-Ester-Präparate enthalten wie das pflanzliche Original aus der Natur Bioflavonoide, OPC, Quercetin, Rutin usw.) und Vitamin B im Komplex (= ein Präparat, in dem alle B-Vitamine aufeinander abgestimmt enthalten sind) in Form von Nahrungsergänzungsmitteln. Bei Einhaltung unserer Ernährungsempfehlung als Holitarier® erfolgt aber auch hier die Dosierung der beiden Vitamine entsprechend maßvoll, zumal bereits durch die beschriebene Ernährungs- und Lebensweise eine sehr gute Vitaminversorgung gewährleistet ist.

Die von uns betreuten Sportler bekommen Vitamin C speziell auch bei der Anreise zu Wettkämpfen, da ein hohes Maß an Vitamin C die Gefahr einer Ansteckung mit einer Erkältung, etwa im Flugzeug, wo alle Passagiere rundherum husten und rotzen, minimiert. Zu den Rennen verabreichen wir einen hochdosierten, wirklich wirksamen Energie-Shot aus Vitamin-B-Komplex und Aminosäuren (mehr dazu im Kapitel zu den Supplements).

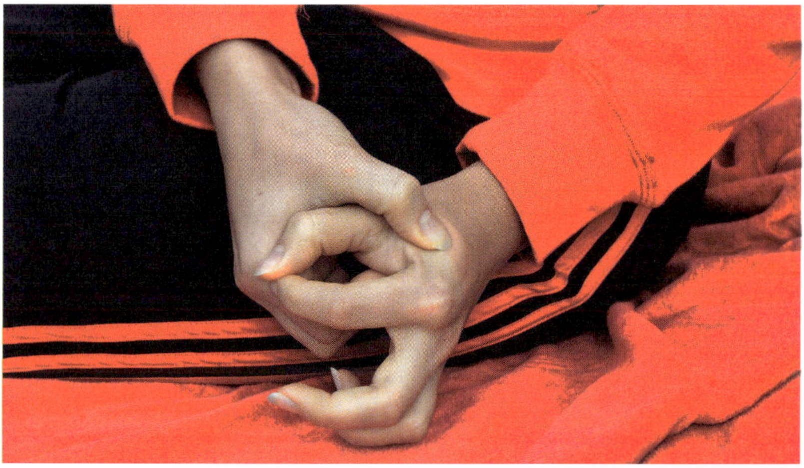

Eine Massage des Muskels zwischen Daumen und Zeigefinger wirkt sich bei Verdacht auf Verkühlung zusätzlich zu Vitamin C positiv auf unsere Abwehrkräfte aus.

Aminosäuren

Aminosäuren sind die Bausteine unseres Körpereiweißes und somit unseres Lebens. Über die Ernährung zugeführtes Protein (Eiweiß) wird vom Körper in seine einzelnen Bestandteile, eben die Aminosäuren, zerlegt und mit diesen Bausteinen exakt das individuelle Protein, wie es unser Organismus genau jetzt benötigt, wieder zusammengebaut.

Enthalten sind Aminosäuren in pflanzlichem Protein (allen voran Linsen, Bohnen, Soja, Kichererbsen, Getreide, aber durchaus auch in Gemüse und Obst) sowie natürlich auch in tierischem Protein (Fleisch, Fisch, Milchprodukte und am hochwertigsten in Eiern).

Es gibt in Summe rund 20 proteinogene Aminosäuren, die im Blutplasma gelöst unseren Körper durchströmen, wobei acht als essenziell bezeichnet werden. Diese müssen dem Körper über die Nahrung zugeführt werden, da er sie nicht aus anderen Vitalstoffen herstellen kann. Ein Mangel an Aminosäuren geht immer mit Leistungsverlust einher, weshalb abseits des Gesundheitsaspektes die kleinen Proteinbausteine gerne auch als unsere **»Erfolgs-Vitalstoffe«** bezeichnet werden.

Abgesehen davon, dass Protein entscheidend unsere Körperform und unser Aussehen prägt, lässt uns ein hoher Spiegel der richtigen Aminosäuren stark, optimistisch, gut gelaunt, konzentriert, klar denkend, ausdauernd – einfach »gut drauf« und erfolgsorientiert – sein. So wichtig und förderlich die Aminosäuren für uns sind, so risikoreich ist ganzheitlich gesehen eine zu hohe Aufnahme des Ausgangsstoffes Eiweiß, insbesondere in Form von Fleisch und Milchprodukten. Hierbei belasten zusätzlich massive Purin-Mengen, welche die Harnsäurewerte in die Höhe schnellen lassen, unseren Körper. Zur Neutralisierung der Harnsäure muss er aus Knochen, Zähnen und Haarboden Calcium entziehen, welches sodann über den Urin ausgeschieden wird. Außerdem fallen bei der Verstoffwechslung von Aminosäuren unterschiedliche Säuren als Abfallprodukt an, die respiratorisch über das CO_2 nicht abgeatmet werden können und somit ebenfalls unter Calcium-Einsatz abgepuffert werden müssen. Diese Calcium-Verschwendung erhöht drastisch das Risiko von Osteoporose.

Insgesamt sollten wir uns generell eiweiß-moderat (10 % der täglichen Nahrungskalorien) ernähren, gleichzeitig aber für geistigen und körperlichen Erfolg über einen Überfluss an bestimmten Aminosäuren verfügen. Ein Widerspruch in sich, wirst du sagen. Keinesfalls, ist doch bei der hochwertigen, ganzheitlichen Ernährung unseres Holitarier®-Prinzips (schon durch das Essen von Eiern) eine sehr gute Basisversorgung mit allen Aminosäuren sichergestellt.

Sinnvolle Supplements mit Aminosäuren

Erfreulicherweise spielt es jedoch entsprechend der aktuellen Ernährungswissenschaft für den Körper keine entscheidende Rolle, ob er die Aminosäuren als Bestandteil des Nahrungsproteins oder isoliert zugeführt bekommt. Das ist wichtig, denn es bedeutet, dass wir Aminosäuren – sinnvollerweise zumindest während der Karrierejahre – auch einzeln oder als Aminokomplex in Form von Supplements zuführen können, um »noch besser drauf zu sein«. Grundsätzlich ist unsere Einstellung gegenüber Nahrungsergänzungsmitteln nicht unkritisch (siehe auch bei den Vitaminen und Mineralstoffen), in Bezug auf die Aminosäuren erscheint es ganzheitlich jedoch sogar vorteilhafter, diese Vitalstoffe bei Bedarf aufgrund hoher Belastung zu ergänzen, weil damit wesentlich weniger negative Nebenwirkungen für den Organismus verbunden sind. Im Gegenzug empfehlen wir eine generell nicht zu protein- bzw. vor allem nicht zu fleischreiche Kost.

Wer nur im Hinblick auf seine Aminosäuren gesund und vital leben möchte, der wird mit unserer abwechslungsreichen, vollwertigen und auf weite Strecken auch pflanzlichen Kost sowie Eiern als Quelle aller essenziellen Aminosäuren keinen Aminosäure-Mangel erleiden. Wer sich jedoch noch mehr körperliche und geistige Power verschaffen mit Aminosäuren möchte informiert sich dazu im Kapitel über die Supplements.

Mineralstoffe und Spurenelemente

Als Mineralstoffe bezeichnet man Mineralien, die im Körper in größeren Mengen als 0,01 % des Gesamtgewichts vorkommen (allen voran Kalzium, Magnesium, Natrium oder Kalium). Mineralien, die nur zum Teil in winzigsten Spuren vom Körper benötigt werden, aber dennoch genauso unerlässlich für die Gesundheit und Funktion unserer Zellen sind, nennt man Spurenelemente (Selen, Chrom, Mangan, Kupfer, Zink, Eisen usw.).

Zu ausreichend Mineralstoffen und Spurenelementen kommt man durch unsere schon oftmals empfohlene abwechslungsreiche, vollwertige, pflanzenlastige Holitarier®-Kost. In Fleisch- und Milchprodukten sind bei Weitem weniger dieser lebenswichtigen Stoffe enthalten, als uns von den Fleischfabriken und Molkereien immer erklärt wird. Hochwertiges Wasser, Hülsenfrüchte, Nüsse, Sesam, Kohl, Spinat, Fenchel usw. sind ganzheitlich bessere Alternativen.

Daher ist eine Ernährung, wie von uns empfohlen, schon ein perfekter Weg in Richtung ausreichende Versorgung mit Mineralstoffen und Spurenelementen. Die Zuführung in Form von Nahrungsergänzungen sehen wir gerade bei diesen zwei Vitalstoffgruppen ganzheitlich zwiespältig bis gefährlich. Bei zu erwartendem, erhöhtem Kalziumbedarf regelmäßig Kalzium-(brause-)tabletten zu sich zu nehmen, erscheint uns riskant. Isoliert Mineralstoffe und Spurenelemente prophylaktisch zuzuführen, empfehlen wir keinem unserer Sportler. Zu sehr beeinflussen sich die Stoffe gegenseitig, und einer davon zu hoch dosiert, lässt schnell bei einem anderen einen Mangel entstehen. Meist benötigt der Körper zur Verstoffwechselung eines Minerals ein anderes Mineral (oder auch Vitamine). Gibt man nun isoliert eine hohe Dosis, löst man in einem anderen Bereich eine Verschwendung und folgende Mangelerscheinung aus. Den Zusammenhang von Mineralstoffen und Spurenelementen in unserem Stoffwechsel ersieht man ganz eindrucksvoll an dieser Grafik.

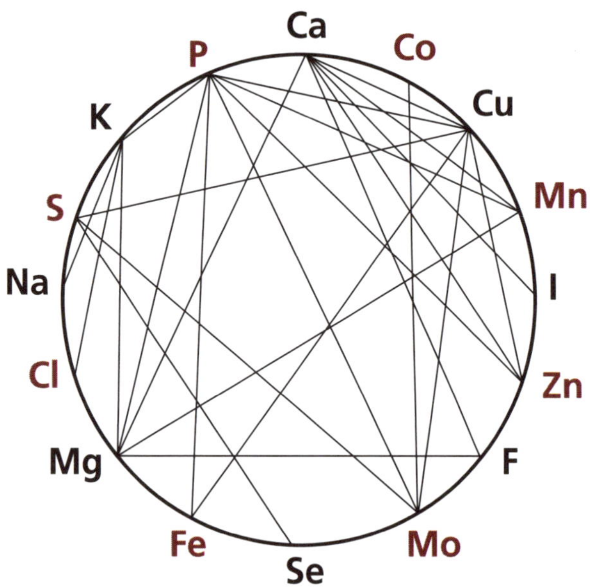

Soll man Mineralien keinesfalls ergänzen?

Doch, durchaus, jedoch nicht wahllos und nicht mit anorganischen Mineralien, sondern im Bedarfsfall nach Möglichkeit auf organischer Basis. Was bedeutet das?

Mineralstoffkapseln beinhalten in der Regel anorganische Mineralstoffe, wie anorganisches Kalzium, Kalium, Magnesium, Kupfer, Selen, Mangan usw., entweder isoliert oder auch wieder als Mineralstoff-Komplex (= Mix). Häufig werden auch zusätzlich Substanzen als Katalysatoren beigefügt. Magnesium etwa nimmt man wesentlich besser in Form von Magnesium-Citrat auf. Dessenungeachtet sprechen wir hier von anorganischen Mineralstoffen.

Evolutionär isst oder lutscht der Mensch keine Kalksteine oder Ähnliches. Es sind die Pflanzen, die während ihres Wachstums die für uns so lebensnotwendigen Mineralstoffe aus dem Boden lösen und millionenfach zerkleinern. Sie machen uns damit Mineralstoffe in Wurzel, Stamm, Blattwerk und Frucht organisch und in für uns zellgängiger Form optimal verfügbar. Exakt deshalb ist es so wichtig, Mineralstoffe nicht isoliert anorganisch zu sich zu nehmen, sondern **organisch gebunden in Pflanzen**.

Oft wird in diesem Zusammenhang auch von »kolloidaler« Form der Mineralstoffe gesprochen. Dieses Wort bedeutet, dass es sich hierbei um allerkleinste Moleküle handelt. Ein Vergleich: Stelle dir vor, eine 1000-mg-Nahrungsergänzungskapsel wäre so groß wie unser Planet, die Erde. Ein rotes Blutkörperchen ist dann in etwa so groß wie ein Einfamilienhaus, ein kolloidales Mineral so klein, dass wir es mit freiem Auge kaum ausmachen könnten. So winzig zerkleinert benötigt unser Körper die Mineralstoffe. Anorganisches Kalzium, lediglich mechanisch zerrieben, bringt unserem Körper gar nichts, er scheidet die Kalkbombe bestenfalls wieder unverwertet aus.

Mineralstoffe in Pflanzen sind für uns zellgängig und optimal verfügbar.

Unsere Empfehlung zur ganzheitlich perfekten, zusätzlichen Zufuhr von Mineralstoffen und Spurenelementen sind pflanzliche Nahrungsergänzungen. Damit meinen wir nicht, dass du nun doppelt so große Portionen an Salat oder Gemüse essen sollst. Ja klar, es wäre super. Du wirst es nur nicht lange durchhalten. Sich wirklich so massiv pflanzlich zu ernähren, bedeutet nämlich, den halben Tag zu futtern, wie es etwa Pferde tun (Als reine Veganer und um ihren großen Körper ausreichend zu versorgen müssen sie dies aber auch.). Aufgrund unserer teilweise minderen Nahrungsqualität (siehe Vitalstoffabnahme in den Gemüsen zu Beginn dieser Coaching-Unit), unserer allgemeinen, alltäglichen Zeitknappheit und unseres Lifestyles ist eine perfekte Versorgung mit Mineralstoffen nur mit großem Aufwand möglich.

Grüne Smoothies und Rohkost-Riegel

Die Lösung zur optimalen Versorgung mit Mineralstoffen, Spurenelementen, Aminosäuren und Vitaminen sowie Antioxidanzien sind entweder grüne Smoothies, wie im Kapitel »Green Power« beschrieben, oder spezielle Rohkost-Riegel. Bisweilen findet man solche Energie- und Vitalstoffpakete auch im Bereich der »Steinzeit-Nahrung«. Darin solltest du verschiedene getrocknete Früchte, Nüsse usw. finden – und keinesfalls zusätzlichen Zucker, ausgenommen den in den Früchten enthaltenen.

Black Bear® – konkurrenzlos die beste Wahl!

In Österreich gibt es hierzu ein echtes Vorzeigeprodukt mit dem klingenden Namen »Black Bear®«. Es besteht aus Mandeln, Cashewnüssen, getrockneten Süßkirschen, getrockneten Datteln, Cranberries, Maca und Steinsalz. Alles aus reinster, biologischer Qualität. Frei von Lactose, Gluten – 100 % vegan! Neben seinem köstlichen Geschmack bietet dieser temperatur-unempfindliche Powerriegel eine perfekte organische Versorgung mit hochwertigen Kohlenhydraten, Vitaminen, Aminosäuren, Mineralstoffen und Spurenelementen in zellgängiger

Form. Besser geht es nicht. Black Bear® wurde von einem Profisportler entwickelt, der in Ermangelung einer Alternative am Markt die Sache selbst in die Hand nahm und dieses ernährungsphysiologisch herausragende Spitzenprodukt in Eigenregie schuf. Heute, einige Jahre später, ist Black Bear® hierzulande aus dem Leben und den (Sport-) Taschen unzähliger Athleten und engagierter Gesundheitsfans nicht mehr wegzudenken.

Wir empfehlen Black Bear® jedem unserer Kunden und haben auch stets einen in Reserve dabei, egal ob im Training, Wettkampf oder beim relaxten Mentalmeeting. Seit Herbst 2014 gibt es Black Bear® auch als Eiweißriegel für (Ausdauer-)Leistungssportler– ebenso 100 % vegan, also nur auf pflanzliches Protein aufgebaut. Genial!

Black Bear® ist der perfekte und gesunde Energieschub – auch einfach zum Genuss zwischendurch.

Man muss
das Unmögliche
versuchen, um
das Mögliche
zu erreichen.

Hermann Hesse

Orthomolekulare Medizin
Schneller wieder fit

Diese komplementärmedizinische Disziplin beschäftigt sich mit den bereits erwähnten Vitalstoffen, jedoch auf medizinisch-wissenschaftlicher Basis. Das Wort »orthomolekular« kommt aus dem Griechischen und bedeutet »ortho – das Beste« und »molekular – kleinster Bestandteil«. Versucht man, mit der Gabe oder Einnahme von Nahrungsergänzungsmitteln in der Regel präventiv, also vorbeugend, die Gesundheit und Leistungsfähigkeit zu erhalten, so wird die Orthomolekulare Medizin von Ärzten und Therapeuten mehrheitlich zur konkreten Behandlung von Krankheiten oder rascheren Heilung von Verletzungen alternativ oder komplementär eingesetzt.

Diese Coaching-Unit macht dich READY TO WIN, denn sie zeigt:

- **Dass man nicht GEGEN Krankheiten, sondern ganzheitlich vielmehr MIT ihnen arbeiten sollte**
- **Warum ein Miteinander von konventioneller und Orthomolekularer Medizin gerade für Sportler so wichtig ist**

Der Begriff dieser komplementärmedizinischen Disziplin wird heute wie folgt definiert: »*Orthomolekulare Medizin (OM) ist die Erhaltung der Gesundheit und Behandlung von Krankheiten durch die Veränderung der Konzentration von Substanzen im menschlichen Körper, die normalerweise im Körper vorhanden und für die Gesundheit erforderlich sind.*« Vereinfacht ausgedrückt ist OM also Prävention und Therapie mit körpereigenen Substanzen. Hierzu gehören wiederum die bereits in der Coaching-Unit »Vitalstoffe« erklärten Substanzen wie Vitamine, Mineralien, Spurenelemente, Aminosäuren sowie Fettsäuren.

Am einfachsten zu verstehen ist die OM mit einem Beispiel:

Schon im alten Ägypten kannte man eine Krankheit, deren tödlicher Verlauf in der Zeit der großen Entdecker und deren abenteuerlichen Schifffahrten zu fernen Kontinenten für weltweite Beachtung sorgte. Vasco da Gama verlor auf einer seiner Reisen 100 von 160 Seeleuten durch diese geheimnisvolle Krankheit – Skorbut. Nun ist Skorbut an sich nichts anderes als eine Vitaminmangelerkrankung, zurückzuführen auf das Fehlen von Vitamin C in der Nahrung. Erst 1754 entdeckte der britische Schiffsarzt James Lind, dass Zitrusfrüchte halfen, und so verlor die Krankheit immer mehr an Schrecken. Ab diesem Zeitpunkt führte jedes Schiff Früchte mit, bald auch das einfacher und besser haltbare Sauerkraut, und regelmäßig verabreichte Rationen davon stoppten das Dahinraffen der Seeleute durch Skorbut. Damals wusste man noch nicht, dass es das Vitamin C war. Denn die Ascorbinsäure wurde überhaupt erst als 3. Vitamin entdeckt (darum Vitamin C, 1909 wurde Vitamin A entdeckt, danach 1912 Vitamin B(1) und als drittes, darum »C« die Ascorbinsäure, die man Vitamin C nannte), aber man erkannte zumindest, dass Zitrusfrüchte und ähnliches Obst und Gemüse zur Vorbeugung und Behandlung halfen.

Genau das ist ein klassischer Fall von Orthomolekularer Medizin, nämlich Prävention und Therapie mit normalerweise im Körper vorhandenen Substanzen.

Für uns Sport-Coaches, -Therapeuten und selbstverständlich für Sportler selbst ist die OM so wichtig, weil sie unzählige Möglichkeiten bietet, die Leistung des Sportlers zu steigern, Rehabilitationen nach

Verletzungen deutlich schneller voranzubringen und die Gesundheit des extrem belasteten Körpers auch nach der Karriere zu erhalten. Viele der heute als normal erscheinenden Comebacks nach Unfällen, z.B. im Racing, wären ohne OM in so kurzer Zeit unmöglich. Wie oft sieht, hört, liest man von den Moto-GP-Stars und deren Verletzungen nach Stürzen. Gebrochene Knochen, gerissene Bänder, schwerste Blutergüsse – und eine Woche später sind Marquez und Co. wieder fest im Sattel. Ohne Hilfe eines orthomolekularen Mediziners oder Therapeuten undenkbar.

Grundsätzliche Behandlungsansätze

Hat jemand eine Krankheit oder eine Verletzung nach einem Sportunfall, was letztlich auch einer Krankheit entspricht, kann man an die Therapie von zwei grundsätzlich verschiedenen Richtungen oder Behandlungsansätze herangehen. Man muss unterscheiden zwischen einer **»allopathischen«** und einer **»homöopathischen«** Herangehensweise in der Therapie.

Allopathisch meint ganz grob umrissen, dass man **gegen** ein Problem, **gegen** eine Krankheit zu Felde rückt. Wenn du also z.B. Kopfweh hast, dann nimmst du eine Kopfwehtablette da**gegen** und schwupps, du bist wieder gesund. Wenn du einmal nach einer zu feuchtfröhlichen Siegesfeier am nächsten Tag Kopfweh hast, dann mag diese allopathische Behandlung ja richtig und bedenkenlos sein. Du weißt den Grund, hast einen Mords-Brummschädel, nimmst eine Tablette und eine Stunde später ist das Leben wieder lebenswert. Solltest du aber öfters oder gar regelmäßig über Kopfweh klagen, ohne davor eine Party gefeiert zu haben, ist der allopathische Ansatz, nämlich einfach das Symptom (in diesem Fall der Schmerz) mittels Chemie auszuschalten, keine kluge und umsichtige Behandlungsmethode. Das wäre, wie wenn Wachdienst oder Polizei bei einem nächtlichen Alarm in einer Bank einfach von der Ferne den Alarm ausschalten, um das lästige Sirenengeheule (= Schmerz) nicht mehr hören zu müssen, ohne nachzusehen, ob möglicherweise Einbrecher am Werk sind. Und bei häufigem Kopfweh sind irgendwo Einbrecher! Schaltet man jedoch ständig den Alarm aus und lässt sie in aller Ruhe arbeiten, werden sie die Bank so oft ausrauben, bis diese bankrott ist. Hier entspricht die Bank aber deinem Körper. Daher muss der allopathische Ansatz, ein Symptom mit einer chemischen Keule zu verdrängen oder mit einem scharfem Messer wegzuschneiden, kritisch hinterfragt werden.

Die in der zivilisierten modernen Welt vorherrschende konventionelle Medizin geht im Allgemeinen diesen Weg, indem sie mit ihrer Therapie am Symptom ansetzt und nicht primär den Grund dahinter ins Visier nimmt. Man darf das der Schulmedizin aber nicht nur unreflektiert ankreiden, denn selbst die Patienten wollen oft keine Verantwortung mehr für ihre Gesundheit und ihren Körper übernehmen. Alleine an der zu 90 % schauderbaren Ernährung ist das zu erkennen. Und wenn's wo zwickt, geht man zum Arzt, und der hat dann schon ein Pulver, eine Pille, eine Creme oder ein Skalpell parat. Bevor wir einen zu hohen Blutdruck (der »silent Killer« unserer Wohlstandsgesellschaft) durch Ernährung, Bewegung, Psychotherapie usw. über Monate ganzheitlich und langfristig in den Griff bekommen, gehen wir lieber zum Onkel Doktor. Der verabreicht uns eine Pille, und in 1-2 Tagen ist der Blutdruck wie von Geisterhand wieder normal. Ganzheitlich gesehen ein Unsinn. Heute möchte sich keiner mehr **mit** seinem gesundheitlichen Problem auseinandersetzen, sondern nur mehr **gegen** dieses vorgehen und es einfach nur mehr auf schnellstem und komfortabelstem Wege »weggezaubert« wissen. Mögliche negative bis katastrophale Nebenwirkungen werden ignoriert. Selbstverständlich ist die allopathische Behandlung in der Intensivmedizin, d.h. wenn es um Leben und Tod geht, diskussionslos das Mittel erster Wahl. In der Gesundheitsprävention nicht.

Mit **homöopathisch** sind hier nicht Globuli, die weißen Kügelchen, gemeint, wofür das Wort Homöopathie heutzutage in erster Linie bekannt ist. Es bedeutet vielmehr **mit** einem gesundheitlichen Problem, **mit** einer Krankheit, **mit** einer Verletzung zu arbeiten und diese ganzheitlich unmittelbar an der Wurzel zu heilen. In der Traditionellen Chinesischen Medizin (TCM) oder der Ayurveda-Medizin wird wesentlich mehr oder zum Teil sogar ausschließlich **mit** der Krankheit gearbeitet. Die unterdrückende, wegdrängende Allopathie kann nicht heilen. Es ist nicht Heilung, den Blutdruck medikamentös herunterzuschrauben, am Menschen selbst und an dessen Lebensgewohnheiten und Lebenssituation(en) hingegen nichts zu ändern. Heilung ist das nicht, es ist Verdrängung oder Ebenenverschiebung. Im besten Fall ist Allopathie Reparatur, etwa in der Unfallchirurgie, Zahnmedizin usw. Und das auf fantastischem, technisch hohem Niveau, keine Frage und allergrößte Hochachtung.

Leider nimmt die konventionelle Medizin oft das Heilsversprechen für sich exklusiv in Anspruch und lässt alternativen und komplementären Therapieformen dadurch keine Chance zur Kooperation. Bestmögliche und schnellstmögliche Rehabilitation nach einer (Sport-)Verletzung erfolgt genau dann, wenn allopathisch und homöopathisch miteinander oder zumindest nacheinander zum Wohl des Patienten behandelt wird.

Im Herbst 2013 wurden wir gebeten, einem der Favoriten für die Dakar 2014 therapeutisch zu helfen. Er hatte im Frühsommer bei einem heftigen Sturz schwere Verletzungen im Handgelenk an Knochen, Gelenkskapsel und Bändern erlitten. Sofort wurde er unfallchirurgisch, allopathisch behandelt und man mit der Empfehlung zur Schonung aus der schulmedizinischen Therapie entlassen. Das war's. Nachdem Monate später das Handgelenk immer noch kein erfolgversprechendes, rennmäßiges Fahren zuließ, wurden wir in den Fall eingebunden. Um das scheinbar Unmögliche doch noch möglich zu machen, nämlich bei der Dakar zu starten. Sofort wurde der Organismus des Fahrers mit Substanzen versorgt oder sogar überschwemmt, die sehr wohl im Körper vorkommen oder aus denen der Körper benötigte Substanzen herstellen kann, die er aber für die Heilung auf einem hohen Level schon seit Wochen benötigt hätte. Orthomolekular wurden hochdosiert Mikronährstoffe gegeben (Methylsulfonylmethan, Glucosamin, Chondroitin, Mangan, Hyaluron, Vitamin D, Vitamin C usw.) und intensiv an der Säureregulation gearbeitet, weil ein »sauberes« Blut und ein nicht übersäuerter Organismus bessere Heilung ermöglichen. Zusätzlich wurde die Ernährung optimiert und z.B. Milch aus dem Leben des Fahrers (sein geliebter Latte macchiato ...) verbannt.

Das heißt, homöopathisch wurde **mit** dem Problem gearbeitet, gleichzeitig aber auch allopathisch – allerdings komplementär-medizinisch – gegen die Entzündungen im Handgelenk vorgegangen. Diese hatte der Fahrer nämlich auch zu beklagen, besonders nach jeder Trainings-

Der portugiesische Raid-Rallye-Spezialist aus dem Red-Bull-KTM-Factory-Team Ruben Faria im Dakar-Einsatz.

einheit, musste doch mit Ende September trotz aller Schmerzen das vorbereitende Testprogramm für die Dakar am Motorrad aufgenommen werden. Allerdings gingen wir nicht mit der chemischen Keule gegen die Entzündungen und Schmerzen vor, denn dies hätte neben langfristig gesundheitlich negativer Nebenwirkungen auch die körperliche Leistungsfähigkeit und das mentale Konzentrationsvermögen beeinträchtigt. Darüber hinaus könnte eine aufgrund von Medikamenteneinnahme auftretende Unkonzentriertheit bei einem Raid-Rallye-Fahrer den Tod bedeuten. Daher wurde auch hier ein Weg eingeschlagen, der auf ganz natürliche, zum Teil orthomolekulare Weise die Entzündungen hemmt (z.B. Weihrauch als Entzündunghemmer in Kombination mit Vitamin E). Weitestgehend oder gänzlich frei von negativen Nebenwirkungen. Unser Sportler zeigte sich über den nun deutlich beschleunigten Heilungsprozess begeistert und konnte schließlich an der Dakar tatsächlich teilnehmen. Leider nicht ganz schmerzfrei und ausgeheilt, aber so weit belastbar, dass ein Start sinnvoll möglich war. Schade, dass wir nicht unmittelbar nach der schulmedizinischen Operation involviert wurden, eine rechtzeitige und gänzliche Ausheilung wäre absolut realistisch gewesen.

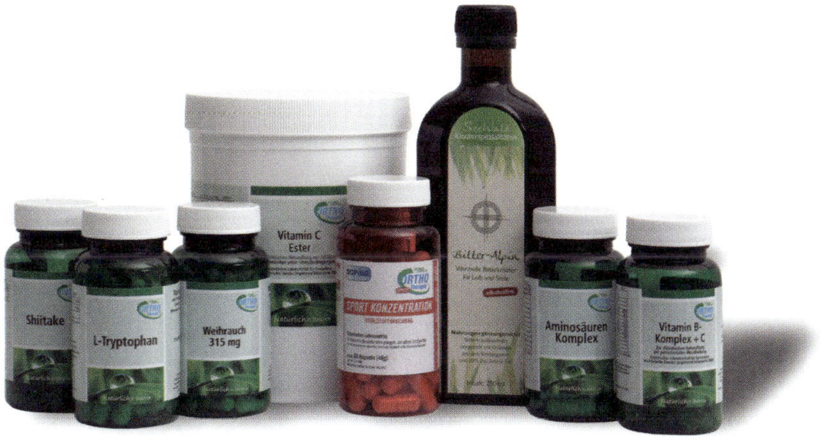

Vitalstoffe und orthomolekulare bzw. komplementärmedizinische Heilmittel für erhöhten Bedarf, z.B. bei Leistungssport, Stress, Fehlernährung, Rehabilitation nach Verletzung oder Krankheit, werden in höchster Qualität von unserem Partner Orthotherapia in Salzburg produziert.

Das Beispiel zeigt, dass in der Rehabilitation nach (Sport-)Verletzungen, wie auch bei der Therapie von Krankheiten, erst eine Kombination aus allopathischer und homöopathischer Herangehensweise maximalen und schnellstmöglichen Heilungserfolg garantiert. Weitere alternativ- & komplementärmedizinische und/oder orthomolekulare Maßnahmen zur Selbsthilfe findest du auch in der Coaching-Unit zu den orthomolekularen Supplements.

Zurück zur Orthomolekularen Medizin

Der zweifache Nobelpreisträger und Urvater der OM, Professor Linus Pauling (er verstarb 94-jährig), erkannte, dass viele chronische Krankheiten durch Mangelerscheinungen, aber auch durch Überfluss im Vital-/Nährstoffhaushalt des Menschen auftreten. Jede schulmedizinisch definierte Krankheit gibt es auch in einer orthomolekularen Betrachtungsweise – und das Erstaunliche ist, jede Krankheit geht immer mit den gleichen Vitalstoff-Ungleichgewichten einher. Eigentlich ist es nur für den Laien erstaunlich, für den Insider ist hier ein System deutlich sichtbar: **Rund 70 % aller Krankheiten sind ernährungsbedingt!** Das heißt, dass beinahe drei Viertel unserer Krankheiten bei richtiger Ernährung nicht auftreten würden oder durch die Einnahme der fehlenden oder mangelnden Vitalstoffe verhindert, geheilt oder geringstenfalls gelindert werden könnten.

Raucher haben stets einen extremen Vitamin-C-Mangel. Missbildungen bei Babies liegt sehr häufig ein Folsäuremangel bei der Mutter zugrunde. Jodmangel verursacht einen Kropf und Wachstumsstörungen bei Kindern, Kalium- und Magnesiumdefizite lösen Krämpfe aus. Traurigen, deprimierten Menschen fehlt oft Selen. Alkoholtrinker haben durchwegs einen Vitamin-B1-Mangel, der zu Schlafstörungen, Reizbarkeit und aggressivem Verhalten führt. Diese Liste ließe sich schier endlos weiterführen.

Wir wollen hier jedoch kein OM-Lexikon anbieten, sondern lediglich deine Sensibilität fördern, im Falle einer Krankheit oder Verletzung –

beides wünschen wir dir natürlich nicht – auch über (eventuell zusätzliche) Therapiemaßnahmen in diesem Bereich nachzudenken, einen Therapeuten oder Arzt für OM zu konsultieren oder dich selbst mit dem Thema, z.B. über das Internet, auseinanderzusetzen. Möchtest du dir selbst helfen, recherchiere aber gut und mit Umsicht, denn auch mit Vitalstoffen kann man bei falscher Dosierung oder starker Überdosierung gewaltigen Schaden anrichten.

Für jeden Sportler, der seinen Körper in Training oder Wettkampf massiv belastet, ist eine Beschäftigung mit dem Thema besonders wichtig. Denn hochleistungsmäßige Muskelarbeit ist ein Raubbau an der Gesundheit. Sport abseits gemächlicher Bewegung im Sauerstoffgleichgewicht ist nämlich alles andere als gesund. Er verbraucht viele Vitalstoffe aufgrund der hohen Säurebelastung durch intensive Muskelarbeit, und das oftmals noch zusätzlich zur falschen (Sport-)Ernährung. Viele Sportler haben dramatische Mangelerscheinungen. Das schüttere Kopfhaar, Zahnprobleme, Knorpelschäden, Cellulite (gerade bei jungen Hochleistungssportlerinnen) sind nur einige der ersten Anzeichen späterer schwerer Gesundheitsschäden – ausgelöst durch extreme Belastung und einhergehende Vitalstoffmankos.

Orthomolekulare Mediziner bieten Blutanalysen an, die sich noch detaillierter auf Vitalstoffmängel oder -überschüsse konzentrieren als klassische Blutuntersuchungen der konventionell-medizinischen Labors. Wenn du professionell Sport betreibst, google mal im Internet nach einem Orthomolekular-Mediziner in deiner Nähe.

Wie bereits in der vorhergehenden Coaching-Unit erklärt, sind die RDA-Werte (Recommended-Daily-Amount), also die empfohlenen täglichen Einnahmemengen von Vitalstoffen und damit orthomolekularen Substanzen in der Regel sehr gering definiert. Im nächsten Kapitel beschreiben wir Anwendungsbeispiele, in denen Vitamine innerhalb einiger Stunden um den 60-fachen RDA-Wert überdosiert werden, um etwa eine aufkommende Erkältung oder einen grippalen Infekt im Keime zu ersticken. Dessen ungeachtet sei an dieser Stelle vor laienhafter oder übermotivierter Dosierung gewarnt. »Mehr« bedeutet nämlich nicht immer auch »besser«.

Um klar zu sehen,
genügt oft
ein Wechsel der
Blickrichtung.

Antoine de Saint-Exupéry

Supplements
Professionelle orthomolekulare Ansätze

Im Folgenden verraten wir dir ein paar Tricks, was unsere READY TO WIN™-Coaches Sportlern zu bestimmten Anlässen an OM-Präparaten verabreichen. Wir müssen ausdrücklich darauf hinweisen, dass wir jede Verantwortung ablehnen, wenn du diese ohne therapeutische oder ärztliche Begleitung verwendest. Diese Beispiele ersetzen auch keinen Besuch beim Arzt. Wir haben zwar die Themen bewusst »ungefährlich« gewählt, dennoch sind sie **keinesfalls Ersatz für eine möglicherweise benötigte medizinische Behandlung!**

Diese Coaching-Unit macht dich READY TO WIN, denn sie zeigt:

- **Wie man sich mit Vitaminen und Co. fit und bärenstark macht**
- **Alternative Beispiele zur möglichst nebenwirkungsfreien Behandlung**
- **Warum sogar Vitalstoffe unter Doping fallen könnten**

Die hier beispielhaft angeführten Stoffe verabreichen wir insofern zusätzlich/alternativ zu pharmazeutischen Medikamenten, da sie deutlich freier von unerwünschten negativen Nebenwirkungen sind, den Organismus sowie die Konzentration weniger beinträchtigen und dadurch den Leistungsrückgang minimieren. Wer die Definition der Orthomolekularen Medizin genau gelesen hat, wird sich bei manchen der folgenden Inhaltsstoffe daran mokieren, dass diese nicht körpereigen sind. Stimmt natürlich. OM-Produkte werden bisweilen zusätzlich mit rein natürlichen Substanzen zur Wirkungssteigerung angereichert (Weihrauch, Grünlippmuschel u. dgl.).

Vitamin B

Einen fantastischen Energie- und Konzentrations-Boost stellt das von unserer Partnerfirma Orthotherapia in Salzburg produzierte SPORT KONZENTRATION dar.

Hierbei nimmt man in Kapselform eine hohe Dosis an B-Vitaminen in Kombination mit der Aminosäure L-Tyrosin sowie Lecithin ein. Über zumindest 6 Stunden ist man mit einer einmaligen Einnahme geistig perfekt fokussiert und konzentriert. Das Gehirn bekommt optimal Nährstoffe und ermöglicht unserem Körper damit Höchstleistungen. Die essentielle Bedeutung wird in der Coaching-Unit »Ernährung im Sport« erläutert.

Jeder, der SPORT KONZENTRATION einmal probiert hat, schwört als »erlaubtes, orthomolekulares Doping« darauf. Die Wirkung ist echt sagenhaft!

Vitamin C

Unsere Sportler bekommen täglich wesentlich mehr als die 100 mg RDA-Wert an Vitamin C, normalerweise zwischen 600 und 1.000 mg in kleinen Dosierungen bis 300 mg. Zu hoch dosierte Gaben sind sinnlos, da mehr als 1.000 mg vom Körper auf einmal nicht aufgenommen werden können. Wichtig ist auch, dass man nicht einfach nur Vitamin C in Form von isolierter Ascorbinsäure einnimmt, wie eingangs der Story über Vitalstoffe kritisiert, sondern ein (sicherlich wesentlich teureres) professionelles Kombipräparat, nämlich Vitamin-C-Ester, in welchem möglichst das Naturoriginal einer Frucht simuliert wird.

Ester-C kombiniert verestertes Vitamin C (Ester-C) mit den Extrakten aus Weintraubenkernen, Rutin und Quercitin zu einem einzigartigen, starken Vitamin C – einem sog. Antioxidanskomplex – mit bester Bioverfügbarkeit. Ester-C wird schneller resorbiert und bleibt doppelt so lange im Blut wie Ascorbinsäure. Es ist pH-neutral und deshalb auch in hohen Dosierungen gut magenverträglich, außerdem greift es im Unterschied zu billigen Vitamin-C-Brausetabletten die Zähne nicht an.

Tipp bei/gegen Erkältungen: Sobald einer unserer Sportler erste Anzeichnen einer Erkältung oder eines grippalen Infekts spürt, bekommt er von uns sofort 6 Stunden lang jede Stunde 1.000 mg Vitamin-C-Ester verabreicht. Mit größter Wahrscheinlichkeit gelingt es uns, die aufziehende Erkältung im Keim zu ersticken, nicht zuletzt auch, weil die Körpertemperatur minimal ansteigt und damit die Abwehrkraft des Körpers drastisch erhöht wird (heilendes Feuer). Bei aufziehender Erkältung niemals den Saft von Zitrusfrüchten – auch nicht heiß – trinken! Zitronensaft kühlt uns innerlich aus und lässt die Grippe damit erst richtig im Körper ausbreiten.

Ist man – speziell in der Winterzeit – mit dem Flugzeug unterwegs, empfehlen wir eine ähnlich hohe Vitamin-C-Ester-Dosis prophylaktisch einzunehmen. Vorbeugend schützt Vitamin C – je nach Flugdauer jede Stunde 300 bis 600 mg – perfekt vor Ansteckung durch andere Passagiere. Und beim Wettkampf fit und von anderen nicht infiziert anzukommen, ist oft schon der halbe Sieg.

Naturheilmittel bei grippalem Infekt

Konnte die Erkältung oder der grippale Infekt nicht rechtzeitig mit der Vitamin-C-Kur abgefangen werden, sind Kapseln der asiatischen Heilpflanze **Andrographis Paniculata** (auch Kalmegh genannt) ein nebenwirkungsfreies Naturheilmittel.

In der Definition ist diese Heilpflanze zwar nicht orthomolekular, aber wirkungsvoll: entzündungshemmend, hilfreich bei Husten und Schnupfen. Laut randomisierten Doppelblind-Studien ist diese Heilpflanze eine hochinteressante Alternative zu Schmerztabletten mit Wirkstoff Paracetamol, auch bei Angina, Tonsillitis (Mandelentzündung) und Schmerzen. In der Tropenmedizin hat sie seit jeher eine breite Anwendung gefunden, etwa auch bei Schlangenbissen.

Vitamin E

Dieses Vitamin ist ein fettlösliches Antioxidans, das die Zellmembran ideal vor freien Radikalen schützt. Wir verwenden Vitamin E bei unseren Sportlern gerne wegen seiner stark entzündungshemmenden Wirkung. Und Entzündungen des Bewegungsapparates gehören im Sport einfach dazu. Anstatt traditioneller Antirheumatika empfehlen wir Vitamin E oder, wie der Fachmann sagt, **Alpha-Tocopherol**.

Klagt ein Sportler über Entzündungen, bekommt er ca. 800 mg/Tag (= 6700 % RDA) Vitamin E von uns. Zusätzlich versorgen wir kombiniert hochdosiert mit:

Weihrauch – Boswellia sacra

Weihrauchextrakt, ein Heilmittel der Naturmedizin, hat neben seinem antibiotischen (z.B. bei Angina!) auch einen stark entzündungshemmenden und abschwellenden sowie schmerzstillenden Effekt, ohne die Nebenwirkungen der konventionellen Antibiotika und Antirheumatika. Um Entzündungen massiv zu Leibe zu rücken, geben wir neben Vitamin E 600 bis 1000 mg Weihrauch pro Tag. Die Einnahme von

Weihrauch ist, um korrekt zu sein, keine homöopathische orthomolekulare, sondern eine allopathische (gegen die Entzündung) Behandlung durch ein nebenwirkungsfreies Naturheilmittel.

L-Tryptophan

Dies ist eine der 8 essenziellen Aminosäuren unseres Organismus (essenziell = muss durch Nahrung zugeführt werden, da vom Körper selbst nicht durch andere Vitalstoffe generierbar). L-Tryptophan ist Grundlage für den Körper, um Serotonin herzustellen. Serotonin ist ein Neurotransmitter und wird auch oft als unser Glücks-, Chef- oder Alpha-Tier-Hormon bezeichnet. Wer einen hohen Serotonin-Spiegel hat, wird selbstbewusst, mental stark und gut gelaunt sich selbst und seiner Umgebung Zuversicht geben. L-Tryptophan macht – am Wettkampftag in der Früh verabreicht – ein gutes Feeling für das Leben allgemein und das Rennen oder Match im Besonderen, ohne jetzt übereuphorisch oder risikobereiter zu werden. L-Tryptophan geben wir auch in Verletzungspausen, denn eine zuversichtliche Grundstimmung optimiert den Heilungsprozess deutlich.

Taurin

Taurin ist eine nur im Säuglingsalter essenzielle Aminosäure, welche in der Muttermilch in erstaunlich hoher Dosierung enthalten ist und dafür sorgt, dass das Baby nach dem Stillen ruhig und zufrieden einschläft. Die Gabe von Taurin macht den Sportler mental sehr ruhig und könnte als »erlaubter Beta-Blocker« dem Sportschützen, Dartprofi u. dgl. Ruhe geben und Nervosität nehmen oder so manchen Heißsporn etwas dämpfen.

Gelenksnährstoffe

Eine der am häufigsten von Sportlern an unsere Orthomolekular-Therapeuten von READY TO WIN™ gestellten Anfragen betrifft den

Gelenksapparat. Ob akut in der Rehabilitation nach Verletzungen (meistens handelt es sich hierbei um Knieverletzungen) oder aufgrund langfristiger Gelenksschäden – Nährstoffe für Knorpel, Sehnen und Bänder sind stets ein »Bestseller«. Erfreulicherweise haben wir aber gerade in diesem Bereich unsere wohl spektakulärsten orthomolekularen Erfolge zu verbuchen. Mehreren Sportlern, denen Orthopäden keine übertrieben großen Hoffnungen mehr auf ein schmerzfreies, sportlich unbeschwertes Leben zu versprechen wagten, sind heute völlig beschwerdefrei und verfügen über wiederaufgebaute Knorpelmasse. Der in der Coaching-Unit über die Orthomolekulare Medizin erwähnte Dakar-Racer musste ebenfalls mit Gelenksnährstoffen geradezu überschwemmt werden.

Selbst hier greifen wir wieder zurück auf Präparate unseres OM-Partners Orthotherapia aus Salzburg, der mit dem Produkt »Atrisen« eine hochwirksame Fertigmischung aus Mangan, Grünlippmuschel, Haifischknorpel und MSM (Methylsulfonylmethan) anbietet, die wir im Bedarfsfall mit nochmals zusätzlichem MSM, Hyaluronsäure, Vitamin D und Vitamin C ergänzen. Bei regelmäßiger Einnahme konnten binnen einiger Monate – in diesen Zeitspannen muss hier jedenfalls kalkuliert werden – ausnahmslos erfreuliche bis nie für möglich gehaltene, therapeutische Erfolge erzielt werden.

Cordyceps

Der Cordyceps ist das wohl berühmteste chinesische Vitalmittel. Abgesehen von einer antibiotischen Wirkung bei Infektionen aktiviert der Pilz aus dem Himalaya auch unser Wohlfühlzentrum im Gehirn. Oft wird behauptet, dass die Power der Sherpas oder auch vieler chinesischer Sportler auf die regelmäßige Einnahme von Cordyceps als erlaubtes Vitaldoping zurückzu-

führen ist. Cordyceps ist auch ein ideales Mittel zur Vorbeugung gegen Höhenkrankheit. Da es sich hierbei um Pilzeiweiß handelt, muss man den Körper bzw. die Verdauung langsam daran gewöhnen. Aber einmal »auf Cordyceps«, geht ordentlich die Post ab!

Doping-Problematik bei Vitalstoffen

Doping ist im Sport schon seit den Olympischen Spielen im antiken Griechenland ein leidiges Thema und aus unserer ganzheitlichen Sichtweise grundsätzlich und kategorisch abzulehnen. Aber halt! Ist es nicht ein sehr zweischneidiges Schwert, hier offen auszusprechen, wie massiv Vitamin B oder eben der Vitalpilz Cordyceps die Performance zu pushen vermögen? Denn definitionsgemäß bedeutet Doping die **»Verabreichung von Mitteln zur Leistungssteigerung in einem sportlichen Wettkampf«.** Dieser Tatbestand wäre nun eigentlich erfüllt, selbst wenn man es nur halbwegs genau nimmt. Bloß, ist es nun ein verwerflicher Wettkampfvorteil, wenn man sein physisches Potenzial über die Gesundheit erhöht?

Der Vitalpilz Cordyceps ermöglicht über den Umweg seiner gesundheitsfördernden und zugleich jedoch leistungssteigernden Eigenschaften eine höhere Sauerstoffaufnahme im Blut. Und fällt damit per definitionem unter Doping, wenngleich er nicht auf der »Dopingliste« steht. Der gesundheitsfördernde Konsum des traditionellen chinesischen Heilpilzes wird freilich nicht ein Problem darstellen.

Verwendet man selbst orthomolekulare Substanzen bzw. Vitalstoffe und Vitalpilze nicht zur Verbesserung der Gesundheit, sondern missbräuchlich, weil extrem hoch dosiert, zur massiven Leistungssteigerung, so entsteht in einem sehr feinmaschigen, regelmäßigen Doping-Kontrollprogramm bald ein Erklärungsnotstand ob des übernatürlichen Zuwachses an körperlicher Performance. Sich ausschließlich mit natürlichen, aber völlig überdosierten Vitalstoffen in die Gefahr einer Dopingsperre zu bringen, ist grundsätzlich also durchaus möglich. Bei bestimmungsgemäßer Dosierung jedoch wird die Leistung mit der Gesundheit tolerierbar zunehmen.

Wenn ich zu Fuß einen Parkplatz überquere und vor mir geht auch jemand, muss ich ihn überholen!

Fernando Alonso

Green Power
Der Mega-Vitalstoff-Boost

Die Lösung zur optimalen Versorgung mit Mineralstoffen, Spurenelementen, Aminosäuren und Vitaminen sowie Antioxidanzien (siehe hierzu die Coaching-Unit über die »freien Radikale«) sind Smoothies, einer der ganz raren Ernährungstrends der letzten Jahre, die wirklich Sinn gemacht haben. Einfach und schnell zubereitet sind sie die perfekte Vitalstoffbombe zum Frühstück oder zwischendurch.

Diese Coaching-Unit macht dich READY TO WIN, denn sie zeigt:

- **Was es beim Mixen von Smoothies zu beachten gibt**
- **Wie ein Basisshake mit Vitalstoffen veredelt wird**
- **Was es alles an empfehlenswerten Superfoods zu kaufen gibt**

Grüne Smoothies nennt man in einem sogenannten Blender gemixte Shakes aus Obst, Gemüse, Kräutern und Sprossen, Nüssen usw. Das Besondere hierbei ist, dass man **nicht nur die Früchte** zu einer super-köstlichen Mineralstoffbombe mixt, sondern auch das Blattwerk (idealerweise natürlich aus biologischem Anbau). In einen grünen Smoothie kommen also nicht nur z.B. Karotten rein, sondern auch die grünen Blätter oberhalb der sonst üblicherweise verzehrten orangen Rübe. Ganz wichtig hierbei ist jedoch, dass man solche Smoothy-Drinks mit einem dafür geeigneten Mixer oder Blender herstellt.

Ein passendes Gerät muss nämlich einen viel schneller drehenden Mixrotor haben als herkömmliche (wesentlich billigere) Mixer. 35.000 bis 40.000 Umdrehungen/min muss der Blender schaffen, andernfalls verliert der Smoothie an ernährungsphysiologischem Wert. Unser Verdauungstrakt kann nämlich die vielen im Blattwerk verborgenen Mineralstoffe und Spurenelemente nicht verdauen, wenn du diese einfach essen würdest. Unser Verdauungstrakt ist dazu nicht lange genug, da wir evolutionär keine reinen Pflanzenfresser (wie Pferde, Rinder, Rehe usw.) sind. Vitamine bekommst du rausgelöst, aber der Rest ist primär Ballaststoff und somit auch sehr gesund. An die so wertvollen Mineralstoffe und Spurenelemente kommen wir Menschen aber nur, wenn der Zerkleinerungsgrad stimmt, wenn also das Blattgrün so gut wie möglich aufgespalten, quasi mechanisch zerhäckselt und damit gleichsam vorverdaut, ist.

Die persönliche Rezeptur/Mischung muss man auch nach geschmacklichen Vorlieben zusammenstellen, wo die Prämisse nicht ist, dass dieser Power-Smoothie nur traumhaft köstlich schmeckt. Die eingefügten Superfoods sind zum Teil nicht überragend lecker. Also geht es vor allem mit den Früchten (Bananen) auch darum, die geballte, konzentrierte Ladung an Superfoods trinkbar zu machen. Unser Power-Smoothie ist jedoch stets gut angenommen und vor allem in seiner

Wirkung in den höchsten Tönen gelobt worden. Ein Autorennfahrer eines großen Championats hat sogar einmal seine Pole-Position unserem Power-Smoothie gewidmet, so begeistert war er von der Wirkung.

Im Folgenden ein Vorschlag für einen

Mega-Vitalstoff-Boost-Smoothie:

Basis ist eine Mixtur aus Obst und Gemüse, möglichst der Saison entsprechend, jedenfalls empfehlen wir immer eine Banane.

BASIS-SHAKE:

- Banane
- Apfel und/oder Birne, Weintrauben (am besten mit Kernen!)
- Heidelbeeren, Erdbeeren, Himbeeren, Brombeeren
- Granatapfel (besonders wirksames Antioxidanz!)
- Pfirsich, Nektarine, Melonen samt Kernen usw.
- Ananas, Orangen, Kaki
- Kräuter, wie Basilikum, Pfefferminze, Zitronenmelisse, Petersilie
- Gemüse, wie Karotte, Fenchel, Stangensellerie, Sprossen usw. und – sofern frisch – **auch deren Blattgrün**
- Rosinen, Mandeln, Nüsse (Studentenfutter), getrocknete Datteln oder Feigen (ungesüßt!)
- frisch gepresster Orangensaft und Wasser
- ein Schuss kaltgepresstes Olivenöl Extra Vergine

Zusätzliche Vitalstoffe bzw. Superfoods

Zusätzlich mischen wir noch – vor dem Mixen – eine Reihe sogenannter Superfoods hinzu. Dies sind (oft exotische) Pflanzen, die über einen extrem hohen Anteil an bestimmten, kraftspendenden und das Immunsystem stärkenden Wirkstoffen verfügen. Von jedem Superfood kommt ein Esslöffel hinein, je nach Zielsetzung mischen wir 4-5 dieser hier im Folgenden angeführten Pulver bei.

Gerade auf Trainingslager oder bei Wettkämpfen im Ausland sollte man nicht auf Power-Smoothies verzichten! Wenn kein Profi-Blender zur Verfügung steht, vermehrt Früchte mit Superfoods in einem konventionellen Standmixer »schreddern«!

Hanfprotein: Hergestellt aus Hanfsamen ist dieses grüne Pulver eine perfekte Proteinquelle sowie ein großartiger Lieferant von Omega-3- und Omega-6-Fettsäuren sowie Spurenelementen.

Chia-Samen: Chia-Samen sind wahre Energiebündel mit Omega-3- und Omega-6-Fettsäuren, Protein, Kalzium, weiteren Mineralstoffen.

Maca: Ein peruanisches Wurzelgemüse, das schon den Inkas als Kraftnahrung diente. Aminosäuren, Mineralstoffe und Kohlenhydrate.

Acai: Aus dem Amazonas. Reich an Vitamin B und C, Mineralstoffen und Aminosäuren sowie Antioxidanzien.

Ashwagandha: Auch als indischer Ginseng bekannt. Regeneriert das hormonelle System, lindert Stressauswirkungen, stärkt Abwehrkraft und Vitalität.

Guarana: Guarana ist ein extremer Muntermacher. Es enthält bis zu 7x mehr Koffein als Kaffeebohnen, dieses braucht aber länger, bis es freigesetzt wird und hält dafür mehrere Stunden an. Im Gegensatz zu Kaffee macht es nicht kurzfristig und kurzzeitig angeregt, sondern lange anhaltend. Guarana wird vor Rennen immer verabreicht.

Weizengras: Dieses Lebenselixier ist eine der wertvollsten Pflanzen, enthält es doch alle 8 essentiellen Aminosäuren. Darüber hinaus reich an Vitaminen, Mineralien und Spurenelementen.

Gerstengras: Enthält 25x mehr Kalium als Bananen, 10x mehr Kalzium als Kuhmilch, 45x mehr Vitamin B2 als Salat, 5x mehr Eisen als Spinat.

Chlorella: Eine Süßwasseralge, die Proteine (alle 8 essentiellen Aminosäuren!), Vitamine und Spurenelemente liefert sowie jede Menge Chlorophyll (= eine der gesündesten lebensspendenden Substanzen). Hilft beim Aufbau von Blutzellen und wirkt einmalig entgiftend.

Zusätzlich mischen wir in einen Power-Smoothie noch

Vitamin-C-Ester: ca. 600 g. Ester-C kombiniert verestertes Vitamin C (Ester-C) mit dem Extrakt aus Weintraubenkernen, Rutin und Quercitin zu einem einzigartigen, starken Vitamin C – sprich Antioxidanskomplex – mit bester Bioverfügbarkeit. Ester-C wird schneller resorbiert und bleibt doppelt so lange im Blut wie Ascorbinsäure. Es ist pH-neutral und wird deshalb auch in hohen Dosierungen sehr gut vertragen. Vitamin C dient hier vor allem auch als Konservierungsmittel, damit sich der Power-Smoothie den ganzen Tag hält.

L-Tryptophan: Diese essentielle Aminosäure ist Ausgangsstoff für den Körper zur Produktion von Serotonin, unserem Glücks- und Alphatier-Hormon. Wir mischen in unsere 1 bis 1,5 Liter ca. 1,5 g L-Tryptophan.

Magnesium: Trotz unserer Zurückhaltung beim Einsatz anorganischer Mineralstoffe mischen wir dennoch auch Magnesiumcitrat ein, sodass es (je nach Präparat) etwa 300 mg reinem Magnesium entspricht. Dies stellt die empfohlene Tagesdosis an Magnesium dar. Nun trinken an unserem Power-Smoothie meistens mehrere Menschen, also bleibt die Dosierung weit unter dem RDA-Wert. So vorsichtig sind wir deshalb, weil schnell und zu hoch dosiert zugeführtes Magnesium abführend wirken und sogar Durchfall auslösen könnte. Beides ein No-Go am Wettkampftag!

Die Portionsgröße dieses Energie-, Vitalstoff- und Powerknallers entspricht etwa einem 0,25-Liter-Glas, idealerweise getrunken mindestens 45 bis 60 Minuten vor dem Rennen oder Trainingslauf. So lange braucht es in etwa, bis die Stoffe und vor allem das pushende Guarana über den Blutkreislauf Wirkung zeigen. Auch ist der rechtzeitig verabreichte Smoothie bereits größtenteils aus dem Magen und belastet dich nicht bei der sportlichen Betätigung durch mögliches Aufstoßen. Apropos aufstoßen: Vorsicht vor Salatgurke oder zu viel Melone im Smoothie! Vor allem erstere begleitet dich eventuell den ganzen Tag über auf nicht angenehme Weise.

2 bis 3 Gläser pro Tag können gut und gerne getrunken werden. ACHTUNG: Guarana hält dich geistig wach und rege – also nicht zu knapp vor dem Schlafengehen einnehmen, spätestens sechs Stunden vor dem Zubettgehen deinen Power-Smoothie mit Guarana trinken.

Thermische Verträglichkeit

Grundsätzlich wirken diese grünen Smoothies kühlend auf unseren Organismus. Daher aufpassen, wenn man solche Smoothies an einem saukalten, regnerischen Tag einer ohnehin meist fröstelnden Sportlerin gibt – die Arme wird vor lauter Kaltsein gar nicht mehr auf »Temperatur kommen«.

Auch bei Winterevents sind Smoothies in dieser Form nicht zu empfehlen, da die verwendeten Obstsorten den Körper von innen kühlen, selbst wenn man an der Körperoberfläche schwitzt.

Winter-Smoothies:

Das Grundrezept könnte im Winter weniger kühlende Früchte beinhalten. Als Faustregel ist alles Obst kühlend, das aus heißen-tropischen Regionen kommt (und dort die Menschen in der Hitze eben innerlich kühlt), wogegen Früchte aus kühleren Gebieten eher neutral sind. Wärmende Früchte gibt es nicht wirklich, dafür verwenden wir wärmende Gewürze:

Wärmende Smoothies werden gemixt aus: Äpfeln, Birnen, Aprikosen, Pflaumen, Trauben, Feigen, Datteln, Süßkartoffeln, Rosinen, Fenchel und vor allem mit wärmendem Ingwer, Zimt, Gewürznelke, evtl. sogar Chili, Pfeffer, Curry.

Wenngleich zwar kühlend, wird es wohl eine Banane aus geschmacklichen Gründen schon brauchen, eine schön dunkelgelb-reife, sie kühlt den Körper innerlich weniger als eine noch unreif-grüne Frucht.

Der Mensch
weiß wohl um
das Gute,
auch wenn er es
nicht tut.

Hl. Hildegard von Bingen

Der Darm
Sitz von Gesundheit und Leistung

In der Traditionellen Chinesischen Medizin steht seit jeher außer Diskussion, dass der Darm für unsere Gesundheit die zentrale Rolle spielt. Kaum ein anderes Organ beeinflusst unsere Gesundheit, unser Wohlbefinden, aber auch unsere Leistungsfähigkeit so unmittelbar wie der Darm. Er beliefert den gesamten Organismus mit der Energie, die dieser zum Leben braucht. Eine gesunde, optimal funktionierende, weil nicht mit Schadstoffen überlastete, Verdauung ist daher Grundvoraussetzung für sportliche Erfolge.

Diese Coaching-Unit macht dich READY TO WIN, denn sie zeigt:

- **Wie unsere Verdauung funktioniert und warum sie sensibler ist, als man denkt**
- **Wie man seine Verdauung fit und aktiv hält**
- **Warum ein Vulkanpulver uns gesund halten kann**

Rund 30.000 kg Speisen und 50.000 Liter Flüssigkeit verarbeitet unser Darm in einem durchschnittlichen Menschenleben. Aber nicht nur mit Energie, Vitalstoffen und somit Power versorgt uns unser Verdauungstrakt, auch **70 % unserer Abwehrzellen befinden sich im Darm**. So wichtig dieses Organ mit seinen rund 8 Metern Länge und bis zu 500 m^2 Oberfläche seiner Darmzotten auch ist, in Normalfall kümmert man sich um diesen »dunklen« Bereich des Körpers erst dann, wenn er Probleme bereitet. Allerdings wäre bereits bei geringem Pflegeaufwand ein riesiges Potenzial zur Verbesserung der sportlichen wie ganzheitlichen Leistungsfähigkeit des Menschen vorhanden!

Oft wird im Zusammenhang mit unserem Darm von **»Bauchhirn«** gesprochen, und wie heute wissenschaftlich bewiesen ist, auch völlig zu Recht. Das Nervengeflecht der Darmwände sendet Botenstoffe aus, die in direktem Kontakt mit dem **»Kopfhirn«** stehen. Darm und Gehirn kommunizieren ständig. Stress im Kopf lähmt die Verdauung, ist unser Oberstübchen relaxed, funktioniert die Verdauung prächtig. Und jeder weiß, dass Gefühle, Stimmungen oder Entscheidungen oft Reaktionen im Gedärm spürbar machen.

Nachdem unser Darm bei seiner Verdauungsarbeit aus der Nahrung alle für uns lebenswichtigen Nähr- und Vitalstoffe herauslöst und herausfiltert und in den Blutkreislauf einspeist, ist es immens wichtig, dass er diese für unsere Gesundheit so wichtige Funktion bestmöglich ausführt. Leider wird jedoch unser Darm immer mehr zugemüllt: von unserer modernen, ballaststoffarmen, viel zu fleischlichen Wohlstandsernährung samt raffiniertem Mehl, glutenhaltigem Weizen, Zucker, Milch, Alkohol usw. in Kombination mit über die Nahrungsmittel aufgenommenen Umweltgiften (z.B. Schwermetalle, Pestizide u. dgl.) und sämtlichen chemischen Lebensmittelzusätzen (Konservierungsstoffe, Geschmacksverstärker, Farbstoffe usw.). Massivst bedrohen zusätzlich noch pharmazeutische Medikamente direkt durch ihre (z.B. antibiotische) Wirkung bzw. indirekt durch deren verbliebene chemisch-toxische Rückstände die empfindlichen Darmbakterien. Wegen unserer ballaststoffarmen Ernährung und einer daraus resultierenden trägen Verdauung halten sich Kotreste länger im Darm, weil schlichtweg grobe Feststoffe (unverdauliche grobe Pflanzenfasern, Schalen von

Getreide u. dgl.) als »Durchputzer« in unserer Nahrung fehlen. Der Darminhalt gärt und fault dann vor sich hin, und im sensiblen Ökosystem unserer Darmflora bilden sich Pilznester und pathogene (potenziell krankmachende) Bakterienkulturen.

In der guten alten Küche unserer Großmutter, also zu einer Zeit, als man sich als Mensch noch artgerecht ernährte, aß man nicht nur intuitiv vollwertig und bloß 1-2 Mal in der Woche Fleisch, man würzte den Sonntagsbraten und das reichlich dazu gereichte Kraut auch noch mit Kümmel, Anis usw. Nicht nur wegen des Geschmacks, nein, man wusste, mit welchen Gewürzen und Kräutern man in Großmutters Küche den Darm gesund halten konnte. Erstaunlich, dass jahrhundertealte Weisheiten binnen ein oder zwei Generationen verloren gehen können.

Daher gleicht unser Verdauungsapparat heute nicht mehr einem sauberen Klärwerk, das aus vollwertigem Essen die hochwertigsten Vitalstoffe herauslösen kann, sondern einer völlig verwahrlosten, im wahrsten Sinne des Wortes verdreckten Kloake. Und dabei ist der Darm zweifelsfrei das Zentrum unseres Immunsystems.

Wenn du jetzt als Sportler meinst, dein Darm wäre besser dran aufgrund der vielen Bewegung, die du vielleicht machst – leider nein. Große Nahrungsmengen, zu eiweiß-/fleischreiche Diäten, stressreiche Trainings- oder Wettkampftage, unregelmäßige Tagesrhythmen durch das viele Reisen, mentale Belastungen als Konsequenz des Erfolgsdrucks – auch **dein Darm würde viel mehr Aufmerksamkeit und Zuwendung brauchen**.

Das waren die schlechten Nachrichten, nun zu den guten:

Es gibt vielfältige Möglichkeiten der Sanierung, Regeneration und Pflege des Darms, die sich sehr einfach durchführen lassen. Und mit gar nicht viel Mühe kannst du verborgene Potenziale wecken und deine Leistung unter Umständen binnen Tagen und Wochen ohne zusätzliches Training wesentlich verbessern.

Wie unsere Verdauung funktioniert

Nehmen wir Nahrung zu uns, so wird diese zuerst im **Mund** zerkaut und eingespeichelt, wobei bereits erste Kohlenhydrate aufgenommen werden. Ist der Bissen gut zermahlen, schiebt ihn die Zunge rückwärts in den Rachen, von wo er durch die **Speiseröhre** mittels Muskeltätigkeit in den **Magen** befördert wird. Im Magen erwartet den Nahrungsbissen bereits die Magensäure, eine Salzsäure mit Verdauungsenzymen, die sich über die erste Zerteilung des Eiweißes zu Aminosäuren hermacht. Auch dient die Magensäure dazu, etwaige Keime und Bakterien abzutöten. Ist der Magen mit seiner Verdauungs- und Desinfektionsarbeit fertig, geht es weiter in den fünf Meter langen Dünndarm. An dessen Anfang befindet sich der **Zwölffingerdarm**, wo auch die Sekrete aus Leber und Bauchspeicheldrüse zugemischt werden. Die im Gegensatz zum sauren Magensaft stark basische Gallenflüssigkeit (produziert in der Leber und zwischengelagert bis zum Gebrauch in der Gallenblase) ist für die Verarbeitung der Fette zuständig, das Sekret der Bauchspeicheldrüse für die Kohlenhydrate. Im **Dünndarm** wird nun die Nahrung in ihre Mikronährstoffe aufgespalten, Eiweiße zu Aminosäuren, Kohlenhydrate zu Zucker und Fette zu Glycerin und Fettsäuren sowie der vom Magen pH-saure Nahrungsbrei neutralisiert. Über die große Oberfläche des Dünndarms gelangen die Nährstoffe sodann in den Blutkreislauf sowie unser Lymphsystem und werden zur Energiegewinnung in die Zellen weitergeleitet. Mineralstoffe und wasserlösliche Vitamine werden über die Dünndarmwand direkt resorbiert, fettlösliche Vitamine suchen sich Fettsäuren als Transport- und Speichermedium. Im rund 1,5 Meter langen **Dickdarm** schließlich wird nun dem dünnflüssigen Brei das Wasser entzogen. Die unverdaulichen Nahrungsreste werden eingedickt, um über den **Enddarm** ausgeschieden zu werden.

In Summe ist unser Verdauungsapparat ca. 8 Meter lang und produziert pro Tag ca. stattliche 8,5 (!) Liter an Flüssigkeiten (Speichel, Magensäure, Galle, Bauchspeichel und Dünndarmsekret).

Alleine durch einen gesunden Darm und einen damit verbundenen optimierten Energie- und Vitalstoff-Haushalt

1. Zwischen 5 und 7 Uhr am Morgen ist die Zeit des Dickdarms, wo sich dieser nach der Verdauungsarbeit in den Nachtstunden entleeren möchte. Wenn du natürlich jeden Morgen im Alarmstart aus dem Bett springst, weil du bis zur letzten Sekunde pennen musstest, und nach einem hastigen Steh-Kaffee schon gestresst aus dem Haus rennst, wird dein Darm weder Gelegenheit noch Gelassenheit vorfinden, sich einmal in Ruhe seiner Altlasten zu entledigen. Verstopfungen werden die Folge dieses durcheinandergebrachten Lebensrhythmus sein.

2. Es gibt die verschiedensten Möglichkeiten der Darmreinigung, google das einfach einmal in Internet. Viele dieser Empfehlungen basieren auf Einläufen und stellen unserer Meinung nach recht grobe Maßnahmen dar. Unsere READY TO WIN™-Therapeuten befürworten eher die sanften Darmreinigungen, wovon es mehrtägige und mehrwöchige Programme gibt (z.B. »clean me out«, entwickelt von Dr. Richard Anderson, oder von unserem Partner Orthotherapia in Salzburg). Mehr noch, sie empfehlen dir folgende Vorgehensweise, die auch während der Saison oder zwischen den Rennen jederzeit möglich ist:

   2.1 Mindestens zweimal pro Tag versuche ballaststoffreich zu essen, vorzugsweise reich an Pflanzenfasern. Wenn du es planmäßig, mehrmals die Woche nicht schaffst, dann kaufe dir im Drogerieladen ein Flohsamenpräparat. Diese zur Familie der Wegeriche zählende Heilpflanze bzw. deren Samen hat eine große Quellkraft und kann mit ihrer starken Schleimbildung schon die Verdauung regulieren und die »Rohre deines inneren Klärwerks« regelmäßig einmal durchputzen. Am Morgen auf nüchternen Magen einen Messlöffel der Flohsamen einfach in ein großes Glas Wasser geben und runter damit. That's all. Und das machst du 2-3 Tage hintereinander. Einen ähnlichen ballaststoffreichen Durchputz-Effekt garantiert auch die Haferkleie, die in einer großartigen Nebenwirkung noch dazu den

Cholesterinhaushalt positiv beeinflusst. Haferkleie langfristig konsumiert – etwa am Morgen einige Esslöffel in den warmen Basentrunk eingerührt (Rezept siehe Kapitel »Wasser – Das Getränk der Weltmeister«) – kann das Arterien zerstörende LDL-Cholesterin massiv senken und gleichzeitig das wertvolle, unser Leben schützende HDL-Cholesterin heben, wie Forschungen an der medizinischen Fakultät der University of Kentucky spektakulär zeigten. Haferkleie mit Keim wäre die beste, vitalstoffreichste Wahl.

2.2 Dass vielleicht genialste Entgiftungsmittel, das wir je in unseren langen Jahren des Sport-Coachings entdeckt haben, ist das Vulkanmaterial Zeolith-Klinoptilolith. Hinter dem nahezu unaussprechlichen Namen verbirgt sich ein wahres Allheilmittel und Jungbrunnen für Mensch und Tier. Das ohne Zweifel führende bislang aus Zeolith-Klinoptilolith hergestellte Produkt trägt den Namen PANACEO und wird in Kärnten/Österreich erzeugt, was in diesem Fall bedeutet, dass das siliziumhaltige Grundmaterial speziell zerkleinert und aktiviert wird. 1 g PANACEO hat eine innere Oberfläche von bis zu 1.000 m^2!

Man nimmt PANACEO in Form von Kapseln oder als Pulver auch am besten morgens auf nüchternen Magen zu sich und dieses Wundermittel saugt wie ein perfekter Schwamm im Verdauungstrakt Schwermetalle (Blei, Quecksilber, Cäsium, Cadmium usw.) aber auch Rückstände von Arzneimitteln, Mykotoxine, pathogenen Bakterien oder gar Viren auf, bevor diese in den Blutkreislauf gelangen können. Einmal aufgesaugt, wird der Giftcocktail binnen 24 Stunden über den Stuhl ausgeschieden. Ja, du hast das ganz richtig verstanden: PANACEO sammelt die Giftstoffe im Darm ein und leitet diese einfach über den Stuhlgang aus. Im Gegenzug gibt das phänomenale Lavagestein so wichtige Vitalstoffe wie Magnesium, Kalzium, Kalium und Natrium an den Körper ab. Wie das funktioniert? Nun: Schadstoffe haben eine hohe Affinität (= Bestreben von Atomen und Molekülen, Wechselwirkungen einzugehen) zu den Kristallgittern des Zeolith-Klinoptiloliths und binden sich

so an dieses Lavamehl. Im Kristallgitter befindliche Kationen hingegen werden stark von den organischen Stoffen im Organismus angezogen. Wie genial ist das?! Schadstoffe raus, Mineralstoffe rein! Zusätzlich wird die Zahl der freien Radikale im Magen-Darm-Trakt um bis zu 50 % reduziert. Kurzum: PANACEO reinigt den Darm und liefert dir die im belasteten Sportlerkörper dringend benötigten Mineralstoffe. Über die faszinierende Heilwirkung von PANACEO wurden schon Bücher geschrieben. Es konnte auch wissenschaftlich nachgewiesen werden, dass PANACEO den Laktatwert dramatisch positiv beeinflusst. Sportwissenschaftliche Tests erbrachten die erstaunliche Erkenntnis, dass PANACEO die körperlich-sportliche Leistung der Probanden im Schnitt um unglaubliche 11 % verbessern konnte – und das binnen 2 Wochen!!! Mit Training und ohne Doping ist das nie und nimmer zu schaffen!

Wenn auch du deinen Körper und deine maximale Power bei optimierter Gesamtgesundheit voll ausschöpfen möchtest, dann widme deinem Darm ein wenig Aufmerksamkeit. Du wirst es nie mehr bereuen!

Du kannst dem Leben nicht mehr Tage geben – aber dem Tag mehr Leben.

Chinesische Weisheit

Die Atmung
Kraft- und Entspannungsquelle zugleich

Mit der Atmung behandeln wir nun den wohl sensibelsten und vor allem lebensnotwendigsten Bereich unseres Daseins. Man kann ohne zu essen mehrere Wochen überleben, ohne zu trinken bis zu einer Woche, jedoch ohne zu atmen nur einige wenige Minuten. Alleine daran erkennt man die extreme Bedeutung. Was passiert aber nun bei der Atmung bzw. wozu brauchen wir sie?

Diese Coaching-Unit macht dich READY TO WIN, denn sie zeigt:

- **Wie wichtig eine korrekte Atemtechnik ist**
- **Mit welchen einfachen Übungen die Atmung optimiert werden kann**
- **Wie man seine Lunge binnen Sekunden reinigt**

Atmung ist erforderlich, um den Sauerstoff aus der Luft über die Lunge in das Blut gelangen zu lassen und mithilfe der roten Blutkörperchen dann zu den Geweben und Zellen zu transportieren. Des Weiteren wird bei der Atmung das Kohlendioxid, unser Stoffwechsel-Abbauprodukt, über das Blut von den Zellen zu der Lunge geleitet und dort abgeatmet.

Den Sauerstoff wiederum brauchen wir zur Energiegewinnung (Oxidation von Nährstoffen) in unseren Zellen. Im Kapitel »Grundlagen für Ernährung im Sport« gehen wir detaillierter auf die Energiebereitstellung in den Muskeln aus den Adenosin-Tri-Phosphat-, Kreatinphosphat-, Glykogen- und Fettspeichern ein.

Kann man seine Atmung verbessern und dadurch seine Leistung optimieren?

Ja, das kann man! In zwei unterschiedliche Richtungen: in eine quantitative und eine qualitative. Obwohl Atmen lebensnotwendig ist, tun wir es die meiste Zeit ganz nebenbei und unbewusst – und oftmals sogar falsch.

Quantitative Verbesserung der Atmung

Eine Verbesserung der Lungenleistung erfolgt über eine Optimierung der Lungeneffizienz. Das heißt: Da die Lunge kein Muskel ist und uns in unserem individuellen Volumen genetisch in die Wiege gelegt wurde, können wir sie nicht vergrößern, wie wir das z.B. über Hanteltraining bei unserem Oberarm-Muskel machen können oder wie es auch durch Sport mit unserem Herzen geschieht.

Was wir aber durch ein konsequentes Grundlagen-Ausdauer-Konditionstraining machen können, ist unsere Lunge in ihrer Arbeitsleistung zu optimieren. Ein erheblicher Teil der verfügbaren Lungenkapazität wird bei den meisten Menschen gar nicht ausgenützt.

Insbesondere untrainierte Menschen, vor allem unter Stress, atmen sehr oberflächlich, sodass viel Lungenleistung ungenützt bleibt.

Daher: **Das Volumen der Lunge an sich können wir nicht vergrößern, jedoch viel mehr das ohnehin ausreichend vorhandene Volumen durch regelmäßiges Ausdauertraining nutzbar machen.**

Qualitative Verbesserung der Atmung

Neben der Optimierung der reinen Arbeitsleistung der Lunge liegt ein Hauptaugenmerk ganzheitlichen Sportcoachings auch auf der Verbesserung der qualitativen Atmung. Und hier gibt es zwei große Bereiche zum Ansetzen:

1. Die richtige Atmung

Sehr viele Menschen atmen heute über die Brustatmung. Das bedeutet, beim Einatmen hebt sich der Brustkorb, beim Ausatmen senkt sich der Brustkorb. Bei dieser Atemtechnik tut sich die Lunge schwerer, sich frei auszudehnen, was automatisch dazu führt, dass das potenzielle **Atemvolumen reduziert** wird. Die Folge: Man atmet nicht mehr so ruhig und/weil tief, sondern beginnt immer oberflächlicher und hastiger zu atmen. Besonders in ihrem unteren Bereich könnte die Lunge optimal Sauerstoff aufnehmen, jedoch atmen viele überwiegend an der Oberfläche und müssen folglich die Zahl der Atemzüge erhöhen.

Bei der Brustatmung ist auch die Atemmuskulatur mehr gefordert. Anstatt das Zwerchfell für die Atembewegung zu nützen, müssen Muskeln im Brust- und vor allem Schulterbereich das Heben und Senken des Brustkorbes übernehmen. Es benötigt daher diese Atmung mehr Energieeinsatz und führt automatisch zu einer **Verspannung im Hals- und Nackenbereich**.

Bei vielen oder möglicherweise den meisten Menschen ist die Brustatmung die alltägliche Atemform, die nicht nur bei der Einatmung für Anspannung sorgt, sondern auch bei der Ausatmung. Und das ist ganzheitlich gesehen und auf die Dauer sehr negativ.

Stressreaktionen des Körpers auf die täglichen Belastungen, wie ein Anspannen der Nackenmuskulatur, wird durch die gleichfalls verspannende Brustatmung noch zusätzlich verstärkt.

Typisch für die **Brustatmung** ist die Anspannung bei der Ausatmung. Da wir uns bei der Brustatmung zumeist im **Stress** befinden, wird auch die Ausatmung vom sympathischen Nervensystem gesteuert, und das für die Entspannung zuständige parasympathische Nervensystem kann bei dieser Atmung nicht wie gewünscht mitwirken.

Gründe für eine vermehrte Brustatmung bei modernen Menschen sind daher im Stress zu suchen. Die dadurch verspannten Nackenpartien lassen die Atmung oft von Bauch- zu Brustatmung umspringen. Überdies sind unsere stundenlangen **sitzenden Haltungen am Bürostuhl** sowie enge Hosen verantwortlich, dass sich schleichend die Atmung vom Bauchraum in den Brustraum verlagert. Ebenso bei sportlicher Belastungen, wie z.B. beim Laufen, wo man schnell dazu verleitet wird, auf Brustatmung umzuschalten, wenn man zu schnell läuft.

Der angespannte Nacken mit hochgezogenen Schultern entspricht im Grunde der ur-instinktiven **Fluchthaltung** des Tiers »Mensch« vor dem Fluchtsprint. Diese Haltung ist eine körperliche Stressreaktion und löst im Hirn (im limbischen System, unserem unbewussten Angstzentrum) eine zusätzliche vegetative Stressreaktion aus, indem sie nicht nur die Atmung beeinflusst, sondern auch Herzschlag, Blutdruck, Durchblutung, Hautfeuchtigkeit, Hormone usw. Das heißt: Alarmstufe Rot, ohne eigentlich einen konkreten bedrohlichen Grund zu haben.

Im Gegensatz dazu wird bei der **Bauchatmung** die Atembewegung durch das Zwerchfell, unseren Hauptatemmuskel, ausgeführt. Hierbei entsteht nicht nur keine An-/Verspannung im Nackenbereich, es kommt auch konkret zu einer Entspannung ebendort und sogar im kompletten Bauchraum bis zum Beckenraum. Selbst die Verdauung wird optimiert, geradezu massiert, durch die eigentlich ursprüngliche Form der Atmung. Überaktiviert die Brustatmung unseren Sympathikus (der Teil unseres Nervensystems, der für Kämpfen und Flüchten steht), so fördert die Bauchatmung unseren Parasympathikus (Ruhe und Verdauen).

Das bedeutet, wenn man durch falsches Atmen in einem **Sympathikus-Verspannung-Stress-Zustand** ist, so ist man nicht im vollen Besitz seiner energetischen, physischen und psychischen Kräfte.

Auf Brustatmung umzustellen ist an sich nichts Negatives und eventuell einfach nötig, z.B. bei einem Sprint. Selbst ein Unfall kann ein Umschalten auf Brustatmung hervorrufen.

In der sportlich-körperlichen Belastung gibt es außerdem eine Kombinationen aus Brust- und Bauchatmung, die oft auch als **Vollatmung** bezeichnet wird.

Es ist daher empfehlenswert, sich nach möglichen Auslösemomenten einer »Atmungsumschaltung« selbst zu beobachten und gegebenenfalls bewusst auf die entspannendere und erholsamere Bauchatmung rückzubesinnen.

Wie erkenne ich, ob ich optimal bauchatme?

Am besten legt man sich im Bett oder auf der Couch entspannt auf den Rücken und beobachtet, ob sich beim Einatmen der Bauchbereich, der Nabel, hebt (positiv) oder der Brustkorb (negativ). Bei Unsicherheit einfach die rechte Hand auf den Nabel legen und fühlen, was passiert. Bei vielen Menschen hebt sich nämlich der Brustkorb, nicht der Nabel.

Wenn das auch bei dir so ist, konzentriere dich auf deine rechte Hand und den darunter liegenden Nabel, atme bewusst so, dass sich diese Hand beim Einatmen hebt und beim Ausatmen mitsamt deiner Bauchdecke senkt. Atme einmal eine Zeit lang bewusst und sogar übertrieben **»in den Nabel«**. Gib dann die rechte Hand vom Bauch, atme weiter und beobachte was passiert. Manchmal fällt die Atmung wieder in die gewohnte Brustatmung zurück, manchmal bleibt sie schon stabil umgeschaltet. Es kann aber auch sein, dass deine Atmung in dieser Phase des Umlernens etwas durcheinandergerät. Nein, passieren kann nichts.

Falsche Bauchatmung: Pass auf, dass sich beim Einatmen der Nabel wirklich hebt. Es kann nämlich sein, dass Bauchatmung falsch gemacht wird und sich der Nabel beim Einatmen senkt!

Nabel und Bauchdecke müssen sich beim Einatmen heben, beim Ausatmen senken.

Wahrscheinlich wirst du diese auf die Atmung konzentrierten Phasen in den nächsten Tagen noch üben müssen, bis die Bauchatmung die Oberhand behält/gewinnt. Und wenn eventuell nach einer Belastung oder nach anderen Situationen deine Atmung wieder vom Bauch auf die Brust sprang und nicht mehr zurückgeschaltet hat, greifst du wieder korrigierend ein. Keine Sorge, du musst dich jetzt nicht fortan aktiv um deine Atmung kümmern.

Sollte die Bauchatmung wieder in deinem Atemrhythmus Einzug gefunden haben, läuft deine Atmung automatisch ab wie bisher, nur jedoch qualitativ deutlich verbessert. **Als gesunder, erfolgreicher Mensch musst du fähig sein, über den Bauch zu atmen!**

Atemfrequenz

Die Brustatmung führt im Allgemeinen dazu, dass man nicht ruhig und tief einatmet, sondern nur oberflächlich und hastig. Dieser unnötig schnelle Atemrhythmus beschleunigt auch das Herz, ein zusätzlich sehr negativer Effekt.

Als Atemfrequenz bezeichnet man die Zahl der Atemzüge pro Minute. Der Normalwert ist abhängig vom Alter. So atmen Säuglinge 40-45 Atemzüge/min, Jugendliche 16-19 und Erwachsene 11-15 Atemzüge/min. Ein Atemzug beim Erwachsenen misst etwa

0,5 Liter, wovon 30 % nicht aktiv am Gasaustausch beteiligt sind. Bleiben also netto rund 0,35 Liter/Atemzug x 11 (bis 15) Atemzüge = 3,85 bis 5,25 Liter, die ein erwachsener Mensch pro Minute atmet.

Wer schneller atmet als nötig, kommt rasch in den Bereich der **Hyperventilation**, welche dann ein minütliches Atemvolumen von 5 bis im Extremfall 20 und mehr Liter bedeuten kann. Die Hyperventilation führt auf Dauer zu Erkrankungen. Starke Hyperventilation zu akuten, lebensbedrohlichen Anfällen, da der Säure-Basen-Haushalt (Sauerstoff/Kohlendioxid) völlig aus dem Gleichgewicht gerät.

Fazit: Wir trachten danach, mittels Bauchatmung den Atem richtig fließen zu lassen und ihn besonders beim entspannenden Ausatmen völlig verströmen zu lassen. **Unser Atem sollte uns richtig durchs Leben tragen!**

Mund oder Nase?

Grundsätzlich soll man im Ruhezustand durch die Nase atmen. Die Atemluft wird hierbei abgebremst, gereinigt, angefeuchtet und angewärmt. Bei Anstrengung, etwa im Sport, muss man oft durch den Mund Luft holen, weil das benötigte Einatemvolumen die Kapazität der Nase übersteigt. Durch den Mund können wir schneller und mehr atmen. In der Kälte führt dies jedoch bisweilen zum sogenannten Seitenstechen.

Doppelt so lange aus- wie einatmen entspannt.

Den idealen Atemrhythmus zu finden trainiert man, indem man durch die Nase in den Bauch hinein- und etwa doppelt so lange ausatmet. Die eigentliche Entspannung bringt das Ausatmen. Nach dem Einatmen nicht die Luft anhalten, sondern unmittelbar ruhig ausatmen. Erst danach eine kurze Atempause einlegen, bis der Körper wieder nach Luft verlangt. Jetzt atmest du automatisch tief und entspannend ein.

2. Atemübungen

Zur Beruhigung des Atemrhythmus

1. Durch die Nase einatmen und dabei ruhig bis 4 zählen.
2. Durch die Nase ausatmen und dabei ruhig bis 8 zählen.
3. Eine Atempause einlegen und dabei bis 4 oder 8 zählen, je nachdem wann der Körper wieder Atem fordert. Nicht bewusst anhalten!

Auch eine Maßnahme zum Beruhigen des Atemrhythmus ist die Einatmung durch die Nase und ein **Ausblasen in die Handinnenflächen**.

Dieses konzentrierte, entspannende In-die-Hand-Pusten hast du vielleicht schon bei Tennisspielern gesehen, dort zählt es bei vielen zum fixen Ritual, etwa vor dem Service.

Wechselatmung

Der korrekten (Bauch-)Atmung wird in fernöstlichen Kampfsportarten hohe Bedeutung beigemessen, auch im Yoga, Tai Chi oder Yi Gong geht es ganz zentral um Atemtechniken. Eine einfach zu übende Technik ist die **Pranayama-Wechselatmung** zur Regenerierung und Harmonisierung.

Setze dich bequem auf einen Stuhl, der Rücken ist aufrecht aber nicht angelehnt, die Schultern hängen locker herunter. Spreize jetzt den Daumen und den Zeigefinger der rechten Hand. Verschließe mit dem Daumen das rechte Nasenloch und atme links ein. Schließe nun mit dem Zeigefinger das linke Nasenloch und atme rechts aus. Atme wieder rechts ein und dann links aus. Idealerweise wieder länger ausatmen als einatmen. Wiederhole diese Zyklen während 5 bis 15 Minuten. Atme bewusst, langsam und kaum hörbar und mache zwischen Ein- und Ausatmen bei dieser Übung keine Atempausen.

Es gibt eine Vielzahl an weiteren Atemübungen die man leicht auf YouTube finden und nachmachen kann. Schau dort rein – »Pranayama« ist ein sehr guter Suchbegriff.

Entdecke mit der Zeit deine eigenen Atemübungen und entwickle eine Sensibilität für das Atmen. Übertreibe es zu Beginn nicht. Wenn du zu viel auf einmal versuchst, könntest du deinen Atem erst recht aus dem Rhythmus bringen. Hingegen als ganzheitlich denkender Sportler beschäftige du dich unbedingt mit dem ruhigen, entspannenden Fließen deines Atems und korrekter Bauchatmung. Darin steckt ein großes Potenzial, deine Leistung über Entspannung zu verbessern.

Tipp: Breathe-out

Ein- bis zweimal pro Tag, eventuell am Morgen und am Abend, könntest du deine Lungen komplett leeren und reinigen. Dazu atme ganz intensiv aus, drücke auch die letzten Luftreste aus deinen Lungenflügeln, puste richtig fest aus, bis die in den Lungen aufgestaute alte Restluft zur Gänze ausgeatmet ist. Dann atme tief und ruhig in den Nabel ein. Fertig. Damit erfrischst du dein Atemorgan und bringst allen in den Tiefen der Lunge aufgestauten Dreck aus Umwelt und Abgasen raus.

Wer nach außen schaut, träumt.
Wer nach innen blickt, erwacht.

Carl Gustav Jung

Körperenergie
Alles fließt

Alle bisher in diesem Buch behandelten Themen rund um die körperlichen Belange auf dem Weg zum Erfolg sind für jeden – wie emotional und gesundheitlich intelligent auch immer – in der Regel leicht akzeptierbar, selbst wenn eine Ernährungsumstellung damit verbunden sein sollte. Ist aber in einer Coachingsitzung von Körperenergie die Rede, stößt der ganzheitliche Betreuer immer wieder auf Unverständnis. Wird dann noch das im Feng-Shui-Trend der letzten Jahre zum Modewort verkommene »Chi« für Körperenergie verwendet, folgt häufig auf eine ablehnende Handbewegung gleich auch noch eine abfällige Äußerung. Dabei ist es in Wahrheit die Energie, die uns zu einem lebenden und lebendigen Organismus macht. Ist diese verbraucht oder ihr Fluss im Körper gestört oder blockiert, folgen Leistungseinbruch, Schmerzen, Krankheit und Depression.

Diese Coaching-Unit macht dich READY TO WIN, denn sie zeigt:

- **Wie Energie unsere Lebendigkeit bestimmt**
- **Wie man mit dem Lösen von Energieblockaden Schmerzen und Beschwerden lindern kann**
- **Welche Übungen und Rituale das Chi fließen lassen**
- **Wie du deine Energie über einen längeren Zeitraum kontrollierst**

Wehrt sich ein betreuter Sportler vehement dagegen, die Thematik der eigenen Körperenergie anzunehmen, so bliebt als letzter Erklärungsversuch hierzu immer noch folgende plakative Frage:

Was ist der Unterschied zwischen Leben und Tod? Was unterscheidet einen soeben verstorbenen Menschen von seinen Lebzeiten wenige Augenblicke zuvor? Untersucht man einen seit wenigen Minuten Toten pathologisch, so hat dieser Leichnam immer noch dieselben Abmessungen, sogar einige Zeit noch dieselbe Temperatur, dieselbe chemische Zusammensetzung – im Grunde hat sich nichts geändert und doch ist der Unterschied so dramatisch: Die Lebendigkeit, die Lebensenergie ist entwichen. Pragmatiker mögen entgegnen, das Herz hätte halt aufgehört zu schlagen. Ja, schon, aber was ließ es vorher zig Jahre lang schlagen? Was verleiht dem Menschen seine Lebendigkeit? Die Antwort darauf ist: **Körperenergie**.

Aufgrund der umfassenden Komplexität der Thematik, beschäftigen wir uns hier exemplarisch nur mit einer kleinen Auswahl von Aspekten und Exerzitien rund um Chi und Körperenergie.

Lebendigkeit durch Energiereichtum

Im Englischen existiert der so wunderbar unserem Modewort »Wellness« ähnlich klingende Begriff der **»liveliness«**, was so viel wie »Lebendigkeit, Vitalität, Aufgewecktheit oder Munterkeit« bedeutet. Alles Synonyme für ein aktives, dynamisches, leidenschaftliches, engagiertes und damit wohl erfülltes und höchstwahrscheinlich gesundes Leben. Es ist nicht schwer zu erraten, dass all diese Eigenschaften integrale Bestandteile von Erfolg sind. Diese Lebendigkeit basiert auf einem hohen Maß an Körperenergie und ihrem sprudelnden Fluss zwischen Scheitel und Sohle.

Spricht man im psychischen Zusammenhang von einem **Burn-out** und meint damit ein emotionales Ausgebrannt-Sein, könnte im körperlich-energetischen Sinne von einem **Power-out** die Rede sein, um einen Zustand zu beschreiben, in dem einfach zu wenig Kraft, Elan und Leistungsfähigkeit vorhanden sind. »Ich bin total ausgepowert«, ist eine gebräuchliche Umschreibung für »Ich habe meine ganze Energie verbraucht«. Keine Power mehr zu haben, fällt beim Sportler klarerweise sofort auf, einfach weil der im Leistungssport regelmäßige Vergleich(skampf) mit anderen oder zumindest der eigenen, früheren Performance drastisch vor Augen führt, dass energetisch »ground zero« erreicht wurde. Champions haben deshalb gelernt, mit ihrer Energie hauszuhalten und diese nicht frühzeitig bereits vor Ende der Wettkampfsaison restlos verfeuert zu haben. Nichtsdestotrotz sind Verletzungen und bisweilen recht diffuse Krankheiten bei Spitzensportlern unserer Ansicht nach durch einen Energiemangel ausgelöst. Wie oft hatte der Slalomstar im Laufe des Jahres schon bei Trainings- und Rennläufen mit dem Ski an der Torstange eingefädelt und sich trotz spektakulärer anschließender Vorwärtssaltos nie verletzt. Und plötzlich, bei diesem einen gar nicht besonders heftigen Sturz ist ein Band ab, ein Muskel gerissen, ein Knochen gebrochen. Warum? Mit Sicherheit auch, weil die Körperenergie in diesem Moment nicht (mehr) ausreichte, um der Fehlbelastung am Bewegungsapparat durch den Sturz standzuhalten. Leider gibt es jedoch nur am Computer eine Tastenkombination für »Bearbeiten rückgängig«. Wie hilfreich wäre es im Leben doch oft, auch hier ein »Strg+Z« zu haben, um gerade Geschehenes ungeschehen zu machen. Oder gibt es diese Option doch?

Wenngleich auf das Heftigste umstritten bzw. laut dem aktuellen Stand der medizinischen Wissenschaft für unmöglich gehalten, so beweisen **Energieheilungen** – die auf welche unheimliche Weise im Detail auch immer die **Selbstheilungskräfte des Körpers optimieren** – dass das Energiethema noch lange nicht endgültig erforscht ist oder wohl nie sein wird. Was haben zahlreiche Profisportler, wie Steffi Graf, Roger Federer, Jürgen Melzer, Franziska van Almsick, Serhij Bubka, einige Skispringer usw., gemeinsam? Heilungserlebnisse der unglaublichsten Art, bei denen Muskel- und Gelenksverletzungen einzig durch manuelle, massage-ähnliche Behandlung binnen Stunden geheilt wurden. Der in Hallein praktizierende gebürtige Ägypter Mohamed Khalifa oder der Steirer Martin Weber sind Menschen, die schier übernatürliche Fähigkeiten haben und unterbrochene Energieströme wieder in

Ordnung bringen. Heilungen wie diese sind Extreme und übersteigen letztlich auch unser Verständnis, dennoch: Geschehen sind sie, und das noch dazu oft medienwirksam an prominenten Champions.

Selbsthilfe und Selbstheilung mit Reflexpunkten

Was ein Sportler zumindest in Ansätzen unbedingt verstehen und einsetzen sollte, ist die Lehre der Reflexpunkte. Einerseits um zu wissen, bei welchen Beschwerden ein ausgebildeter Reflexzonen- oder Physiotherapeut mit lediglich wenigen Griffen – allen voran zur Schmerzlinderung – erstaunliche Resultate zu erzielen im Stande ist. Andererseits empfehlen wir eindringlich, auch selbst ein Standardrepertoire an Reflexpunkten zu kennen, um sich im Notfall selbst zu helfen. Ein gerissenes Kreuzband wirst du nicht selbst wie Mohamed Khalifas scheinbare Geisterhände wiederherstellen können, aber bei vor dem Wettkampfstart eintretenden, deine Leistung und damit Siegesaussichten minimierenden Akutproblemen, wie Schulter-/Nackenverspannungen samt Kopfschmerzen, verstopfter Nase/Nebenhöhlen, überlasteten Knien, Ischias, Kreuzweh und dergleichen, würde sich schon logisch anbieten, für Notfälle **das kleine 1 x 1 der Reflexpunkte** selbst zu beherrschen.

Reflexzonenarbeit basiert auf der **Lehre der Meridiane**, der Energiebahnen, wie sie primär aus der Traditionellen Chinesischen Medizin (TCM) stammt. Bestritten und als unwissenschaftlich abgetan wird die Reflexzonen-Akupressur (auch mittels Nadeln als Akupunktur möglich) ausschließlich von Zeitgenossen, die aufgrund ihrer starrköpfig ablehnenden Haltung niemals selbst erleben durften, wie sich beispielsweise der bis in die Zehen ziehende, stechende Ischiasschmerz binnen Minuten auf schier wundersame Weise lindern lässt. Bei der Akupressur wird mit den Fingern, überwiegend mit dem Daumen, ein Reflexpunkt mit entsprechendem Druck fixiert und dann mit nachlassender Anpressstärke die Blockade gelöst, sodass die Energie wieder frei und ungehindert durch diesen Meridian fließen kann. Ob man den gewünschten Punkt auch tatsächlich exakt getroffen hat, lässt sich ganz leicht eruieren. Die Stelle reagiert nämlich mit großer Empfindlichkeit auf den Daumen, sprich: Man erhält unweigerlich Rückmeldung, ob man selbst oder der Therapeut richtig liegt mit der Ortung des Reflexpunkts, weil dieser verglichen mit dem geringen, darauf ausgeübten Druck erstaunlich weh tut. Nach einiger Zeit der Fixierung (wir reden hier von einigen Sekunden bis wenigen Minuten etwa) wird der Fingerdruck langsam reduziert. **Löst sich die Energieblockade**, spürt der Patient zuerst einmal ein Nachlassen des Schmerzes am Reflexpunkt, der Therapeut oder geübte Selbstanwender fühlt ein zart pulsierendes Pochen über seine Daumenkuppe und mäßigt darauf weiter den Druck. Tobt der gedrückte Punkt auf einmal nicht mehr, nimmt auch der Schmerz am Ausgangsproblem ab. Das verblüffende an dieser Therapieform ist also, dass Reflexpunkte gegen Kopfweh nicht am Kopf liegen müssen, ebenso wenig wie für Ischiasqualen an der symptomatisch schmerzenden Rückseite des Oberschenkels oder am Gesäß. Zugehörige Meridianpunkte befinden sich zum Teil ganz woanders am Körper als das Zentrum der ursprünglichen Beschwerden. Wohl genau deshalb tun sich manche Leute so schwer, diese geniale Therapieform anzuerkennen. Sie erweckt in ihrer eingeschränkten Vorstellungskraft zu sehr den Anschein von Voodoo-Zauber, wenn zwischen Daumen und Zeigefinger reingedrückt wird, um Kopfweh zu lindern. Nicht weniger trifft diese Skepsis bei der Reflexzonenarbeit oder -therapie am Fuß zu. Alle Körperteile, die Organe, das Lymphsystem, die Muskeln, Gelenke, allen voran die Wirbelsäule, finden korrelierende Reflexpunkte am Fuß, entweder auf der Fußsohle oder auf dem Fußrücken. An bestimmten Positionen der großen Zehe kann man so etwa Nackenverspannungen lockern, an der Wurzel der kleinen Zehe Schulterbeschwerden behandeln usw. Auch aus dem Blickwinkel und dem Wissen um die Fußreflexpunkte heraus empfehlen wir übrigens, viel barfuß zu gehen. Lange Barfuß-Spaziergänge im Wald wirken wunderbar als Massage für den ganzen Körper – für die Seele sowieso.

Von einem ahnungs- wie wahllosen Herumdrücken oder gar Herumrubbeln an Reflexpunkten sei an dieser Stelle dringend abgeraten. Die Reflexzonenarbeit bewirkt verlässlich eine Reaktion des Körpers, und ein zu forsches Überaktivieren von Punkten vermag organische Probleme auszulösen. An der Fußsohle spiegeln sich unter anderem Bauchspeicheldrüse oder Gallenblase wider. Mit noppigen Holzmassagerollern die Reflexpunkte nun fortwährend zu drangsalieren – etwa weil so ein Ding seit letzten Weihnachten unter deinem Büroschreibtisch steht und du nun während der Computerarbeit stundenlang mit den Fußsohlen auf und ab rollst – kann auch zum Schuss in eine gänzlich ungewollte Richtung werden und physische Störungen heraufbeschwören. Barfuß zu gehen jedoch nicht, keine Sorge. Dazu sind unsere Füße evolutionär gedacht.

Im Folgenden zeigen wir beispielhaft eine **kleine Selektion an Reflexpunkten**, wie sie Wettkampfsportler an sich selbst finden und behandeln können sollten, um sich in Akutsituationen kurz – vor dem Match oder während des Rennens – selbst notfallsmäßig helfen zu können. Um sich dieses Wissen anzueignen, wird es wohl nicht möglich sein, parallel zum Training eine Ausbildung zu machen. Suche dir daher einen Reflexzonentherapeuten, der dich nicht nur aktiv behandelt, sondern dir auch einige Punkte, Griffe und Tricks zu deiner weiteren Eigenanwendung zeigt.

Eine sanfte, ruhige Druckmassage rund um die Augenhöhle bzw. an deren innerem Rand lindert Kopfschmerzen im Stirnbereich am besten ...

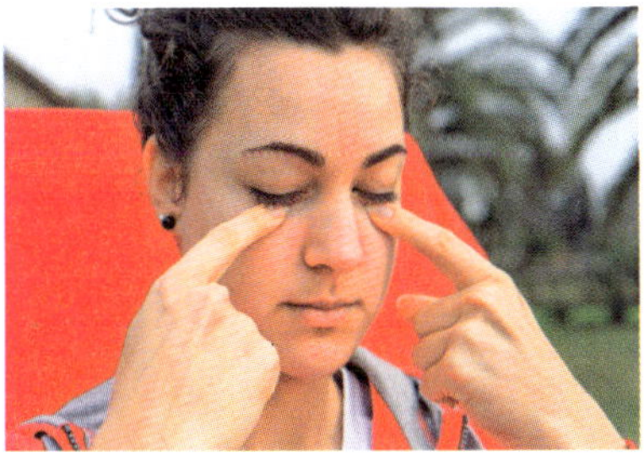

... wenn man Millimeter für Millimeter mit leichtem Druck vorgeht und ...

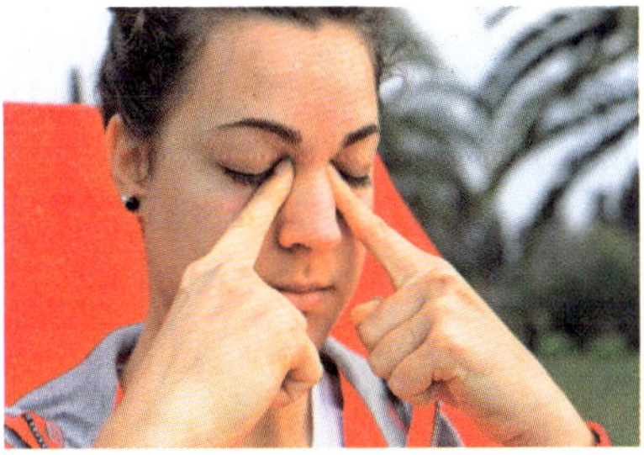

... jeweils einige Sekunden pro Reflexpunkt verweilt, bis Linderung eintritt.

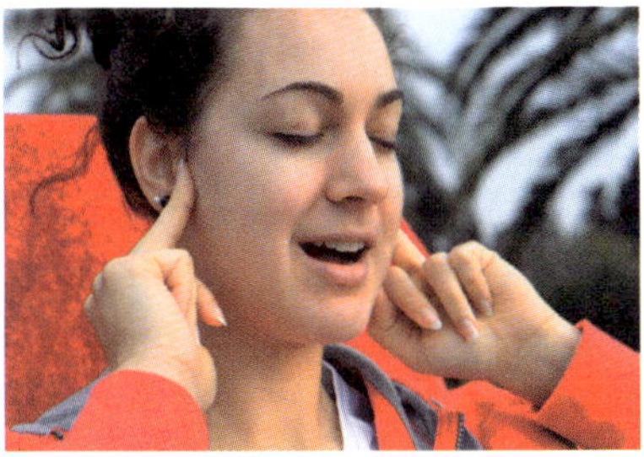

Mit geöffnetem Mund erfühlt man ein Anti-Kopfschmerz-Grübchen ...

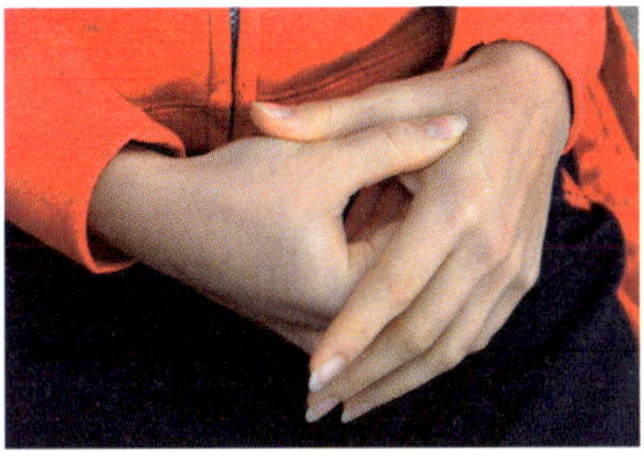

... ebenso ganz hinten im Ansatz von Daumen und Zeigefinger.

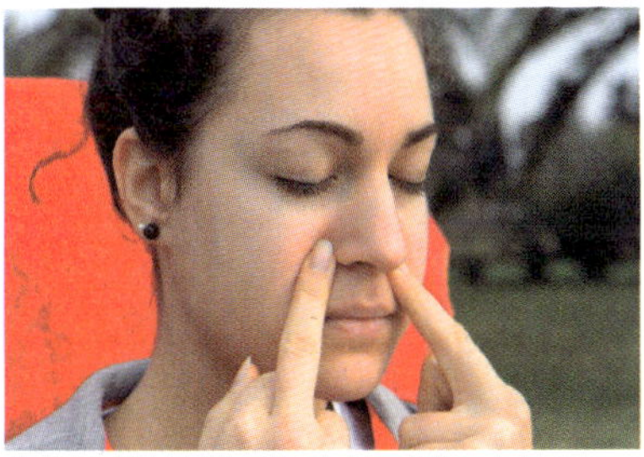

An der Nasenwurzel ruhig nach oben außen kreisend massieren ...

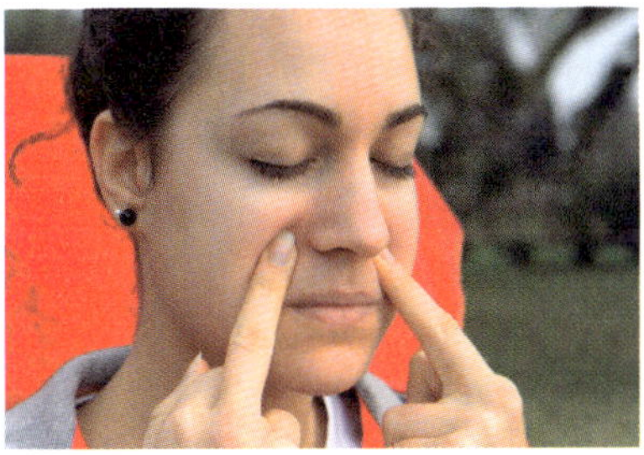

... öffnet verstopfte Nasen wie auch ein Druck ca. 1 cm weiter außerhalb.

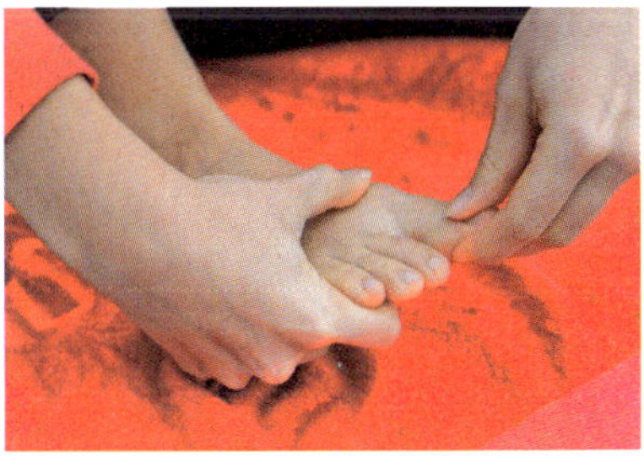

Eine Lockerung der großen Zehe lockert auch Verspannungen im Nacken.

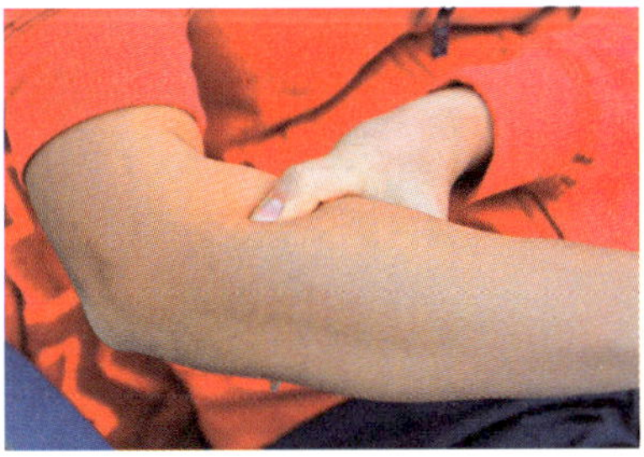

Ein sensibler Reflexpunkt gegen Blockaden in Oberarm und Schulter.

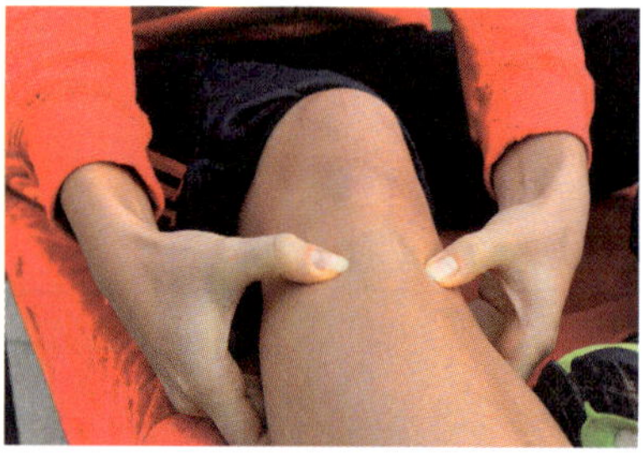

Beispielhaft zwei hochwirksame Reflexpunkte gegen Kniebeschwerden.

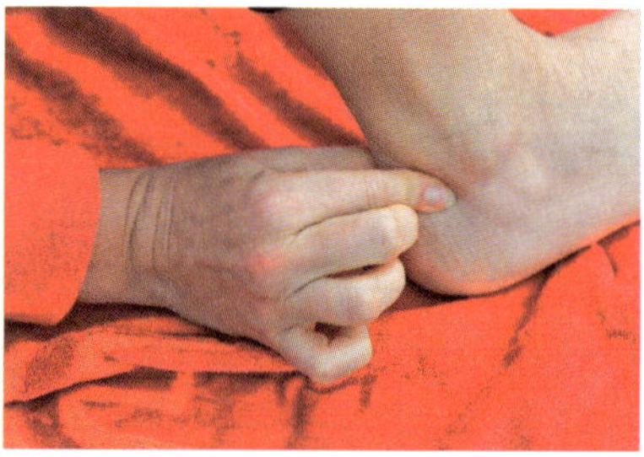

Ein gekonnter Zangengriff bringt Linderung bei Ischias-Schmerzen.

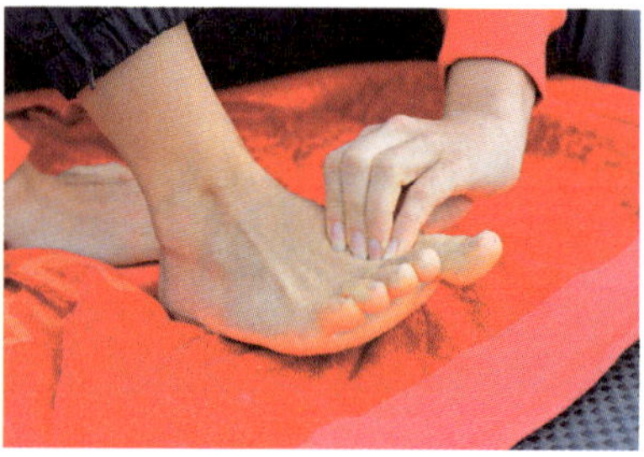

Asthmatikern kann dieser Notfallgriff rasche erste Hilfe bieten.

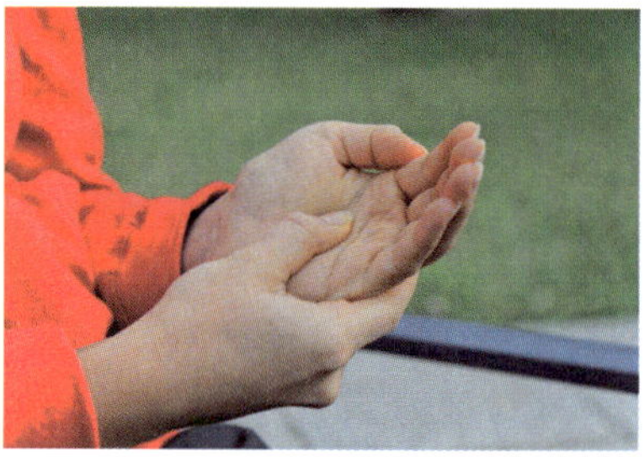

Druck an der tiefsten Stelle des Handtellers beruhigt Sympathicus und dich.

Thymusdrüse klopfen

Die Thymusdrüse ist zentraler Bestandteil des lymphatischen Systems und wird gerne auch als das Gehirn des körpereigenen Abwehrsystems bezeichnet. Bildlich gesprochen werden die **T-Lymphozyten** in der Thymusdrüse zu unseren Abwehrsoldaten ausgebildet. Vor allem in der Kindheit spielt die Thymusdrüse eine wesentliche Rolle bei der Entwicklung des Immunsystems, im Erwachsenenalter verliert das Organ, welches sich hinter dem Brustbein befindet, an Größe und Effektivität für die Lymphozytenarmee. Für den ganzen Energiefluss im Organismus bleibt sie dennoch von hoher Bedeutung. Wer sich häufig schlapp, kraftlos, erschöpft oder kränklich fühlt oder wer einfach seine **Lebendigkeit** und seine **Abwehrkraft** zusätzlich auf Touren bringen möchte, kann durch ein regelmäßiges Klopfen auf die Brust die Thymusdrüse **stimulieren** und diese so vom weiteren Verkümmern abhalten (Auch dieser Tipp soll keinen Arztbesuch ersetzen!). Sich ein paar Mal am Tag 15-20 leichte Schläge auf das Brustbein zu versetzen, hat schon so manches kleine Energiewunder bewirkt. Ob auch Menschenaffen instinktiv ihre Energie und Abwehrkräfte stärken wollen, wenn sie sich in Stresssituationen beharrlich auf die Brust klopfen?

Meditation und geführte Tiefenentspannung

Das Wort »Meditation« stammt aus dem Lateinischen und bedeutet »nachdenken, nachsinnen, überlegen«. Achtsamkeits- und Konzentrationsübungen sollen den Menschen in seine emotionale wie energetische Mitte (zurück-)führen, wozu der lateinische Begriff »medius = der Mittlere« ebenso treffend passt. Meditationspraktiken und -rituale sind in vielen Religionen und Kulturen eine jahrtausendealte, nicht wegzudenkende Zeremonie, seine **innere Balance zu finden**. Einzig in unseren Breiten provoziert man befremdliche Blicke, wenn man sich als Meditierender outet oder gar an öffentlichen Plätzen im typischen Schustersitz bewusstseinserweiternd in sich gekehrt ist.

Sich einfach niederzulassen und sogleich ohne entsprechende Vorbildung meditieren zu wollen, wird kaum funktionieren. Dazu braucht es lange Übung und – wie überall – zuerst einmal positive und motivierende Grunderfahrungen. Eine ideale Quelle, um erste Einblicke in die Thematik und in sich selbst zu bekommen, sind geführte Tiefenentspannungen. Angeleitet werden diese Meditationen »light« entweder live von einem Mentaltrainer oder noch einfacher über Kopfhörer von einer CD bzw. MP3-Datei. Es existiert ein riesengroßes Angebot an **Meditations-CDs**, und so fällt es nicht schwer, sich seine individuelle Sammlung zurechtzulegen, um regelmäßig ins Reich der eigenen

Mitte eintauchen zu können. Auswählen wird man Meditations-CDs einerseits nach Themen, aber auch nach der individuellen Sympathie zur Stimme des Vortragenden. Unsere Favoriten sind die geführten Meditationen von **Dr. Rüdiger Dahlke**. Das von ihm als Autor und Sprecher erhältliche Sortiment ist in jeder Weise beeindruckend und gewährleistet geistige Entspannung sowie ein freies Fließen der Körperenergien.

Chakren und Runen

»Chakren« – der Begriff kommt aus dem Sanskrit und bedeutet wörtlich »Kreise« – sind Energiezentren, die auf der Körpermittellinie angesiedelt sind und unsere psychologischen Eigenschaften beeinflussen. Ist jedes einzelne der sieben Chakren aktiv, der Insider spricht hier von »geöffnet«, befindet sich der ganze Mensch **in Balance und in seiner emotionalen Mitte**. Anhand verschiedenster Multiple-Choice-Tests kann man beispielsweise im Internet die Öffnung des jeweiligen Chakras online nachprüfen. Eine spannende Sache, die so gut wie immer zu erstaunlich zutreffenden Ergebnissen führt, Ehrlichkeit beim Ankreuzen des interaktiven Fragebogens vorausgesetzt.

Für uns Sportler bzw. Coaches ist die Berücksichtigung von Chakren-Übungen insofern interessant, weil sie – ganz ähnlich wie die später vorgestellten Runen-Praktiken – eine wundervolle **Ausgeglichenheit von Energie, Körper und Geist** ermöglichen und dazu beitragen, dass wir entspannt unsere Mitte finden. So negativ besetzt der Ausdruck »verrückt« heute ist, meint er eigentlich nur, dass jemand aus dieser, seiner Mitte gerückt ist. Ähnlich auch das Wort »Sucht« einen deutlichen Hinweis darauf beinhaltet, dass der Betreffende seinen Weg verloren hat und nun auf der Suche nach dem richtigen Pfad zurück in seine Mitte wäre. Wer tief in seinem Zentrum ruht, wer fest in seinem emotionalen Innersten verwurzelt ist, der wird mit den Herausforderungen und Bedrohungen auf dem Klettersteig zum Erfolg souveräner und beherrschter umgehen können.

Wie eingangs erwähnt, gibt es **sieben Hauptchakren**, die hier nur ganz oberflächlich Erklärung finden. Wer sich mit dem Thema intensiver befassen möchte, sei eingeladen, dies im Eigenstudium zu tun. Literaturhinweise und Empfehlungen von Websites im Anhang.

1. Wurzel-Chakra

Dieses befindet sich an der tiefsten Stelle unseres Rumpfes, zwischen den Genitalien und dem Anus. Ist es aktiv, so fühlst du dich geerdet und fest im Hier und Jetzt. Ist es unteraktiv, mangelt es dir vermutlich an Selbstsicherheit und Souveränität. Ist es überaktiv, bist du unter Umständen gierig, kannst nichts loslassen und fürchtest Veränderungen.

2. Sakral-Chakra

Dieses ortest du eine Handbreit unter dem Nabel. Es ist Sitz von Gefühlen und Sexualität. Ist es geöffnet, fließen deine Gefühle und Emotionen frei und du kannst leidenschaftlich deinen Weg gehen. Ist das Sakral-Chakra unteraktiv, wirst du wohl wenig emotional und offen durchs Leben schreiten, ist es jedoch überaktiviert, wirst du (zu) emotional reagieren, Mitmenschen gegenüber zu gefühlsbetont verbunden sein, möglicherweise auch im sexuellen Bereich.

3. Nabel-Chakra

Deine Hand liegt nun über dem Nabel. Im geöffneten Zustand sorgt dieses Chakra dafür, dass du Herr der Lage bist und über eine gute Selbsteinschätzung verfügst. Unteraktiviert bist du passiv, schüchtern und zögerlich, überaktiviert in der Regel zu aktiv, dominant bis aggressiv.

4. Herz-Chakra

Mitten am Brustbein, auf Höhe des Herzens befindet sich das Chakra für Herzensangelegenheiten, Liebe und Harmonie. Ist es geöffnet, ist auch das Herz gefühlsmäßig offen, ist es unteraktiv wirkt man auf seine Umwelt kalt und distanziert. Ist es zu weit geöffnet, werden andere Menschen mit Liebe, welche aber in Wahrheit oft egoistische Zwecke verfolgt, geradezu überschüttet.

5. Hals-Chakra

Dieses liegt dem Namen entsprechend am Hals und ist für Sprache und Selbstausdruck verantwortlich. Ist es offen, wirst du kommunikativ in deiner Mitte stehen und auch in der Lage sein, dich künstlerisch auszudrücken. Ist es unteraktiv sprichst du wenig, bist höchstwahrscheinlich introvertiert und kontaktscheu. Steht das Tor des Hals-Chakras zu weit offen, wird dich die Umgebung schlimmstenfalls als Plappermaul, das nicht zuhören kann, empfinden.

6. Dritte-Auge-Chakra

Der Sitz dieses Energiezentrums befindet sich auf der Stirn, und hier geht es um Intuition und Visualisierung. Ist es geöffnet, hast du eine gute Vorstellungskraft bei jedoch gleichzeitig richtiger Selbsterkenntnis und kannst dir deine Vision präzise imaginieren. Ist dieses Chakra unteraktiv, wirst du eher kritiklos auf Autoritäten oder vorgefasste Meinungen hören als auf deine Intuition. Überaktiviert schwebst du in deiner Traum- und Fantasiewelt und tust dir sehr schwer, deine Ziele auf den Boden zu bringen.

7. Kronen-Chakra

Dieser Punkt entspricht exakt deiner höchsten Stelle am Kopf und damit des Körpers und betrifft den Einklang mit dem Leben und der Welt. Ist dieses Chakra geöffnet, bist du dir deines Seins und deiner Weisheit völlig bewusst. Bei Unteraktivierung fehlt es dir an Spiritualität und gedanklichem Weitblick. Bei Überaktivierung rückst du Übersinnliches und Intellektuelles zu weit in den Vordergrund, verbunden mit der Gefahr, deinen Körper zu vernachlässigen.

Als einfach zu merkendes **Ritual zur Harmonisierung der Chakren** könntest du unsere in der vorigen Coaching-Unit empfohlenen Atemübungen wie folgt erweitern: Mit deinen Händen berührst und fixierst du deine Energiezentren, wie auf den Fotos dargestellt, und atmest langsam, bis 4 zählend, in den Bauch ein, dann ruhig, diesmal bis 8 zählend, aus. Die Luft anhaltend zählst du langsam nochmals bis 4 und atmest wieder ein (4-8-4). Zuerst gehst du mit deinen Händen von den äußersten Punkten (Wurzel- und Kronen-Chakra) zur Körpermitte zum Herz-Chakra, anschließend wieder retour. Drei bis fünf in Ruhe und ohne Hast ausgeführte Wiederholungen entspannen dich und wirken ausgleichend auf deine Energiezentren.

Wurzel- und Kronen-Chakra

Sakral- und Drittes-Auge-Chakra

Nabel- und Hals-Chakra

Herz-Chakra

Die sieben Chakren können selbstverständlich auch einzeln aktiviert werden. Sogenannte Mudras, spezielle Hand- und Fingerstellungen, mit intonierten Silben (Vom »Om« beim Dritte-Auge-Chakra hast du sicher schon gehört.) lösen gezielt Energieblockaden. Im Internet findest du hierzu viele Inputs, Websiteempfehlung hierzu im Anhang.

Runen-Übungen

Runen sind einerseits geheimnisvolle, archaische Schriftzeichen aus dem germanischen Raum Nordeuropas, andererseits besitzen diese aber auch in Form von Runenstellungen, ähnlich dem Yoga, **magische Wirkungen auf unseren Energiehaushalt**.

Regelmäßig ausgeführt, am besten zweimal pro Tag, wirken diese Runenexerzitien mental entspannend und »entstressend«, dabei jedoch gleichzeitig energetisch fördernd. Selbst die **Wissenschaft konnte längst konkret nachweisen**, dass diese okkulten Körperhaltungen Einfluss auf den Stoffwechsel haben. Veränderungen bei Herzschlagrate, Fließgeschwindigkeit des Blutes, Sauerstoffverbrauch, Ausscheidung von Kohlendioxyd, Arbeit von Verdauung und Drüsen, Durchblutung und selbst an der energetischen Aufladung der beiden Gehirnhälften wurden unter anderem schon messtechnisch belegt.

Ganz ähnlich den Chakren-Übungen werden auch die Runen-Stellungen mit Atemübungen symbiotisch kombiniert. Der Atemrhythmus 4-8-4 kann auch hier wieder angewendet werden, wobei 10 Atemwiederholungen pro Runenstellung ideal sind.

Wichtig ist, bei den einzelnen Posen, die ohne abzusetzen nacheinander durchgemacht werden, dass die Knie der parallel in Rumpfbreite stehenden Beine leicht angewinkelt sind und der Blick bei Ausführung der Runenübungen nach Westen gerichtet ist.

Alle diese Runenstellungen bieten Entspannung für Körper, Seele und Geist und optimieren den Energiefluss im Organismus. Informationen, welche bemerkenswert erwünschte (Neben-)Wirkungen diese Runenübungen darüber hinaus im Einzelnen bieten, findest du ebenfalls reichlich im Internet.

Energiebalance während der Wettkampfsaison

Abschließend zu diesem Kapitel noch eine Empfehlung im Bereich des übergeordneten Energie-Verlaufs während einer Wettkampf-Saison. Um ein frühzeitiges »Auspowern«, ein allzu frühes Aufbrauchen der eigenen Vitalität und Leistungsfähigkeit zu verhindern, raten wir dir, zu Beginn der Saison eine **Grafik** anzufertigen, welche sämtliche zu erwartende **Belastungsspitzen** und mögliche Erholungspausen in einem X-/Y-Koordinatensystem darstellt.

Die waagrechte X-Achse ist die Zeitleiste der kommenden Saison, auf der senkrechten Y-Achse wird die physische, psychische und emotionale Belastungsintensität von 0 (totale Entspannung, z.B. Urlaub auf der Alm) bis 100 (voller körperlicher, geistiger und seelischer Stress, z.B. WM-Finale) abgebildet. Die Verbindung der definierten Punkte ergibt eine **Energiekurve**. Deren Verlauf wiederum führt optisch klar vor Augen, wo im Laufe der Monate extreme Belastungsspitzen entstehen und jede Gelegenheit für Erholungstage genützt werden sollte. Vice versa könnten in Zeiten, wo es energetisch allzu gemütlich zugeht (in unserer Illustration im Juli), noch spezielle Trainingslager oder zusätzliche Trainingswettkämpfe eingebaut werden, um die Spannung und Motivation bis zum Saisonhöhepunkt aufrechtzuerhalten.

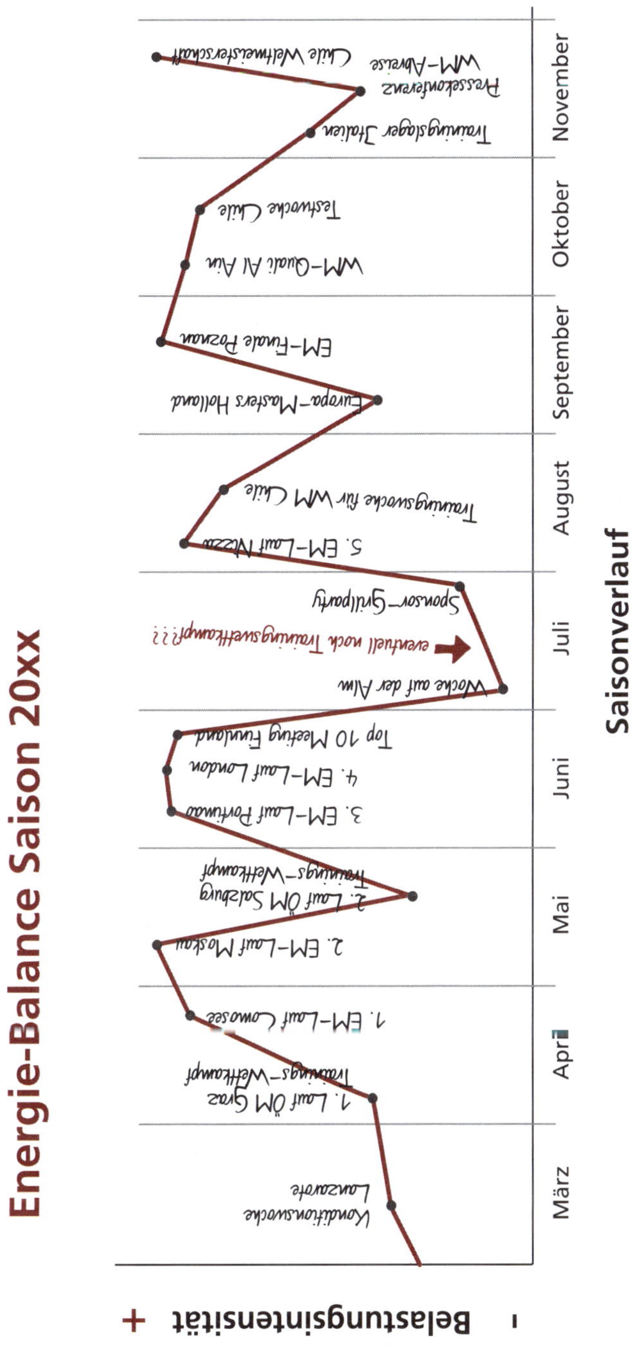
Energie-Balance Saison 20xx
Belastungsintensität
-
+
Saisonverlauf
März
April
Mai
Juni
Juli
August
September
Oktober
November
Konditionswoche Lanzarote
1. Lauf ÖM Graz
Trainings-Wettkampf
1. EM-Lauf Comosee
2. EM-Lauf Moskau
2. Lauf ÖM Salzburg
Trainings-Wettkampf
3. EM-Lauf Portimao
4. EM-Lauf London
Top 10 Meeting Finnland
Woche auf der Alm
eventuell noch Trainingswettkampf???
Sponsor-Grillparty
5. EM-Lauf Nizza
Trainingswoche für WM Chile
Europa-Masters Holland
EM-Finale Poznan
WM-Quali Al Ain
Testwoche Chile
Trainingslager Italien
Pressekonferenz
WM-Abreise
Chile Weltmeisterschaft

Du musst dich durch die Achterbahn der Gefühle treiben lassen und alles in deinen Körper aufsaugen.

Bode Miller

Epilog
Ich fühle, daher gewinne ich

Dieser Titel, mehr noch, diese Lebensregel von READY TO WIN™ ist formuliert in Anlehnung an den 1641 aufgestellten und weltberühmt gewordenen philosophischen Grundsatz von René Descartes *»Cogito ergo sum – ich denke, also bin ich«*. Heutige Kritikpunkte an Descartes' »fundamentum inconcussum« außer Acht lassend, ist für uns jedenfalls ein »unerschütterliches Fundament«, dass nur, wer seine Gefühle zulässt, sportlich und menschlich erfolgreich sein wird.

Basis unserer Gefühle sind über die Sinnesorgane wahrgenommene Empfindungen. Die – nach außen gerichteten – seelischen Reaktionen darauf sind **Emotionen**. Sich an einem heißen Tee den Mund zu verbrennen, ist eine gefühlte Sinneswahrnehmung, den Teebecher daraufhin laut fluchend auf den Boden zu schleudern, die Emotion dazu. Solche Affekthandlungen bzw. emotionale Erregungen generell sind in der Regel sehr kurzfristige, intensive Verhaltensweisen, stark beeinflusst vom auslösenden Reiz.

Im Gegenzug dazu, und hier nur zur Vollständigkeit erwähnt, sind Stimmungen langfristige, eher nach innen gerichtete Gemütslagen, die oft schon Lebenseinstellungen gleichen – man denke hier nur an die Melancholie.

Das Wort **»Emotion«** stammt aus dem lateinischen *emovere*, was so viel wie **»herausbewegen, hinausschaffen«** bedeutet. Und damit die Affekthandlung im Sinne von »An-die-Oberfläche-Befördern seiner Gefühle« sehr verständlich beschreibt. Heute scheint es jedoch geradezu in Mode, Emotionen oft als Synonym für schlechtes Benehmen zu missbrauchen. Immer dann, wenn jemand seine gute Kinderstube vergessen hat und etwa Familienmitglieder, Freunde, Trainer, Kollegen, Mitarbeiter usw. anbrüllt anstatt sachlich-konstruktiv mit ihnen zu kommunizieren, wird als Begründung für eigentlich mangelnde Umgangsformen entschuldigend mit Emotionalität argumentiert. Mit dem Tennisschläger zum x-ten Mal auf die Netzkante einzudreschen, dem gegnerischen Fußballspieler einen Kopfstoß zu verpassen und ähnliche rüpelige Mätzchen mehr sind jedoch nur ein allzu aktives Nachaußenkehren seiner inneren Gefühlswelt, welche hier Ärger und Wut unmissverständlich zum Ausdruck bringt. Leider ist es praktisch nie möglich, dem so tobenden in diesem Moment einen Spiegel vorzuhalten, denn dann würde er nicht nur seine eigene **Schwäche und Unsicherheit** als wahres, unbewusstes Motiv seines peinlichen Fehlverhaltens erahnen, sondern auch gleich live sehen, wie lächerlich Entgleisungen dieser Art aus dem Blickwinkel anderer wirken.

Emotionalität ist niemals zu verwechseln mit dem unprofessionellen Verlieren der Contenance (Beherrschung).

Ein ganz ähnliches Phänomen ist auch, dass gerade Männer meinen, wenn sie schon einmal Gefühle offen zeigen, dies ausschließlich aggressive und negative Entladungen sein müssen. Sprich, wenn einem etwas auch nur ein klein wenig gegen den Strich geht, dann sofort raus mit der Erregung und jedem, der in die Schusslinie gerät, gleich mit dem Allerwertesten ins Gesicht fahren. Dabei wird völlig missachtet, dass es zwar sehr wohl essenziell ist, seinen Gefühlen freien Lauf zu lassen, aber nicht ausschließlich seinen schlechten. Vielmehr auch seinen guten!

Emotionen werden also heute vorrangig negativ mit Gemütsbewegungen in Verbindung gebracht, weil zumindest die meisten Männer ihren weichen, weiblichen Anteil (in der Philosophie des Daoismus als Yin bezeichnet) entweder unbewusst vernachlässigen oder ganz bewusst verdrängen. Moderne Frauen wiederum kehren immer mehr ihren männlich-harten Yang-Anteil nach außen, verfügen auch sie natürlich über beide Pole, wie im **YinYang**-Symbol sinnbildlich dargestellt. Die logische Reaktion, zumindest bei machomäßig veranlagten Mannsbildern? Positive, herzliche, empfindsame oder gar romantische Regungen sofort als Schwäche im Keim zu ersticken, um vorm anderen Geschlecht nicht als Schluffi dazustehen.

Einmal **verdrängte, hinuntergewürgte Emotionen** sind aber nicht verschwunden. Sie sind bloß von der geistig-seelischen Ebene auf die körperliche Ebene irregeleitet, von wo sie eher früher als später in Form **psychosomatischer Störungen oder Krankheiten** wiederkehren.

So bekommt das schon mehrmals zitierte Mannsbild, das zwanghaft versucht, durch rüpelhaftes emotionales Macho-Gehabe seinen Nimbus als starkes Geschlecht aufrechtzuerhalten, vom ewigen Hinunterschlucken seiner positiven, bejahenden, erfreulichen und beseelten Emotionen dann sein Magengeschwür, seine Verdauungsstörungen (von Nahrungsmittelunverträglichkeiten bis Morbus Chron) und noch vieles Dramatischere mehr. Verdaut er seine Gefühle nicht auf seelischer Ebene, überfordert er damit seinen Verdauungstrakt auf körperlicher. Wenn der großmäulige Supertyp dann als Häufchen Elend mit einem Magengeschwür beim Arzt sitzt, wird die Diagnose einer psychosomatischen Ursache gestellt. *»So ein Quatsch, wahrscheinlich war nur das Bier in letzter Zeit ein wenig zu kalt!«*

Noch schlimmer schlagen sich emotional nicht geregelte Herzensangelegenheiten tatsächlich aufs Herz, und einer Kardiomyopathie (eine gesundheitsgefährdende Herzvergrößerung) sollte im übertragenen Sinne mit Großherzigkeit und Großzügigkeit auf seelischer Ebene begegnet werden.

Emotionen – Auslöser von Erfolg und Krankheiten gleichermaßen!

Wie unglaublich sensibel Körper, Seele und Geist zusammenarbeiten und wie zeitbombenartig unterdrückte Emotionen auf den großen Ausbruch in Form **psychosomatischer oder gar psycho-degenerativer Erkrankungen** hinsteuern, erklärt im deutschsprachigen Raum wohl niemand einleuchtender, plausibler und faszinierender als **Dr. Rüdiger Dahlke**. Seine millionenfach verkauften Bücher und kaum weniger zahlreich besuchten Vorträge **»Krankheit als Symbol«** und »Krankheit als Sprache der Seele« zeigen, was passiert, wenn Gefühle nicht dort verarbeitet werden, wo sie entstehen. Was das alles nun aber mit Sport und Erfolg zu tun hat?

Asthma oder Allergien allgemein zum Beispiel sind sehr häufig auftretende Problematiken bei Sportlern. Dr. Dahlke erklärt auf psychosomatischer Ebene, welche emotionalen Schieflagen hier zu Grunde liegen. Selbst Verletzungen können unter diesem esoterischen (Wortbedeutung: dem inneren Bereich zugehörig) Blickwinkel betrachtet werden. Wer häufig Knieprobleme hat, wird aufgefordert sein, sich mit der Demut in seinem Leben zu beschäftigen, ist doch dieses Gelenk seit jeher mit Ehrfurchtsgesten verbunden, man denke nur an das Hinknien vor Gott in der Kirche, vor Papst, König oder Mafiapaten.

Wer sich mit dem Thema partout nicht *auseinander-setzen* will, wird sich als Leistungssportler dafür Bänder und Sehnen in unserem größten Scharniergelenk *auseinander-reißen. »Geistig-seelische Unbeweglichkeit wird durch überzogene Anforderung an den Körper kompensiert«*, um aus »Krankheit als Symbol« eine Aussage zu Sportverletzungen zu zitieren.

Auch hinter einer Gehirnerschütterung mit Bewusstlosigkeit steckt große sinnbildliche Aussagekraft, wie wir im Falle eines betreuten Motorsportlers vor Jahren erleben konnten. Obgleich noch extrem schnell und topfit, hätte der Pilot wohl der Vater der meisten anderen Starter sein können. Also ein Generationenkampf des Seniors gegen den Rest des Junior-Feldes. Nach einigen Stürzen mit dem

Superbike, verbunden selbst bei eher harmlosen Ausrutschern stets mit Bewusstlosigkeit, wurde die symbolische Aussage der Commotio cerebri verstanden und der Helm nach erfolgreichen Jahrzehnten an den Nagel gehängt. Rechtzeitig vor der ganz großen gesundheitlichen Katastrophe. *»Jemand, der sonst durch nichts zu erschüttern ist, wurde so doch noch erschüttert* (stimmte haarscharf). *Die Dominanz des Kopfes* (es trotz motorsportlich hohen Alters der Jugend weiterhin zeigen zu wollen) *wurde außer Gefecht gesetzt, der Versuch, mit dem Kopf durch die Wand zu wollen* (stimmte ebenso exakt), *endete mit dem kurzzeitigen Abgeben der Macht über sich und einem In-Frage-Stellen bisheriger gewohnter Denkmuster«*, so erneut die passende Interpretation dieser Verletzung in »Krankheit als Symbol«.

Krankheit/Verletzung als Symbol

Was hier so mysteriös und für viele Leser vielleicht sogar »esohysterisch« klingt, weiß der Volksmund schon ewig. Redewendungen, wie *»die Nase voll haben, etwas hat sich auf den Magen geschlagen, ist einem über die Leber gelaufen, geht an die Nieren, unter die Haut, etwas nicht mehr ertragen können* (Schulter), *sich etwas zu Herzen nehmen, sich im Leben nicht drehen und wenden zu können, wie man möchte* (Hüfte), *aus der Haut fahren zu wollen, hartnäckig zu sein«* usw., bringen exakt auf den Punkt, was Psychosomatik meint. Und wer als Mann an Hodenkrebs erkrankt, dem ist vorher zu vieles zu lange »auf die Eier gegangen«, um ein zwar derberes, aber dafür umso verständlicheres Idiom aus dem täglichen Sprachgebrauch verwenden zu dürfen.

Wer auf seine Gefühle hört und gelernt hat, positive Emotionen in seinem Leben zuzulassen und vor allem herauszulassen, wird nicht nur Körper, Seele und Geist im Einklang halten, sondern daraus auch ein Maximum an Kraft für seinen Erfolgsweg schöpfen.

SPUREN IM SAND

Trotz seiner überdurchschnittlichen Fokussierung auf sich und seinen Sport war der 1994 tödlich verunglückte Formel-1-Weltmeister **Ayrton Senna** für Millionen Fans wohl genau wegen seiner ganzheitlichen Lebensweise, Emotionalität und Spiritualität ein über die Maßen verehrtes Vorbild. In einem Moment ein gnadenloser, beinharter Kämpfer, im nächsten ein gefühlvoller, verletzlicher Romantiker. Seine damalige Lebensgefährtin berichtet in ihrem Buch »Mein Leben mit Ayrton«, dass der charismatische Brasilianer – Idol seiner ganzen Nation und einer ganzen Motorsport-Generation gleichermaßen – auf einem zusammengefalteten kleinen Zettel folgende bezaubernde Geschichte als Talisman (spätgriechisch: »geweihter Gegenstand« bzw. arabisch: »Zauberbild«) in seiner Brieftasche trug, der ihn vor Unglück schützen sollte:

Ich träumte, ich war mit Gott, dem Herrn, am Strand. Über den Himmel zogen Szenen aus meinem Leben. Ich erkannte, dass für jede dieser Szenen meines Lebens zwei Schrittpaare im Sand erschienen. Als die letzte Szene meines Lebens an uns vorbeizog, blickte ich zurück auf die Spuren im Sand. Ich sah, wie sich häufig im Laufe meines Lebens nur ein Paar Fußspuren im Sand befanden. Gleichzeitig bemerkte ich, dass dies für die schwierigsten und angstvollsten Augenblicke meines Lebens galt.

Dies ärgerte mich sehr. Daher fragte ich Gott: »Herr, du hast gesagt, wenn ich mich einmal dafür entscheide, dir zu folgen, dass du dann immer mit mir gingest, den ganzen Weg. Nun aber sehe ich, dass es in den schwersten Augenblicken meines Lebensweges nur eine Fußspur gibt. Warum hast du mich in den Stunden, in denen ich dich am meisten brauchte, verlassen?«

Gott antwortete: »Mein kostbarer Sohn: Ich werde dich niemals in der Stunde deiner Prüfung und deines Leidens verlassen. Als du im Sand nur eine Fußspur sahst, da trug ich dich in meinen Armen.«

Eine Frage beschäftigt seine Fans seit dem 1. Mai 1994: Ob ihr Idol, Ayrton Senna, sein drohendes Schicksal bereits erfühlte? – Dieses letzte Portrait von ihm zeigt ihn mit sorgenvoller Miene Augenblicke vor seinem letzten Rennen in Imola.

Quellen, Literaturhinweise und sonstige Empfehlungen

READY TO WIN™ – der ganzheitliche Weg zum Erfolg im Sport – entstand als Coaching-Ansatz im Laufe von mehr als zehn Jahren als »Konzentrat« verschiedenster absolvierter Ausbildungen und besuchter Seminare, schier unzähliger verschlungener Bücher und vor allem selbst gemachter Erfahrungen in über 30 Jahren im (Motor-)Sport. Was wir jetzt ganz genau wann und wo gelernt oder zum ersten Mal gehört/gelesen haben, ist rückwirkend nicht mehr nachzuvollziehen. Aus diesem Grund möchten wir folgende Personen, die unseren Weg sehr beeinflusst haben bzw. Produkte und Literatur, die wir ganz besonders ans Herz legen, hier erwähnen. Die genannten Firmen/Personen sind nicht am wirtschaftlichen Erfolg dieses Buches beteiligt, sondern ausschließlich Empfehlungen aufgrund unserer persönlichen tollen Erfahrungen.

Dr. Rüdiger Dahlke Das Werk von Dr. Dahlke hat unseren Coachingstil wohl am meisten beeinflusst. Ob im Bereich der Psychosomatik, der Lebensgesetze, der geführten Meditation oder auch der Ernährung, vom Wahlösterreicher Dahlke finden wir in seinem weit über 100 Publikationen reichen Sortiment nichts, was wir nicht wärmstens empfehlen würden. Auch Personen, die beabsichtigen, einen veganen Lebensstil einzuschlagen, sind bei ihm bestens aufgehoben. Ideal für Meditationsanfänger: Hör-CDs zu verschiedensten Themen in Form geführter Tiefenentspannungen. www.dahlke.at

Dr. Bardia Monshi Wie wunderbar ist es doch, sich vom in Wien wirkenden Psycho-Onkel (Eigenbeschreibung) Dr. Bardia Monshi die eigene Innenwelt erklären zu lassen. Solltest du, lieber Leser, einen einfühlsamen und dabei erfrischend lockeren (Sport-)Psychologen suchen, Dr. Monshi ist zweifelsfrei unsere erste Empfehlung. www.vitalpsychologie.at

Hubert Gantioler Einer der extremsten Langstrecken-/Bergläufer dieses Planeten, Weltrekordhalter (z.B. 12.100 Höhenmeter im 24-Stunden-Berglauf!) und u.a. Gewinner des Yukon Arctic Ultras 2011, der kälteste und härteste Ultramarathon der Welt. Hubert ist unser READY TO WIN-Vertrauter in Sachen Orthomolekulare Medizin (als Mitarbeiter von Orthotherapia) sowie Trainingslehre. Er betreibt auch eine eigene Leistungsdiagnostik. www.individualtrainer.at

Christian Domittner, DC Mit seinen schier göttlichen Händen ist er zweifellos unser Chiropraktiker erster Wahl. Der »Doctor of Chiropractic« – in den USA gibt es zu dieser komplementär-medizinischen Disziplin ein 5-jähriges Studium – leistet mit einigen wenigen Handgriffen Unglaubliches bei Verspannungen und Verletzungen. Kein Wunder, dass sich ihm auch Arnold Schwarzenegger anvertraut. www.chiropraktiker.at

Prim. Dr. Josef Piribauer Gesunde Zähne sind die Grundlage eines vitalen Lebens allgemein und sportlicher Leistung ganz im Besonderen. Das engagierte Team um Prim. Dr. Josef Piribauer, ärztlicher Leiter der Dental-/Zahnklinik Margareten im 5. Wiener Gemeindebezirk und selbst auch im Renntourenwagen ein sportlich-dynamischer Erfolgsmensch, bietet die gesamte Zahnheilkunde unter einem Dach vereint. www.zahnklinik.at - www.dentac.at

Black Bear Obwohl es dem Erfinder des unserer Einschätzung nach besten Energie- und Vitalstoffriegels am Markt, Ex-Judoka Christian Lugar, überhaupt nicht gefällt, wenn man seine geniale Steinzeitnahrung ordinär als »Riegel« bezeichnet, so wird dennoch unmissverständlich klar, dass es sich hier um einen Snack für Zwischendurch handelt. Bio, vegan, glutenfrei, roh, nicht an den Fingern klebend, nicht schmelzend, nicht krümelnd – vor allem ernährungsphysiologisch einfach top und köstlich noch dazu. Als Black Bear Steinzeit-Nahrung und Black Bear Eiweiß (vegan und unübertroffen bioverfügbares Protein!). www.black-bear.com

P. Jentschura Im gut sortierten Drogerie-/Naturkostladen erhältlich, sind die Produkte von P. Jentschura nicht aus unserem (Coaching-)Alltag wegzudenken. Vom Entsäuerungs-Jungbrunnen »Meine Base« über erstklassige Kräutertees und Müslis bis hin zu »Wurzelkraft«, das unserer Meinung nach hochwertigste, rein natürliche Nährstoffkonzentrat am Markt (zum Aufpeppen von Müslis oder Gemüsen). www.p-jentschura.com

Mehrner Heilwasser Das unserer Meinung nach beste Wasser, ideal für Trinkkuren oder als Mineralstoffspender. Der schier unglaubliche Mineralstoffgehalt dürfte wunderbarerweise auch dafür sorgen, dass dieses Kalzium-Magnesium-Sulfat-Hydrogenkarbonat-Wasser »wie von selbst« die Speiseröhre hinunterrinnt. www.mehrnerheilwasser.com

Orthotherapia Unser Partner für Produkte der Orthomolekularen Medizin (OM) und hochwertigster Sport-Supplemements produziert eigenständig im österreichischen Salzburg. Höchste Zertifizierungen im Lebensmittelbereich, strengste Qualitätskontrollen und beste Rohstoffe garantieren höchste Güte und maximale Sicherheit. www.orthotherapia.net

Panaceo Neue Wege für Medizin, Gesundheit und Sport. Das Vulkanmaterial Zeolith-Klinoptilolith ist Ausgangsbasis für das Natur-Medizinprodukt Panaceo. Unserer Einschätzung nach müsste dieses Naturmineral zur Entgiftung des Körpers jeder gesundheitsbewusste Mensch täglich zu sich nehmen – wir tun es. www.panaceo.at

Chakren www.eclecticenergies.com/deutsch

Hans Eberspächer Einer der Großmeister des Mentalen Trainings im Sport. Sein Buch »Mentales Training – das Handbuch für Trainer und Sportler« darf in keinem Sportlerhaushalt fehlen, ISBN 978-3-7679-0899-4

Dirk Kessler »Vitalstoffe – die gesunde Revolution«, ISBN 3-89994-059-8

Alex Antonitsch / Markus Eggetsberger »Das Mentaltraining der Sieger«, ISBN 978-3-8000-7359-7

T. Colin Campbell / Thomas M. Campbell »China Study – die wissenschaftliche Begründung für eine vegane Ernährungsweise«, ISBN 978-3-86401-001-9

Heiner Brand / Jörg Löhr »Projekt Gold – Wege zur Höchstleistung – Spitzensport als Erfolgsmodell«, ISBN 978-3-89749-797-9

Martin Weber »Der Mensch im Gleichgewicht – Gesundheit neu gedacht mit Herz, Logik und Intuition«, ISBN 978-3-85068-833-8

Felix Gottwald »Die Stille zum Erfolg – Innensicht eines Außergewöhnlichen«, Hör-CD, ISBN 978-3-9503256-0-7

Dr. Alois Kogler »Die Kunst der Höchstleistung – Sportpsychologie, Coaching, Selbstmanagement«, ISBN 978-3-211-29129-6

Dr. Ilse Triebnig / Ingomar W. Schweiz »Der Stein des Lebens«, ISBN 978-3-7086-0714-6

Fotorechte:

Seite: 16 PRAGA Karting & Racing/Tadeas Marek.cz, 27 Steyr Sport/Michael Erhart, 29 Martin Cintula, 37 Diana Drubig, 54 lassedesignen, 73 Marco Jordan, 85 PRAGA Karting & Racing, 93 und 94 Sutton Images, 95 Pit Beirer, 121 PRAGA Karting & Racing/Tadeas Marek.cz, 133 SimpleFoto, 141 PRAGA Karting & Racing/Tadeas Marek.cz, 145 Moreno Novello - Fotolia, 151 Vittorio Ubertone/Idea Marketing, 161 PRAGA Karting & Racing/Tadeas Marek.cz, 164 Signelements, 175 PRAGA Karting & Racing/Alexandros Vernardis, 180 Signelements, 185 Andrey Armyagov, 186 Signelements, 207 homydesign, 215 Signelements, 219 Fisher Studios, 221 u. 222 Signelements, 229 Erik Edin Racing, 275 Vladimir Liverts, 276 Dmitry Fisher, 277 taviphoto, 302 AFP, 312 Signelements, 320 u. 321 Signelements, 365 Sutton Images.
Alle verbleibenden Abbildungen: Erhart Coaching & Consulting LTD & Co KG